数字化背景下
中国资本市场的地域化研究

李东辉　陈　薇　蔡楚岸　郑尊信／编著

SHUZIHUA BEIJINGXIA
ZHONGGUO ZIBEN SHICHANG DEDIYUHUA YANJIU

中国财经出版传媒集团
中国财政经济出版社
·北京·

图书在版编目（CIP）数据

数字化背景下中国资本市场的地域化研究 / 李东辉等编著. -- 北京 : 中国财政经济出版社, 2025. 8.
ISBN 978-7-5223-3993-1
Ⅰ. F832.5
中国国家版本馆CIP数据核字第2025E2W159号

责任编辑：潘　飞　　　　　　责任校对：张　凡
封面设计：卜建辰　　　　　　责任印制：党　辉

数字化背景下中国资本市场的地域化研究

SHUZIHUA BEIJINGXIA ZHONGGUO ZIBEN SHICHANG DE DIYUHUA YANJIU

中国财政经济出版社 出版
URL：http：//www. cfeph. cn
E－mail：cfeph@ cfeph. cn

社址：北京市海淀区阜成路甲 28 号　邮政编码：100142
营销中心电话：010－88191522　编辑部门电话：010－88190640
天猫网店：中国财政经济出版社旗舰店
网址：https：//zgczjjcbs. tmall. com
涿州汇美亿浓印刷有限公司印刷　各地新华书店经销
成品尺寸：170mm×240mm　16 开　24. 25 印张　392 000 字
2025 年 8 月第 1 版　2025 年 8 月河北第 1 次印刷
定价：85. 00 元
ISBN 978－7－5223－3993－1
（图书出现印装问题，本社负责调换，电话：010－88190548）
本社质量投诉电话：010－88190744
打击盗版举报热线：010－88191661　QQ：2242791300

目　　录

第1章

引　言

1.1　研究背景与意义

当前，我国区域经济发展仍存在较为突出的不协调、不均衡问题。党的十九大报告第一章指出："中国特色社会主义进入新时代，我国社会主要矛盾已经转化为人民日益增长的美好生活需要和不平衡不充分的发展之间的矛盾"。"发展不平衡不充分的一些突出问题尚未解决：……城乡区域发展和收入分配差距依然较大……"。区域发展失衡作为不平衡不充分发展的空间表现，在一定程度上制约着中国经济的平衡、协调与可持续发展。为促进区域协调发展向更高水平迈进，党的二十大报告提出要将"协调"摆在区域发展的突出位置，"深入实施区域协调发展战略""构建优势互补、高质量发展的区域经济布局和国土空间体系"。促进区域协调发展，即在符合各地区实际的情况下，谋求各地区之间的协调与动态平衡。这一政策的出台既明确了推进新时代区域经济高质量发展的前进方向，也提出了更高要求。

我国历史上形成的区域间经济发展差异，可以由地方政府晋升锦标赛的政治激励和财政分权的经济激励来解释。地方官员的晋升在极大程度上依赖于其任职期间的经济增长业绩，且地方政府享有税收等财政收入，这种特殊的干部晋升机制和财政分权体制成为激励地方政府发展经济的重要内在动力（Li and Zhou，2005；周黎安，2007；吕冰洋和陈怡心，2022），从而激励地方政府只关心当地的经济发展，采用行政手段干预地方经济，导致地方保护主义盛行。如我国啤酒行业历史上的地区封锁产生已久，地方政府大力保护本土啤酒，而对外地啤酒实施封锁。由此产生的地方政府间经济竞争促使区域间经济发展呈现出显著差异。

在区域经济发展中，全国尤其是本地资本市场发挥着不可或缺的助力作用。例如，资本市场为区域经济发展提供融资功能，通过资源配置引导区域内比较优势产业的发展壮大，等等。相应地，区域间经济发展差异也在资本市场上有所体现——各地区资本市场发育情况参差不齐。上市公司是资本市场的主要组成部分，其数量和质量直接反映了资本市场的发育程度和区域经济的实力。根据 Wind（万得）数据统计，2023 年中国上市公司 500 强中有超过一半来自北京、广东、上海这三个经济发展强劲的省市。中国上市公司分布于广泛的地域而又呈现出明显的地域性。这是由于各个地域内部制度基础、市场环境等条件存在较大差异，这些因素对上市公司行为产生了潜移默化的影响，使其呈现明显的地域差异特征。

尽管现有文献已就上市公司行为地域化的成因展开一些前期初步研究，但目前的研究结合科学理论不足，缺乏严密推理和论述来充分解释这些复杂现象的产生，特别是缺少根植于中国制度背景的有别于西方成熟市场的分析。本书从地域视角研究资本市场和上市公司行为，从中国独特的正式制度以及气候环境切入，力图考察中国上市公司行为地域间差异的成因，构建一套适用于中国上市公司行为地域化的理论体系，并为政策制订者提供针对相应不良后果的公司治理方案。研究表明：

第一，正式制度（包括：中国国有经济体制、地方性法律法规的发展和实施，等等）会影响本地上市公司的经营。(1) 地方“宽带中国”试点政策的实行改善了上市公司的信息环境，降低了信息获取成本，由此吸引了更多的风险投资进入当地。(2) 地方高铁开通提高了不同地区之间的交通便利程度，降低了贷款审批银行与借款公司之间的信息不对称程度，由此带来企业贷款利率的下降。(3) 地方政府持股的企业具有更高的政治激励，其股价崩盘风险显著高于民营企业。(4) 实地调研制度的实施为共同基金获取上市公司的信息提供了良好的环境，抑制了共同基金羊群行为。

第二，气候环境（包括：空气污染、极端天气等）会加大企业经营风险、恶化信息环境，从而影响当地银行及投资者的行为决策。(1) 空气污染导致企业违约风险上升、银行的信息获取成本增加，这些因素促使银行向企业收取更高的贷款利率。(2) 极端高温影响了个体投资者的投资偏好，极端高温情况下个体投资者倾向于将资产投向污染排放水平较低的公司。

第三，不同国家之间在制度环境、信息环境、气候环境等方面的差异会影响当地企业和资本市场的运行，为上市公司行为地域间差异的形成提供国际证据。(1) 利用国际数据发现，积极的媒体报道和媒体情绪降低了借款公司的银行贷款利率；媒体对坏消息的报道传达出价格敏感信息的同时，约束了高管机会主义行为，降低了公司未来股价崩盘风险。(2) 外国机构投资者在缓解股东和管理者之间的代理冲突方面发挥着重要的监督作用，外国机构投资者持股比例更高的公司杠杆调整速度更快。(3) 气候风险越高的地区，出于储备现金以缓解财务约束的考虑，当地企业避税动机往往越强；(4) 现金流不确定性更高的企业股息支付更少，治理环境更完善的国家，企业更少受到代理成本的影响，掩盖现金流风险的动机随之减弱。

本书研究意义在于：第一，从中国独特的正式制度以及气候环境切入，揭示中国上市公司行为地域间差异的成因，有助于增进对中国上市公司行为模式演进的认识，拓展上市公司行为地域化的成因的相关研究。第二，在当前国家大力实施区域协调发展战略的时代背景下，对于中国上市公司行为的地域间差异特征的研究及其成果有利于考察、评估与促进顶层制度设计的实施效果。第三，针对地方制度建设或气候变化带来的负面经济后果，探究相对应的有效的治理方案，从而为推动资本市场健康有序发展、实现区域经济高质量发展提供决策参考。

1.2 研究思路与内容

在当前中国加快推进区域协调发展的背景下，本书拟从理论和实证两个层面研究正式制度和气候环境对上市公司行为地域化的影响，明确中国不同地域间上市公司之间的差异是否可以通过各地的正式制度和气候环境得到解释，且这种效果会受到哪些特定因素影响，最终为实现区域经济高质量发展提供理论依据和经验参考。具体研究内容包括以下几个方面：

(1) 深入探讨中国特有的正式制度如何塑造上市公司行为的地域性差异（第3章）。中国的地方政府往往通过政策、法规以及财政激励手段来推动本地经济发展，然而这些政策的实施在不同地区的效果可能有所不同，从而对上市公司产生不同的影响。本书从地方政府实行的网络基础设施建设政策、交通基础设施建设政策以及地方政府持股等角度分析了相关正式制度对上市公司行为地域化的影响。

（2）深入探讨气候环境如何塑造上市公司行为的地域性差异（第4章）。气候环境的变化不仅对企业的生产经营产生直接影响，还可能通过影响投资者行为、贷款机构决策等途径，进一步影响上市公司的表现。本书从空气污染、极端天气这两个角度分析了相关气候变化对上市公司行为地域化的影响。

（3）从国际视角考察上市公司行为地域化的成因（第5章）。除了国内的正式制度、非正式制度和气候环境外，国际差异也是导致上市公司行为地域性差异的重要因素。本书分析不同国家之间在制度环境、信息环境和气候环境方面的差异如何影响上市公司的行为，为中国提供国际经验参考。

（4）根据相关研究结论提出相应的政策建议（第6章）。通过揭示中国上市公司行为地域化的正式制度成因和气候环境成因，以及影响它们之间关系的重要因素，本书为促进区域经济均衡发展，推动资本市场健康有序发展提出了针对性的建议。

1.3 相关概念界定

结合本书的主要研究内容，对上市公司行为地域化、正式制度以及气候环境等概念进行界定如下：

（1）上市公司行为地域化。上市公司行为地域化是指上市公司在其所在地区的经济、社会、文化和政治环境的影响下，所表现出的具有地方特色的经营和决策模式。这种行为受到地方性经济资源、地域性市场结构、地方政府政策、地域文化差异等因素的影响，导致不同地区的上市公司在战略选择、运营模式、投资决策等方面存在显著差异。

（2）正式制度。正式制度是指由国家或地方政府制订并通过法律、法规、政策等形式实施的制度安排。它包括了政府在经济发展、市场监管、公共服务等方面的政策与法律体系，是影响社会经济活动的正式规则。正式制度对企业的经营行为、资源配置和市场竞争等方面具有约束力，是企业在其运营过程中必须遵守的外部规则。

（3）气候环境。气候环境是指影响一个地区或国家自然环境的气候条件及其变化，特别是空气质量、温度、降水量、湿度、污染程度等因素。在一些地区，气候条件可能对产业结构、企业生产方式以及企业社会责任等方面产生显著影响。

1.4 研究方法与创新

为了系统探讨正式制度和气候环境对上市公司行为地域化的影响，本书综合运用了多种研究方法，以确保对研究问题的全面分析和科学解答。具体而言，本书的研究方法包括以下四种：

（1）定性分析法。本书采用定性分析方法深入分析中国不同地区之间独特的正式制度以及气候环境等背景，并在此基础上探究这些因素影响上市公司行为地域化的理论机制，为理解复杂社会现象的内在逻辑提供支持。

（2）归纳演绎法。本书利用归纳演绎法总结出上市公司行为地域化的成因，并在此基础上构建出具有较高普适性的理论框架，从而为区域经济和资本市场的研究提供理论支撑。

（3）机器学习。本书利用机器学习（Machine Learning）方法分析处理上市公司投资者关系互动等文本大数据，从中提出细分的结构化数据，为深入考察上市公司地域化行为提供了基础。

（4）因果分析法。本书基于中国独特的制度变革，采用已被现有的大量研究证明行之有效的标准计量分析范式和识别策略来检验变量之间的因果关系。事件分析法（Event Study）、双重差分模型（Difference - in - Differences，DID）、工具变量法（Instrumental Variables，IV）、倾向得分匹配法（Propensity Score Matching，PSM）等前沿研究方法来处理潜在的内生性问题。

本书的边际贡献体现在以下几个方面：

（1）从正式制度层面深度考察中国上市公司行为地域化的成因，增进对中国上市公司行为模式演进的认识，建立有别于西方发达市场的符合中国国情且有创新性的资本市场理论。尽管现有文献已就上市公司行为地域化的成因展开一些前期初步研究，但结合科学研究理论不足，缺乏严密推理和论述来充分解释这种复杂现象的产生，尤其是对中国独特的制度环境缺少关注。不同于西方发达资本市场，作为伴随着经济体制改革发展起来的中国资本市场，是一系列正式制度与非正式制度共同作用的结果。本书拟从正式制度层面深度考察中国上市公司行为地域化的成因，为理解上市公司行为地域间差异和地域内趋同提供内生于中国制度环境的解释。

（2）利用独特的大气污染排放、银行贷款和投资者交易数据，从气候环境角度考察中国上市公司行为地域化的成因，揭示气候变化对企业及其利益相关者行为的微观影响机制，从而识别各地区在适应气候变化过程中展现出的不同行为模式。气候环境作为企业外部的重要影响因素，其变化可能通过多种路径作用于企业行为，包括直接影响生产成本和经营决策，或通过间接路径改变投资者偏好、金融机构政策及市场需求。这些作用路径在不同地区由于气候条件的差异而表现出显著的地域特性。如气候环境的恶化会加大企业经营风险、恶化信息环境，从而影响当地银行及投资者的行为决策。然而，既有研究对此缺乏足够的关注。本书拟挖掘中国各地区大气污染排放、气象、银行贷款、投资者交易等微观大数据，考察地方空气污染、极端天气对当地银行及投资者决策的影响，从而为地方气候变化如何影响企业行为提供一个更加清晰的微观视角。

（3）从正式制度、气候环境等多个角度提出促进资本市场健康有序发展、推动区域协调发展的政策建议。受制度环境、气候环境、地理环境等诸多因素影响，中国各个地区发展存在显著差异。在当前国家大力实施区域协调发展战略的时代背景下，对于中国上市公司行为的地域间差异特征的研究及其成果有利于考察、评估与促进顶层制度设计的实施效果。结合研究发现，本书提出加强区域间正式制度的协调与衔接、健全应对气候风险的多方协同机制、破除制约资本市场发展的体制机制障碍等政策建议。这些建议不仅有助于实现资本市场的健康有序发展，还能进一步推动区域协调发展战略的实施，为国家经济转型升级提供更加稳固的支撑。

第 2 章

文献综述

上市公司分布于广泛的地域，各个地域内部环境存在较大差异，致使上市公司行为呈现明显的地域差异特征。对此，国内外学者进行了不同程度的探索，可大致总结为地方正式制度建设与地方气候环境和地方基础设施建设三个方面。

2.1 地方正式制度建设与资本市场

国外不少研究表明，完善的正式制度对于公司治理乃至金融市场发展具有重要积极作用（La Porta et al.，1998；Hail and Leuz，2006；Li et al.，2011；Huang and Yuan，2021）。如 La Porta et al.（1998）通过比较不同国家的法律体系后发现，法律制度的质量（特别是关于股东权益保护的法律）是资本市场能否有效运作的重要因素。法律体系较强的国家能够更好地保障投资者的权益，从而吸引更多的投资和更高效的资源配置。类似地，Hail 和 Leuz（2006）发现证券监管和执行机制更为严格的国家，当地公司的资本成本往往更低。这是因为严格的证券监管通常要求上市公司进行更为详尽和透明的信息披露，同时加强投资者保护，由此加强了投资者信任。相反，落后的法律制度和不健全的监管机制会严重阻碍公司发展。相关研究表明，腐败与法律执行不力导致的“灰色地带”环境，使企业难以预测政策变化和法律后果，进一步增加了运营的不确定性。这种不确定性促使企业采取保守的策略，避免冒险投资，尤其是在研发和创新领域。以美国为例，Huang and Yuan（2021）研究发现，地方政治腐败不仅加剧了企业面临的勒索风险，还在一定程度上抑制了企业的创新激励。地域间正式制度完善程度的差异是导致上市公司行为差异的重要原因。

处于转型期的中国，有着动态演变且复杂的制度体系。中央和地方政府之间的互动以及地方政府的试验性改革使得制度在不同地区表现出动态演化的特征。这些制度差异对当地企业行为产生了显著影响。针对中国情境的研究，现有文献主要从两方面展开：一类文献从地区整体制度环境出发，分析地方政府干预、市场化程度对上市公司行为决策的影响。从地方政府干预来看，部分研究指出地方政府干预有助于弥补市场失灵，带动经济发展。不少研究表明，政府补贴为企业开展创新活动提供了资金支持，有利于企业创新（Howell，2017；武威等，2024）。然而，虽然政府补贴可以在短期内缓解企业的资金问题，但也可能引发道德风险，导致企业依赖政府资源而减少其自身对创新的投入，抑或是利用政府创新补贴政策的制度漏洞开展策略性创新，造成资源配置扭曲（张杰，2020；Kong et al.，2020）。这一现象在国有企业中尤为突出（Fang et al.，2017）。尽管中国国有企业因享有政策倾斜而获得了更低的融资成本和更多的资金支持，但实际投资效率还不如民营企业（Chen et al.，2011；Deng et al.，2020；Jin et al.，2023），存在严重的内部代理问题（Liang et al.，2020）。相反，当地方经济市场化程度较高时，越有利于当地企业发展（孙早等，2014）。

另一类文献则从具体的某项制度改革或政府干预手段切入，探究中国上市公司行为差异的成因，为理解上市公司行为差异提供了更加微观且具体的视角。相关研究关注的地方经济制度涉及地方政绩考核制度、地方保护主义、国家高新区设立政策、破产法庭设立政策等。从地方政绩考核制度来看，相关研究显示，在政府政绩考核要求下，地方政府对国有企业的干预妨碍了国企经营（逯东等，2014），国企技术创新得到抑制。随着政绩考核新标准的实施，官员晋升压力的调整减弱了对企业技术创新的抑制作用（程仲鸣等，2020）。从地方保护主义来看，地方政府的保护性政策不仅抑制了企业市场需求规模的持续扩张，降低了企业参与市场竞争和开展技术创新的积极性，还阻碍了各类资源和要素的优化配置，导致企业生存风险加剧。相关研究显示，企业所在地区的市场分割程度每提高 1%，其生存风险将提升 1.30%（卞元超和白俊红，2021）。从国家高新区设立政策来看，相关研究显示，国家高新区内的企业，由于享受了相应的土地优惠、税收减免、政府补贴等一系列配套扶持政策，其技术创新水平显著高于其他地区。这些政策不仅降低了企业的运营成本，还为研发活动提供了充足的资金支持，从而有效激发了企业的创新动力，提升了区域内整体的技术创新水平（Tian and Xu，2022）。此外，近年来，国家加快推进司法体系建设，在深圳、北京、上海等地建立了破产法庭。基于这一实验背景，胡诗阳等（2023）考察了破产法庭设立对地方商业银行风险的影响，他们的研究表明，破产法庭的设立通过提高司法执行的质效，显著降低了地方性商业银行风险。这一制度改革对完善市场化机制、稳定金融环境发挥了重要作用。

然而，此类研究仍较为分散，尚未形成一个系统的有科学理论指导的研究体系，不同层级政府的持股情况、中央政府对于投资者实地调研政策的考虑、网络基础设施、交通基础设施等地方性政策的实施，都会影响本地上市公司的经营，本书试图填补这一空白，结合中国特殊的制度环境，系统考察中国上市公司行为地域间差异的正式制度成因。

2.2　地方气候环境与资本市场

已有研究一致认为，气候变化对经济活动和社会福祉产生了深远的负面影响。其严重危害了人体健康，造成劳动生产力下降，不利于国民经济增长（Dell et al.，2009；Deschenes，2014；Kirchberger，2017）。近年来，学者们的研究视角逐渐转向气候风险对微观市场主体行为及资本市场运行的影响。从微观市场主体行为来看，相关研究一致认为气候风险对企业日常经营产生了多维度的负面影响，导致企业行为决策发生显著变化（Huang et al.，2018；Addoum et al.，2020；Pankratz et al.，2023）。如 Huang et al.（2018）考察了国家层面气候风险对企业经营绩效的影响，他们的研究表明风暴、洪水、热浪等极端天气给企业造成了严重损失，为了抵御气候变化带来的不确定性风险，企业增加了现金持有。Addoum et al.（2020）则聚焦于美国大陆气候变化对企业经营绩效的影响，研究发现极端高温天气妨碍了当地企业生产和销售，导致相关企业业绩大幅下滑。

鉴于气候风险对企业运营的潜在冲击，越来越多的投资者和金融机构开始将气候变化纳入企业风险评估体系，导致相关信贷风险溢价显著提升。这突出反映在股票市场价格变化和银行贷款决策上。一方面，气候风险较高的企业通常面临更大的经营不确定性，这些因素降低了企业的盈利预期和市场估值，进而导致其股票收益率低于同行，股市波动性加大（Choi et al.，2020）。另一方面，银行在评估贷款风险时也越来越重视气候因素，对位于气候条件较差地区的企业收取更高的贷款利率（Javadi and Masum，2021；李兴申等，2024）。此外，越来越多投资者，尤其是机构投资者将企业应对气候变化的实践纳入投资决策（Krueger et al.，2020），要求企业披露更多关于其所面临的气候风险的相关信息（Ilhan et al.，2023）。

气候风险对企业财务状况产生的负面影响还可能会通过行业、供应链等渠道蔓延至其他企业，引发更广泛的金融市场波动。当企业受到气候变化的冲击，尤其是当这些企业在金融体系中占据重要地位时，可能会加剧金融市场的系统性风险（高睿等，2022；Curcio et al.，2023；杨子晖等，2024）。如高睿等（2022）发现气候变化通过造成居民失业、企业减产、金融机构不良贷款增加进而引发了宏观金融风险。进一步地，杨子晖等（2024）研究发现中国转型气候风险明显加速了系统性金融风险的积聚，长期来看，这种风险对金融机构的脆弱性产生了严重的负面影响。

然而，此类研究对于地方气候变化对企业利益相关者尤其是投资者的决策的影响还缺乏全面的认识。既有研究利用跨国或发达国家数据，揭示了气候变化对机构投资者决策的影响，但鲜有研究关注其对新兴市场个人投资者的行为决策的影响。不同于西方发达资本市场，中国资本市场个人投资者占据主导地位，与专业投资者不同，个人投资者的专业水平有限，获取信息的渠道也较少，在面对真假不明的负面信息时，容易产生投资亏损的恐惧心理，甚至过度解读市场中的热点信息和其他传闻信息。气候风险持续加大背景下个人投资者的风险偏好有待进一步研究。此外，在分析银行等金融机构贷款决策的时候缺少对空气污染这一气候风险驱动因素的考察，且缺少大样本贷款数据的检验。本书试图从这两个方面对既有研究进行补充。

2.3 地方基础设施建设与资本市场

基础设施不仅支撑了地区的生产和生活需求，还为资本市场的顺畅运作提供了必要的条件。尤其是在信息化、数字化日益发展的背景下，地方基础设施的建设已经成为资本市场活力和效率的重要驱动力之一。已有不少研究关注到了这一点，针对地方基础设施与企业行为决策之间的关系展开了一系列分析。相关研究多从交通基础设施建设和信息基础设施建设这两个视角展开分析。

从交通基础设施建设来看，既有研究主要聚焦高铁开通这一现代交通基础设施建设产生的经济后果。高铁的开通不仅提高了区域之间的连接性，还极大地促进了信息的流动和交流，缓解了企业在跨地区投融资过程中面临的信息不对称问题。企业通过高效的交通运输网络，能够更快速地获取市场信息、拓展商业合作，并能够有效地降低因时空隔阂而带来的交易成本，这为跨区域的资本流动和投资决策创造了有利条件。相关研究表明，高铁连通之后，不仅本地上市公司数量显著增加（金智等，2021），上市公司赴异地投资的数量也明显增加，从而加速了区域经济的融合与发展。由于大城市的市场规模效应，资本流动呈现出由中小城市向大城市集中的趋势（马光荣等，2020）。此外，高铁网络的完善还在一定程度上促进了中国企业在海外市场的拓展。如吴群锋等（2021）指出中国各地区交通基础设施建设带来的市场一体化的提升降低了企业所在行业的临界出口生产率水平，并促进了既有出口产品的出口市场扩张。

这种市场可达性的提升显著改善了企业的经营绩效。相关研究显示，地方交通基础设施的改善通过提升市场可达性促进了企业生产力的提高（刘冲等，2020），尤其是非中心城市制造业企业（李兰冰等，2019）。除了影响企业这一微观市场主体的行为外，交通基础设施的改善也为分析师等资本市场中介获取市场信息提供了便利。高铁开通后，分析师实地调研标的公司的次数显著增加，相应的预测准确性也明显上升（Chen et al.，2022）。

从信息基础设施建设来看，早期研究主要关注计算机、电信网络等传统信息基础设施对企业行为决策的影响。相关研究显示，互联网普及率的提高不仅促进了当地企业生产效率的提高（郭家堂和骆品亮，2016；黄群慧等，2019），还促使其开展了更多的创新活动和出口业务（沈国兵和袁征宇，2020）。随着新一代信息技术的快速发展，近年来不少研究关注到了大数据、人工智能等数字基础设施建设对资本市场产生的影响。具体而言，数字基础设施的建设为企业数字化转型提供了技术支撑，加快了企业经营战略的转变（王海等，2023）。然而，人工智能等新兴技术的发展也对劳动力市场产生了一定的挤出作用，致使企业劳动雇佣结构发生显著变化，企业对非常规职业劳动力的需求正逐渐上升（陈琳等，2024）。

然而，地方基础设施建设的差异不足以解释中国上市公司行为地域间差异。伴随着经济体制改革发展起来的中国资本市场，由正式制度与非正式制度共同作用的结果。此外，近年来中国乃全世界面临的气候风险正不断上升，其对资本市场产生的影响应当引起充分重视。本书试图从地方正式制度和气候环境两个层面来研究中国上市公司行为地域间差异的成因，发展一套内生于中国自身制度环境的理论体系。

2.4 文献述评

综上所述，已有不少研究从地方正式制度、非正式制度、气候环境和基础设施建设等角度考察了上市公司行为地域化的成因，但相关研究仍较为分散，尚未形成一个系统的有科学理论指导的研究体系，缺乏严密推理和论述来充分解释这种复杂现象的产生，特别是缺少根植于中国制度背景的有别于西方成熟市场的分析，难以为监管层有效应对中国上市公司地域间差异提出科学合理的政策建议。根据现有文献，浓厚的地方与中央“行政管制色彩”、不彻底的市场化改革、经常性的政府代替市场配置资源（逯东等，2012）等因素严重制约了我国资本市场改革与发展。政府监管政策也会频频失灵，这主要由于监管层对于中国与西方资本市场结构的差异认识不足却又直接借鉴西方成熟资本市场监管制度（王朝阳和王振霞，2017）。伴随着经济体制改革的不断深化，中国资本市场发展逐渐内生于自身的资本市场制度安排，并且受到正式制度与非正式制度共同作用。所以，中国资本市场（包含运行机制、参与者行为等）有别于西方成熟市场，中国资本市场的改革与发展迫切需要一套内生于中国自身制度环境的符合中国国情的理论体系指导。

此外，中国正面临着日益严峻的气候变化问题，其带来的环境风险已成为经济和金融体系中不可忽视的重要因素。金融机构、投资者在评估企业投资价值时，可能更多地考虑到气候风险对其财务、运营和市场表现的影响。以投资者为例，不同于西方发达资本市场机构投资者居多，中国资本市场大多是散户投资者，这些投资者往往更加注重短期回报，且普遍缺乏对气候风险的系统化认识和应对能力，可能对气候变化带来的风险更加敏感。然而，现有研究多侧重于分析机构投资者的决策框架，忽视了散户投资者在面对气候变化时的特殊行为模式。在中国这一特殊的资本市场背景下，散户投资者的投资行为、心理反应以及他们如何处理气候风险可能与西方国家截然不同，应当对散户投资者在气候风险背景下的投资行为及其决策机制给予更充分的关注。从金融机构来看，与发达经济体不同，中国等发展中国家的银行业在社会融资和经济增长中发挥着至关重要的作用。由于银行承担着大部分的融资任务，任何影响企业偿还能力和运营稳定性的风险因素都会直接影响到银行的信贷决策。在中国，尤其是在一些大气污染严重的地区，气候变化带来的环境风险，尤其是大气污染，可能对银行贷款的定价、额度和审批产生显著影响。然而，既有研究对此缺乏足够的关注，且缺乏微观大数据的检验，难以挖掘气候变化作用于银行贷款决策的具体路径。

本书旨在结合中国独特的正式制度系统考察中国上市公司行为地域化的制度成因，并在此基础上利用独特的大气污染排放、银行贷款、投资者交易等微观大数据，深入探讨地方空气污染、极端天气对当地银行及投资者决策的影响，揭示其微观作用机制，最终搭建一个符合中国国情的适用于分析上市公司行为地域化的理论框架，并为相关政策制订者提供决策参考。

第3章

地方正式制度与中国资本市场

3.1 宽带中国试点政策与风险投资①

3.1.1 引言

互联网的普及使得信息传播更加广泛且迅速。通过网络，信息能够跨越地理和时间限制，瞬时传递至全球各地，用户可以随时随地接收所需信息。这一特性减少了传统信息获取中由于空间距离而产生的费用。已有研究指出，现代信息技术通过降低信息获取成本对资本市场产生了影响，但鲜有研究关注其对企业 IPO 前夕融资活动的影响。实际上，信息技术的进步可能通过以下两种方式影响企业 IPO 前夕的融资活动。从资本需求端来看：互联网信息技术为企业向外发布信息提供了便利。为了提高知名度，企业往往会在 IPO 前夕借助网络和社交媒体平台在线发布有关产品、经营情况、发展前景等关键信息，丰富了投资者的“信息池”。互联网信息技术的普及让企业能够以低成本的方式，将公司信息传递给全球的潜在投资者。从资本供给端来看：互联网信息技术发展降低了搜寻成本，风险投资者可以通过网络检索相关信息，更加便捷地获取企业的相关信息，实时跟踪企业发展动态、行业趋势和竞争对手表现。由此推测，互联网发展水平

① 本部分系笔者两项国家自然科学基金面上项目（基金批准号 71873058、72373099）的阶段性成果，于 2022 年 10 月发表于 *Journal of Corporate Finance*。

更高的地区，往往能够吸引更多的风险投资。

本章利用“宽带中国”示范城市建设这一制度背景，作为城市互联网普及率的政策冲击，实证分析互联网普及对当地企业获得的风险投资的影响。这一设计巧妙地克服了公司运用信息技术和风险投资决策之间的内生性问题，从而识别出互联网普及对风险投资的因果效应。“宽带中国”示范城市建设政策自2014年起实施，旨在加快宽带网络建设，提升网络覆盖率和速度，促进信息通信技术在各个城市的应用。截至2016年已完成三批次选定。2014—2016年，共有117个城市被纳入试点示范城市。在政策支持下，这些城市的互联网信息技术得到了显著发展，投资方的信息搜索成本大幅下降，投资意愿也可能随之发生变化。

本章基于2010—2018年中国城市层面的观测数据，研究发现地方“宽带中国”试点政策的实行改善了上市公司的信息环境，降低了信息获取成本，由此吸引了更多的风险投资进入当地。相比非试点城市，“宽带中国”试点城市的风险投资更多。这些风险投资主要集中在初创企业和早期融资的企业。本章的边际贡献主要体现在以下几个方面。

首先，本章拓展了信息不对称影响风险投资的相关文献。不同地区之间地理上、文化上的距离使得外地风险投资公司比本地风险投资公司更容易受到信息不对称的影响（Dai et al.，2012；Humphery－Jenner and Suchard，2013；Li et al.，2014）。在这种情况下，投资者往往更加偏好本地企业（Chen et al.，2010；Cumming and Dai，2010），形成“本地市场偏好”。既有研究指出关系资本（Hain et al.，2016）、金融中介网络（Jääskeläinen and Maula，2014）能够减轻地理和文化距离的干扰。为了降低因信息不对称产生的风险，风险投资公司会加强与企业高管的沟通来获取与投资相关的软信息（Butler and Goktan，2013）。本章证实了互联网普及率是降低风险投资过程中的信息不对称的重要因素，互联网普及率的提升有助于提高风险投资价值。

其次，本章补充了互联网的经济后果的相关文献。既有研究指出，互联网发展产生了积极的经济后果，如降低交易成本（Litan and Rivlin，2001）、促进经济增长（Choi and Yi，2009）、促进国际贸易（Freund and Weinhold，2004）、提高研发效率（Kafouros，2006）。本章从风险投资这一角度进行了补充，研究发现互联网发展能够促进风险投资的增加。

最后，本章丰富了基础设施发展的经济后果的相关文献。已有研究发现中国高铁的开通不仅促进了跨区域并购（Jin et al.，2021）、带动了城市经济增长和区域经济融合（Yao et al.，2019），而且加快了信息传播（Kong et al.，2020）、促进了企业创新和绩效的提升（Zhang et al.，2020；Kuang et al.，2021）。此外，Duan et al.（2020）研究发现高铁网络开通带来的交通时间的减少促进了风险投资的增加。尽管高铁等交通基础设施的建设在一定程度上缩短了地理距离，降低了信息交流的时间成本（龙玉等，2019），但其对信息传递效率的提升效果仍远不及互联网技术所带来的革命性变革。与这些研究不同的是，本章主要关注互联网这一信息基础设施对信息获取成本和风险投资的影响，从而拓展了基础设施发展的经济后果的相关文献。

3.1.2 制度背景与理论分析

（1）制度背景

21 世纪初期，中国宽带基础设施建设相对落后。2013 年中国宽带普及率为 14.1%，远低于同期经合组织国家的平均宽带普及率为 27%，中国宽带传输速度不到经合组织国家的 10%。从成本角度看，中国用于宽带建设的资金投入却是经合组织国家的三倍（Zhou et al.，2022）。为加快推进国家宽带网络建设，国务院于 2013 年 8 月 17 日发布了《国务院关于印发“宽带中国”战略及实施方案的通知》，强调要分三步走促进宽带基础设施快速健康发展，自此宽带建设从部门行动上升为国家战略。具体而言，第一阶段是全面加速阶段（至 2013 年底），这一阶段的任务是重点加强光纤网络和 3G 网络建设，提高宽带网络接入速率，改善和提升用户上网体验。第二阶段是推广普及阶段（2014—2015 年），重点在继续推进宽带网络提速的同时，加快扩大宽带网络覆盖范围和规模，深化应用普及。第三阶段是优化升级阶段（2016—2020 年），重点推进宽带网络优化和技术演进升级，宽带网络服务质量、应用水平和宽带产业支撑能力达到世界先进水平。

为加快落实“宽带中国”战略，国家工业化与信息部（以下简称工信部）启动了“宽带中国 2014 专项行动”。2014 年起，工信部、国家发展改革委决定联合开展创建“宽带中国”示范城市（城市群）工作，经过提名和筛选，分别于 2014 年、2015 年和 2016 年确定了三批示范城市，决定在 117 个城市（群）实施“宽带中国”战略。在选取示范城市时，要求城市具备一定的宽带发展基础，从而避免了与城市经济发展水平相关的选择偏差问题。此外，这些示范城市的选择也没有显著的地理特征（Zhou et al.，2022）。在列为“宽带中国”示范城市后，这些城市的宽带基础设施建设得到了跨越式发展，宽带普及率和宽带传输速率显著提升。根据工信部公布的《2017 年通信业统计公报》，截至 2017 年底，中国移动、中国联通、中国电信三家基础电信企业的固定互联网宽带接入用户总数达 3.49 亿户，全年净增 5133 万户。移动宽带用户（即 3G 和 4G 用户）总数达到 11.3 亿，占移动电话用户的 79.8%。全国光缆线路总长度达 3747 万千米，比上年增长 23.2%。互联网宽带接入端口数量达到 7.79 亿个，比上年净增 0.66 亿个，增长 9.3%。

这一政策的实施对中国经济发展产生了重要影响，引起学术界的广泛关注。如 Liu and Wang（2019）研究发现“宽带中国”示范城市政策实施后，区域经济发展差距有所减小，但要警惕由此带来的数字鸿沟问题。类似地，Huang and Song（2019）指出互联网的普及促进了产品出口，使企业可能通过引入新产品来扩大出口产品线，但降低了出口产品质量。Zhang（2021）证实在新冠疫情大流行期间，宽带网络具备的即时性、非接触性发挥了促进经济增长的作用。

（2）理论分析

风险投资机构作为专业的积极型投资者，主要通过股权投资方式参与创业企业的发展（Bottazzi et al.，2008）。由于创业企业普遍具有成立时间短、财务历史数据有限、无形资产占比较高等典型特征，导致风险投资机构与创业企业之间存在着显著的信息不对称问题（Elfring and Hulsink，2003；Ozmel et al.，2013）。这种信息不对称特征增加了风险投资机构对创业企业进行价值评估的难度。为了降低这种信息不对称，风险投资需要与创业企业进行频繁的沟通和互动，及时了解创业企业的发展动向，特别是进行面对面的交流，以便获取更多的软信息（Bernstein et al.，2016）。

软信息获取的难易程度对于风险投资的投资决策行为具有重要的影响（Garcia－Appendini，2011）。在传统的经济环境下，软信息的获取更多的是通过实地直接面对面的交流（Bernstein et al.，2016）。但是在互联网新经济时代，风险投资可以更多地借助互联网 VR 视频与创业企业实现虚拟的“面对面”交流，从而突破时空上的限制，实现“零距离”的沟通交流。因此，借助互联网技术，风险投资者可以获得更多创业企业的软信息，从而降低了信息不对称程度，增加成功达成投资项目的机会。

具体而言，互联网技术的应用对风险投资的影响主要体现在两个阶段：在投资决策阶段，风险投资机构除了通过实地调研与企业进行面对面交流外，还可借助互联网平台开展视频会议等即时通信方式，实现高效的虚拟化互动。这种沟通模式不仅显著降低了尽职调查和商务谈判的成本，还有效缓解了信息不对称问题，使风险投资机构能够更准确地评估创业企业价值，从而提高投资意愿和投资概率。在投后管理阶段，通过视频会议等数字化工具，投资机构可以实时了解企业运营状况并提供指导，大幅减少了现场监督的频率和相关管理成本。

本章以2013年8月国务院印发的《“宽带中国”战略及实施方案》为外生冲击事件，研究入选“宽带中国”示范城市后对风险投资决策行为的影响，为信息基础设施建设的经济效应提供证据。我们预期，在入选“宽带中国”示范城市后，得益于信息基础设施的显著改善，风险投资机构与创业企业之间的信息沟通成本和信息获取成本均得到有效降低。这种成本节约效应不仅提升了风险投资机构的信息处理效率，还增强了其对示范城市内创业企业的投资意愿，从而可能引致更多的风险资本向这些城市集聚。因此，提出如下假设。

H1：“宽带中国”示范城市获得的风险投资显著多于其他城市。

相对于成熟期的投资项目，对于处于初创期的项目投资来说，风险投资人和创业者之间的信息不对称程度相对较高。通过互联网平台，创业者可以更便捷地向投资人展示项目潜力，而投资人也能更高效地进行尽职调查和风险评估。可以预期，如果互联网技术降低了风险投资与创业企业之间的信息沟通和获取成本，这一效应对初创期投资阶段更为明显。因此，提出如下假设。

H2：风险投资对入选“宽带中国”示范城市企业的新增投资，主要集中在初创企业。

相比中国本土风险投资机构，外资风险投资机构在信息获取方面存在诸多劣势。一方面，外资风险投资机构与中国创业企业的地理距离更为遥远，距离的增加使得风险投资机构难以获取更多创业企业的信息流（Sorenson and Stuart，2001）；另一方面，外资风险投资机构对中国创业企业的文化、习俗和规则更为陌生（Bengtsson and Ravid，2009），导致沟通成本和交换成本更高。因此，相对于中国本土风险投资，外资风险投资获取中国创业企业软信息的成本更高，从而在投资中国的创业企业时面临着更高的信息不对称和不确定性（Dai et al.，2012；Humphery - Jenner and Suchard，2013）。鉴于外资风险投资对信息成本更为敏感，可以预期相比本土风险投资机构，“宽带中国”示范城市政策将对外资机构产生更强的激励作用。因此，提出如下假设：

H3：入选“宽带中国”示范城市后，相对于中国本土风险投资，外资风险投资的新增投资效应更加显著。

3.1.3 研究设计

（1）数据、样本与模型

本章所使用的风险投资数据来源于 CVSource 数据库。CVSource 数据库是投中集团旗下专注于中国私募股权、战略投资与并购交易等股权投资市场的在线信息产品，涵盖了风险投资机构和基金的详细信息，如基金的募集情况、投资偏好、历史投资记录、投资业绩等。本章整理了 2010—2018 年的风险投资交易，并汇总至城市层面。“宽带中国”战略于 2013 年实施，本章观测期间年一共有 3 批共 117 个城市入选“宽带中国”示范城市，2014 年、2015 年、2016 年分别有 39 个城市入选。根据入选城市名单，我们构建了处理组（示范城市）和对照组（非示范城市）。城市层面的数据来源于中经网统计数据库，剔除主要变量有缺失值的样本后，最终获得 2653 个观测值。

为了检验“宽带中国”战略对风险投资的影响，借鉴 Bertrand and Mullainathan（2003），我们构建多期双重差分模型如下：

$$Y_{i,t} = \alpha_i + \alpha_t + \beta_1 ITCITY_{i,t} + \delta' X_{i,t} + \varepsilon_{i,t} \tag{3-1}$$

其中，Y 表示城市层面的结果变量，α_i，α_t 分别表示城市固定效应和年份固定效应，$ITCITY$ 是捕捉“宽带中国”示范城市政策的虚拟变量，若样本城市属于“宽带中国”示范城市且该观测值在入选年份之后，赋值为 1，否则为 0。$X_{i,t}$ 代表控制变量集合，β_1 反映了“宽带中国”示范城市政策对风险投资的影响。

（2）变量定义

①风险投资。本书的因变量是风险投资规模，我们采用城市 i 在 t 年获得的风险投资数量的自然对数来衡量，用 $\text{Ln}(1+VC)$ 表示。在进一步分析中，我们根据公司成立时长、融资轮次和风险投资类型进一步进行细

分。根据公司成立时长的差异，分别构建 Ln(1 + *VC_young*) 和 Ln(1 + *VC_mature*) 两个变量，分别表示被投资公司为初创公司和成熟公司时的风险投资规模；根据融资轮次的不同，分别构建 Ln(1 + *VC_early*) 和 Ln(1 + *VC_late*)两个变量，前者表示 A 轮融资交易数量，后者表示 B 轮及以后的融资交易数量；根据风险投资机构所属地区的不同，分别构建 Ln(1 + *VC_foreign*)、Ln(1 + *VC_local*) 两个变量，分别表示外国风险投资交易数量和本土风险投资交易数量；根据投资决策的独立性，将风险投资划分为独立风险投资和联合风险投资，分别用 Ln(1 + *VC_independent*)、Ln(1 + *VC_joint*) 来表示。

②控制变量。本书控制了可能影响城市风险投资的因素：a. 经济发展水平：风险投资的数量与当地经济发展水平有关，经济发展水平用城市 GDP 的自然对数来衡量，用 *GDP* 表示；b. 产业结构：第一产业占比和第二产业占比，分别用 *PRI_SECTOR*、*SEC_SECTOR* 表示；c. 教育程度：用城市当年大学生人数的自然对数来衡量（*EDUCATION*），教育水平更高的城市可能更吸引风险投资；d. 创新水平：用城市在一年中产生的专利数量的自然对数来衡量（*INNOVATION*），创新水平更高的城市可能更吸引风险投资；e. 创业活动：用创业公司数量/100 来衡量（*ENTR*），创业活动更活跃的城市可能更吸引风险投资；f. 股票市场表现：风险投资往往与股票的表现有关，本书采用城市当年 IPO 数量（*IPO*）、当地 A 股年平均股票回报率（*RETURN*）来衡量。指标的具体定义如表 3 – 1 所示。

表 3 – 1　　主要变量定义

变量符号	变量定义
Ln(1 + *VC*)	城市 i 在 t 年获得的风险投资数量的自然对数
ITCITY	捕捉“宽带中国”示范城市政策的虚拟变量，若样本城市属于“宽带中国”示范城市且该观测值在入选年份之后，赋值为 1，否则为 0
INTERNET	城市 i 的互联网普及率
GDP	城市 i 的 GDP 的自然对数
PRI_SECTOR	第一产业产值占城市 GDP 比重
SEC_SECTOR	第二产业产值占城市 GDP 比重
EDUCATION	城市大学生数量的自然对数
ENTRE	城市创业公司数量/100
INNOVATION	城市专利数量的自然对数

续表

变量符号	变量定义
IPONUM	城市当年公司IPO的数量的自然对数
RETURN	城市上市公司的平均股票收益

（3）描述性统计

表3-2展示了本章主要变量的描述性统计结果。可以发现，在我们的样本中，风险投资的平均数量是9.56家，说明平均意义上每座城市的企业大约获得了9.6家风险投资融资，在获得风险投资的企业中，初创公司的平均数量是3.91，成熟型公司的平均数量是5.75家。A轮融资为0.61家，B轮及以后融资为1.33家。国外（本土）风险投资机构平均交易数量为2.47（6.69）。独立（联合）风险投资的平均交易数量为3.07（6.31）。

表3-2　　描述性统计

Variable	N	Mean	SD	P25	P50	P75
VC	2653	9.56	36.89	0	1	4
ITCITY	2653	0.16	0.37	0	0	0
INTERNET	2559	0.19	0.16	0.10	0.15	0.23
GDP	2653	24.80	1.18	23.98	24.69	25.42
PRI_SECTOR	2653	7.01	6.70	1.98	4.85	10.25
SEC_SECTOR	2653	48.01	11.78	40.79	48.33	55.83
EDUCATION	2653	8.61	1.23	7.99	8.46	8.90
ENTRE	2653	5.75	7.56	1.82	3.23	6.23
INNOVATION	2653	6.95	1.73	5.87	6.86	8.01
IPONUM	2653	0.24	0.54	0	0	0
RETURN	2653	0.05	0.35	-0.17	0.00	0.18

注：已对连续变量进行前后1%缩尾处理。

3.1.4　实证结果分析

（1）预测回归

基于DID模型的因果识别需要满足政策外生性的基本假设。然而，"宽带中国"示范城市政策可能与宏观经济因素有关，从而导致潜在的内生性问题。为了排除这种可能，我们参考Appel et al.（2019），构建了一个模型用于预测"宽带中国"示范城市的选择概率，以城市是否被纳入

"宽带中国"示范城市为因变量，经济发展水平、第二产业占比等地方经济因素为自变量。由于"宽带中国"示范城市政策在2014—2016年实施，因此我们剔除了2016年以后的数据，利用2010—2016年的样本观测数据进行预测回归，相关结果如表3-3所示。

表3-3　　　　预测回归结果

因变量 =	*ITCITY*	*ITCITY*
	(1)	(2)
GDP	0.024***	0.013
	(3.06)	(0.28)
PRI_SECTOR	-0.000	0.005
	(-0.46)	(1.31)
SEC_SECTOR	-0.000	0.001
	(-0.08)	(0.28)
EDUCATION	-0.020**	0.010
	(-2.20)	(0.27)
ENTRE	0.000	0.000
	(1.40)	(1.62)
INNOVATION	0.005	-0.038**
	(0.88)	(-2.11)
IPONUM	-0.006	-0.003
	(-0.41)	(-0.14)
RETURN	0.062***	0.062***
	(2.78)	(2.80)
Constant	-0.423**	-0.190
	(-2.24)	(-0.17)
City FE	NO	YES
Year FE	YES	YES
Observations	1955	1955
R-squared	0.127	0.257

注：***、**分别表示在1%、5%的显著性水平上显著。括号内为t值。

表3-3第（1）列、第（2）列分别展示了控制年份、同时控制年份和城市的结果。可以发现，在没有控制城市固定效应的情况下，城市是否被列为"宽带中国"示范城市与当地的GDP和上市公司的股市表现显著

正相关，即经济发展水平更高以及当地上市公司股市表现更好的城市更可能被纳入示范城市。进一步控制城市固定效应后，经济发展水平和股市表现的系数不再显著，说明示范城市的选择取决于其他城市特征，而非当地经济状况，基于“宽带中国”示范城市的 DID 分析符合外生性的要求。相应地，后文的分析我们均对城市固定效应进行了控制。

（2）基准回归结果

利用 DID 模型，我们估计得到“宽带中国”示范城市政策对风险投资的影响，结果如表 3－4 所示。其中第（1）—（2）列分别展示了未加控制变量和加入控制变量的结果。可以发现，在不加控制变量和加入控制变量的情形下，*ITCIY* 的系数始终在 1% 的显著性水平上显著为正。加入控制变量后，*ITCIY* 为 0. 187，说明“宽带中国”示范城市政策使得当地风险投资数量增加了 18. 7%，假设 H1 得到了验证。从控制变量来看，风险投资和当地的 GDP、第一产业占比、第二产业占比、创业活动、IPO 数量显著正相关，与当地的教育程度、创新水平以及股市表现没有显著关联。

表 3－4　　基准回归结果

因变量 =	Ln(1 + *VC*)	Ln(1 + *VC*)
	(1)	(2)
ITCITY	0. 211 ***	0. 187 ***
	(4. 42)	(4. 08)
GDP		0. 106 *
		(1. 71)
PRI_SECTOR		0. 014 **
		(2. 35)
SEC_SECTOR		0. 007 **
		(2. 19)
EDUCATION		0. 120
		(1. 44)
ENTRE		0. 015 ***
		(2. 81)
INNOVATION		0. 031
		(1. 00)
IPONUM		0. 080 ***
		(2. 93)

续表

因变量 =	Ln(1 + VC)	Ln(1 + VC)
	(1)	(2)
RETURN		-0.051
		(-1.34)
Constant	1.054***	-3.185**
	(40.38)	(-2.07)
City FE	YES	YES
Year FE	YES	YES
Observations	2653	2653
R - squared	0.113	0.134

注：***、**、*分别表示在1%、5%和10%的显著性水平上显著。括号内为t值。

（3）动态效应

DID分析要求政策满足平行趋势假设，即处理组和对照组在政策前后的风险投资的时间趋势是相同的。为了检验这一假设，我们将模型（3-1）的ITCITY变量替换为六个虚拟变量，即*ITCITY*(-3)、*ITCITY*(-2)、*ITCITY*(0)、*ITCITY*(+1)、*ITCITY*(+2)、*ITCITY*(+3)，构建如下回归模型：

$$Y_{i,t} = \alpha_i + \alpha_t + \beta_1 ITCITY(-3)_{i,t} + \beta_1 ITCITY(-2)_{i,t} + \beta_1 ITCITY(0)_{i,t} + \beta_1 ITCITY(+1)_{i,t} + \beta_1 ITCITY(+2)_{i,t} + \beta_1 ITCITY(+3)_{i,t} + \delta' X_{i,t} + \varepsilon_{i,t} \quad (3-2)$$

这些指标反映了被列为“宽带中国”示范城市的不同年份。如果城市i在2014—2016年被列为示范城市，且该年份比纳入年份早三年，将*ITCITY*（-3）赋值为1，否则为0。类似地，如果城市i在2014—2016年被列为示范城市，且该年份分别是纳入年份的前1年、当年、后1年、后2年和后3年，将*ITCITY*(-2)、*ITCITY*(0)、*ITCITY*(+1)、*ITCITY*(+2)、*ITCITY*(+3)分别赋值为1，否则为0。估计得到的动态效应结果如表3-5所示。可以看出，在加入控制变量后，*ITCITY*(-3)、*ITCITY*(-2)两个变量的系数均不显著，自政策当年开始均在5%显著性及更高水平上显著。由此表明，在事件前的几年里，处理组和对照组的风险投资的变化趋势没有显著差异，符合平行趋势假设。另外，事件后三年内风险投资均显著增加，说明示范城市政策对风险投资的促进作用不是短期的。

表3-5 **动态效应结果**

因变量 =	Ln(1 + *VC*)	Ln(1 + *VC*)
	(1)	(2)
ITCITY (-3)	0.050	0.032
	(0.79)	(0.51)
ITCITY (-2)	-0.055	-0.069
	(-0.93)	(-1.18)
ITCITY (0)	0.147**	0.134**
	(2.42)	(2.22)
ITCITY (+1)	0.245***	0.223***
	(3.55)	(3.25)
ITCITY (+2)	0.225***	0.175**
	(3.04)	(2.40)
ITCITY (+3)	0.326***	0.251***
	(4.02)	(3.16)
GDP		0.114*
		(1.85)
PRI_SECTOR		0.013**
		(2.22)
SEC_SECTOR		0.006**
		(2.05)
EDUCATION		0.120
		(1.45)
ENTRE		0.015***
		(2.78)
INNOVATION		0.031
		(1.01)
IPONUM		0.075***
		(2.70)
RETURN		-0.046
		(-1.19)
Constant	1.036***	-3.370**
	(29.08)	(-2.20)

续表

因变量 =	Ln(1 + *VC*)	Ln(1 + *VC*)
	(1)	(2)
City FE	YES	YES
Year FE	YES	YES
Observations	2653	2653
R – squared	0. 112	0. 129

注：***、**、* 分别表示在 1%、5% 和 10% 的显著性水平上显著。括号内为 t 值。

（4）倾向得分匹配

“宽带中国”示范城市的选取可能不是随机分配的，而是与某些经济因素有关，从而带来样本选择偏差问题。比如经济增长潜力更高的城市入选的概率可能更大。为了缓解这种样本选择偏差对估计结果造成的干扰，我们用倾向得分匹配方法对样本进行了匹配，并基于匹配后的样本重新进行 DID 分析。

具体而言，首先，保留首次政策实施的前一年（2013 年）的观测值，以城市是否被列为示范城市这一虚拟变量为因变量，模型（3 – 1）中的控制变量为协变量，执行 logit 回归，估计得到对应的倾向得分；其次，根据倾向得分进行一对一匹配，为每一个处理组城市找到一个特征相似的对照组城市，相应的平衡性检验结果报告在表 3 – 6 的面板 A 部分；最后，利用匹配后的样本重新执行 DID 回归，结果如表 3 – 6 的面板 B 部分所示。从平衡性检验结果来看，匹配后处理组和对照组在所有协变量上均不存在显著差异，B 部分第（2）列结果显示 *ITCITY* 的系数显著为正，在 1% 显著性水平上显著，说明我们的结果没有受到处理组和对照组之间的特征差异的影响。

表 3 – 6　　　　倾向得分匹配结果

面板 A：平衡性检验

变量	匹配前			匹配后		
	处理组	控制组	t 检验	处理组	控制组	t 检验
GDP	25. 732	24. 623	19. 15***	25. 732	25. 695	0. 43
PRI_SECTOR	4. 716	7. 454	–7. 86***	4. 716	4. 820	–0. 28
SEC_SECTOR	45. 044	48. 592	–5. 76***	45. 044	45. 245	–0. 27

续表

变量	匹配前			匹配后		
	处理组	控制组	t 检验	处理组	控制组	t 检验
EDUCATION	8.987	8.531	7.10***	8.987	8.939	0.56
ENTRE	10.914	4.751	16.25***	10.914	10.182	0.97
INNOVATION	8.228	6.703	17.77***	8.228	8.187	0.38
IPONUM	0.503	0.194	11.16***	0.503	0.468	0.69
RETURN	0.041	0.053	−0.66	0.041	0.054	−0.35

面板B：DID回归结果

因变量 =	Ln(1 + *VC*)	Ln(1 + *VC*)
	(1)	(2)
ITCITY	0.213***	0.190***
	(4.40)	(4.10)
GDP		0.115*
		(1.78)
PRI_SECTOR		0.013**
		(2.16)
SEC_SECTOR		0.007**
		(2.13)
EDUCATION		0.114
		(1.33)
ENTRE		0.015***
		(2.74)
INNOVATION		0.032
		(0.97)
IPONUM		0.084***
		(3.02)
RETURN		−0.055
		(−1.41)
Constant	1.057***	−3.368**
	(38.99)	(−2.12)
City FE	YES	YES
Year FE	YES	YES

续表

因变量 =	Ln(1 + VC)	Ln(1 + VC)
	(1)	(2)
Observations	1740	1740
R – squared	0.110	0.129

注：***、**、*分别表示在1%、5%和10%的显著性水平上显著。括号内为t值。

（5）异质性分析：融资阶段与风险投资主体类型

如前所述，示范城市政策对风险投资的影响可能会随公司成立时长、融资阶段和风险投资主体的类型而发生变化。从融资阶段来看，初创企业可能从示范城市政策带来的风险投资中获益更多，同时示范城市政策可能更多地吸引了早期风险投资。从风险投资主体类型来看，相比本土风险投资，示范城市政策可能更多地吸引了外国风险投资。

为了验证这些推测，本章进行了以下分析：首先，根据融资阶段和风险主体投资，对城市获得的风险投资进行拆分，构建如下变量：①Ln(1 + *VC_young*)[Ln(1 + *VC_mature*)] 表示被投资公司为初创公司（成熟公司）时的风险投资规模；②Ln(1 + *VC_early*)[Ln(1 + *VC_late*)] 表示 A 轮融资交易（B 轮及以后）数量；③Ln(1 + *VC_foreign*)[Ln(1 + *VC_local*)] 表示外国（本土）风险投资交易数量；④Ln(1 + *VC_independent*)[Ln(1 + *VC_joint*)] 表示独立（联合）风险投资。为了剔除极端值的干扰，我们对相关的连续变量进行了1%的缩尾。其次，我们将模型（3 – 1）中的 Ln(1 + *VC*)替换成这些变量重新执行回归，相应的结果报告在表3 – 7。表 3 – 7 的面板 A、面板 B 分别报告了根据融资阶段、风险投资主体类型进行分类的异质性分析结果。

表 3 – 7　　异质性分析结果

面板 A：融资阶段异质性				
因变量 =	Ln(1 + *VC_young*)	Ln(1 + *VC_mature*)	Ln(1 + *VC_early*)	Ln(1 + *VC_late*)
	(1)	(2)	(3)	(4)
ITCITY	0.224***	0.187***	0.194***	0.111***
	(4.29)	(4.19)	(4.42)	(3.01)
GDP	0.053	–0.021	0.081*	0.041
	(1.09)	(–0.48)	(1.91)	(1.17)

续表

因变量 =	Ln(1 + VC_young)	Ln(1 + VC_mature)	Ln(1 + VC_early)	Ln(1 + VC_late)
	(1)	(2)	(3)	(4)
PRI_SECTOR	0.004	0.014***	0.002	0.002
	(1.34)	(3.10)	(0.92)	(0.92)
SEC_SECTOR	0.002	0.010***	-0.000	0.002*
	(1.32)	(4.80)	(-0.24)	(1.94)
EDUCATION	0.017	0.051	0.010	-0.027
	(0.32)	(0.72)	(0.23)	(-0.61)
ENTRE	0.031***	0.010**	0.030***	0.020***
	(4.69)	(2.21)	(4.93)	(4.20)
INNOVATION	-0.036*	-0.037	-0.053***	-0.038**
	(-1.76)	(-1.59)	(-2.87)	(-2.31)
IPONUM	0.120***	0.126***	0.106***	0.075***
	(5.67)	(4.46)	(4.24)	(2.72)
RETURN	-0.027	-0.031	-0.007	-0.039**
	(-1.41)	(-0.87)	(-0.56)	(-2.06)
Constant	-1.230	0.370	-1.810*	-0.514
	(-1.11)	(0.37)	(-1.95)	(-0.67)
City FE	YES	YES	YES	YES
Year FE	YES	YES	YES	YES
Observations	2653	2653	2653	2653
R - squared	0.188	0.144	0.196	0.086
组间差异检验(*p* 值)	0.081		0.023	

面板 B：VC 投资主体异质性

因变量 =	Ln(1 + VC_foreign)	Ln(1 + VC_domestic)	Ln(1 + VC_independent)	Ln(1 + VC_joint)
	(1)	(2)	(3)	(4)
ITCITY	0.212***	0.096***	0.207***	0.157***
	(4.42)	(2.66)	(4.67)	(3.78)
GDP	0.029	0.105**	0.172***	-0.006
	(0.46)	(2.24)	(3.49)	(-0.10)
PRI_SECTOR	0.017***	-0.001	0.004	0.014***
	(3.02)	(-0.22)	(1.02)	(2.63)

续表

因变量 =	Ln(1+*VC_foreign*)	Ln(1+*VC_domestic*)	Ln(1+*VC_independent*)	Ln(1+*VC_joint*)
	(1)	(2)	(3)	(4)
SEC_SECTOR	0.009***	-0.001	0.002	0.006**
	(2.88)	(-0.51)	(1.00)	(2.31)
EDUCATION	0.035	0.095	0.074	0.055
	(0.44)	(1.51)	(1.08)	(0.70)
ENTRE	0.022***	0.006	0.025***	0.014***
	(3.67)	(1.16)	(4.27)	(2.93)
INNOVATION	0.012	-0.010	-0.052**	0.046
	(0.40)	(-0.42)	(-2.02)	(1.61)
IPONUM	0.098***	0.107***	0.095***	0.103***
	(3.26)	(3.79)	(3.32)	(3.94)
RETURN	-0.059	-0.007	-0.080***	-0.011
	(-1.64)	(-0.27)	(-2.99)	(-0.30)
Constant	-0.873	-2.706**	-4.198***	-0.224
	(-0.56)	(-2.34)	(-3.45)	(-0.15)
City FE	YES	YES	YES	YES
Year FE	YES	YES	YES	YES
Observations	2653	2653	2653	2653
R - squared	0.163	0.053	0.171	0.092
组间差异检验（*p* 值）	0.023		0.017	

注：***、**、* 分别表示在 1%、5% 和 10% 的显著性水平上显著。括号内为 t 值。

从面板 A 可以看出，相比成熟公司，初创公司在示范城市政策实行后获得了更多的风险投资。示范城市获得的 A 轮融资也比 B 轮及以后的多。对于处于初创期的项目投资来说，风险投资人和创业者之间的信息不对称程度相对较高，宽带网络建设带来信息获得性的提高吸引了更多的风险投资，前文的假说 H2 得到了验证。面板 B 可以看出，相较本土投资（联合投资）而言，示范城市吸引的外国投资（独立投资）更多，组间系数差异检验均在 5% 的显著性水平上显著。这些投资机构与创业者之间的信息不对称程度相对较高，示范城市政策实施后，这些机构的信息获取条件得到了更为显著的改善，投资意愿随之提升，前文的假说 H3 得到了验证。

（6）机制检验：信息获取成本和互联网渗透

至此，我们证实了“宽带中国”示范试点政策带来了风险投资的显著增加。在此基础上，我们检验这一政策究竟通过哪些渠道作用于风险投资。如前所述，示范政策可能降低了风险投资主体的信息获取成本。为了验证这一机制，我们以城市互联网普及率作为信息获取成本的代理变量进行横截面分析。互联网普及率用每万人中互联网用户数来衡量。具体而言，首先，我们根据事前（2010—2013 年）的平均互联网普及率的中位数对样本进行分组，分为高互联网普及率和低互联网普及率组，在这两组分别执行基准回归，并将结果报告在表 3 – 8 的面板 A。可以发现，低互联网普及率组 *ITCITY* 的系数（0.406）显著大于高互联网普及率组（0.159），两组系数差异在 1% 的显著性水平上显著。其次，我们以城市互联网普及率为因变量，考察“宽带中国”示范政策是否能够引起当地互联网普及率的显著变化，结果展示在表 3 – 8 的面板 B。

表 3 – 8　　　　机制检验结果

面板 A：事前互联网普及率的横截面分析		
因变量 =	Ln(1 + *VC*)	Ln(1 + *VC*)
	Low *INTERNET*	High *INTERNET*
	(1)	(2)
ITCITY	0.406***	0.159***
	(3.71)	(2.67)
GDP	0.283	0.093
	(1.43)	(1.17)
PRI_SECTOR	0.000	0.019**
	(0.02)	(2.43)
SEC_SECTOR	0.001	0.006
	(0.15)	(1.60)
EDUCATION	0.360**	0.044
	(2.39)	(0.39)
ENTRE	−0.028*	0.020***
	(−1.70)	(2.87)
INNOVATION	0.008	0.068
	(0.14)	(1.40)

续表

因变量 =	Ln(1+VC)	Ln(1+VC)
	Low *INTERNET*	High *INTERNET*
	(1)	(2)
IPONUM	0.087	0.089***
	(1.32)	(2.76)
RETURN	−0.051	−0.058
	(−0.72)	(−1.19)
Constant	−3.411**	−3.226**
	(−2.28)	(−2.09)
City FE	YES	YES
Year FE	YES	YES
Observations	1278	1281
R−squared	0.128	0.168
p−value of diff in the coef. on *ITCITY*	0.000	

面板 B：互联网普及率的变化

因变量 =	*INTERNET*	*INTERNET*
	(1)	(2)
ITCITY	0.030***	0.025***
	(3.17)	(2.78)
GDP		0.027**
		(1.98)
PRI_SECTOR		−0.002
		(−1.53)
SEC_SECTOR		−0.001
		(−1.54)
EDUCATION		−0.025**
		(−2.22)
ENTRE		0.004**
		(2.57)
INNOVATION		−0.012*
		(−1.88)
IPONUM		0.003
		(0.53)

续表

因变量 =	*INTERNET*	*INTERNET*
	(1)	(2)
RETURN		-0.002
		(-0.56)
Constant	0.111***	-0.222
	(28.84)	(-0.68)
City FE	YES	YES
Year FE	YES	YES
Observations	2559	2559
R-squared	0.508	0.524

注：***、**、* 分别表示在 1%、5% 和 10% 的显著性水平上显著。括号内为 t 值。

研究显示，在控制其他城市经济因素的情况下，示范政策的实施显著促进了当地互联网普及率的提升，*ITCITY* 的回归系数是 0.025，说明政策实施后互联网普及率提高了 2.5 个百分点，系数在 1% 的显著性水平上显著。综上所述，我们发现“宽带中国”示范政策对风险投资的影响在信息获取成本更高的组更加显著，且这种成本随互联网普及率的改善而降低。信息获取成本这一机制得到验证。

（7）稳健性检验

考虑到前文的结果可能会受到同期政策、样本选择偏差等因素的干扰，我们进一步进行稳健性检验。首先，为了排除本书的结果不是偶然得到的，我们构建了两个虚假的政策变量（*ITCITY_2Y*、*ITCITY_3Y*）进行安慰剂检验，这两个变量分别在 *ITCITY* 的基础上将政策实施年份往后推迟了 2 年和 3 年。将 *ITCITY* 替换成 *ITCITY_2Y*、*ITCITY_3Y* 重新执行回归，相关结果如表 3-9 的面板 A 所示。结果显示，*ITCITY_2Y* 和 *ITCITY_3Y* 的系数均不显著，说明我们的结果不是偶然得到的。其次，为了排除同期的高铁开通政策可能带来的干扰，即当地高铁开通带来的交通便利性可能吸引了更多的风险投资，我们在基准回归的基础上进一步引入高铁开通作为控制变量，相关估计结果如表 3-9 的面板 B 所示。可以看出，在控制高铁开通这一变量后，*ITCITY* 的系数依旧显著为正，再次证实前文结果的稳健性。最后，考虑到基准回归样本中包含了北京、上海、深圳、广州等特大城市，这些城市本身经济发展水平更高、网络基础设施建设更为完善，从而可能造成样本偏差，我们在稳健性检验中将这些城市进行了剔除，相应的结果报告在表3－9的面板C。结果表明，在剔除这些大城市样本后，示范城市政策促进风险投资增加的结果依旧是成立的。

表3－9　　　　稳健性检验结果

面板A：安慰剂检验		
因变量＝	Ln(1＋*VC*)	Ln(1＋*VC*)
	(1)	(2)
ITCITY_2Y	0.041	
	(0.98)	
ITCITY_3Y		－0.046
		(－1.03)
GDP	0.107*	0.114*
	(1.68)	(1.77)
PRI_SECTOR	0.016**	0.016**
	(2.58)	(2.58)
SEC_SECTOR	0.007**	0.007**
	(2.21)	(2.07)
EDUCATION	0.128	0.130
	(1.54)	(1.55)
ENTRE	0.017***	0.018***
	(3.00)	(3.13)
INNOVATION	0.020	0.016
	(0.66)	(0.52)
IPONUM	0.087***	0.083***
	(3.22)	(3.09)
RETURN	－0.047	－0.045
	(－1.24)	(－1.18)
Constant	－3.249**	－3.395**
	(－2.03)	(－2.09)
City FE	YES	YES
Year FE	YES	YES
Observations	2653	2653
R－squared	0.119	0.119

续表

面板 B：控制高铁开通

因变量 =	Ln(1 + *VC*)
	(1)
ITCITY	0. 164 ***
	(3. 65)
GDP	0. 094
	(1. 52)
PRI_SECTOR	0. 013 **
	(2. 16)
SEC_SECTOR	0. 006 *
	(1. 94)
EDUCATION	0. 148 *
	(1. 79)
ENTRE	0. 013 **
	(2. 49)
INNOVATION	0. 041
	(1. 36)
IPONUM	0. 083 ***
	(3. 06)
RETURN	-0. 053
	(-1. 39)
HSR	0. 082 ***
	(4. 62)
Constant	-3. 135 **
	(-2. 03)
City FE	YES
Year FE	YES
Observations	2653
R - squared	0. 142

面板 C：剔除特大城市

因变量 =	Ln(1 + *VC*)	Ln(1 + *VC*)
	(1)	(2)
ITCITY	0. 135 ***	0. 129 ***
	(2. 62)	(2. 60)

续表

因变量 =	Ln(1 + *VC*)	Ln(1 + *VC*)
	(1)	(2)
GDP		0.067
		(1.05)
PRI_SECTOR		0.013 **
		(2.17)
SEC_SECTOR		0.007 **
		(2.08)
EDUCATION		0.151 *
		(1.69)
ENTRE		0.013 *
		(1.95)
INNOVATION		0.035
		(1.14)
IPONUM		0.081 **
		(2.24)
RETURN		-0.044
		(-1.13)
Constant	0.828 ***	-2.709 *
	(29.42)	(-1.71)
City FE	YES	YES
Year FE	YES	YES
Observations	2365	2365
R - squared	0.088	0.104

注：***、**、*分别表示在1%、5%和10%的显著性水平上显著。括号内为t值。

（8）进一步分析

前文证实，“宽带中国”示范城市政策的实施降低了信息获取成本，而信息获取成本是影响分析师预测准确性和机构持股决策的重要因素（Chen et al.，2022）。因此，我们推测示范政策可能显著提高了分析师预测准确性和机构持股比例。为了检验这一推测，我们收集了上市公司相关的分析师预测和机构投资者持股数据，分别构建上市公司—分析师、上市公司—基金公司样本。

首先，筛选出相应的样本：具体而言，借鉴 Chen et al.（2022），我们剔除了金融行业的公司，并在此基础上剔除了在创业板上市、位于特大城市（北京、上海、广州、深圳）、处于特殊处理状态的公司。在剔除控制变量和每股收益预测变量缺失的样本后，我们获得 159865 个分析师预测—年度观测值，这些分析师来自 86 家券商。对于机构持股样本，我们剔除了指数型基金，仅关注主动管理股票型基金，并将相应的数据汇总到基金公司层面，要求样本基金公司至少有一年有持仓记录，最终得到 256138 个基金公司—年度观测值，涉及 85 家共同基金公司。

其次，基于分析师预测和基金公司样本，构造相应的变量：①分析师预测偏差（*FERROR*）。利用预测每股收益率和实际预测每股收益率的差值的绝对值来衡量，并用年初股价进行调整。②基金持股比例（*FUND_HOLDING*），即主动管理股票型基金持有公司股权的百分比。最后，将模型（3－1）中的因变量替换成分析师预测偏差和基金持股比例，在控制公司资产规模（*SIZE*）、资产负债率（*LEV*）、账面市值比（*MB*）、股票回报波动率（*RETVOL*）和分析师覆盖率（*NUMANALYST*）等因素后进行回归。

在考察"宽带中国"示范城市政策对分析师预测准确度的影响时，我们引入了三个变量来捕捉上市公司与分析师所在证券公司之间的地理距离和交通情况，分别是 *LOW_DIST*、*MED_DIST*、*HIGH_DIST*。如果上市公司和证券公司之间距离在 200 公里以内且在 2013 年前有高铁连接，将 *LOW_DIST* 赋值为 1，否则为 0。如果上市公司和证券公司之间距离在 200—800 千米，且在 2013 年前没有高铁连接，将 *MED_DIST* 赋值为 1，否则为 0。如果上市公司和证券公司之间距离超过 800 千米同时在 2013 年前没有高铁连接，将 *HIGH_DIST* 赋值为 1，否则为 0。我们在回归中引入了这三个变量和 *ITCITY* 的交互项，相关变量的描述性统计和回归结果报告分别报告在表 3－10 的面板 A 和面板 B。从面板 B 可以发现，*ITCITY* 和 *LOW_DIST*、*MED_DIST* 的交互项的系数均不显著，只有 *ITCITY* 和 *HIGH_DIST* 的交互项的系数是显著的，说明当证券公司距离上市公司越远时，示范城市政策带来的信息环境的改善显著提高了分析师预测准确度。这也从侧面反映出"宽带中国"战略与高铁开通是相辅相成的。

表 3－10　　　　进一步分析结果

面板 A：描述性统计

变量名称	样本数	均值	标准差	P25	P50	P75
FERROR	159865	1. 481	2. 144	0. 257	0. 710	1. 791
SIZE	159865	22. 940	1. 205	22. 029	22. 800	23. 761
LEV	159865	0. 447	0. 183	0. 305	0. 449	0. 592
ROA	159865	0. 093	0. 073	0. 041	0. 080	0. 128
MB	159865	3. 614	2. 491	1. 868	2. 888	4. 699
RETVOL	159865	0. 120	0. 051	0. 085	0. 109	0. 142
NUMANALYST	159865	21. 300	12. 816	11. 000	20. 000	30. 000

面板 B：回归结果

因变量＝	Ln(1＋*FERROR*)		
	(1)	(2)	(3)
ITCITY×*LOW_DIST*	0. 086	0. 080	0. 080
	(1. 10)	(1. 01)	(1. 02)
ITCITY×*MED_DIST*	0. 126	0. 106	0. 103
	(1. 19)	(1. 04)	(1. 00)
ITCITY×*HIGH_DIST*	－0. 188**	－0. 173**	－0. 165*
	(－2. 21)	(－1. 98)	(－1. 91)
SIZE	0. 111	0. 116	0. 122*
	(1. 54)	(1. 63)	(1. 74)
LEV	0. 610**	0. 602**	0. 570**
	(2. 26)	(2. 27)	(2. 19)
ROA	0. 971**	0. 952**	0. 952**
	(2. 43)	(2. 41)	(2. 41)
MB	－0. 119***	－0. 119***	－0. 117***
	(－8. 20)	(－8. 22)	(－8. 10)
RETVOL	－0. 583	－0. 612	－0. 584
	(－1. 37)	(－1. 45)	(－1. 39)
NUMANALYST	0. 002	0. 002	0. 003
	(1. 04)	(1. 09)	(1. 23)
Constant	－2. 788*	－2. 885*	－3. 010*
	(－1. 72)	(－1. 80)	(－1. 90)

续表

因变量 =	Ln(1 + *FERROR*)		
	(1)	(2)	(3)
Broker - firm pair FE	Yes	Yes	Yes
Year FE	Yes	No	No
Broker city × Year FE	No	Yes	No
Broker × Year FE	No	No	Yes
Observations	159865	159865	159865
R - squared	0.372	0.375	0.379

注：***、**、* 分别表示在 1%、5% 和 10% 的显著性水平上显著。括号内为 t 值。

类似地，我们在考察“宽带中国”示范城市政策对基金公司持股比例的影响时，采用基金公司与上市公司之间的距离和高铁开通情况来衡量信息获取成本。相关描述性及回归结果报告在表 3 - 10。研究表明，当基金公司距离上市公司越远（信息获取成本较低）时，示范城市政策带来的信息环境的改善显著提高了基金公司持股比例。

3.1.5 研究结论与建议

基于“宽带中国”示范城市政策这一准自然实验，我们考察互联网普及对风险投资的影响。研究发现：首先，示范城市政策带来的互联网普及率的提升吸引了更多的风险投资，这一效果主要是通过降低信息获取成本实现的。其次，初创企业从政策中获益更多，示范城市政策吸引了更多的外国风险投资和独立风险投资。最后，进一步研究发现“宽带中国”示范城市政策带来的信息环境的改善显著提高了当地上市公司的分析师预测准确性和基金公司持股比例。

综上所述，我们发现网络基础设施能够改善上市公司的信息环境，从而吸引更多的风险投资。本章从网络基础设施这一视角丰富了基础设施影响信息获取的相关文献，也为网络基础设施政策带来的经济后果提供了新的视角。

3.2 交通基础设施建设与银行贷款定价①

3.2.1 引言

作为中国金融体系的核心组成部分，银行业在经济发展中扮演着至关重要的融资中介角色（Bailey et al.，2011）。数据显示，2024 年中国银行业在社会融资规模中的占比达到 62%，显著超越债券和股权等融资渠道。由于受到资本市场准入门槛的限制，大多数私营企业难以通过公开股票市场进行融资，因而更加依赖银行信贷这一传统融资渠道。目前，我国大多数银行实行分级授权制度，总行对各分行进行不同额度的贷款授权审批，地方分行贷款审批权相对有限。这就造成尽管地方支行掌握了当地借款公司的详细信息，但因受制于有限的贷款审批授权额度，只能将地方企业的融资需求上报总行。这种层级化的审批机制使得银行贷款审批层与当地借款企业所在社区之间存在显著的功能距离，影响各层级之间的信息传递（Alessandrini et al.，2009；2010）。

企业的软信息反映了公司风险，在银行的贷前筛查和贷后监控中发挥着重要作用。这些软信息与地区软信息紧密相关，包括当地的社会环境、文化环境、政商关系等。这些信息隐含于当地，很难明确记录或直接核实，因此面对面交流是软信息传递的最有效方式。中国地域广阔，地区间差异较大，软信息更为多样，这种多样性导致功能距离成为制约软信息传递的主要障碍，进而凸显了研究功能距离对银行贷款定价影响的重要性。

近年来，我国在以高铁为代表的交通基础设施建设方面取得了瞩目成绩。高铁等交通基础设施的建设可能显著缩短了地区间的功能距离，提升了信息传递效率。具体而言，高铁开通减少了信贷人员实地调研借款企业的时间成本，使贷款决策者能够更便捷地与当地银行、借款企业及其他信息提供者进行面对面交流，从而获取更多企业软信息，有效缓解银企间的信息不对称。交通基础设施建设情况可能是银行贷款利率呈现地区差异的

---

① 本部分系笔者两项国家自然科学基金面上项目（基金批准号 71873058、72373099）的阶段性成果，于 2023 年 4 月发表于 *Journal of Banking and Finance*。

重要原因。基于此，本节以高铁开通为研究背景，实证检验功能距离对银行贷款定价的影响机制。利用 2007—2013 年中国一家全国性商业银行省份层面贷款数据，本节发现高铁开通显著降低了当地非上市公司的银行贷款利率，并提高了贷款额度。横截面分析表明，当借款企业的拜访难度以及贷款定价对于信息的敏感性两者都较高时，这一效果更为显著。

现有研究大多集中于探讨借款公司与银行贷款分支机构之间的物理距离（操作距离）对银行贷款行为的影响，而对功能距离（即基于经济联系和信息传递的实际距离）在银行贷款定价中的作用关注较少。即便有少数研究涉及功能距离，其测度方法也存在一定的局限性，难以准确反映其在银行贷款决策中的真实影响。本节边际贡献在于，采用一种新的、更为科学的方法单独测算功能距离，并将其与操作距离明确区分开来。通过这一创新，本节从银行信息获取的视角，进一步丰富了关于中国高铁开通对银行贷款行为影响的研究，为理解高铁开通如何改变银行与企业之间的信息不对称提供了新的实证依据。

3.2.2　理论分析及研究假设

3.2.2.1　我国银行层次结构及权限分配

本节选择一家全国性商业银行作为研究对象。通过与银行工作人员访谈[①]发现，我国大型商业银行贷款实行审贷分离、分级审批制度，审批权限可分为五个层级：（1）总部拥有最高审批权，要负责大额贷款和高风险项目的审批；（2）各省会、省级市一级分支机构拥有对绝大部分贷款的审批权；（3）各地市二级分支机构的审批权相对有限，通常仅涉及小额个人贷款；（4）各县市一级支行对个人贷款申请的审批权有限；（5）二级支行即银行网点不具有任何审批权限，主要负责贷款申请的受理和初步审核。贷款额度是决定审批层级的关键因素。通常情况下，贷款额度越高，越可能由更高层级进行审批。

银行的贷款决策过程主要包括贷前调查、核查、审议、审批和贷后监控五个关键步骤，各环节紧密衔接，确保贷款流程的规范性和风险可控性。（1）贷前调查。借款公司首先向一级支行提交贷款申请。信贷员对借款人进行初步筛查，重点考察其收入状况、借款用途、还款来源和还款方

---

① 具体的访谈记录见附录 A－1。

式等关键要素。如果借款人不符合基本放贷要求，申请将被直接拒绝；若符合要求，则将申请材料递交给上级分支机构进行进一步审批。在这一阶段，一级分支机构的信贷员会结合借款公司填写的申请表信息，以及在借款企业所在社区实地调查中获取的软信息（如企业声誉、经营状况等），对是否放贷作出初步判断。(2) 核查。初步调查完成后，由一级分支机构中专门的审查人员对贷款申请进行全面审查。审查内容包括贷款申请的合法性、合理性以及信息的准确性，确保所有材料符合银行的贷款政策和法律法规要求。(3) 审议。审查委员会对贷款的风险和回报进行进一步评估。如果贷款申请存在高风险但回报较低的情况，委员会将决定是否增加放贷条件（如提高利率、增加抵押物等）。如果借款人能够满足这些附加条件，则进入最后的审批环节。(4) 审批。银行将根据前序环节的调查和审查结果，决定是否批准贷款申请。一旦获批，双方将签署贷款合同，合同中明确贷款额度、利率、还款期限等关键条款。(5) 贷后监控。贷款发放后，信贷员会持续监控借款公司的财务状况、资金使用情况以及还款进度。通过定期回访和数据分析，信贷员能够及时发现潜在风险，并采取措施降低不良贷款和信贷损失的可能性。

3.2.2.2 我国高铁建设的制度背景

近年来，我国高铁建设取得了举世瞩目的成就，其规划布局综合考虑了区域人口规模、工业基础和经济水平等关键因素，实现了经济效益与社会效益的有机结合。高铁网络不仅满足了东部地区日益增长的客运需求，还显著改善了中西部地区铁路基础设施相对滞后的状况，有力促进了区域交通的均衡发展。

Huang et al. (2018) 将中国近几十年来高铁网络的发展总结为四个阶段[①]：第一阶段（2008 年 8 月之前）是高铁计划的提出阶段，这一时期高铁尚未运行，中央十分重视高铁的建设，不断强调高铁建设的重要性；第二阶段（2008 年 8 月到 2011 年 7 月）是初步发展阶段，高铁建设的重心主要集中在我国东部地区，2008 年 8 月 1 日，我国第一条设计速度达到 350 千米/小时级别的高速铁路京津城际铁路开通运营，是中国铁路建设的一个里程碑，此后其他高铁线路也逐步运行；第三阶段（2011 年 7 月到 2013 年 1 月）是“四纵四横”布局阶段，我国的高铁建设从局部渐渐过渡

---

① 我们根据时间顺序梳理了中国高铁发展历程，具体见附录 A－2。

到整体，由东部地区向中部地区延伸，这阶段末我国超半数城市已经开通了高铁；第四阶段（2013 年 1 月至今）是全面快速发展阶段，总运营里程几乎是上一阶段的三倍，高铁建设以中西部地区为重点，在“四纵四横”布局的基础上提出了“八纵八横”规划。

3.2.2.3　研究假设

本节旨在探讨高铁开通对银行软信息搜集和贷款决策的影响。在贷款审批过程中，信贷员在贷前调查阶段会大量搜集与借款公司申请贷款相关的信息，后续层级的信贷审批人员，尤其是审查委员会，将依赖这些信息并作出最终决策。最终层级的信贷人员与审查委员会往往处于同一办公地点，因此信息传递较为方便（Liberti and Mian，2009；Qian et al.，2015）。然而，信贷员和借款公司往往位于不同城市，此时信息传递就因为地理距离变得较为困难，特别是在软信息的传递上。硬信息因其量化特性更容易被记录和传递（Stein，2002；Petersen and Rajan，2002）。相比之下，软信息的获取高度依赖于面对面的直接互动，其传递效果更容易受到地理距离的制约（Liberti and Petersen，2019）。

不同于上市公司受到严格的信息披露监管，非上市公司信息透明度较低。高铁的开通在极大程度上缩短了信贷员与借款公司间的功能距离，更便于软信息的获取，由此可能降低了非上市公司的银行贷款定价。在高铁未开通前，信贷人员开展实地尽职调查面临较高的时间成本，导致软信息获取不足。这种信息不对称迫使银行通过提高风险溢价来补偿潜在风险。高铁开通后，出行时间的压缩使信贷人员能够更高效地开展实地调查，并有更多精力与当地社区进行深入互动，由此缓解了因功能距离导致的信息不对称问题，降低了银行的风险补偿要求。因此，提出如下假设：

H1：高铁开通后，当地非上市企业的银行贷款定价下降。

3.2.3　研究设计

3.2.3.1　样本选取及数据来源

本节使用了四类数据：贷款层级信息、公司财务信息、高铁开通信息和城市特征信息。其中，贷款数据来自一家全国性商业银行，覆盖了全国各省的贷款信息。公司财务数据来源于国家统计局的《工业企业年度调查》（*ASIP*），涵盖了年收入 500 万元以上的国有企业和非国有企业，主要分布在采矿业、电力、燃气和水的生产供应业以及制造业；高铁的开通时间及站点信息来自《中国铁路年鉴》；城市层级特征数据来自 CSMAR 数据库。由于我国第一条高铁在 2008 年开通，为了方便构建对照组，样本起始时间选择 2007 年，而工业企业年度调查数据仅公开到 2013 年，因此终止时间选择 2013 年。

本节样本取自 2007—2013 年私营企业和上市公司，根据研究的需要，剔除了如下样本：（1）参考 Cai 和 Liu（2009）、聂辉华等（2012），剔除财务数据不合理的公司，包括总资产低于流动资产、实收资本小于零、累计折旧低于当前折旧、员工人数少于 8 人，以及年销售额低于 500 万元的公司；（2）剔除必要财务数据缺失的公司；（3）由于银行总部位于北京，北京的贷款功能距离在城市层面始终为零，因此剔除北京的贷款数据。最终获得来自 230 个城市的 1434 家私营企业共计 59650 笔贷款数据，以及来自 155 个城市的 499 家上市公司共计 20100 笔贷款信息。

3.2.3.2 模型构建和变量定义

本节采用多期双重差分模型来考察高铁开通对银行贷款定价的影响，以开通高铁的城市为处理组，未开通高铁的城市为对照组，对比在高铁开通前后处理组和对照组公司获得的银行贷款定价变化。模型构建如下：

$$IntRate_{l,i,t} = \beta_0 + \beta_1 HSR_{i,t} + \beta_m Controls + FirmFE + YearFE + LoanAttibuteFE + \varepsilon_{i,l,t} \quad (3-3)$$

其中，各个变量的定义及其描述如表 3－11 所示。我们对所有连续变量进行了上下 1% 的缩尾处理，在公司层面聚类标准误。

表 3－11　　变量定义

变量符号	变量定义
Raw_IntRate	第 t 年公司 i 第 l 笔贷款的原始执行利率
Adj_IntRate	第 t 年公司 i 第 l 笔贷款的原始执行利率除以第 t 年所有贷款原始执行利率的标准差
HSR	若公司 i 所在城市在样本期内已开通首条高铁，则此后年份此变量取 1，否则取 0。对于样本期内从未开通高铁的城市，此变量始终为 0
Maturity	贷款期限（以年计）加 1 的自然对数
Amount	贷款金额（人民币）的自然对数
Size	总资产的自然对数
Lev	总债务除以总资产

续表

变量符号	变量定义
ROA	资产回报率，等于净利润除以总资产
Turnover	总资产周转率，等于销售收入除以总资产
Tangibility	有形资产（房产、厂房和设备）除以总资产
SOE	若为国有企业，则此变量取 1，否则取 0
Age	公司成立年限（以年计）加 1 的自然对数
GDP	借款公司所在城市人均国内生产总值加 1 的自然对数
Growth	借款公司所在城市的年度国内生产总值增长率
Ind Value	借款公司所在城市人均工业生产值加 1 的自然对数
Pop	借款公司所在城市人口规模的自然对数
Fin Depth	借款公司所在城市金融深度的综合度量，通过主成分分析法对以下四个代理变量得出：（1）当地金融机构贷款余额除以国内生产总值；（2）当地金融机构存款余额除以国内生产总值；（3）当地股票流通市值除以国内生产总值；（4）当地股票交易值除以国内生产总值
Bank Comp	借款公司所在城市的银行竞争程度，以前三大银行市场份额之和来衡量，前三大银行市场份额之和越大，表示银行竞争程度越低。银行 n 在城市 c 的市场份额通过银行 n 在城市 c 的分支机构数量与城市 c 所有银行分支机构总数量的比例来衡量
Gov Rev	借款公司所在城市地方政府收入除以国内生产总值
City Bond	借款公司所在城市新发行城投债规模的自然对数
Road_Air	借款公司所在城市道路和航空客运量的自然对数
Risk_Type	贷款风险类型，主要包括五个等级：正常、关注、次级、可疑和损失
Guarantee	贷款担保类型，主要包括四种模式：抵押、质押、第三方担保和信用
Credit_Quota	信贷额度模式，主要包括三种分类：不可循环使用信贷额度、可循环使用信贷额度以及国际贸易融资信贷额度
Client_Classification	借款企业分类，主要包括三种分类：一级分支机构客户、二级分支机构客户和总部客户
$HSR^{\leqslant -5}$	若为高铁开通前五年及以前，则此变量取 1，否则取 0
HSR^{-4}	若为高铁开通前四年，则此变量取 1，否则取 0
HSR^{-3}	若为高铁开通前三年，则此变量取 1，否则取 0
HSR^{-2}	若为高铁开通前两年，则此变量取 1，否则取 0
HSR^{0}	若为高铁开通当年，则此变量取 1，否则取 0
HSR^{1}	若为高铁开通后第一年，则此变量取 1，否则取 0

续表

变量符号	变量定义
HSR^2	若为高铁开通后第二年，则此变量取1，否则取0
HSR^3	若为高铁开通后第三年，则此变量取1，否则取0
$HSR^{\geqslant 4}$	若为高铁开通后四年及以后，则此变量取1，否则取0
Slope	借款企业所在城市内所有10公里×10公里网格的平均海拔差
Ming	借款企业所在城市内明朝驿站数量加1的自然对数
ProvCity	若借款企业位于省会城市/副省级城市，则此变量取1，否则取0
HSR_Pse	若企业i所在城市已开通首条高铁后的年份，则此变量取1，否则取0。对于样本期内从未开通高铁的城市，HSR始终取0。首条高铁开通的年份向前推进三年
Private	私营企业取1，公有制企业取0
HSR_Capital	若城市c与其所在省会/北京之间已开通首条直接连接的高铁后的年份，则此变量取1，否则取0。对于样本期内从未开通与省会/北京相连高铁的城市，*HSR_Capital* 始终取0
*Treat * Post*	*Treat* 与 *Post* 的交互项。*Treat* 对于处理组贷款取1，对于对照组贷款取0 在特定借款企业—年份中，贷款额位于前90%/75%/50%的贷款被设为处理组贷款，而贷款额位于后10%/25%/50%的贷款被设为对照组贷款。*Post* 在高铁开通后的年份取1，在高铁开通前的年份取0
Difficult_Visit	若借款企业所在城市在高铁开通前没有民航机场，且该城市与其所在省会的地理距离大于全国所有城市的中位数，则此变量取1，否则取0
H_BComp	若高铁开通前该城市的银行竞争程度平均高于样本中位数，则此变量取1，否则取0。对于样本期内从未开通高铁的城市，我们计算整个样本期内该城市的银行竞争程度平均值
Non_SOE	非国有企业（非国企）取1，否则取0
Non_Collateral	若贷款没有任何抵押物担保，则此变量取1，否则取0
Loan_Vol	企业i在第*t*年的银行贷款人民币金额的增长率。私营企业的银行贷款金额等于总负债减去应付账款。公有制企业的银行贷款金额等于资产负债表中的短期贷款加上长期贷款

3.2.4 实证结果分析

3.2.4.1 描述性统计

表3－12报告了主要变量的描述性统计结果。原始利率和调整后利率的平均值分别为5.21%和3.72%，标准差分别为2.16%和2.50%，表明样本中的贷款定价存在一定的差异。*HSR* 的平均值为0.339，表明大约

33.9%的贷款来自高铁开通的城市年份。

表 3－12　　变量描述性统计

Variables	*N*	*Mean*	*Std. Dev*	*Min*	25%	*Median*	75%	*Max*
Raw_IntRate（%）	59650	5.21	2.16	0.25	3.70	5.85	6.60	10.46
Adj_IntRate（%）	59650	3.72	2.50	0.12	2.00	3.18	5.19	15.41
HSR	59650	0.339	0.473	0.000	0.000	0.000	1.000	1.000
Maturity	59650	0.517	0.334	0.000	0.223	0.543	0.692	3.259
Amount	59650	15.89	1.783	3.614	14.91	16.12	17.15	21.63
Size	59650	21.19	1.441	16.80	20.20	21.02	22.14	26.13
Lev	59650	0.617	0.162	0.120	0.512	0.624	0.733	0.985
ROA	59650	0.054	0.073	−0.123	0.014	0.038	0.074	0.652
Turnover	59650	1.256	0.905	0.077	0.647	0.982	1.581	5.618
Tangibility	59650	0.349	0.205	0.009	0.181	0.325	0.499	0.923
SOE	59650	0.103	0.305	0.000	0.000	0.000	0.000	1.000
GDP	59650	10.79	1.074	5.720	10.42	10.94	11.44	13.01
Growth	59650	14.28	5.803	−0.826	9.415	14.18	18.27	38.35
Ind Value	59650	11.55	1.083	0.001	10.92	11.73	12.26	13.50
Pop	59650	6.154	0.566	4.320	5.849	6.316	6.529	8.115
Fin Depth	59650	0.026	0.356	−0.573	−0.241	−0.054	0.241	1.852
Bank Comp	59650	0.500	0.112	0.317	0.402	0.477	0.571	0.885
Gov Rev	59650	0.084	0.029	0.031	0.062	0.079	0.100	0.191
City Bond	59650	2.014	1.936	0.000	0.000	2.197	3.850	6.720
Road_Air	59650	9.557	0.877	6.942	8.975	9.648	10.23	12.20
$HSR^{\leq -5}$	59650	0.098	0.298	0.000	0.000	0.000	0.000	1.000
HSR^{-4}	59650	0.048	0.213	0.000	0.000	0.000	0.000	1.000
HSR^{-3}	59650	0.081	0.273	0.000	0.000	0.000	0.000	1.000
HSR^{-2}	59650	0.092	0.288	0.000	0.000	0.000	0.000	1.000
HSR^{0}	59650	0.087	0.282	0.000	0.000	0.000	0.000	1.000
HSR^{1}	59650	0.074	0.262	0.000	0.000	0.000	0.000	1.000
HSR^{2}	59650	0.084	0.278	0.000	0.000	0.000	0.000	1.000
HSR^{3}	59650	0.116	0.320	0.000	0.000	0.000	0.000	1.000
$HSR^{\geq 4}$	59650	0.065	0.246	0.000	0.000	0.000	0.000	1.000
Slope	59650	0.315	0.448	0.001	0.023	0.137	0.390	3.662

续表

Variables	N	Mean	Std. Dev	Min	25%	Median	75%	Max
Ming	59650	1.143	0.759	0.000	0.693	1.386	1.609	2.996
ProvCity	59650	0.129	0.335	0.000	0.000	0.000	0.000	1.000
*Treat(Top 90) * Post*	42240	0.396	0.489	0.000	0.000	0.000	1.000	1.000
*Treat(Top 75) * Post*	42240	0.325	0.468	0.000	0.000	0.000	1.000	1.000
*Treat(Top 50) * Post*	42240	0.208	0.406	0.000	0.000	0.000	0.000	1.000
Difficult_Visit	59650	0.114	0.318	0.000	0.000	0.000	0.000	1.000
H_BComp	59650	0.767	0.422	0.000	1.000	1.000	1.000	1.000
Non_SOE	59650	0.897	0.305	0.000	1.000	1.000	1.000	1.000
Non_Collateral	59650	0.738	0.440	0.000	0.000	1.000	1.000	1.000
Loan_Vol	747414	0.399	0.878	-0.600	-0.0908	0.0789	0.539	3.999

3.2.4.2 基准回归结果

表3-13呈现了高铁开通对银行贷款定价影响的多元回归分析结果。第（1）至第（10）列展示了私营企业样本的回归结果，第（11）和第（12）列则提供了上市公司样本的数据，用于对比分析。在私营企业样本中，*HSR* 的系数始终为负且在统计上显著，这说明高铁开通显著降低了私营企业获得的银行贷款定价。根据第（5）和第（10）列的参数估计，高铁的开通分别使贷款定价大约降低了 *Raw_IntRate* 均值的5.45%和 *Adj_IntRate* 均值的9.70%，这表明高铁开通对私营企业贷款定价的影响在统计和经济层面上都是显著的。至于上市公司样本，由于它们有更严格的信息披露义务，高铁开通带来的额外信息可能较少，进而导致第（11）和第（12）列的 *HSR* 系数不显著。总体而言，表3-13的结果初步验证了高铁开通对私营公司银行贷款定价的影响。

如果银行对私营企业的贷款定价的降低确实是由高铁开通所引发的信息效应所致，那么这种影响应当仅在高铁开通之后显现，而在开通之前，贷款定价不应出现系统性的变化。相反，如果贷款定价的下降是由区域内其他因素（如经济增长潜力）引起的，那么在高铁开通之前，银行贷款定价也会受到相应的影响。为了缓解内生性问题，我们进行了平行趋势检验。具体而言，引入了指标变量 $HSR^{\leqslant -5}$、HSR^{-4}、HSR^{-3} 和 HSR^{-2}，分别

表3-13　　基准回归结果

Dependent Variable	Private sample										Public sample	
	Raw_IntRate					*Adj_IntRate*					*Raw_IntRate*	*Adj_IntRate*
	(1)	(2)	(3)	(4)	(5)	(6)	(7)	(8)	(9)	(10)	(11)	(12)
HSR	-1.439***	-0218***	-0.279*	-0277*	-0.284**	-1.857***	-0.298***	-0.337**	-0.353**	-0.361***	-0.073	-0.002
	(-6.331)	(-6.048)	(-1.889)	(-1.88) 8)	(-1.972)	(-9.714)	(-11.276)	(-2.306)	(-2.508)	(-2.598)	(-0.647)	(-0.034)
Maturity					1.474***					1.011***	1.414***	0.780***
					(13.832)					(11.047)	(7.332)	(7.502)
Amount					0.165***					0.071***	0.196***	0.103***
					(5.325)					(4.391)	(5.732)	(6.089)
Size				-0.080	-0.073				-0.074	-0.067	-0.014	0.060
				(-0.802)	(-0.825)				(-0.652)	(-0.615)	(-0.102)	(0.837)
Lev				0.574**	0.684***				0.600*	0.670*	-0.008	-0.031
				(2.102)	(2.697)				(1.706)	(1.934)	(-0.020)	(-0.146)
ROA				0.334	0.373				0.206	0.228	-0.136	-0.083
				(0.785)	(0.883)				(0.308)	(0.338)	(-0.171)	(-0.182)
Turnover				-0.001	-0.001				-0.002	-0.002	0.126	0.081
				(-0.295)	(-0.245)				(-0.574)	(-0.511)	(0.856)	(1.024)
Tangibility				-0.270	-0.229				-0.241	-0.218	-0.135	-0.139
				(-0.998)	(-0.528)				(-0.818)	(-0.761)	(-0.326)	(-0.561)

续表

Dependent Variable	Private sample										Public sample	
	Raw_IntRate					Adj_IntRate					Raw_IntRate	Adj_IntRate
	(1)	(2)	(3)	(4)	(5)	(6)	(7)	(8)	(9)	(10)	(11)	(12)
SOE				-0.198 *	-0.260 **				-0.692 **	-0.727 **	-0.318	-0.136
				(-1.831)	(-2.365)				(-2.465)	(-2.516)	(-1.644)	(-1.091)
GDP				-0.011	-0.005				-0.080 **	-0.077 **	0.004	0.003
				(-0.355)	(-0.163)				(-2.492)	(-2.388)	(0.074)	(0.108)
Growth				-0.001	-0.001				-0.003	-0.003	-0.004	-0.001
				(-0.896)	(-0.574)				(-1.239)	(-1.283)	(-0.360)	(-0.257)
Ind Value				-0.020	-0.019				0.016	0.017	-0.074	-0.060 ***
				(-0.674)	(-0.644)				(0.619)	(0.674)	(-1.639)	(-3.901)
Pop				-0.095	-0.094				0.620	0.621	-0.307	-0.190 **
				(-0.477)	(-0.551)				(0.980)	(0.977)	(-1.559)	(-1.986)
Fin Depth				0.460 **	0.426 **				0.239	0.228	-0.416	-0.186
				(2.420)	(2.350)				(0.816)	(0.766)	(-1.607)	(-1.437)
Bank Comp				0.747	0.798				2.584 ***	2.588 ***	-0.156	-0.112
				(0.936)	(1.042)				(2.866)	(2.917)	(-0.155)	(-0.213)
Gov Rev				-1.318	-0.402				-6.000	-5.342	6.567 **	3.274 **
				(-0.500)	(-0.153)				(-1.277)	(-1125)	(2.383)	(2.428)

续表

Dependent Variable	Private sample										Public sample	
	Raw_IntRate					Adj_IntRate					Raw_IntRate	Adj_IntRate
	(1)	(2)	(3)	(4)	(5)	(6)	(7)	(8)	(9)	(10)	(11)	(12)
City Bond				−0.024	−0.024				0.008	0.008	−0.082**	−0.041**
				(−1.062)	(−1.085)				(0.271)	(0.267)	(−2.946)	(−2.654)
Road_Air				0.171	0.124				0.270*	0.247*	−0.099	−0.027
				(1.380)	(1.032)				(1.939)	(1.775)	(−0.977)	(−0.491)
Constant	5.695***	5.281***	5.302***	5.823**	2.489	4.350***	3.321***	3.834***	−1.306	−3.030	4.943	1.697
	(46.446)	(84.500)	(105.825)	(2.102)	(0.959)	(34.368)	(102.710)	*	(−0.310)	(−0.720)	(1.389)	(0.946)
Firm FE	No	Yes	Yes	Yes	Yes	No	Yes		Yes	Yes	Yes	Yes
Year FE	No	Yes	Yes	Yes	Yes	No	Yes		Yes	Yes	Yes	Yes
Loan attributes	No	No	Yes	Yes	Yes	No	No		Yes	Yes	Yes	Yes
Obs	59650	59650	59650	59650	59650	59650	59650	59650	59650	59650	20100	20100
$Adj-R^2$	0.099	0.704	0.758	0.759	0.780	0.124	0.808	0.828	0.831	0.837	0.776	0.830

注：此表报告了高铁开通对贷款定价影响的回归结果。第（1）至第（10）列为私营样本的回归结果。第（11）和第（12）列为公共样本的回归结果。第（1）和第（6）列仅包含 HSR；第（2）和第（7）列增加了企业和年份固定效应；第（3）和第（8）列增加了贷款属性固定效应；第（4）和第（9）列增加了城市层面和企业层面的控制变量；第（5）和第（10）列增加了贷款层面的控制变量。括号中显示的 t 统计量已根据企业聚类进行了调整。***，** 和 * 分别表示在 1%、5% 和 10% 水平（双尾）上的显著性。

代表高铁开通前第 5 年及更早年份、第 4 年、第 3 年和第 2 年的情况；变量 HSR^0 代表高铁开通的当年；HSR^1、HSR^2、HSR^3 和 $HSR^{\geq 4}$ 则分别代表开通后的第 1 年、第 2 年、第 3 年以及第 4 年及以后。随后，我们用模型（3－3）中的 HSR 替换为 $HSR^{\leq -5}$ 到 $HSR^{\geq 4}$，并重新进行估计，以开通前一年作为基准。估计结果支持了平行趋势假设，进一步证实了高铁开通后银行提供给私营企业的贷款定价的下降①。

3.2.4.3　内生性与稳健性分析

（1）工具变量法

尽管高铁开通与银行贷款定价之间存在显著的负相关关系，但这种关系可能并非完全由信息获取的改善驱动，而是受到其他区域特征的影响。例如，高铁开通的城市可能本身具有更好的经济基础、政策支持或其他未观测因素，这些因素可能同时影响高铁的建设和银行贷款定价，从而引发潜在的内生性问题。为此选取地形坡度、明代驿站数量作为高铁开通的工具变量，并采用两阶段最小二乘法（2SLS）重新估计结果。

地形坡度会影响高铁建设的工程难度，进而影响城市开通高铁的时间和地点，我们选择采用城市的地形坡度（*Slope*）作为第一个工具变量（Dong et al.，2020；Pan et al.，2023）。由于地形坡度是自然形成的，与高铁开通的经济动机无关，因此它是一个理想的外生工具变量（Dinkelman，2011；Wu et al.，2022）。此外，历史上存在驿站的地区，通常在现代也具有较好的交通条件。这些地区更可能是高铁开通的优先选择地，因此我们将明代驿站数量作为高铁开通另一个工具变量（Wu et al.，2022）。相关估计结果如表 3－14 所示，面板 A 和面板 B 分别报告了第一阶段和第二阶段的回归结果。可以看出，第一阶段回归中地形坡度（*Slope*）与年份虚拟变量的交互项均显著为正，说明地形坡度越高，当地开通高铁的可能性越大。*Ming* 与年份虚拟变量的交互项则显著为负，说明历史上驿站数量越多，当地开通高铁的可能性越小，满足了相关性假设。第二阶段的估计结果显示，在利用两个工具变量剔除内生性影响后，高铁开通仍然显著降低了银行贷款定价，验证了我们基准回归的发现。

① 囿于篇幅，不在此报告结果。感兴趣的读者可向我们索取。

表 3 – 14　　工具变量估计结果

Panel A: *first – stage estimation*		
Dependent variable: *HSR*	(1) Ⅳ = *Slope*	(2) Ⅳ = *Ming*
Ⅳ ×2007	0.191 ***	–0.197 ***
	(4.621)	(–3.547)
Ⅳ ×2008	0.158 ***	–0.175 ***
	(3.848)	(–3.789)
Ⅳ ×2009	0.003	–0.228 ***
	(0.044)	(–5.058)
Ⅳ ×2010	0.158 ***	–0.123 **
	(4.000)	(–2.559)
Ⅳ ×2011	0.094 ***	–0.036
	(3.510)	(–1.121)
Ⅳ ×2012	0.034	–0.040
	(1.554)	(–1.607)
Control variables	Yes	Yes
Firm FE	Yes	Yes
Year FE	Yes	Yes
Loan attributes FE	Yes	Yes
F – statistic of Ⅳ * 2007—Ⅳ * 2012	7.91 ***	12.77 ***

Panel B: *second – stage estimation*

Dependent variable	Ⅳ = *Slope*		Ⅳ = *Ming*	
	Raw_IntRate	*Adj_IntRate*	*Raw_IntRate*	*Adj_IntRate*
	(1)	(2)	(3)	(4)
Predicted HSR	–2.085 ***	–4.183 ***	–0.678 **	–0.535 *
	(–4.063)	(–3.922)	(–2.299)	(–1.894)
Control variables	Yes	Yes	Yes	Yes
Firm FE	Yes	Yes	Yes	Yes
Year FE	Yes	Yes	Yes	Yes
Loan attributes FE	Yes	Yes	Yes	Yes
Obs	59650		59650	
Kleibergen – Paap rk LM	41.498		17.263	
	p – value =0.0000		*p – value* =0.0084	
Cragg – Donald Wald F	152.743		421.661	

注：***、**、* 分别表示在 1%、5% 和 10% 的显著性水平上显著。括号内为 t 值。

（2）倾向得分匹配

为进一步缓解处理组（开通高铁的城市）与对照组（未开通高铁的城市）之间特征差异所引发的内生性问题，本节引入倾向得分匹配法（PSM）。具体而言，在选取模型（3－3）中所有城市层面特征变量为协变量的基础上，我们采用 Logit 回归模型估计得到倾向得分，并基于得分进行一对一最近邻匹配，以确保处理组和对照组在协变量上不存在显著差异。最终得到 56 个实验组城市和 43 个对照组城市。将这些城市与公司层面的数据进行匹配得到匹配后的样本，我们重新估计高铁开通对银行贷款的影响，结果如表 3－15 所示。其中面板 A 展示了匹配前后处理组和对照组城市在特定变量上的平衡性检验结果，可以看出匹配后两组之间在协变量上不存在显著差异。面板 B 展示了基于匹配样本的回归结果，我们观测到 *HSR* 的估计系数依旧显著为负，由此说明高铁开通导致银行贷款定价下降的结论不太可能受到遗漏变量的影响。

表 3－15　　倾向得分匹配结果

Panel A：balance test

Variable	*Unmatched/ Matched*	*Mean*		*% bias*	*% reduct |bias|*	*t－stat*
		Treatment	*Control*			
GDP	*U*	10.404	10.130	31.6	65.5%	3.31***
	M	10.251	10.345	－10.9		－0.78
Growth	*U*	16.625	18.715	－33.6	62.5%	－2.84***
	M	17.459	16.676	12.6		0.75
Ind Value	*U*	10.948	10.368	59.2	81.9%	5.09***
	M	10.678	10.783	－10.7		－0.69
Pop	*U*	6.128	5.676	73.9	88.2%	6.46***
	M	6.039	5.985	8.7		0.51
Fin Depth	*U*	－0.028	－0.071	10.3	－38.7%	0.96
	M	－0.139	－0.199	14.3		1.17
Bank Comp	*U*	0.554	0.624	－61.6	83.2%	－5.45***
	M	0.584	0.595	－10.3		－0.58
Gov Rev	*U*	0.071	0.067	19.0	70.6%	1.79*
	M	0.069	0.067	5.6		0.29
City Bond	*U*	1.369	0.600	54.8	38.4%	5.61***
	M	1.197	1.286	－6.3		－0.32

续表

Variable	Unmatched/ Matched	Mean		% bias	% reduct |bias|	t - stat
		Treatment	Control			
Road _Air	*U*	9. 260	8. 437	110. 1	99. 0%	10. 24 ***
	M	8. 934	8. 942	-1. 1		-0. 07

Panel B：*regression results*

Dependent variable	*Raw_IntRate*	*Adj_IntRate*
	(1)	(2)
HSR	-0. 279 **	-0. 266 **
	(-2. 218)	(-2. 335)
Control variables	Yes	Yes
Firm FE	Yes	Yes
Year FE	Yes	Yes
Loan attributes FE	Yes	Yes
Obs	23015	23015
Adj - R^2	0. 809	0. 822

注：***、**、*分别表示在 1%、5% 和 10% 的显著性水平上显著。括号内为 t 值。

(3) 排除区域特征干扰

高铁开通的时间和地点可能不是随机决定的，而是受到多种区域特征和政策因素的共同影响。在官方文件中，省会城市和大城市通常会优先被纳入高铁建设计划并公布相关信息，这为我们提供了一个缓解内生性问题的良好契机。如果高铁开通与银行贷款定价之间的负相关关系是由区域特征驱动的，那么在省会城市和直辖市中，这种负相关关系可能会更为显著。

基于此，我们在模型（3 - 3）的基础上引入了高铁开通与省会城市（或直辖市）的交互项（*HSR* × *ProvCity*），估计结果如表 3 - 16 所示。结果显示，*HSR* × *ProvCity* 的系数为正且在 5% 水平上显著。这表明在省会城市和直辖市中，高铁开通与银行贷款定价的负相关关系有所减弱，由此表明高铁开通对银行贷款定价的影响主要源于信息效应，而非单纯的区域特征。这些省会城市和直辖市通常设有银行的一级分支机构，当地借款公司提交的大部分贷款申请无须跨市审批。

表 3-16　　排除区域特征的影响

Dependent variable	*Raw_IntRate*	*Adj_IntRate*
	(1)	(2)
HSR	-0.345 **	-0.288 **
	(-2.016)	(-1.999)
HSR × *ProvCity*	0.321 **	0.286 **
	(2.334)	(2.108)
Control variables	Yes	Yes
Firm FE	Yes	Yes
Year FE	Yes	Yes
Loan attributes FE	Yes	Yes
Obs	59650	59650
Adj - R^2	0.781	0.836

注：** 表示在 5% 的显著性水平上显著。括号内为 t 值。

（4）考虑交错 DID 估计偏误

各地高铁开通的时间不一，因而高铁开通产生的政策效应可能存在异质性，进而产生估计偏误。Baker et al.（2022）指出交错 DID 估计的偏差程度与样本中未开通单位的比例成反比。若未开通单位在样本中占比较大时估计偏差相对较小。因此，本节统计了样本期间从未开通高铁的城市在贷款样本中的占比。在重点关注的私营公司样本中，未开通单位的比例接近 30%，因而前文交错 DID 回归的偏差问题可能不太严重。为了排除潜在的估计偏误，本节采用 Callaway and Sant' Anna（2021）提出的替代 DID 估计量（以下简称 CS 估计量）进行稳健性检验，估计结果如表 3-17 的面板 B 所示，面板 A 展示了前文交错 DID 估计结果进行对比。结果显示，CS 估计量显著为负，进一步验证了本节研究结果的可靠性。

表 3-17　　排除渐进式 DID 估计偏误

Panel A: estimates from staggered DID regressions		
Dependent variable	*Raw_IntRate*	*Adj_IntRate*
	(1)	(2)
HSR	-0.284 **	-0.361 ***
	(-1.972)	(-2.598)

续表

Dependent variable	Raw_IntRate	Adj_IntRate
	(1)	(2)
Control variables	Yes	Yes
Firm FE	Yes	Yes
Year FE	Yes	Yes
Loan attributes FE	Yes	Yes
Obs	59650	59650
Adj - R^2	0.780	0.837

Panel B：*estimates from CS estimator*

Dependent variable	Raw_IntRate	Adj_IntRate
	(1)	(2)
HSR	-0.084*	-0.269**
	(-1.88)	(-2.13)
Controls	Yes	Yes
Loan attributes FE	Yes	Yes
Obs	52074	52074
Parallel trend assumption test（*H0*：*All Pre - treatment are equal to* 0）		
Chi2	2.111	6.987
p - value	(0.954)	(0.430)

注：***、**、*分别表示在 1%、5%和 10%的显著性水平上显著。括号内为 t 值。

3.2.4.4　机制分析

高铁开通对银行贷款定价的影响有两个基本前提：（1）贷款申请需要跨越不同城市到达最终审批层，即存在功能距离；（2）借款公司的软信息在贷款决策中起重要作用，即软信息强度较高。下面本节检验在高铁开通后，满足上述两个条件的银行贷款定价是否发生显著变化，从而明确高铁开通对银行贷款定价的作用机制。首先，我们聚焦于同一借款公司在不同层级审批的贷款定价差异。如果在高铁开通后，需要跨城市审批的贷款利率显著下降，而由本地分行审批的贷款利率保持不变，说明高铁开通通过缩短功能距离降低了银行贷款定价。

通过与银行工作人员的交流访谈，我们了解到贷款额度可以作为推测贷款最终审批层级的重要依据。一级分行拥有较大的审批权限，省内约

90%的贷款申请由其直接授权。如果贷款申请的审批跨越不同城市，通常会由一级分行或总部最终审批。因此，结合贷款额度和审批权限，我们将贷款金额较高的申请视为跨城市审批，即存在功能距离。具体地，我们首先将年度贷款金额处于前90%的申请定义为存在功能距离的实验组，而将后10%的申请作为不存在功能距离的对照组。其次，设置 *Treat* 和 *Post* 两个虚拟变量，对于实验组贷款，我们将 *Treat* 赋值为1，否则为0。*Post* 取则捕捉高铁的开通情况，开通取值为1，否则为0。最后，构建 *Treat* 和 *Post* 的交互项，并替代模型（3－3）中的 *HSR* 进行估计，以观察同一借款公司在相同年份内大额贷款（实验组）和小额贷款（对照组）的定价变化。及如果如表3－18的面板A所示。结果表明，高铁开通之后，不同功能距离下的贷款利率呈现出显著的异质性变化。具体而言，相较于本地审批的贷款，需要跨城市审批的贷款利率出现了显著下降。这一发现表明，高铁的开通通过缩短信贷员与借款企业之间的功能距离，有效降低了信息传递成本，进而对贷款定价产生了显著影响。

另外，我们考察高铁开通是否通过促进软信息获取这一渠道改变了银行贷款定价，先前的研究表明，与大公司相比，小公司可用的硬信息相对有限，银行在处理小企业贷款时往往更加依赖软信息（Petersen and Rajan，2002；Liberti and Petersen，2019；Levine et al.，2020）。因此，我们将借款公司的规模作为软信息强度的代理变量，检验高铁开通对不同规模企业贷款定价的异质性影响。如果软信息获取机制成立，那么预计高铁开通对银行贷款定价的影响在小企业更加突出。根据借款公司规模的大小，我们将样本划分为两个子样本进行分组回归。为了确保结果的稳健性，我们采取十分位、三分位和中位数三种方式进行分组，将规模相对较小的公司标记为 *SFirm*，规模相对较大的公司记为 *LFirm*。结果如表3－18的面板A所示。结果显示，无论是哪种分组方式，*SFirm* 子样本中 *Treat*×*Post* 的估计系数均显著大于 *LFirm* 子样本，说明相比大公司，高铁开通后小公司银行贷款定价的下降幅度更大，软信息获取机制得到验证。

3.2.4.5 进一步分析

（1）借款企业实地访问难度

在高铁尚未开通的情况下，企业所在地的其他交通基础设施的完善程度决定了银行信贷人员实地访问的难度。前文研究表明，高铁开通缩短了人们的出行时间，银行信贷人员获取信息的成本和难度明显下降。因此，

表3-18 机制分析结果

Panel A：existence of functional distance

Variable	Raw_IntRate			Adj_IntRate		
	Top 90%	Top 75%	Top 50%	Top 90%	Top 75%	Top 50%
	(1)	(2)	(3)	(4)	(5)	(6)
Treat × Post	-0.260***	-0.224***	-0.133**	-0.139**	-0.110**	-0.085*
	(-2.728)	(-3.053)	(-2.161)	(-2.136)	(-2.956)	(-1.857)
Control variables	Yes	Yes	Yes	Yes	Yes	Yes
Firm FE	Yes	Yes	Yes	Yes	Yes	Yes
Year FE	Yes	Yes	Yes	Yes	Yes	Yes
Loan attributes FE	Yes	Yes	Yes	Yes	Yes	Yes
Obs	42240	42240	42240	42240	42240	42240
Adj - R^2	0.788	0.788	0.787	0.864	0.863	0.863

Panel B：high intensity of soft information

Dependent variable	Raw_IntRate						Adj_IntRate					
	Top 90%		Top 75%		Top 50%		Top 90%		Top 75%		Top 50%	
	SFirm	LFirm	SFirm	LFirm	SFirm	LFirm	SFirm	LFirm	SFirm	LFirm	SFirm	LFirm
	(1)	(2)	(3)	(4)	(5)	(6)	(7)	(8)	(9)	(10)	(11)	(12)
Treat × Post	-0.336***	-0.046	-0.261***	-0.070*	-0.128**	-0.032	-0.211**	0.045	-0.154**	0.019	-0.090*	-0.008
	(-3.109)	(-1.079)	(-3.152)	(-1.823)	(-3.913)	(-0.878)	(-2.428)	(0.723)	(-2.420)	(0.461)	(-1.821)	(-0.219)

续表

Dependent variable	Raw_IntRate						Adj_IntRate					
	Top 90%		Top 75%		Top 50%		Top 90%		Top 75%		Top 50%	
	SFirm	LFirm	SFirm	LFirm	SFirm	LFirm	SFirm	LFirm	SFirm	LFirm	SFirm	LFirm
	(1)	(2)	(3)	(4)	(5)	(6)	(7)	(8)	(9)	(10)	(11)	(12)
p - value of difference in coefficients	0. 012		0. 036		0. 095		0. 015		0. 021		0. 182	
Control variables	Yes	Yes	Yes	Yes	Yes	Yes	Yes	Yes	Yes	Yes	Yes	Yes
Firm FE	Yes	Yes	Yes	Yes	Yes	Yes	Yes	Yes	Yes	Yes	Yes	Yes
Year FE	Yes	Yes	Yes	Yes	Yes	Yes	Yes	Yes	Yes	Yes	Yes	Yes
Loan attributes FE	Yes	Yes	Yes	Yes	Yes	Yes	Yes	Yes	Yes	Yes	Yes	Yes
Obs	23755	18485	23755	18485	23755	18485	23755	18485	23755	18485	23755	18485
Adj - R^2	0. 811	0. 788	0. 810	0. 788	0. 809	0. 788	0. 869	0. 875	0. 869	0. 875	0. 868	0. 875

注：1. 此表报告了基于功能距离存在前提和软信息高强度前提的机制分析回归结果。表 A 报告了基于功能距离存在前提的回归结果。指标变量 Treat 对于处理组贷款等于 1，对于对照组贷款等于 0。在特定借款企业一年份中，贷款额位于前 90%/75%/50% 的贷款被设定为处理组贷款，而贷款额位于后 10%/25%/50% 的贷款被设定为对照组贷款。指标变量 *Post* 对于高铁开通后的年份等于 1，对于高铁开通前的年份等于 0。表 B 进一步报告了基于软信息高强度前提的回归结果。子样本 *SFirm* 包括资产规模小于全年样本中位数的小规模借款企业，而子样本 LFirm 包括资产规模大于全年样本中位数的大规模借款企业。

2. ***、**、* 分别表示在 1%、5% 和 10% 的显著性水平上显著。括号内为 t 值。

我们推测，高铁开通降低银行贷款定价的效果在这些企业中可能更为突出。为验证这一推测，我们根据样本企业所在城市的访问难度对样本进行分组，并构建虚拟变量 *Difficult_Visit*。考虑到短途出行可以通过汽车完成，长途出行则需要依靠飞机，我们将没有机场且与省会城市的地理距离超过全国中位数（134 公里）的城市对应的借款企业列为实地访问难度较大的组（*Difficult_Visit* = 1），其余则列为实地访问难度相对较小的组（*Difficult_Visit* = 0）。其次，将 *HSR* 和 *Difficult_Visit* 的交互项加入模型进行估计，结果如表 3 - 19 所示。不难看出，*HSR* × *Difficult_Visit* 的系数显著为负，说明当借款企业实地访问难度较高时，高铁开通的“信息效应”更为显著。

表 3 - 19　　进一步分析：借款公司实地访问难度

Dependent variable	*Raw_IntRate*	*Adj_IntRate*
	(1)	(2)
HSR	-0.264**	-0.288**
	(-2.607)	(-1.956)
HSR × *Difficult_Visit*	0.121**	0.475**
	(-2.714)	(-2.772)
Control variables	Yes	Yes
Firm FE	Yes	Yes
Year FE	Yes	Yes
Loan attributes FE	Yes	Yes
Obs	59650	59650
Adj - R^2	0.781	0.836

注：** 表示在 5% 的显著性水平上显著。括号内为 t 值。

（2）贷款定价对信息的敏感度

贷款定价对信息的敏感度可能对高铁开通与银行贷款定价之间的关系产生调节作用。当贷款定价高度依赖于软信息，即信息的获取和传递对定价决策具有显著影响时，高铁开通所带来的信息传递效率提升将更直接地反映在贷款定价的变化上，从而使得高铁开通对银行贷款定价的影响更为显著。反之，如果贷款定价对信息的依赖程度较低，高铁开通对贷款定价的影响则可能被弱化。为检验这一推测，本节首先从城市、借款企业和贷款三个层面分别测度贷款定价的信息敏感度。城市层面采用借款企业所在城市的银行竞争程度（*H_BComp*）来衡量，通常情况下，银行竞争越激烈，贷款定价更趋向市场化，信息在贷款决策过程中更为重要。因此，我们预期在银行竞争更为激烈的地区，高铁开通所带来的信息传递作用将更为显著。

此外，中国国有企业长期享受“父爱主义”政策（Kornai，1986），在信贷市场中天然占据优势地位，银行（特别是国有银行）在向国有企业提供贷款时，对信息的敏感度相对较低。因此，我们根据企业所有权性质将样本分为国企和民企。相比国企，高铁开通将对民企（$Non\_SOE=1$）产生的信息传递效应可能更加明显。贷款层面，我们通过判断贷款是否有抵押物担保来评估贷款定价对信息的敏感性。已有文献指出，抵押物能够有效缓解道德风险和逆向选择问题（Stiglitz and Weiss，1981；Aghion and Bolton，1992；Levine et al.，2020），当贷款以抵押物作为担保时，银行对借款人软信息的依赖程度相对较低。因此，高铁开通对无抵押担保贷款（$Non\_Collateral=1$）的定价的影响可能更为显著。在此基础上，我们分别构建这三个变量与 *HSR* 的交互项，并将其纳入模型估计，相关结果如表3-20所示。结果显示，$HSR \times H\_BComp$、$HSR \times Non\_SOE$、$HSR \times Non\_Collateral$ 的系数均显著为负，验证了我们的推测，即当贷款定价对信息更敏感时，高铁开通降低银行贷款定价的效果更加突出。

表3-20　　　进一步分析：贷款定价对信息的敏感度

Dependent variable	Raw_IntRate	Adj_IntRate	Raw_IntRate	Adj_IntRate	Raw_IntRate	Adj_IntRate
	(1)	(2)	(3)	(4)	(5)	(6)
HSR	-0.042	-0.393	0.392***	1.048***	-0.032	-0.155
	(0.903)	(-1.307)	(3.631)	(3.773)	(-0.346)	(-1.187)
HSR × H_BComp	-0.261**	-0.816**				
	(-2.671)	(-2.537)				
HSR × Non_SOE			-0.736***	-1.532***		
			(-5.565)	(-5.213)		
HSR × Non_Collateral					-0.302***	-0.238***
					(-3.776)	(-3.695)
Non_SOE			0.349***	0.912***		
			(3.073)	(3.102)		
Control variables	Yes	Yes	Yes	Yes	Yes	Yes
Firm FE	Yes	Yes	Yes	Yes	Yes	Yes

续表

Dependent variable	Raw_IntRate	Adj_IntRate	Raw_IntRate	Adj_IntRate	Raw_IntRate	Adj_IntRate
	(1)	(2)	(3)	(4)	(5)	(6)
Year FE	Yes	Yes	Yes	Yes	Yes	Yes
Loan attributes FE	Yes	Yes	Yes	Yes	Yes	Yes
Obs	59650	59650	59650	59650	59650	59650
Adj - R^2	0.781	0.838	0.781	0.840	0.781	0.838

注：***、** 分别表示在 1%、5% 的显著性水平上显著。括号内为 t 值。

（3）贷款规模

高铁开通所带来的信息效应不仅会在贷款定价上有所体现，还会对贷款规模产生显著影响。更便捷的信息获取渠道可能使银行对借款企业的信心增强，从而更愿意扩大贷款规模，以支持企业的经营和发展。为此，下面我们考察高铁开通对银行贷款规模的影响，构建模型如下：

$$Loan\_Vol_{i,t} = \gamma_0 + \gamma_1 HSR_{i,t} + \gamma_m Controls + Firm\ FE + Year\ FE + \varepsilon_{i,t} \quad (3-4)$$

其中，*Loan_Vol* 表示公司获得的银行贷款的年增长率。鉴于这一分析在公司层面展开，我们在此未纳入贷款属性相关的控制变量和固定效应。表 3-21 中展示了相关回归结果。结果显示，高铁开通显著促进了私营公司贷款规模的增加，对上市公司的贷款规模则无显著影响。这一发现与 Levine et al.（2020）的结论一致，即银行内部沟通成本的降低能够有效促进小企业贷款规模的扩大。

表 3-21　　高铁开通对银行贷款规模的影响

Dependent variable: Loan_Vol	(1)	(2)
	Private sample	Public sample
HSR	-0.030**	-0.023
	(5.834)	(0.861)
Control variables	Yes	Yes
Firm FE	Yes	Yes
Year FE	Yes	Yes
Loan attributes FE	Yes	Yes
Obs	747414	12481

续表

Dependent variable: *Loan_Vol*	(1)	(2)
	Private sample	*Public sample*
Adj - R^2	0.141	0.084

注：** 表示在5%的显著性水平上显著。括号内为t值。

3.2.5 研究结论及政策启示

功能距离和操作距离是影响银行信贷行为的重要因素。然而，现有研究大多集中于探讨操作距离对银行贷款定价的影响，而功能距离的作用尚未得到充分关注。本节聚焦于功能距离在银行信贷行为中的重要性，填补了这一研究空白。我国银行业长期实行分级审批制度，这种制度安排使高铁开通能够在不改变操作距离的前提下，显著缩短了城市间的功能距离。本节利用高铁开通这一外生冲击作为功能距离的代理变量，分析其对银行贷款定价的影响。具体而言，本节将研究重点聚焦于私营企业。与上市公司不同，私营企业通常面临融资难、融资贵的困境，难以从公开市场获取资金，且其企业信息中软信息的占比相对较高。因此，功能距离的缩短对私营企业的信贷获取和贷款定价可能具有更为显著的影响。

基于一家全国性国有商业银行的独家贷款数据集，本节发现高铁开通后，当地私营企业贷款利率显著下降。机制分析表明，高铁开通缩短了功能距离，同时促进软信息获取，使得银行能够更高效地评估信贷风险并优化贷款定价。进一步分析显示，当借款企业位于交通不便的地区，或者贷款定价对信息更为敏感时，高铁开通对银行贷款利率的降低作用更为显著。此外，高铁的开通不仅降低了当地私营企业的贷款利率，还促进了贷款规模的扩大，这表明高铁对私营企业的信贷支持具有多维度的积极影响。

本节的研究发现为政策制订者提供了重要的启示。一方面，考虑到高铁开通对信息环境的改善作用，建议政府加大对包括高铁在内的交通基础设施建设的投入，为金融机构更高效地获取企业信息、优化信贷资源配置创造有利条件。另一方面，鉴于私营企业在推动经济增长、创造就业和促进创新方面的关键作用，政策制订者应高度关注其融资困境，通过优化融资环境，提升资本可得性，进一步激发私营企业的发展活力。

3.3　地方政府持股与资本市场

3.3.1　地方政府持股与股价崩盘风险①

3.3.1.1　引言

股价崩盘风险是资本市场分析中的重要研究议题。其重要性不仅体现在风险管理和投资决策中，同时也关乎市场效率和金融稳定。股价崩盘通常由公司信息不透明、管理层隐瞒负面消息、市场过度反应等因素导致（Hutton et al.，2009；Kim et al.，2011a）。近年来，中国资本市场中出现了多起因信息披露不当和财务造假而导致的股价崩盘现象。例如，2016年6月1日，中国证券监督管理委员会（CSRC）发现新泰电气在IPO申请过程中虚报收入和利润，隐瞒债务，提供了严重失实的财务信息。该公司的股价在造假事件曝光后迅速下跌，对投资者造成巨大损失。这类事件频发，不仅损害了投资者的信任，还暴露出市场监管和信息披露制度的漏洞，进一步加剧了市场波动性。

既有研究指出，经理人和外部投资者之间的信息不对称是导致公司发生股价崩盘的重要原因（Jin and Myers，2006；Hutton et al.，2009）。在信息不对称的环境下，经理人掌握了比外部投资者更多的公司内部信息，尤其是可能影响公司长期表现的负面信息。出于对职业发展的担忧，经理人有充分动机向外界隐藏负面消息。一旦这些消息集中曝光或市场预期骤变，股价将经历剧烈下跌。除了信息不对称外，已有研究还从代理冲突（Kim et al.，2011a）、CEO期权敏感性（Kim et al.，2011b）、管理层收益指导频率（Hamm et al.，2012）、内部控制质量（Zhou et al.，2013）和会计保守主义（Kim and Zhang，2016）等角度对股价崩盘的成因进行了剖析。

与以往研究不同的是，本章聚焦于中国地方政府持股导致的代理冲突与股价崩盘风险之间的关系。在中央和地方政府持股结构下，中国国有企业的控制权通常高度集中在政府这一控股股东手中。这种集中控制带来了

---

① 本部分系笔者两项国家自然科学基金面上项目（基金批准号71873058、72373099）的阶段性成果，于2020年4月发表于 *Journal of Banking and Finance*。

明显的代理冲突，主要表现为控股股东（政府）与外部投资者之间的利益不一致。控股股东往往会倾向于通过转移公司财富来维持其私人控制权利益，而非与其他投资者共享（Djankov et al.，2008），从而导致他们在关联交易、利润分配和资产重组等方面优先考虑自身利益，对中小股东的权益造成损害（Jin and Myers，2006；Hutton et al.，2009）。有研究表明，国家控股的公司的信息披露质量往往更差。因此，我们推测，中国地方政府持股的公司股价崩盘风险相对更高。

为了消除因股权结构分割导致的市场扭曲，中国政府于2005年起开展股权分置改革，允许非流通股股东以一定比例和方式转化其股份为流通股，并引入市场化的补偿机制，以确保非流通股股东在转让股份时的利益能够得到合理保障。这一改革使政府控股公司内部股权结构发生了显著变更，由此可能削弱政府所有权对资本市场造成的负面影响。为了验证这些推测，我们根据公司的终极所有权将样本公司分为政府控股公司（央企、地方国企）和私人控股公司，考察地方政府控股对股价崩盘风险的影响。本书的边际贡献体现在以下几个方面：

第一，本章补充了研究控股股东与小股东之间的代理问题的文献（Johnson et al.，2000；Djankov et al.，2008）。具体而言，本章从中国政府终极所有权这一视角研究控股股东与小股东之间的代理问题，我们研究发现，与私营公司相比，政府控股公司尤其是地方政府控股公司的股价崩盘风险更大。

第二，本章丰富了股价崩盘风险的相关文献。尽管已有不少研究从所有权角度考察了股价崩盘风险的成因，但相关研究多聚焦于机构所有权和董事所有权（Callen and Fang，2013；Andreou et al.，2016）。不同于以往研究，本章为股价崩盘风险提供了政府终极所有权这一角度的解释。

3.3.1.2 制度背景与研究假说

在全球资本市场中，除美国、日本、英国等少数国家外，上市公司股权集中现象普遍存在。这种集中的股权结构容易产生第二类代理问题，即大股东利用手中的控制权来攫取中小股东的利益（Johnson et al.，2000；Djankov et al.，2008），如非法转移公司资产、内幕交易、违规担保、设置超额薪酬等（Shleifer and Vishny，1997）。在中国，上市公司股权高度集中的现象导致了公司治理结构的严重失衡，由于缺少有效监督，控股股东损害中小股东利益的现象时有发生，尤其在政府控股的公司内部更为明显。

国有企业作为政府实现社会目标的工具，其首要任务是实现社会利益最大化。在执行这些政策任务的过程中，国有企业可能会牺牲部分商业利益，从而与追求利润最大化的中小股东的利益相悖（Lin et al.，1997）。此外，在政府控股的国有企业中，经理人通常由政府直接任命，不持有公司股份，这可能导致管理者在追求公司业绩与个人利益的一致性方面缺乏内在激励机制，进而引发严重的第一类代理问题，不利于利润最大化目标的实现（Firth et al.，2006；Jian and Wong，2010）。

更为重要的是，中国公司由不同级别的政府进行控制，包括中央政府和地方政府。这种控制结构导致了权力和责任在不同层级政府之间的分配，进而影响了它们在资本市场上的行为。从法律上讲，国有企业的资产和收益理论上属于全体人民。中央政府是代表人民的第一代理层，而地方政府则是中央政府的代理人，进一步充当代表人民的底层代理人，这种代理关系形成了多层次的委托—代理结构。相比地方政府，中央政府的行为通常受到更广泛的公众和国际社会的监督，更加注重声誉管理。因此，相比中央政府控股的企业，在地方政府控股的企业中，控股股东与少数股东之间的利益冲突可能更为严重。为了实现地方经济发展目标，地方国有企业很有可能从事盈余管理行为，以营造良好的经济面貌（Chen et al.，2008）。不同于中央政府和地方政府控股的企业，私营企业控股股东同时拥有控制权和现金流权，其与中小股东之间的利益冲突相对更小。

不少研究表明，政府控股公司面临严重的代理问题，这促使管理层操纵财务报告以隐藏公司的真实经营状况，加剧了公司与外部投资者之间的信息不对称（La Porta et al.，2000）。既有研究指出，中国政府控股股东与小股东之间的代理冲突导致国企开展了更多的盈余管理活动（Liu and Lu，2007；Chen et al.，2008），那些政治关联更紧密的公司盈余披露质量往往更差（Chaney et al.，2011）。不仅如此，为了规避合规风险，国企往往倾向于选择较低水平的审计师进行审计（Wang et al.，2008），尤其是IPO公司（Lin and Liu，2009）。Bushman et al.（2004）和Guedhami et al.（2009）为此提供了国际证据。前者发现政府所有权更高的企业财务披露质量和及时性都更差。后者研究表明，国有企业通常更少选择四大会计师事务所。

国企信息环境的恶化还体现在其对负面新闻的管制，以维护其形象和权力（Watts and Zimmerman，1990）。相关研究指出，在政府经济参与度高的国家，公司倾向于更快地报告好消息，而延迟报告坏消息，这与政府参与度较低的国家形成了鲜明对比（Bushman and Piotroski，2006）。此外，政治激励可能导致当地政客及其附属公司对公司有关的负面信息进行管制，以维护其政治和经济利益（Piotroski et al.，2015）。由政府控股带来的公司信息环境的恶化很可能对其股市稳定性产生了冲击。当负面信息累计到一定水平后，很可能引发股价崩盘风险。因此，我们推测，相比私人控股的公司，政府控股的公司信息透明度往往更低，更有可能发生股价崩盘，尤其是地方政府控股公司，提出如下假设：

H1：相比私营公司，政府控股公司，尤其是地方政府控股公司的股价崩盘风险更高。

3.3.1.3 研究设计

（1）样本选择

本章从国泰安数据库（CSMAR）收集上市公司控股股东、股市收益以及财务状况等数据。考虑到上市公司控股股东信息从2003年起开始披露，我们将选取了2003—2014年在沪深交易所上市的公司进行分析。在剔除股票交易数据不足26周、股东信息披露不明以及主要变量缺失的样本后，我们获得了751家公司9012个公司—年份层面的平衡面板观测值。其中，中央政府控股公司的观测值有1948个（占21.62%），地方政府控股公司和私营公司观测值分别有4530个（占21.62%）、2534个（占21.62%）。

（2）变量定义与模型设定

因变量：股价崩盘风险。参考以往研究，采用领子期权策略（*COLLAR*）、股票负收益率偏态系数（*NCSKEW*）、股价崩盘周数量（*CRASH*）三个指标来衡量股价崩盘风险。在计算这三个指标前，我们构建市场模型计算得到公司层面的周异常回报率：

$$RET_{i,\tau} = \alpha_i + \beta_{i,1} MKRET_{i,\tau-2} + \beta_{i,1} INDET_{i,\tau-2} + \beta_{i,3} MKRET_{i,\tau-1} + \beta_{i,4} INDET_{i,\tau-1} + \beta_{i,5} MKRET_{i,\tau} + \beta_{i,6} INDRET_{i,\tau} + \beta_{i,7} MKRET_{i,\tau+1} + \beta_{i,8} INDRET_{i,\tau+1} + \beta_{i,9} MKRET_{i,\tau+2} + \beta_{i,10} INDRET_{i,\tau+2} + e_{i,\tau} \tag{3-5}$$

其中，*RET* 表示公司 i 的股票在第 t 周的收益率，*MKRET* 表示沪深市场在第 t 周的加权平均收益率，*INDRT* 表示除 i 公司外的行业内加权收益率。为了对股票的非同步交易进行调整，每个变量都加入了滞后两期和未来两期（Dimson，1979）。e 为残差项，表示个股收益率不能被市场和行业解释的那部分。ln（$1+e$）即为公司的周异常回报率。

在此基础上，我们首先借鉴 Jin and Myer（2006）计算 *COLLAR* 这个指标来反映公司股价崩盘的频率和程度。*COLLAR*被定义为看跌期权和做空看涨期权产生的平均利润或损失，用计算公式如下。

$$COLLAR_{i,t} = 1000 \times \frac{1}{n}\sum_{\tau=1}^{n}[max(0,\overline{w}_{i,t} - 3.09\sigma_{i,t} - w_{i,t,\tau}) - max(0, w_{i,t,\tau} - w_{i,t} - 3.09\sigma_{i,t})] \tag{3-6}$$

其中，n表示公司在t年的交易周数，w表示公司i在t年第周的周异常回报率，表示看跌期权的周异常平均回报率。*COLLAR*的值越大，代表公司股价崩盘风险越大。

其次，借鉴Chen et al.（2001）和Kim et al.（2011a；2011b），本书构建如下公式计算股票负收益率偏态系数（*NCSKEW*）作为股价崩盘风险的第二个代理指标。

$$NCSKEW_{i,t} = -n(n-1)^{\frac{3}{2}}\sum w_{i,t}^{3}\Big/(n-1)(n-2)\left(\sum w_{i,t}^{2}\right)^{\frac{3}{2}} \tag{3-7}$$

其中，n为股票i在第t年中交易的周数。*NCSKEW*越大，说明偏态系数负的程度越高，股价崩盘风险越高。最后，我们借鉴Hutton et al.（2009）构建*CRASH*这一指标来反映股价崩盘风险。如果公司在i周的异常回报率比均值低3.09个标准差，则将该周定义为股价崩溃周。我们统计公司各年的股价崩溃周的数量，如果公司当年至少有一周为股价崩溃周，则将*CRASH*定义为1，否则为0。

核心解释变量：地方政府控股。根据公司最终所有权，我们将公司划分为私营公司（*Private*）和政府控股公司（*Gov*）两种类型。前者指的是私人、乡镇、村庄或外资控股的公司，后者指的是政府控股的公司。根据政府的行政级别，将政府控股公司进一步划分为中央政府（如财政部、国务院国有资产监督管理委员会等）控股公司和地方政府（省、市、县等层面的国有资产监督管理委员会）控股公司，分别用*GOV_CENTR*和*GOV_LOCAL*来表示。

控制变量。参考以往的研究，我们控制了一系列可能影响公司股价崩盘风险的因素。具体而言，考虑到股票流动性更高的企业可能更可能发生崩盘（Chen et al.，2001），我们控制了股市交易规模（*DTURN*）。此外，有研究指出过去的股市回报的波动性加大了股价崩盘风险，为此我们对公司周异常回报的负偏度（*NCSKEW*）、周异常平均回报（*FSRET*）、周异常回报标准差（*SIGMA*）进行了控制。不仅如此，我们还控制了企业规模（*Size*）、资产收益率（*ROA*）、账面市值比（*MB*）、资产负债率（*LEV*）、盈余管理

（*ABACC*）和 B/H 股（*BH*）等可能影响股价崩盘风险的公司特征变量。

为了估计地方政府持股对企业崩盘风险的影响，我们构建如下计量模型：

$$CR_{i,t} = \beta_0 + \beta_1 Gov_{i,t} + \sum \beta_k \times ControlVars_{i,t-1} + \varepsilon_{i,t} \quad (3-8)$$

$$CR_{i,t} = \gamma_0 + \gamma_1 Gov\_centr_{i,t} + \gamma_2 Gov\_local_{i,t} + \sum \gamma_k \times ControlVars_{i,t-1} + \varepsilon_{i,t} \quad (3-9)$$

模型（3－4）用于评估政府所有权对企业股价崩盘风险的影响。其中，*CR* 表示股价崩盘风险，由 *COLLAR*、*NCSKEW*、*CRASH* 三个指标来衡量。*GOV* 是一个反映政府所有权的虚拟变量，如果一家公司是由政府控股，取值为1，否则为0。模型（3－5）进一步将政府所有权划分为中央政府控股和地方政府控股，分别用 *GOV_CENTR* 和 *GOV_LOCAL* 来衡量，如果公司的控股股东是中央政府，将 *GOV_CENTR* 设置为1，否则为0。类似地，如果公司的控股股东是地方政府，将 *GOV_LOCAL* 设置为1，否则为0。*Control_Var* 表示控制变量集合，包括企业规模（*Size*）、资产收益率（*ROA*）、账面市值比（*MB*）、资产负债率（*LEV*）、股市交易规模（*DTURN*）、周异常回报的负偏度（*NCSKEW*）、周异常平均回报（*FSRET*）、周异常回报标准差（*SIGMA*）、盈余管理（*ABACC*）和 B/H 股（*BH*）。除了 *ROA* 和 *BH* 外，其余控制变量均进行了滞后一期处理。模型加入了年份和行业固定效应，以控制随年份和行业变化的不可观测的因素。此外，考虑到 *CRASH* 是二元离散变量，我们采用 Logit 模型进行估计，*COLLAR*、*NCSKEW* 则采用最小二乘法进行估计。

（3）描述性统计

表3－22 展示了主要变量的描述性统计结果。我们根据控股股东类型对相关变量进行了分组描述性统计及组间差异 *t* 检验。可以发现，相比私营公司，政府控股的公司，尤其是地方政府控股的公司股价崩盘风险更高。以 *COLLAR* 为例，政府控股公司的 *COLLAR* 取值显著大于私营公司，组间差异在1%水平上具有统计意义。从控制变量来看，与政府控股公司相比，私营公司的平均异常回报率相对更低、股市收益波动率更高、市值更高等。从表3－23 的相关系数矩阵我们可以发现，我们采用的三个衡量股价崩盘风险的指标之间具有高度相关性，我们的主要变量之间不存在显著的多重共线性问题。

表 3-22　描述性统计

Var.	Private = 1			Gov = 1			Difference	Gov_centr = 1			Difference	Gov_local = 1			Difference
	N	Mean	Median	N	Mean	Median		N	Mean	Median		N	Mean	Median	
$COLLAR_t$	2534	-0.086	0.000	6478	-0.051	0.000	0.035***	1948	-0.055	0.000	0.030***	4530	-0.049	0.000	0.037***
$NCSKEW_t$	2534	-0.287	-0.245	6478	-0.24	-0.218	0.047***	1948	-0.256	-0.239	0.031	4530	-0.233	-0.210	0.054***
$CRASH_t$	2534	0.061	0.000	6478	0.074	0.000	0.013**	1948	0.065	0.000	0.004	4530	0.078	0.000	0.017***
$SMOOTH_t$	1513	0.731	0.945	4988	0.776	0.947	0.045***	1363	0.753	0.947	0.022	3625	0.785	0.947	0.054***
$CSCORE_t$	1565	0.015	0.011	5166	0.009	0.007	-0.006***	1432	0.005	0.006	-0.010***	3734	0.010	0.008	-0.005**
$SYNCH_t$	2534	1.201	0.973	6478	1.319	1.071	0.118***	1948	1.321	1.059	0.120***	4530	1.318	1.074	0.117***
PCS_t	2534	0.152	0.113	6478	0.164	0.145	0.012***	1948	0.155	0.129	0.004	4530	0.167	0.145	0.015***
$SIZE_{t-1}$	2534	21.401	21.321	6478	21.883	21.736	0.482***	1948	22.009	21.826	0.608***	4530	21.829	21.709	0.427***
ROA_t	2534	0.041	0.042	6478	0.040	0.039	0.001	1948	0.040	0.040	-0.001	4530	0.040	0.040	-0.001
MB_{t-1}	2534	3.829	2.578	6478	3.028	2.253	-0.801***	1948	3.167	2.485	-0.663***	4530	2.968	2.158	-0.861***
LEV_{t-1}	2534	0.514	0.520	6478	0.509	0.514	-0.005	1948	0.500	0.512	-0.015**	4530	0.513	0.515	-0.001
$ABACC_{t-1}$	2534	0.218	0.174	6478	0.176	0.144	-0.042***	1948	0.181	0.149	-0.037***	4530	0.173	0.141	-0.045***
BH_t	2534	0.073	0.000	6478	0.121	0.000	0.048***	1948	0.133	0.000	0.060***	4530	0.116	0.000	0.042***
$DTURN_{t-1}$	2534	0.011	0.009	6478	0.007	0.004	-0.004	1948	0.005	0.005	-0.006	4530	0.008	0.004	0.003
$FSRET_{t-1}$	2534	-0.096	-0.069	6478	-0.082	-0.060	0.014***	1948	-0.087	-0.065	0.009**	4530	-0.08	-0.058	0.016***
$SIGMA_{t-1}$	2534	0.040	0.038	6478	0.038	0.035	-0.003***	1948	0.039	0.036	-0.001**	4530	0.037	0.034	-0.003***

注：***、**分别表示在1%、5%的显著性水平上显著。

表 3-23　相关系数矩阵

		A	B	C	D	E	F	G	H	I	J	K	L	M	N	O	P
$COLLAR_t$	A	1.00															
$NCSKEW_t$	B	**0.74**	1.00														
$CRASH_t$	C	**0.37**	**0.47**	1.00													
$SMOOTH_t$	D	0.00	0.00	0.01	1.00												
$CSCORE_t$	E	**-0.05**	0.02	0.03	-0.02	1.00											
$SYNCH_t$	F	**0.10**	**0.11**	**-0.06**	**0.03**	**-0.22**	1										
PCS_t	G	0.00	-0.01	0.00	**0.03**	**-0.1**	**0.04**	1									
$SIZE_{t-1}$	H	-0.01	**-0.07**	**-0.02**	**0.08**	**-0.40**	**0.18**	**0.2**	1								
ROA_t	I	0.01	-0.01	**-0.03**	**0.08**	**-0.25**	0.01	**0.07**	**0.15**	1							
MB_{t-1}	J	**0.04**	**0.07**	0.01	**-0.10**	**0.05**	**-0.03**	**-0.03**	**-0.29**	**0.05**	1						
LEV_{t-1}	K	-0.02	**-0.03**	-0.01	**0.03**	**-0.06**	**-0.06**	**-0.01**	**0.2**	**-0.12**	**0.09**	1					
$ABACC_{t-1}$	L	0.00	0.00	-0.01	-0.00	0.01	**-0.02**	**-0.02**	**-0.08**	-0.00	**0.19**	**0.16**	1				
BH_t	M	0.01	0.00	0.01	**-0.05**	**-0.07**	-0.02	**-0.03**	**0.2**	**0.03**	**0.02**	0.01	**-0.04**	1			
$DTURN_{t-1}$	N	**0.02**	**0.06**	0.00	0.02	**0.08**	**0.12**	**-0.02**	**-0.06**	0.01	**0.11**	-0.01	**-0.02**	-0.01	1		
$FSRET_{t-1}$	O	-0.01	-0.01	**0.03**	**0.08**	**0.05**	**-0.08**	**0.03**	**0.08**	0.01	**-0.29**	**-0.1**	**-0.07**	-0.01	**-0.22**	1	
$SIGMA_{t-1}$	P	0.00	-0.01	**-0.06**	**-0.08**	**-0.09**	**0.1**	**-0.03**	**-0.10**	-0.00	**0.34**	**0.14**	**0.12**	0.00	**0.30**	**-0.83**	1.00

注：加粗表示该系数 5% 及以上显著性水平显著。

3.3.1.4 实证结果分析

（1）地方政府持股与股价崩盘风险

基于前文构造的三个衡量股价崩盘风险的指标，我们估计得到政府控股（中央政府控股、地方政府控股）对股价崩盘风险的影响，相关结果分别报告在表 3－24 的第（1）—（2）列、第（3）—（4）列和第（5）—（6）列。可以发现，无论是哪种衡量方式，*Gov* 的估计系数都显著为正，说明政府控股加大了企业股价崩盘风险。同时加入 *Gov_center* 和 *Gov_local* 回归时，我们发现 *Gov_local* 的估计系数显著大于 *Gov_center* 的系数，且 *Gov_center* 系数没有通过显著性检验。由此说明，相比中央政府控股，地方政府控股对股价崩盘风险的作用更大。从经济意义来看，以 *COLLAR* 为例，*Gov_local* 的系数是 0.026，在 1% 的显著性水平上显著，这表明地方政府控股公司的股价崩盘风险比私营公司高出 0.078 个标准差。这验证了前文的猜想，即地方政府控股的公司内部治理水平往往更低，经理人有强烈动机向外界隐瞒负面信息，导致股价崩盘风险上升。

表 3－24　地方政府持股与股价崩盘风险

	$COLLAR_t$	$COLLAR_t$	$NCSKEW_t$	$NCSKEW_t$	$CRASH_t$	$CRASH_t$
	(1)	(2)	(3)	(4)	(5)	(6)
Gov_t	0.024***		0.024**		0.142*	
	(2.81)		(2.24)		(1.68)	
Gov_centr_t		0.017*		0.009		0.022
		(1.84)		(0.52)		(0.15)
Gov_local_t		0.026***		0.030***		0.187**
		(2.88)		(2.89)		(2.44)
$SIZE_{t-1}$	0.017***	0.017***	0.019	0.02	-0.025	-0.019
	(3.52)	(3.59)	(1.54)	(1.59)	(-0.42)	(-0.32)
ROA_t	-0.02	-0.021	-0.125	-0.127	-1.251***	-1.252***
	(-0.29)	(-0.30)	(-0.81)	(-0.83)	(-8.32)	(-8.30)
MB_{t-1}	0.005***	0.005***	0.013***	0.013***	0.006	0.007
	(3.13)	(3.13)	(4.48)	(4.53)	(0.33)	(0.38)
LEV_{t-1}	-0.038*	-0.039*	-0.068	-0.071	0.01	-0.007
	(-1.76)	(-1.81)	(-1.48)	(-1.54)	(0.04)	(-0.03)
$DTURN_{t-1}$	-0.02	-0.021	-0.045	-0.046	-0.143	-0.15
	(-0.93)	(-0.94)	(-1.13)	(-1.15)	(-0.52)	(-0.54)

续表

	$COLLAR_t$	$COLLAR_t$	$NCSKEW_t$	$NCSKEW_t$	$CRASH_t$	$CRASH_t$
	(1)	(2)	(3)	(4)	(5)	(6)
$NCSKEW_{t-1}$	0.013***	0.013***	0.042***	0.042***	0.120*	0.118*
	(2.71)	(2.7)	(3.59)	(3.6)	(1.74)	(1.75)
$FSRET_{t-1}$	0.032	0.034	0.057	0.061	-0.199	-0.173
	(0.79)	(0.84)	(0.55)	(0.59)	(-0.75)	(-0.62)
$SIGMA_{t-1}$	0.955	0.977	1.978	2.03	-3.357	-2.949
	(1.34)	(1.39)	(1.4)	(1.44)	(-0.56)	(-0.48)
$ABACC_{t-1}$	0.024	0.025	0.051	0.053	-0.043	-0.03
	(0.58)	(0.6)	(0.68)	(-0.71)	(-0.10)	(-0.07)
BH_t	-0.009	-0.009	-0.022	-0.022	0.135	0.139
	(-0.70)	(-0.70)	(-0.79)	(-0.78)	(1)	(1.03)
Constant	-0.431***	-0.437***	-0.709**	-0.723**	-2.468**	-2.611**
	(-4.31)	(-4.40)	(-2.22)	(-2.27)	(-2.03)	(-2.16)
Year FE	Yes	Yes	Yes	Yes	Yes	Yes
Industry FE	Yes	Yes	Yes	Yes	Yes	Yes
Pseudo -/Adjusted R^2	0.031	0.031	0.082	0.082	0.036	0.036
No. of Obs.	9012	9012	9012	9012	9012	9012

注：***、**、*分别表示在1%、5%和10%的显著性水平上显著。括号内为t值。

（2）机制分析

前文指出，地方政府控股恶化了企业的信息环境，从而加剧股价崩盘风险。为了检验这一推测，我们构建了以下三个变量来反映公司的信息环境，考察地方政府控股对股价崩盘风险的作用机制，分别是收益平滑、会计保守主义和股价同步性。已有研究指出，收益平滑是企业粉饰业绩的一种策略手段，收益平滑越多，企业信息披露质量越低（Chen et al.，2017）。首先，参考 Tucker and Zarowin（2006），我们构建修正 Jones 模型测度得到收益平滑指标（*Smooth*）。*Smooth* 取值越大，收益平滑水平越高。其次，会计保守主义要求在不确定性情况下选择对公司不利的会计处理方法，这限制了管理层通过会计手段操纵财务报告以夸大业绩的空间，减少了信息不对称（Kim and Zhang，2016）。为此，我们借鉴 Khan and Watts（2009）以及 Kim and Zhang（2016），构建基于 Basu（1997）的分段线性回归模型来测度会计保守主义（*CSCORE*）。*CSCORE* 取值越高的公司会计决策越保守。最后，我们参考 Gul et al.（2010）测度了公司的股价同步性（*SYNCH*）。当股价与外界同步性越高时，公司特定信息融入股价的程度越低，信息环境越差（Roll，1988）。

利用这些指标，我们构建如下中介效应模型（Baron and Kenny，1986）进行机制检验：

$$CR_{i,t} = \alpha_0 + \alpha_1 Gov_{i,t} + \sum \alpha_k \times ControlVars_{i,t-1} + \varepsilon_{i,t} \tag{3-10}$$

$$SMOOTH_{i,t} = \beta_0 + \beta_1 Gov_{i,t} + \sum \beta_k \times ControlVars_{i,t-1} + \varepsilon_{i,t} \tag{3-11}$$

$$CR_{i,t} = \varphi_0 + \varphi_1 Gov_{i,t} + \varphi_2 SMOOTH_{i,t} + \sum \varphi_k \times ControlVars_{i,t-1} + \varepsilon_{i,t} \tag{3-12}$$

模型（3-10）与前文基准回归模型一致。模型（3-11）以收益平滑、会计保守主义和股价同步性为因变量，考察地方政府持股对公司信息环境的影响。模型（3-12）进一步以股价崩盘风险为因变量，同时加入政府持股和中介变量进行回归。模型中的控制变量与基准回归一致。中介效应由 β_1 和 φ_2 的乘积反映，为了检验中介效应的有效性，我们进行了 Sobel 检验（Sobel，1982），相关结果如表3-25所示。可以发现，相比私营公司，政府控股公司的收益平滑水平更高、会计决策保守程度更低以及股价同步性更高。而收益平滑、股价同步性显著加大了股价崩盘风险，会计保守主义降低了股价崩盘风险。信息机制得到验证。进一步研究发现，这一机制仅在地方政府控股公司观测到，对于中央政府控股公司则不成立。

表3-25　机制检验结果

面板 A：政府所有权的中介效应							
	$SMOOTH_t/CSCORE_t/SYNCH_t$	$COLLAR_t$		$NCSKEW_t$		$CRASH_t$	
	(1)	(2)	(3)	(4)	(5)	(6)	(7)
	Earnings smoothing channel						
Gov_t	0.052***	0.025**	0.024***	0.026**	0.025**	0.011*	0.010*
	(7.15)	(2.66)	(2.58)	(2.53)	(2.44)	(1.94)	(1.84)
$SMOOTH_t$			0.016**		0.017**		0.010***
			(2.49)		(2.22)		(2.60)
Control variables	Yes	Yes	Yes	Yes	Yes	Yes	Yes
Year FE	Yes	Yes	Yes	Yes	Yes	Yes	Yes
Industry FE	Yes	Yes	Yes	Yes	Yes	Yes	Yes

续表

	$SMOOTH_t/CSCORE_t/SYNCH_t$	$COLLAR_t$		$NCSKEW_t$		$CRASH_t$	
	(1)	(2)	(3)	(4)	(5)	(6)	(7)
				Earnings smoothing channel			
Sobel Z (*Gov*)		2.445**		2.025**		2.437**	
Pseudo -/Adjusted R^2	0.068	0.032	0.033	0.085	0.085	0.014	0.015
No. of Obs.	6501	6501	6501	6501	6501	6501	6501
				Accounting conservatism channel			
Gov_t	-0.006***	0.026***	0.025***	0.026**	0.023**	0.009*	0.009*
	(-3.44)	(2.88)	(2.79)	(2.48)	(2.21)	(1.75)	(1.66)
$CSCORE_t$			-0.167**		-0.556**		-0.066
			(-2.22)		(-2.17)		(-0.86)
Control variables	Yes	Yes	Yes	Yes	Yes	Yes	Yes
Year FE	Yes	Yes	Yes	Yes	Yes	Yes	Yes
Industry FE	Yes	Yes	Yes	Yes	Yes	Yes	Yes
Sobel Z (*Gov*)		2.045**		1.977**		0.841	
Pseudo -/Adjusted R^2	0.612	0.033	0.034	0.086	0.088	0.015	0.015
No. of Obs.	6731	6731	6731	6731	6731	6731	6731
				Stock price synchronicity channel			
Gov_t	0.037**	0.024***	0.022***	0.024***	0.021**	0.008*	0.009*
	(2.36)	(2.81)	(2.67)	(2.24)	(1.93)	(1.66)	(1.82)
$SYNCH_t$			0.048**		0.071***		-0.020
			(2.21)		(3.31)		(-1.08)
Control variables	Yes	Yes	Yes	Yes	Yes	Yes	Yes
Year FE	Yes	Yes	Yes	Yes	Yes	Yes	Yes
Industry FE	Yes	Yes	Yes	Yes	Yes	Yes	Yes
Sobel Z (*Gov*)		1.664*		1.993**		-0.912	
Pseudo -/Adjusted R^2	0.272	0.031	0.041	0.082	0.089	0.015	0.018
No. of Obs.	9012	9012	9012	9012	9012	9012	9012

面板 B：地方政府持股的中介效应

	$SMOOTH_t/CSCORE_t/SYNCH_t$	$COLLAR_t$		$NCSKEW_t$		$CRASH_t$	
	(1)	(2)	(3)	(4)	(5)	(6)	(7)
				Earnings smoothing channel			
Gov_centr_t	0.033***	0.020	0.019	0.014	0.014	0.002*	0.001*
	(2.29)	(1.43)	(1.41)	(0.82)	(0.78)	(0.19)	(0.15)
Gov_local_t	0.058***	0.027**	0.026***	0.031**	0.030**	0.012**	0.011*
	(6.25)	(2.70)	(2.59)	(3.01)	(2.89)	(2.15)	(2.04)

续表

	$SMOOTH_t$/$CSCORE_t$/$SYNCH_t$	$COLLAR_t$		$NCSKEW_t$		$CRASH_t$	
	(1)	(2)	(3)	(4)	(5)	(6)	(7)
Earnings smoothing channel							
$SMOOTH_t$			0.015**		0.017**		0.009**
			(2.44)		(2.21)		(2.21)
Control variables	Yes	Yes	Yes	Yes	Yes	Yes	Yes
Year fixed effects	Yes	Yes	Yes	Yes	Yes	Yes	Yes
Industry fixed effects	Yes	Yes	Yes	Yes	Yes	Yes	Yes
Sobel Z (*Gov_local*)		2.286**		2.143**		2.246**	
Pseudo-/Adjusted R^2	0.069	0.032	0.033	0.085	0.085	0.015	0.016
No. of Obs.	6501	6501	6501	6501	6501	6501	6501
Accounting conservatism channel							
Gov_centr_t	-0.007***	0.022**	0.021*	0.016	0.012	0.007	0.007
	(-3.30)	(1.82)	(1.73)	(1.11)	(0.72)	(0.68)	(0.63)
Gov_local_t	-0.005***	0.027***	0.026***	0.029***	0.026**	0.010*	0.010*
	(-3.45)	(3.23)	(3.15)	(2.78)	(2.51)	(1.92)	(1.83)
$CSCORE_t$			-0.169**		-0.560**		-0.067
			(-2.24)		(-2.19)		(-0.88)
Control variables	Yes	Yes	Yes	Yes	Yes	Yes	Yes
Year FE	Yes	Yes	Yes	Yes	Yes	Yes	Yes
Industry FE	Yes	Yes	Yes	Yes	Yes	Yes	Yes
Sobel Z (*Gov_local*)		1.965**		1.871*		0.844	
Pseudo-/Adjusted R^2	0.613	0.033	0.034	0.086	0.088	0.015	0.015
No. of Obs.	6731	6731	6731	6731	6731	6731	6731
Stock price synchronicity channel							
Gov_centr_t	0.036	0.017*	0.016*	0.000	0.006	0.001	0.001
	(1.17)	(1.84)	(1.77)	(0.52)	(0.36)	(0.10)	(10.15)
Gov_local_t	0.037**	0.026***	0.024***	0.030**	0.028**	0.010**	0.012***
	(2.42)	(2.88)	(2.66)	(2.89)	(2.53)	(2.45)	(2.66)
$SYNCH_t$			0.048**		0.071***		-0.020
			(2.22)		(3.31)		(-1.08)
Control variables	Yes	Yes	Yes	Yes	Yes	Yes	Yes
Year fixed effects	Yes	Yes	Yes	Yes	Yes	Yes	Yes
Industry fixed effects	Yes	Yes	Yes	Yes	Yes	Yes	Yes
Sobel Z (*Gov_local*)		1.668*		1.977**		-0.992	
Pseudo-/Adjusted R^2	0.275	0.031	0.041	0.082	0.089	0.015	0.018
No. of Obs.	9012	9012	9012	9012	9012	9012	9012

注：***、**、*分别表示在1%、5%和10%的显著性水平上显著。括号内为t值。

（3）稳健性与内生性分析

①事件分析法。为了减轻内生性问题，我们从样本中选取出发生过所有权变更的公司进行事件分析。首先，识别出所有权发生变更的公司作为处理组，样本期间共148家发生所有权变更（*Gov - Private*），其中30家由中央政府控股转公司转向私营公司（*Gov_center - Private*），118家由地方政府控股公司转向私营公司（*Gov_local - Private*）。其次，从样本期间没有发生所有权变更的公司中选取对照组，保证处理组与处理组归属于同一行业，且资产规模相近。最后，计算变更年份前后这些公司的股价崩盘风险变化，对比这两组是否在股价崩盘风险上有显著差异，相关结果如表3-26所示。面板A和面板B分别展示了单变量和多变量的估计结果。从面板A可以看出，与没有发生所有权变更的公司相比，那些发生了所有权变更公司的股价崩盘风险下降幅度更大。面板B的结果显示，在控制了一系列公司特征后，这一效应仍然存在。在进一步区分变更类型后发现，*Gov_local - Private* 的系数显著为负，但 *Gov_center - Private* 的系数则不显著，说明股价崩盘风险的下降主要发生在地方政府控股公司向私营公司转变之后。

表3-26　基于所有权变更的事件分析

面板A：单变量分析

Category	Average Crash Risk Change	Average Crash Risk Change	Difference	t-Test of	N
	Event Sample	Matching Sample	(1)-(2)	(1)-(2)	
	(1)	(2)			
D_COLLAR					
Gov - Private	-0.061	0.054	-0.114	-2.485**	148
Gov_centr - Private	-0.028	0.063	-0.091	-0.914	30
Gov_local - Private	-0.069	0.050	-0.119	-2.313**	118
D_NCSKEW					
Gov - Private	-0.170	0.045	-0.215	-2.252**	148
Gov_centr - Private	0.064	0.104	-0.040	-0.195	30
Gov_local - Private	-0.230	0.031	-0.260	-2.411**	118
D_CRASH					
Gov - Private	-0.061	0.034	-0.095	-2.419**	148
Gov_centr - Private	0.068	0.068	0.000	0.000	30
Gov_local - Private	-0.076	0.042	-0.118	-2.782***	118

续表

面板 B：多变量分析									
Model	*D_COLLAR*			*D_NCSKEW*			*D_CRASH*		
	(1)	(2)	(3)	(4)	(5)	(6)	(7)	(8)	(9)
Gov – Private	–0.122***			–0.228**			–0.089**		
	(–2.68)			(–2.31)			(–2.26)		
Gov_centr – Private		–0.155			–0.127			–0.002	
		(–1.58)			(–0.72)			(–0.02)	
Gov_local – Private			–0.128**			–0.265**			–0.115***
			(–2.54)			(–2.36)			(–2.68)
Control variables	Yes	Yes	Yes	Yes	Yes	Yes	Yes	Yes	Yes
Year FE	Yes	Yes	Yes	Yes	Yes	Yes	Yes	Yes	Yes
Industry FE	Yes	Yes	Yes	Yes	Yes	Yes	Yes	Yes	Yes
Adjusted R^2	0.024	0.162	0.042	0.001	0.267	0.001	0.044	0.131	0.055
No. of Obs.	296	60	236	296	60	236	296	60	236

注：***、** 分别表示在 1%、5% 的显著性水平上显著。括号内为 t 值。

②公司固定效应。公司之间存在许多不可观测的异质性，这些特征可能影响公司的财务表现。为了排除一些不可观测的公司特征因素对结果的干扰，我们在基准回归的基础上进一步控制公司固定效应，回归结果如表 3–27 的面板 A 所示。结果显示，*Gov* 的系数仍然显著为正，同时 *Gov_local* 的系数显著高于 *Gov_center*，说明前文的结果是稳健的，不太可能受到公司之间的特征差异的影响。

表 3–27　　稳健性检验

面板 A：公司固定效应						
Model	$COLLAR_t$		$NCSKEW_t$		$CRASH_t$	
	(1)	(2)	(3)	(4)	(5)	(6)
Gov_t	0.029		0.048		0.112	
	(1.52)		(1.42)		(0.50)	
Gov_centr_t		0.006		–0.034		–0.125
		(0.24)		(–0.73)		(–0.40)
Gov_local_t		0.036*		0.073**		0.189
		(1.80)		(2.09)		(0.81)

续表

Model	$COLLAR_t$		$NCSKEW_t$		$CRASH_t$	
	(1)	(2)	(3)	(4)	(5)	(6)
Control variables	Yes	Yes	Yes	Yes	Yes	Yes
Year FE	Yes	Yes	Yes	Yes	Yes	Yes
Industry FE	Yes	Yes	Yes	Yes	Yes	Yes
Firm FE	Yes	Yes	Yes	Yes	Yes	Yes
Pseudo -/Within R^2	0.036	0.036	0.093	0.094	0.08	0.081
No. of Obs.	9012	9012	9012	9012	9012	9012

面板 B：核心解释变量滞后一期

Model	$COLLAR_t$		$NCSKEW_t$		$CRASH_t$	
	(1)	(2)	(3)	(4)	(5)	(6)
Gov_{t-1}	0.021***		0.024**		0.097	
	(3.44)		(2.35)		(1.23)	
Gov_centr_{t-1}		0.016*		0.017		0.019
		(1.90)		(1.01)		(0.13)
Gov_local_{t-1}		0.023***		0.026***		0.126*
		(3.40)		(2.79)		(1.75)
Control variables	Yes	Yes	Yes	Yes	Yes	Yes
Year FE	Yes	Yes	Yes	Yes	Yes	Yes
Industry FE	Yes	Yes	Yes	Yes	Yes	Yes
Firm FE	Yes	Yes	Yes	Yes	Yes	Yes
Pseudo -/Within R^2	0.03	0.03	0.082	0.082	0.035	0.035
No. of Obs.	9009	9009	9009	9009	9009	9009

注：***、**、*分别表示在1%、5%和10%的显著性水平上显著。括号内为t值。

③核心解释变量滞后一期。考虑到中国的最终所有权结构通常是稳定的，我们在基准回归模型中采用了同期所有权变量。尽管如此，有研究表明长期积累的负面信息可能会增加股价崩盘风险。为了减轻内生性，我们将模型中的同期所有权变量滞后一期，重新执行回归，并将结果报告在表3-27的面板B。结果与基准回归基本保持一致，与私营企业相比，地方政府控股的企业面临较高的崩溃风险，而中央政府控股的企业的股价崩盘风险则没有显著变化。

④其他稳健性检验。进一步地，我们通过替换因变量衡量方式、改变

样本筛选条件等方法进行稳健性分析。首先，考虑到中国国际化进程的推进，我们在估计周异常回报率时加入人民币汇率和MSCI指数这两个变量，重新估计股价崩盘风险指标；其次，考虑到部分股票不可在市场上流通，我们在计算周异常回报率时剔除了不可交易股票，使用价值加权市场指数和行业回报进行估计；再次，剔除年交易数据不足50周的样本，从而避免因为样本不足导致的估计偏差；最后，参考已有文献（Jin and Myers，2006），采用 *COUNT* 和 *DUVOL* 两种替代的股价崩盘风险指标进行分析，前者利用市场下行风险和上行风险估计得到，后者被定为下跌周的标准差与上涨周的标准差之比的自然对数。结果仍然支持基准回归的结论①。

3.3.1.5　结论与启示

基于中国独特的制度背景，本章考察地方政府持股对股价崩盘风险的影响。研究发现，政府控股的公司，尤其是地方政府控股的公司，其股价崩盘风险显著高于私营公司。信息环境恶化是地方政府持股影响股价崩盘风险的渠道，我们发现，相比私营公司，地方政府控股公司的收益平滑水平和股价同步性都更高，且会计保守性较低。综上所述，我们的研究结果揭示了地方政府控制的企业可能面临更严重的代理问题，这为中国正在进行的国有企业股权重组提供了重要参考。

3.3.2　投资者关系互动、地方政府持股与企业投资效率②

3.3.2.1　引言

投资决策是公司战略规划的核心组成部分，对公司的长期发展和成功至关重要。企业通过比较投资项目的预期回报和投资成本进行决策（Tobin，1969；Tobin and Brainard，1976），这种决策很可能受到信息环境和内部治理环境的影响。先前的研究表明，信息不对称和代理问题不利于企业作出最优决策，造成投资效率低下，如投资不足或过度投资（Jensen and Meckling，1976；Myers and Majluf，1984；Richardson，2006）。

一般而言，投资者获取信息的方式主要有三种：第一，通过上市公司披露的定期或非定期公告了解企业的经营状况；第二，通过电话会议、投

---

① 囿于篇幅，在此没有展示相关结果。有兴趣的读者可以向我们索取。

② 本部分系笔者两项国家自然科学基金面上项目（基金批准号71873058、72373099）的阶段性成果，于2024年2月发表于 *Journal of Corporate Finance*。

资者会议等方式与管理层直接沟通（Kimbrough，2005；Solomon and Soltes，2015）；第三，通过分析师、审计师和媒体等中介组织来间接获取相关信息（Chang et al.，2009；Tetlock，2011；Xie et al.，2022）。近年来，随着现代信息技术的发展，社交媒体很可能成为投资者获取信息的新渠道。2010 年起，中国深圳证券交易所、上海证券交易所陆续推出了投资者互动平台（“互动易”和“上证 e 互动”），以提高上市公司与投资者之间的沟通效率。这些平台允许投资者与上市公司进行在线互动沟通，提供了一个直接向管理层提问并获得回复的渠道。然而，鲜有研究关注这类社交媒体在公司投资效率中扮演的角色。

实际上，投资者互动平台的上线很可能提高了企业的投资效率。一方面，投资者互动平台可能减少了上市公司与投资者之间的信息不对称。投资者互动平台加强了管理层与投资者之间的沟通，这种沟通提供了额外的信息量，有助于投资者更好地理解公司的运营和战略方向。根据 Kimbrough and Louis（2011）以及 Matsumoto et al.（2011）的研究，这种直接沟通是增量信息的重要来源。Bushee et al.（2010）也指出，媒体通过改善信息传播，有助于塑造公司的信息环境。另一方面，投资者互动平台很可能改善了公司治理。“互动易”和“上证 e 互动”由深圳证券交易所（简称深交所）和上海证券交易所（简称上交所）正式监管，这确保了公司回复的准确性和及时性。可以预测，投资者与公司在这些平台上的互动可能缓解了公司与股东之间的代理问题（Li et al.，2023）。

此外，已有不少研究表明，政府所有权加剧了信息不对称和代理问题，对国企投资效率产生了严重的负面影响。长期以来，国有企业的投资效率显著低于民营企业（Chen et al.，2011b；Chen et al.，2017b）。我们推测投资者关系互动能够缓解政府所有权对企业投资效率的负面影响。利用投资者互动平台上线这一背景，本书旨在考察投资者关系互动对企业投资效率的影响，并在此基础上探究其在国有企业和民营企业中发挥作用的差异。通过这些分析，本书主要有以下几点边际贡献。

首先，本章拓展了社交媒体与资本市场的相关文献。先前研究表明，社交媒体互动有助于改善股价效率。如 Bartov et al.（2018）发现 Twitter 有助于信息传播，从而帮助投资者作出有效投资决策。与 Facebook、Twitter 等社交媒体平台不同的是，“互动易”“上证 e 互动”这类平台是投资者主导允许投资者直接与公司管理者沟通，从而减少了信息整合的成本

(Cai et al., 2022b; Lee and Zhong, 2022)。且与既有研究关注社交媒体如何影响股价信息效率不同，我们聚焦社交媒体在企业绩效中扮演的角色，从而丰富了社交媒体与资本市场的相关文献。

其次，本章补充了政府所有权与企业投资效率的相关研究。先前研究表明，政府所有权降低了企业投资效率（Chen et al., 2011b; Chen et al., 2017b）。本章从投资者互动平台这一视角为缓解政府所有权对企业投资效率的负面作用提供了新的解释。研究发现，投资者互动平台能够减轻政府所有权对企业投资效率的负面影响。通过这些平台，投资者可以更有效地与企业沟通，从而推动企业作出更高效的投资决策。

最后，本章从现代信息技术这一视角为改善资本市场信息环境提供了政策参考。尽管中国股市中机构投资者的持股比例正在增加，但个人投资者的持股比例仍然高于许多成熟市场。“互动易”“上证 e 互动”等现代网络互动平台为投资者提供了更多与上市公司交流和获取信息的机会，有助于改善资本市场信息环境。由此表明，随着技术的发展，个人投资者在资本市场中的影响力正在增加，由此启示政策制订者注重发挥现代信息技术在金融市场监管中的运用。

3.3.2.2 制度背景与研究假说

先前的研究表明，信息不对称和代理问题导致了企业投资效率的低下（Jensen and Meckling, 1976; Myers and Majluf, 1984）。由于信息不对称，管理层可能无法获得所有必要的信息来作出最佳投资决策。此外，管理层可能会利用信息优势进行不利于外部投资者的行为，如进行高风险投资以追求个人利益，或者为了规避风险而投资不足。社交媒体的出现为投资者获取信息提供了新的渠道。Blankespoor et al. (2014) 研究表明，Twitter 作为一种补充性的传播渠道，有助于降低投资者获取信息的成本，并减少公司与投资者之间的信息不对称问题。Al Guindy (2021) 研究发现，公司使用 Twitter 与股权成本之间存在负相关关系，并指出信息披露和传播是解释这种关系的两种机制。尽管社交媒体为通信交流提供了便利，但也带来了信息“噪声”和操纵问题，导致信息整合困难。

“互动易”“上证 e 互动”等直接沟通平台通过提供更直接的沟通渠道和管理层回应，有助于降低信息整合成本，提高投资效率。为改善中国资本市场信息环境，促进投资者与上市公司之间的交流，深交所于 2010 年 1 月 1 日推出了“互动易”平台。该平台是全球首个由交易所承建、所有市场参与主体无偿使用的上市公司与投资者互动的平台。继“互动易”后，2013 年 7 月 5 日，上交所推出了“上证 e 互动”平台。这两个平台的上线搭建了上市公司与投资者之间的沟通桥梁，促进了双方的信息交流和互动。相比 Facebook、Twitter 等社交平台，“互动易”和“上证 e 互动”给予投资者更多主动获取信息的权利。“互动易”和“上证 e 互动”平台分别由深交所和上市所进行监督，定期或不定期地检查上市公司是否能够及时且有效地通过公告回应投资者的问题，将这些信息计入上市公司信息披露质量的评估。长期以来，投资者主要通过上市公司、媒体和分析师发布的声明性报告来被动接收信息。这些平台的建立打破了信息传播的单向模式，投资者可以在任意时间和地点通过“互动易”和“上证 e 互动”平台向上市公司提问，且在交易所的监督下获得上市公司的回答。已有不少研究指出，“互动易”平台的上线改善了资本市场信息环境。投资者与上市公司在平台上的互动提高了市场信息含量，降低了股价崩盘风险和分析师盈余预测偏差（Tan et al.，2016；Bian et al.，2022）。

具体而言，投资者互动平台可能通过降低信息不对称和缓解代理问题两个渠道影响了企业投资效率。从信息不对称来看，与西方发达资本市场不同的是，中国资本市场个人投资者占比远高于机构投资者。相比机构投资者，个人投资者获取信息的能力和渠道相对有限。“互动易”和“上证 e 互动”作为面向全体投资者的公开社交平台，使得所有投资者均可访问平台上的互动内容，即便未提出问题的投资者也可以通过观察他人的提问获取信息，优化了公司信息环境。另外，从代理问题来看，与传统媒体相比，社交媒体能够以更快、更动态的方式提供信息，从而约束企业欺诈行为（Xiong et al.，2018）。互动易”和“上证 e 互动”这类社交媒体平台分别由深交所和上交所监管，确保了企业信息披露的准确性，并对上市公司行为产生约束作用，改善公司与投资者之间的代理问题。因此，我们提出如下假说：

假设 1：投资者与公司之间的关系互动降低了企业投资效率。

已有研究指出，政府所有权加剧了代理问题和信息不对称，从而对企业的投资效率产生不利影响。首先，政府所有权的存在往往使得管理层在决策时优先考虑政治目标或公共利益，而非公司股东的利益。由于国有企业的所有权并未完全市场化，企业的管理者和政府作为委托人之间的代理关系可能引发利益冲突，使得管理层有更大空间在决策过程中寻求个人或政治利益，进而偏离股东价值最大化的目标。这种代理问题加剧了内部控制难度，影响了投资项目的选择与执行的合理性。其次，信息不对称的问题在政府所有权背景下尤为突出。国有企业因其独特的所有制结构，通常受到较少的市场监督和披露要求较低，导致外部投资者难以全面掌握企业的真实经营状况和财务信息。这种信息不对称使得外部资本难以合理评估企业的投资风险和收益，削弱了投资决策的有效性。代理问题和信息不对称的双重作用直接影响了公司的投资效率。

相较于民营企业，国有企业的信息不对称和代理问题更严重。我们推测，“互动易”和“上证 e 互动”平台上线带来的投资者关系互动可能更多地改善了国有企业的投资效率，提出如下假说：

假设2：相比民营企业，投资者与公司之间的关系互动更多降低了国有企业的投资效率。

3.3.2.3 研究设计

（1）模型构建

为了检验投资者关系互动对企业投资效率的影响，我们参考既有研究构建如下基准回归模型（Asker et al.，2011；Chen et al.，2011b；Xie et al.，2022）：

$$Investment_{i,t} = \alpha + \beta_1 TobinQ_{i,t-1} + \beta_2 TobinQ_{i,t-1} \times Interaction_{i,t-1} + \beta_3 Interaction_{i,t-1} + \beta_4 Controls_{i,t-1} + Firm\ FE + Year\ FE + \varepsilon_{i,t} \quad (3-13)$$

其中，*Investment* 表示投资支出对现金流的敏感度，用固定资产、无形资产和其他长期资产的净现金流除以总资产来衡量，*TobinQ* 反映了公司的投资机会。参考 Xu et al.（2022），我们对“互动易”和“上证 e 互动”平台上各上市公司与投资者之间的沟通频率进行了统计，构造了两个指标来衡量投资者关系互动，分别是 *Question* 和 *Question_eff*。前者反映了投资者当年提问的数量，后者则是投资者当年有效提问的数量。当投资者提出的问题被对应的公司回答时，该问题才视为有效问题。我们对两个变量均进行了对数处理，在模型中标记为 *Interation*。*TobinQ* × *Interation* 的系数 β_2 捕捉了投资者关系互动对企业投资效率的影响。如果 β_2 显著为正，说明投资者关系互动提高了企业投资效率。

参考 Chen et al.（2011b）和 Richardson（2006），我们在模型中加入了一系列控制变量，包括公司规模（*Size*）、财务杠杆（*Lev*）、经营现金流（*CFO*）、上市年龄（*Age*）、股票再发行（*SEO*）、产权性质（*SOE*）、股票回报率（*Ret*）和现金流（*Cash*）。同时，我们控制了公司内外部治理等因素，包括管理层持股比例（*Manager*）、媒体报道（*Mediacoverage*）、分析师报道（*Analyst*）、机构投资者持股比例（*Institutional*）、独立董事治理（*Independence*）、两职合一（*Duality*）、董事会治理（*Boardmeeting*）、外国机构投资者持股（*Forins*）、卖空（*Shortsell*）、财务报告质量（*REM_DD*）、国家所有权（*Stateown*）和外国分析师报道（*Analyst_forin*）等。为了缓解潜在的内生性问题，我们将 *TobinQ*、*Interation* 以及所有控制变量都进行了滞后一期处理，并加入公司和年份固定效应，在公司层面进行聚类。具体的变量定义如表 3－28 所示。

表 3－28　　主要变量定义

变量符号	变量定义
投资相关变量	
Investment	固定资产、无形资产和其他长期资产的净现金流/总资产
Investment1	研发支出、采购费用、固定资产、无形资产和其他长期资产的总和/总资产
TobinQ	（流通股市值＋非流通股和负债的账面价值）/资产账面价值
投资者关系互动相关变量	
Question	Ln（1＋投资者当年提问的数量）
Question_eff	Ln（1＋投资者当年有效提问的数量）
控制变量	
Size	公司总资产的对数
Lev	总负债/总资产
CFO	净现金流/总资产
Age	Ln（1＋公司上市以来的年份）
SEO	配股发行和附加发行净额/总资产
SOE	若公司是政府控股的公司，将 SOE 设为 1，否则为 0
Ret	考虑现金分红的年度股票收益率
Cash	现金和短期投资/总资产
Manager	管理层持股比例
Mediacoverage	Ln（1＋网络媒体和财经媒体报道公司的次数）
Analyst	Ln（1＋分析师跟踪数量）
Institutional	机构投资者持股比例
Independence	独立董事持股比例

续表

变量符号	变量定义
Duality	若公司董事长同时也是 CEO，将 *Duality* 取值为 1，否则为 0
Boardmeeting	Ln（1 + 董事会成员数量）
Forins	外国机构投资者持股比例
Shortsell	如果公司加入了保证金交易计划，将 *Shortsell* 取值为 1，否则为 0
REM_DD	根据 Dechow and Dichev（2002）的模型计算的盈余管理水平
Stateown	政府持股比例
Analyst_forin	Ln（1 + 外国分析师跟踪数量）
其他变量	
Treat	如果公司属于处理组（即 2009 年再深交所上市），将设取值为 1，否则为 0
Post	如果观测样本所属年份在 2010 年之后，将取值为 1，否则为 0
ABACC	可自由支配的应计收益的绝对价值
AUR	销售额/总资产
Mgtexp	管理费用/主营业务收入
STD	短期债务/总负债
DIB	DIB 内部控制信息披露指数，来源于 DIB 内部控制和风险管理数据库
Gov_centr	如果公司由中央政府控股（央企），将 *Gov_centr* 取值为 1，否则为 0
Gov_local	如果公司由地方政府控股（地方国企），将 *Gov_local* 取值为 1，否则为 0

（2）数据和样本

本章以所有沪深 A 股上市公司为初始样本，选取 2010—2020 年为研究区间。由于“互动易”和“上证 e 互动”这两个平台的上线时间不同，“互动易”自 2010 年起上线，而“上证 e 互动”2013 年底才上线，因而对于上交所上市的公司我们只选取了 2014—2020 年的样本。在剔除了金融行业公司、特殊处理样本、IPO 样本以及主要变量缺失的样本后，我们获得了 15000 个公司—年份观测值，涉及 2716 家上市公司。为了剔除异常值的干扰，我们对连续变量进行了两侧 1% 的缩尾。“互动易”和“上证 e 互动”平台的原始交互问答信息从中国研究数据服务平台（CNRDS）获取。利用 Python 编程技术，我们对原始文本数据进行了清洗。我们从 I/B/E/S 数据库收集外国分析师数据，其余财务和公司治理数据均来源于 CSMAR 数据库。

表3－29的面板A展示了主要变量的描述性统计结果。我们发现，*Investment*的均值是0.0427，最小值是0.0334，说明样本企业在固定资产、无形资产等资产上的支出高于利用这些资产获得的回报。SOE的均值是0.4002，说明样本中有40.02%是国有控股公司。面板B展示了投资者关系互动的详细信息。研究显示，投资者提出的问题数量平均有122.6323个，其中有效问题数量有115.5857个。自2012年起，"互动易"平台针对公司发布的问题数量平均超过了75个。平均意义上，88.57%的问题收到了回复，公司平均需要17.0411天才能回复。公司回复的平均字数（77.5914）比提问的字数要多（59.2163）。

表3－29　　描述性统计

面板A：主要变量的描述性统计结果

变量名	样本数	均值	标准差	最小值	中位数	最大值
$Investment_{i,t}$	15000	0.0427	0.0444	−0.0334	0.0299	0.2104
$Question_{i,t-1}$	15000	3.9313	1.4623	0.0000	4.0775	8.6449
$Question\_eff_{i,t-1}$	15000	3.7438	1.6300	0.0000	3.9703	8.6449
$TobinQ_{i,t-1}$	15000	1.9956	1.2818	0.8692	1.5681	8.4608
$Size_{i,t-1}$	15000	22.3378	1.2752	19.9264	22.1718	26.1791
$Lev_{i,t-1}$	15000	0.4471	0.2042	0.0614	0.4416	0.9022
$CFO_{i,t-1}$	15000	0.0456	0.0701	−0.1686	0.0452	0.2383
$Age_{i,t-1}$	15000	2.3418	0.7097	0.6931	2.5649	3.4012
$SEO_{i.t-1}$	15000	0.0027	0.0089	0.0000	0.0000	0.0563
$SOE_{i,t-1}$	15000	0.4002	0.4900	0.0000	0.0000	1.0000
$Ret_{i,t-1}$	15000	0.1052	0.4898	−0.5815	0.0000	2.0002
$Cash_{i,t-1}$	15000	0.1703	0.1170	0.0160	0.1388	0.5895
$Manager_{i,t-1}$	15000	0.0565	0.1253	0.0000	0.0003	0.6091
$Mediacoverage_{i,t-1}$	15000	3.6515	0.9213	0.0000	4.1271	7.2738
$Analyst_{i,t-1}$	15000	2.5190	1.8476	0.0000	2.7726	6.6039
$Institutional_{i,t-1}$	15000	0.0628	0.0672	0.0000	0.0404	0.3179
$Independence_{i,t-1}$	15000	0.3791	0.0719	0.2500	0.3636	0.6000
$Duality_{i,t-1}$	15000	0.2503	0.4332	0.0000	0.0000	1.0000
$Boardmeeting_{i,t-1}$	15000	2.3325	0.3550	0.6931	2.3026	4.0775
$Forins_{i,t-1}$	15000	0.0010	0.0038	0.0000	0.0000	0.0259
$Shortsell_{i,t-1}$	15000	0.3008	0.4586	0.0000	0.0000	1.0000

续表

变量名	样本数	均值	标准差	最小值	中位数	最大值
$REM\_DD_{i,t-1}$	15000	0. 0892	0. 1277	0. 0009	0. 0511	0. 8929
$Stateown_{i,t-1}$	15000	0. 0363	0. 1121	0. 0000	0. 0000	0. 6253
$Analyst\_forin_{i,t-1}$	15000	2. 2347	1. 7837	0. 0000	2. 5649	6. 0684

面板 B：投资者关系互动指标的分布情况（按年分类）

年份	样本数	问题数量	回复数量	回复率	回复天数	问题字数	回复字数
2010	627	17. 3158	16. 1818	0. 8849	25. 2162	57. 6195	94. 7553
2011	849	41. 4476	39. 6843	0. 9200	12. 5462	70. 2575	97. 0173
2012	992	76. 2621	73. 3579	0. 9431	9. 8658	74. 4700	93. 0696
2013	1069	188. 5622	182. 9514	0. 9561	5. 4394	68. 2736	78. 9961
2014	1736	185. 4234	177. 9430	0. 8685	19. 0878	61. 7185	70. 0003
2015	1720	195. 5506	183. 6552	0. 8504	18. 4452	58. 6707	65. 3447
2016	1809	141. 0962	133. 1454	0. 8569	21. 7811	54. 4221	68. 9902
2017	1846	121. 5027	113. 2384	0. 8739	18. 0994	54. 8900	73. 8795
2018	2163	96. 2829	87. 8488	0. 8791	18. 2378	54. 2315	79. 7741
2019	2189	77. 7410	71. 6725	0. 8946	17. 6386	54. 8552	81. 4980
Total	15000	122. 6323	115. 5857	0. 8857	17. 0411	59. 2163	77. 5914

注：已对连续变量进行前后 1% 的缩尾处理。

3. 3. 2. 4　实证结果分析

（1）投资者关系互动与企业投资效率

利用前文构建的模型，我们估计得到投资者关系互动对企业投资效率的影响，表 3 – 30 展示了基准回归结果，投资者关系互动对企业投资效率由 *TobinQ* × *Question* 和 *TobinQ* × *Question_eff* 的系数来捕捉。结果表明，*TobinQ* × *Question* 和 *TobinQ* × *Question_eff* 的系数均在 5% 的显著性水平上显著，假设 1 得到验证，即投资者关系互动能够促进企业投资效率的提高。从经济意义上来看，交互项（*TobinQ* × *Question*、*TobinQ* × *Question_eff*）每增加一个标准差，企业投资效率分别提高 6. 6335% 和 6. 4750% 。从控制变量来看，*CFO* 和 *SEO* 的系数显著为正，说明现金流的增加和经验丰富的股票发行有助于提高企业投资效率。此外，*Lev* 的系数显著为负，说明杠杆率不利于公司投资效率的提高。

表 3-30　　基准回归结果

	(1)	(2)
	$Investment_{i,t}$	$Investment_{i,t}$
$TobinQ_{i,t-1} \times Question_{i,t-1}$	0.0005**	
	(2.2340)	
$Question_{i,t-1}$	-0.0008	
	(-1.4271)	
$TobinQ_{i,t-1} \times Question\_eff_{i,t-1}$		0.0004**
		(2.4212)
$Question\_eff_{i,t-1}$		-0.0009*
		(-1.7463)
$TobinQ_{i,t-1}$	-0.0014	-0.0013
	(-1.4467)	(-1.4686)
$Size_{i,t-1}$	0.0006	0.0006
	(0.3749)	(0.3831)
$Lev_{i,t-1}$	-0.0263***	-0.0263***
	(-5.1635)	(-5.1621)
$CFO_{i,t-1}$	0.0173***	0.0174***
	(3.1271)	(3.1309)
$Age_{i,t-1}$	-0.0235***	-0.0236***
	(-7.3599)	(-7.4010)
$SEO_{i.t-1}$	0.0640*	0.0640*
	(1.7222)	(1.7240)
$SOE_{i,t-1}$	-0.0046	-0.0045
	(-1.1751)	(-1.1610)
$Ret_{i,t-1}$	0.0026***	0.0026***
	(2.9525)	(2.9420)
$Cash_{i,t-1}$	0.0297***	0.0298***
	(5.5760)	(5.5910)
$Manager_{i,t-1}$	0.0015	0.0016
	(0.1647)	(0.1773)
$Mediacoverage_{i,t-1}$	0.0009	0.0009
	(1.2611)	(1.3055)

续表

	(1)	(2)
	$Investment_{i,t}$	$Investment_{i,t}$
$Analyst_{i,t-1}$	0.0024***	0.0024***
	(5.6455)	(5.6545)
$Institutional_{i,t-1}$	0.0160*	0.0158*
	(1.7437)	(1.7258)
$Independence_{i,t-1}$	-0.0114**	-0.0115**
	(-2.2290)	(-2.2387)
$Duality_{i,t-1}$	0.0022	0.0022
	(1.5479)	(1.5386)
$Boardmeeting_{i,t-1}$	0.0060***	0.0060***
	(4.6078)	(4.6113)
$Forins_{i,t-1}$	0.0507	0.0503
	(0.4584)	(0.4548)
$Shortsell_{i,t-1}$	-0.0005	-0.0005
	(-0.3786)	(-0.3667)
$REM\_DD_{i,t-1}$	-0.0017	-0.0017
	(-0.6465)	(-0.6563)
$Stateown_{i,t-1}$	0.0006	-0.0005
	(-0.1166)	(-0.1160)
$Analyst\_forin_{i,t-1}$	0.0001	0.0001
	(0.1920)	(0.1937)
Constant	0.0831**	0.0827**
	(2.4404)	(2.4313)
Firm FE	Yes	Yes
Year FE	Yes	Yes
Adj. R^2	0.125	0.125
Number	15000	15000

注：***、**、*分别表示在1%、5%和10%的显著性水平上显著。括号内为t值。

（2）内生性与稳健性分析

①双重差分。投资效率更高的公司可能更能吸引投资者的注意力，从而更加积极与公司互动，从而造成反向因果问题。为了缓解内生性问题，

我们参考 Xu et al.（2022）和 Lee and Zhong（2022）的做法，构建双重差分（DID）模型来识别投资者关系互动与企业投资效率之间的因果关系。“互动易”平台由深交所于 2010 年 1 月 1 日开通上线，“上证 e 互动”由上交所于 2013 年 7 月 5 日推出，这两个平台的相继建立为构建 DID 模型提供了理想的环境。具体而言，以 2020 年“互动易”平台上线为政策分界点，我们首先选取 2008—2012 年作为观测区间，将深交所上市公司设为处理组，上交所上市的公司设为对照组。其次，利用倾向得分匹配对两组进行一对一匹配，以确保两组的基本特征相似。最后，利用匹配后的样本进行 DID 回归，相关估计结果报告在表 3－31。结果显示，样本通过了平行趋势检验，DID 估计结果仍然支持基准回归的结论。表 3－31 的第（3）—（4）列展示了改变事件年份的安慰剂检验结果，将事件年份变更为 2008 年和 2009 年后，DID 估计系数不再显著，说明我们的结果不是偶然得到的。

表 3－31　　　　双重差分检验

	(1)	(2)	(3)	(4)	(5)
	Base year = 2009	2008—2012	2006—2010	2007—2011	After 2013
	$Investment_{i,t}$	$Investment_{i,t}$	$Investment_{i,t}$	$Investment_{i,t}$	$Investment_{i,t}$
$TobinQ_{i,t-1} \times Treat_i \times Post_t$		0.0083***	0.0011	0.0024	
		(2.8149)	(0.3571)	(0.8144)	
$Treat_i \times Post_t$		−0.0166***	−0.0038	−0.0060	
		(−2.7391)	(−0.5114)	(−0.8428)	
$TobinQ_{i,t-1} \times Post_t$		0.0016	−0.0037	−0.0022	
		(0.9650)	(−1.4422)	(−0.8649)	
$TobinQ_{i,t-1} \times Treat_i$	−0.0087**	−0.0059*	−0.0032	−0.0036	−0.0015
	(−2.2701)	(−1.8834)	(−1.2543)	(−1.3394)	(−0.8536)
$TobinQ_{i,t-1} \times Treat_i \times Year\_2008$	−0.0003				
	(−0.0238)				
$TobinQ_{i,t-1} \times Treat_i \times Year\_2010$	0.0115***				
	(3.6562)				
$TobinQ_{i,t-1} \times Treat_i \times Year\_2011$	0.0129**				
	(2.3721)				
$TobinQ_{i,t-1} \times Treat_i \times Year\_2012$	0.0092*				
	(1.8364)				

续表

	(1)	(2)	(3)	(4)	(5)
	Base year = 2009	2008—2012	2006—2010	2007—2011	After 2013
	$Investment_{i,t}$	$Investment_{i,t}$	$Investment_{i,t}$	$Investment_{i,t}$	$Investment_{i,t}$
$TobinQ_{i,t-1}$	0.0005	-0.0018	0.0036*	0.0032	0.0010
	(0.2179)	(-0.9131)	(1.6901)	(1.3634)	(0.7408)
Constant	0.2020**	0.2002**	-0.1053	0.1096	0.1187
	(2.2022)	(2.2045)	(-0.9938)	(0.9765)	(1.4555)
Controls	Yes	Yes	Yes	Yes	Yes
Firm FE	Yes	Yes	Yes	Yes	Yes
Year FE	Yes	Yes	Yes	Yes	Yes
Adj. R^2	0.0964	0.0923	0.0816	0.0812	0.0466
Number	2960	2960	2490	2830	3502

注：***、**、* 分别表示在 1%、5% 和 10% 的显著性水平上显著。括号内为 t 值。

②工具变量法。为了缓解由遗漏变量、反向因果等因素导致的内生性问题，我们参考 Lewbel（2012）将异方差标准误差（*Resid*）作为内生变量的工具变量，并进行两阶段最小二乘估计。表 3 - 32 面板 A 的结果显示，第一阶段 F 检验结果显示不存在识别不足或过度识别的问题，面板 B 第二阶段回归中 $TobinQ \times Question\_eff$ 的系数显著为正，验证了基准回归的结论。

表 3 - 32　　　　工具变量法估计结果

面板 A：第一阶段估计结果

	(1)	(2)
	$Question\_eff_{i,t-1}$	$TobinQ_{i,t-1} \times Question\_eff_{i,t-1}$
$C\_TobinQ_{i,t-1} \times C\_Size_{i,t-1} \times Resid$	-0.1269***	-0.4972***
	(-12.9416)	(-12.9944)
$C\_TobinQ_{i,t-1} \times C\_Lev_{i,t-1} \times Resid$	-0.1295***	-0.6179***
	(-3.0960)	(-4.1047)
$C\_TobinQ_{i,t-1} \times C\_CFO_{i,t-1} \times Resid$	0.1218	0.0449
	(1.3009)	(0.1152)
$C\_TobinQ_{i,t-1} \times C\_Age_{i,t-1} \times Resid$	-0.0003	0.2760***
	(-0.0202)	(4.3729)
$C\_TobinQ_{i,t-1} \times C\_SEO_{i,t-1} \times Resid$	-0.8448	-3.7892*
	(-1.5371)	(-1.7475)

续表

	(1)	(2)
	$Question\_eff_{i,t-1}$	$TobinQ_{i,t-1} \times Question\_eff_{i,t-1}$
$C\_TobinQ_{i,t-1} \times C\_SOE_{i,t-1} \times Resid$	0.0236	-0.1142
	(-1.1467)	(-1.4334)
$C\_TobinQ_{i,t-1} \times C\_Ret_{i,t-1} \times Resid$	0.0082	0.1978***
	(0.9309)	(4.7786)
$C\_TobinQ_{i,t-1} \times C\_Cash_{i,t-1} \times Resid$	-0.1010*	0.1587
	(-1.6589)	(0.6736)
$C\_TobinQ_{i,t-1} \times C\_Manager_{i,t-1} \times Resid$	-0.0068	0.0179
	(-0.0762)	(0.0463)
$C\_TobinQ_{i,t-1} \times C\_Mediacoverage_{i,t-1} \times Resid$	-0.0148	-0.0753*
	(-1.1710)	(-1.7312)
$C\_TobinQ_{i,t-1} \times C\_Analyst_{i,t-1} \times Resid$	0.0332***	0.0805***
	(4.0624)	(2.8312)
$C\_TobinQ_{i,t-1} \times C\_Institutional_{i,t-1} \times Resid$	-0.0984	-0.5950
	(-0.9662)	(-1.2019)
$C\_TobinQ_{i,t-1} \times C\_Independence_{i,t-1} \times Resid$	0.0176	0.6143*
	(0.2002)	(1.7492)
$C\_TobinQ_{i,t-1} \times C\_Duality_{i,t-1} \times Resid$	0.0110	0.0176
	(0.5635)	(0.2020)
$C\_TobinQ_{i,t-1} \times C\_Boardmeeting_{i,t-1} \times Resid$	-0.0179	0.0314
	(-0.7869)	(0.4203)
$C\_TobinQ_{i,t-1} \times C\_Forins_{i,t-1} \times Resid$	2.2783	4.6898
	(1.5971)	(0.9394)
$C\_TobinQ_{i,t-1} \times C\_Shortsell_{i,t-1} \times Resid$	0.0609***	0.5389***
	(2.8740)	(7.6700)
$C\_TobinQ_{i,t-1} \times C\_REM\_DD_{i,t-1} \times Resid$	-0.0221	-0.1840
	(-0.6238)	(-1.5677)
$C\_TobinQ_{i,t-1} \times C\_Stateown_{i,t-1} \times Resid$	-0.2893**	-2.2392***
	(-2.3592)	(-4.8965)

续表

	(1)	(2)
	$Question\_eff_{i,t-1}$	$TobinQ_{i,t-1}\times Question\_eff_{i,t-1}$
$C\_TobinQ_{i,t-1}\times C\_Analyst\_forin_{i,t-1}\times Resid$	-0.0008	0.0132
	(-0.0994)	(0.3957)
$C\_Size_{i,t-1}\times Resid$	0.0201	-0.5146***
	(1.0714)	(-11.9139)
$C\_Lev_{i,t-1}\times Resid$	0.1145	-0.0218
	(1.0793)	(-0.0991)
$C\_CFO_{i,t-1}\times Resid$	-0.2105	0.1070
	(-1.3762)	(0.3246)
$C\_Age_{i,t-1}\times Resid$	-0.0227	0.2080***
	(-0.6109)	(2.7376)
$C\_SEO_{i,t-1}\times Resid$	2.6038***	2.0178
	(3.1381)	(1.0299)
$C\_SOE_{i,t-1}\times Resid$	0.1551***	0.2265**
	(2.9950)	(2.2080)
$C\_Ret_{i,t-1}\times Resid$	-0.0630***	0.1697***
	(-3.5817)	(4.2744)
$C\_Cash_{i,t-1}\times Resid$	0.1304	0.4922*
	(1.0032)	(1.8893)
$C\_Manager_{i,t-1}\times Resid$	-0.1609	-0.5329
	(-0.7976)	(-1.4403)
$C\_Mediacoverage_{i,t-1}\times Resid$	0.1377***	0.2845***
	(9.8863)	(8.4015)
$C\_Analyst_{i,t-1}\times Resid$	0.0076	0.0807***
	(0.6278)	(3.0803)
$C\_Institutional_{i,t-1}\times Resid$	-0.3548*	0.8538*
	(-1.7814)	(1.9465)
$C\_Independence_{i,t-1}\times Resid$	-0.0385	-0.1252
	(-0.2758)	(-0.4256)
$C\_Duality_{i,t-1}\times Resid$	-0.0373	-0.0710
	(-1.0571)	(-0.9641)

续表

	(1)	(2)
	$Question\_eff_{i,t-1}$	$TobinQ_{i,t-1} \times Question\_eff_{i,t-1}$
$C\_Boardmeeting_{i,t-1} \times Resid$	-0.0392	-0.1138
	(-1.1482)	(-1.4974)
$C\_Forins_{i,t-1} \times Resid$	1.2046	3.9086
	(0.4014)	(0.6913)
$C\_Shortsell_{i,t-1} \times Resid$	0.0180	0.4256***
	(0.5473)	(5.8149)
$C\_REM\_DD_{i,t-1} \times Resid$	0.0828	0.2851**
	(1.3099)	(2.3209)
$C\_Stateown_{i,t-1} \times Resid$	-0.3347***	-1.6344***
	(-2.7373)	(-4.1990)
$C\_Analyst\_forin_{i,t-1} \times Resid$	-0.0036	0.0197
	(-0.2644)	(0.6706)
$TobinQ_{i,t-1}$	-0.0164	3.7584***
	(-0.9492)	(46.3209)
Constant	-1.5713**	-18.2517***
	(-2.0694)	(-7.9316)
Weak instrument test (*H0*: *weak instrument*)		
Cragg - Donald Wald F statistic	39.875	
Controls	Yes	Yes
Firm FE	Yes	Yes
Year FE	Yes	Yes
Adj. R^2	0.527	0.826
Number	15000	15000

面板 B：第二阶段回归结果

	$Investment_{i,t}$
$TobinQ_{i,t-1} \times \widehat{Question\_eff}_{i,t-1}$	0.0006**
	(2.1024)
$\widehat{Question\_eff}_{i,t-1}$	-0.0018
	(-1.5785)
$TobinQ_{i,t-1}$	-0.0018
	(-1.5026)
Controls	Yes
Firm FE	Yes

续表

	$Investment_{i,t}$
Year FE	Yes
Number	14811

注：***、**、*分别表示在1%、5%和10%的显著性水平上显著。括号内为t值。

③替换因变量衡量方式。在基准回归中，我们利用美国投资相关研究中常用的资本支出（固定资产、无形资产以及长期资产）来计算投资效率。在此基础上，我们参考 Chen et al.（2011b）将研发支出和采购费用加入资产支出，重新计算投资效率指标，即 *Investment*1。以 *Investment*1 为因变量的回归结果如表 3－33 的面板 A 所示。可以发现，$TobinQ \times Question$ 在 1% 的显著性水平上显著为正，说明前文发现是稳健的。

表 3－33　稳健性分析结果

面板 A：替换因变量衡量方式

	$Investment1_{i,t}$
$TobinQ_{i,t-1} \times Question\_eff_{i,t-1}$	0.0009***
	(3.2974)
$Question\_eff_{i,t-1}$	-0.0022***
	(-3.2349)
$TobinQ_{i,t-1}$	-0.0025*
	(-1.9608)
Constant	0.2066***
	(4.8213)
Controls	Yes
Firm FE	Yes
Year FE	Yes
Adj. R^2	0.105
Number	15000

面板 B：替换样本

	(1)	(2)
	$Investment_{i,t}$	$Investment_{i,t}$
$TobinQ_{i,t-1} \times Question\_eff_{i,t-1}$	0.0004**	0.0005**
	(2.3021)	(2.1266)

续表

	(1)	(2)
	$Investment_{i,t}$	$Investment_{i,t}$
$Question\_eff_{i,t-1}$	-0.0011*	-0.0009
	(-1.8806)	(-1.4757)
$TobinQ_{i,t-1}$	-0.0014	-0.0025**
	(-1.4375)	(-2.1148)
Constant	0.0877***	0.0265
	(2.4992)	(0.6280)
Controls	Yes	Yes
Firm FE	Yes	Yes
Year FE	Yes	Yes
Adj. R^2	0.126	0.039
Number	14603	9727

注：***、**、*分别表示在1%、5%和10%的显著性水平上显著。括号内为t值。

④替换样本。首先，对于那些没有投资者提问的观测值，我们在基准回归中将其赋值为0，这一做法可能存在偏差。因此在稳健性分析中，我们剔除了这类样本，得到14603个观测值。其次，在基准回归中，上交所上市公司和深交所上市公司的起始年份不同，前者从2014年开始，后者从2010年开始，我们在稳健性分析中统一了两类公司的观测区间，即剔除了2014年以前的深交所上市公司样本。同时，考虑到平台建立后的第一年投资者与上市公司之间的互动可能并不活跃，我们将2014年的样本也进行了剔除。利用新样本重新估计得到的结果报告在表3-33面板B的第（1）列和第（2）列，结果显示投资者关系互动显著促进了企业投资效率的提高。

（3）机制分析

如前所述，投资者关系互动可能通过改善信息环境和公司治理促进了企业投资效率的提高。下面我们对这两条机制进行检验。如果这两条机制成立，那么对于信息不对称更严重、公司治理更差的公司，投资者关系互动对企业投资效率的提升作用应当更强。具体而言，对于信息不对称机制，我们选取盈余管理水平（*ABACC*）作为信息不对称的代理指标，并根据这一指标将样本划分为两组。*ABACC*取值越高，上市公司与外部投资者的信息不对称水平越高。如果公司的盈余管理水平低于各年的行业中位数，则计入高信息不对称组，反则计入低信息不对称组。最后，对两个组分别执行回归，观察 *TobinQ* × *Question* 的系数，结果如表 3 – 34 所示。可以看出，*TobinQ* × *Question* 的系数仅在高信息不对称组显著为正，与我们的预期一致。

表 3 – 34　　　　信息不对称机制检验

	(1)	(2)
	High	Low
	$Investment_{i,t}$	$Investment_{i,t}$
$TobinQ_{i,t-1} \times Question\_eff_{i,t-1}$	0.0008***	0.0000
	(2.6260)	(0.0499)
$Question\_eff_{i,t-1}$	−0.0022***	0.0004
	(−2.5993)	(0.6079)
$TobinQ_{i,t-1}$	−0.0019	0.0013
	(−1.4496)	(0.9109)
Constant	0.1084**	0.0764
	(2.3104)	(1.6021)
Difference Test	3.50 (P = 0.0614)	
Controls	Yes	Yes
Firm FE	Yes	Yes
Year FE	Yes	Yes
Adj. R^2	0.138	0.123
Number	377	7554

注：***、** 分别表示在 1%、5% 的显著性水平上显著。括号内为 t 值。

对于公司治理机制，借鉴以往研究（Singh and Davidson，2003；Gao and Kling，2008；Anginer et al.，2022），我们选取了五个指标来衡量公司治理水平，分别是管理层持股比例（*Managers*）、资产利用率（*AUR*）、管理费用比重（*Mgtexp*）、短期债务占比（*STD*）、内部控制指数（*DIB*）。根据这些指标的行业中位数，我们将样本划分为高公司治理组和低公司治理组两个组。分组回归结果如表 3 – 35 所示。无论是哪种测量方式，结果均表明投资者关系互动对公司治理更差的公司的投资效率的提升作用更大，公司治理机制得到验证。

表 3－35　　公司治理机制检验

	(1)	(2)	(3)	(4)	(5)	(6)	(7)	(8)	(9)	(10)
	High	Low	High	Low	High	Low	High	Low	High	Low
	$Investment_{i,t}$	$Investment_{i,t}$	$Investment_{i,t}$	$Investment_{i,t}$	$Investment_{i,t}$	$Investment_{i,t}$	$Investment_{i,t}$	$Investment_{i,t}$	$Investment_{i,t}$	$Investment_{i,t}$
$TobinQ_{i,t-1} \times Question\_eff_{i,t-1}$	0.0000	0.0007***	-0.0001	0.0007***	-0.0000	0.0007***	-0.0002	0.0009***	-0.0002	0.0007***
	(0.2763)	(2.8445)	(-0.1241)	(2.8630)	(-0.0941)	(2.9105)	(-0.5418)	(2.9685)	(-0.5027)	(2.9105)
$Question\_eff_{i,t-1}$	-0.0008	-0.0009	0.0007	-0.0017**	0.0001	-0.0016**	-0.0001	-0.0016**	0.0004	-0.0016**
	(-1.0176)	(-1.2890)	(0.9598)	(-2.2627)	(0.1018)	(-2.1982)	(-0.1151)	(-2.1678)	(0.5119)	(-2.1982)
$TobinQ_{i,t-1}$	-0.0000	-0.0024**	0.0012	-0.0034**	0.0013	-0.0029**	0.0017	-0.0032**	0.0016	-0.0029**
	(-0.0332)	(-2.0358)	(0.9131)	(-2.5407)	(0.8536)	(-2.2869)	(1.3111)	(-2.2726)	(0.9013)	(-2.2869)
Constant	0.0699	0.1216**	-0.0133	0.1753***	0.0706	0.1310**	0.0082	0.1377**	0.0555	0.1310**
	(1.3715)	(2.4941)	(-0.2524)	(3.3134)	(1.2666)	(2.5724)	(0.1818)	(2.6867)	(1.0600)	(2.5724)
Difference Test	2.81 (P = 0.0935)		4.41 (P = 0.0358)		2.90 (P = 0.0887)		6.46 (P = 0.0110)		4.08 (P = 0.0433)	
Controls	Yes	Yes	Yes	Yes	Yes	Yes	Yes	Yes	Yes	Yes
Firm FE	Yes	Yes	Yes	Yes	Yes	Yes	Yes	Yes	Yes	Yes
Year FE	Yes	Yes	Yes	Yes	Yes	Yes	Yes	Yes	Yes	Yes
Adj. R^2	0.161	0.091	0.122	0.145	0.145	0.109	0.109	0.135	0.126	0.116
Number	7366	7634	7579	7441	7441	7257	7421	7579	7426	7563

注：***、** 分别表示在 1%、5% 的显著性水平上显著。括号内为 t 值。

（4）地方政府持股、投资者关系互动与企业投资效率

先前的研究表明，所有权结构是影响企业投资效率的重要因素。政府所有权加重了国有企业内部的代理问题，同时恶化了信息环境（Chen et al.，2011b），从而对投资效率产生了负面影响（Chen et al.，2017b）。因此，我们推测相比民营企业，投资者关系互动对国有企业投资效率的改善作用更大。根据企业的产权性质，我们将样本划分为国有企业（$SOE=1$）和民营企业（$SOE=0$）。在我们的样本中，国有企业占比达到40.02%。分组回归结果展示在表3-36的第（1）—（2）列。结果显示，投资者关系互动对企业投资效率的促进作用仅在国有企业显著，这一结果验证了我们的推测。

此外，考虑到地方政府控股企业通常比中央政府控股企业有更严重的内部代理问题（Liang et al.，2020），我们进一步将国有企业划分为央企和地方国企，并分别进行回归估计，相关结果报告在表3-36的第（3）—（4）列。结果显示 $TobinQ \times Question$ 的系数仅在地方政府控股公司显著，说明相比央企，投资者关系互动更多提升了地方国企的投资效率。

表3-36　地方政府持股、投资者关系互动与企业投资效率

	(1)	(2)	(3)	(4)
	$SOE_{i,t-1}=1$	$SOE_{i,t-1}=0$	$Gov\_centr_{i,t-1}=1$	$Gov\_local_{i,t-1}=0$
	$Investment_{i,t}$	$Investment_{i,t}$	$Investment_{i,t}$	$Investment_{i,t}$
$TobinQ_{i,t-1} \times Question\_eff_{i,t-1}$	0.0006*	0.0003	0.0004	0.0010**
	(1.8341)	(1.2241)	(0.8534)	(1.9932)
$Question\_eff_{i,t-1}$	-0.0007	-0.0008	-0.0010	-0.0009
	(-0.8466)	(-1.1058)	(-0.7829)	(-0.8998)
$TobinQ_{i,t-1}$	-0.0018	-0.0009	0.0002	-0.0042**
	(-1.1789)	(-0.7393)	(0.1175)	(-2.0391)
Constant	0.0458	0.1157**	-0.0987	0.1927***
	(0.8405)	(2.5728)	(-1.1947)	(2.7086)
Controls	Yes	Yes	Yes	Yes
Firm FE	Yes	Yes	Yes	Yes
Year FE	Yes	Yes	Yes	Yes
Adj. R^2	0.095	0.140	0.109	0.099
Number	6003	8997	2050	3946

注：***、**、*分别表示在1%、5%和10%的显著性水平上显著。括号内为t值。

3.3.2.5 结论与启示

本节以中国“互动易”和“上证 e 互动”平台相继上线这一政策背景，考察投资者关系互动对企业投资效率的影响。研究发现，投资者在这些平台上与上市公司之间的互动改善了信息环境和公司治理，进而提高了企业投资效率。这一发现通过了倾向得分匹配、工具变量法、替换因变量衡量方式、替换样本等稳健性检验。进一步研究发现，投资者关系互动主要改善了国有企业（尤其地方国有企业）的投资效率。由此说明，利用现代社交媒体加强投资者关系互动是改善国有企业投资效率的重要渠道。未来随着技术的发展，应当更加注重现代信息技术在金融市场监管中的应用，以改善资本市场信息环境。

3.4 实地调研制度与共同基金羊群行为①

3.4.1 引言

共同基金普遍存在“羊群效应”，即投资行为趋于一致（Lakonishok et al.，1992；Wermers，1999；Brown et al.，2014；Koch，2017；Jiang and Verardo，2018）。既有研究指出，信息在羊群行为中起关键作用（Banerjee，1992；Avery and Zemsky，1998）。然而，由于缺乏信息获取活动的相关数据，针对信息获取活动对羊群行为的影响尚未被充分探讨（Cheng et al.，2016）。鉴于此，本节利用深圳证券交易所发布的有关共同基金公司实地调研的独特数据集，深入分析实地调研这一特定信息获取活动对共同基金羊群行为的影响。

公司实地调研作为一种全球普遍存在的实践活动（Brown et al.，2015；Cheng et al.，2016），在资本市场中发挥着重要作用，其为调研者提供了与管理层直接互动的机会（Koch et al.，2013）。关于实地调研活动对共同基金羊群行为的影响机制，现有研究主要提出了三种竞争性理论解释：信息级联理论、相关信号理论以及特征羊群效应理论。其中，信息级

---

① 本部分系笔者两项国家自然科学基金面上项目（基金批准号 71873058、72373099）的阶段性成果，于 2023 年 5 月发表于 *Financial Management*。

联理论指出，在信息不透明的环境下，共同基金倾向于模仿同行业其他机构的投资决策（Banerjee，1992；Bikhchandani et al.，1992；Sias，2004）。实地调研活动有助于共同基金对私人信息的获取（Cheng et al.，2016；Liu et al.，2017；Han et al.，2018；Chen et al.，2022）。参与调研的共同基金不仅能够搜集到关于公司运营管理、风险偏好、员工士气和企业文化等软信息，进而预测公司的运营状况和发展前景，同时还能通过问答来获取企业已公布公告等背景性的硬信息，并对其质量进行验证。由此推测，实地调研很可能降低了共同基金的羊群行为倾向。

然而，相关信号理论认为，共同基金的趋同交易行为源于其获取的公司基本面信息具有高度相似性（Froot et al.，1992；Choi and Skiba，2015）。当不同基金在短期内密集调研同一家公司时，它们可能捕捉到相似的信息信号，从而导致交易行为趋同。因此，随着公司调研频率的增加，基金的羊群行为可能更加显著。总之，实地调研如何影响共同基金羊群行为，仍是一个需要深入探讨的实证研究问题。

中国政府针对上市公司实地调研的相关制度安排为研究这一问题提供了良好的基础。2006 年 8 月，深交所出台《上市公司公平信息披露指引》，要求上市公司应最大程度地满足投资者、分析师和基金经理访问公司总部和项目地点的要求。2008 年，发布了新的披露要求，规定上市公司需披露投资者关系管理信息，其中包括投资者的实地访问情况。该规定 2009 年正式生效。我们从中提取了 2013—2021 年共同基金投资者访问深交所上市公司的实地调研记录，深入考察实地调研对共同基金羊群行为的影响。

研究发现，相较于未被调研的公司，被调研公司的基金羊群行为程度显著降低。实地调研为共同基金提供了获取软信息和验证硬信息的机会，从而增强其信息优势。这种信息优势使得基金在投资决策过程中能够更加依赖自身获取的高质量信息，而非盲目模仿其他基金的交易行为，进而有效降低了羊群行为的发生概率。进一步地，我们分析了实地调研对羊群行为的抑制作用在不同情境下的差异。结果显示，实地调研对羊群行为的抑制作用在分析师覆盖较少或股票流动性较低的公司中更为显著。这表明在这些信息环境相对较差的公司中，实地调研所带来的信息优势对降低基金羊群行为具有更强的推动作用。

此外，实地调研过程中提出的问题越多或与经理交流时使用的语言越丰富，共同基金羊群行为倾向下降程度越高。这表明，在调研中与经理深入探讨公司的"硬信息"细节和背景，能够更有效地抑制共同基金的羊群行为，增强硬信息的可信度。最后，本节探讨了实地调研是否通过影响共同基金的羊群行为进而对股价产生影响。研究结果显示，共同基金访问期间，相关公司股市回报率显著提高，且这种效果在未来几个季度内未出现逆转。这一现象表明，基金在调研过程中获取的信息可能强化了其对股价上涨的预期，从而促使更多基金参与交易，推动股价进一步上升。

本节的边际贡献体现在以下几个方面。首先，通过揭示实地调研与共同基金羊群行为两者之间的负相关关系，本节为理解共同基金在信息获取过程中的行为变化提供了新的视角，这一发现对中国股市开放背景下的国内外投资者具有重要的启示意义，尤其是在信息透明度和市场效率日益受到关注的当下，有助于投资者更好地理解基金行为与市场动态之间的内在联系。其次，本节丰富了企业实地调研的相关研究。以往研究聚焦于分析实地调研的信息优势（Cheng et al.，2016；Han et al.，2018），或是对管理层行为的影响（Bowen et al.，2018；Jiang and Yuan，2018），鲜有研究关注其对共同基金投资者行为的影响。相比之下，本节提供证明表明实地调研不仅能够提升基金的信息获取能力，还能显著缓解共同基金的羊群行为，这一发现有助于更全面地理解实地调研的经济后果。最后，本节基于中国这一全球最大新兴经济体的数据，为理解共同基金羊群行为的形成机制提供了新的见解。尽管现有研究已广泛探讨了发达市场中共同基金的羊群行为，但相关结论并不一致（Bennett et al.，2003；Sias，2004；Brown et al.，2014；Choi and Skiba，2015），关于新兴市场中共同基金羊群行为的起源及其影响的研究仍相对稀缺。本节填补了这一空白，发现中国A股市场中共同基金的羊群行为程度显著高于发达市场，而实地调研能够有效减轻这种行为。这一发现表明，在新兴市场信息环境相对不透明的背景下，公共信息的不可靠性以及信息传递的不确定性可能促进了共同基金的羊群行为。

3.4.2 理论分析及研究假设

3.4.2.1 共同基金的羊群行为

共同基金的羊群行为指的是不同基金投资者在交易相同证券时彼此模仿，这种现象在金融市场中得到了广泛关注（Sias，2004）。对此现象的理论阐释包括信息传递、信号相关性以及特征偏好等模型。其中，信息传递模型认为，在信息环境不完全透明的情况下，共同基金对自身信息的准确性持有怀疑态度，从而忽视自身信息，效仿其他基金的投资选择（Banerjee，1992；Bikhchandani et al.，1992；Welch，1992）。信号相关性模型认为，共同基金的决策趋同可能源于其采用的估值模型和接收的市场信息具有相似性（Froot et al.，1992；Hirshleifer et al.，1994）。信息传递模型和信号相关性模型虽同属基于信息的羊群行为理论，但对公司信息环境影响羊群行为的解释各异（Chan et al.，2005）。在信息传递模型下，共同基金因信息准确性不确定而倾向于模仿，故信息不对称性高的公司中羊群行为更显著（Sias，2004；Wermers，1999）。而在信号相关性模型中，共同基金因接收相似信号，在信息不对称性低的公司中更易作出相似投资决策（Choi and Skiba，2015）。特征偏好模型则指出，共同基金偏好投资于具有特定特征的公司，如公司规模、流动性、历史收益和波动性（Falkenstein，1996；Bennett et al.，2003；Kremer and Nautz，2013）。这些特征在市场中具有一定的吸引力，基金往往会集中交易具备这些特征的股票，从而导致交易行为的趋同。

共同基金等机构投资者的羊群行为普遍存在（Choi and Skiba，2015），但其成因复杂多样，受研究方法（Frey et al.，2014）、研究国家（Galariotis et al.，2015）及交易方向（Cai et al.，2019）影响。根据其成因和影响机制，羊群行为分为基于信息和非基于信息两类。前者由信息传播和信号相关性引发（Venezia et al.，2011；Choi and Skiba，2015），后者则由特征偏好导致。基于信息的羊群行为仅在价格未完全反映价值时加速价格调整，不引发价格反转（Wermers，1999；Sias，2004；Choi and Sias，2009；Choi and Skiba，2015）。反之，非基于信息的行为可能导致价格偏离价值，进而引发反转甚至崩盘（Brown et al.，2014；Jiao and Ye，2014；Deng et al.，2018）。

尽管中国A股市场已经成为全球最大的新兴股票市场，但关于该市场中羊群行为的研究却相对有限（Demier and Kutan，2006；Tan et al.，2008；Li et al.，2017）。以往研究采用股票收益或交易量的波动性作为羊群行为的代理变量，分析了不同市场条件下的组合、行业或市场层面的羊群行为。这些研究证实了中国A股市场中羊群行为的存在，但关于中国上市公司中共同基金羊群行为及其影响因素的研究仍较少。

3.4.2.2 企业实地调研

企业实地调研是投资者亲自访问企业总部或其他经营场所，以获取有关企业运营、管理、财务状况及未来规划等第一手信息的行为（Cheng et al.，2019）。作为一种重要的信息获取手段，企业实地调研在全球范围内被机构投资者和金融分析师广泛采用，以增强其投资决策的准确性和信息优势（Brown et al.，2015；Cheng et al.，2019）。

自2006年起，深交所鼓励上市公司在年报中披露实地调研信息，而后又规定企业需在每次考察结束后2个交易日内通过标准化表格详细报告相关情况。关于企业实地调研的研究也多聚焦于深交所上市公司。如Cheng et al.（2019）发现市场对实地调研的反应能够预测企业未来的财务表现，表明访问者通过实地调研能够获取有价值的信息。其他研究也证实了实地调研的信息优势。不仅机构投资者在实地调研后收益表现更好（Liu et al.，2017），分析师在调研后预测精度也有所提升（Cheng et al.，2016；Han et al.，2018；Chan et al.，2020）。这些研究表明，实地调研所获取的信息能够通过机构交易、分析师预测以及管理层披露等渠道传递至市场（Yang et al.，2020b），从而改变了企业的信息环境（Xu et al.，2022）。除了对市场参与者的影响外，实地调研对企业自身的经营也产生了显著影响。相关研究指出，企业内部员工能够利用实地调研所获取的信息进行内部交易并获利（Bowen et al.，2018）。此外，实地调研通过减少信息不对称，不仅提升了企业的创新水平（Jiang and Yuan，2018），还降低了企业股价崩盘风险（Yang et al.，2020a）。

3.4.2.3 研究假设

根据信息级联理论，共同基金访问较多的公司，其羊群行为程度往往较低。虽然管理层不得向访客提供非公开的重要信息，但访客可以通过企业实地调研获取企业的关键信息（Cheng et al.，2016；Liu et al.，2017；Han et al.，2018）。具体而言，实地调研主要通过以下两种途径减少共同基金的羊群行为：一方面，通过实地调研，共同基金能够与被访企业进行直接交流，获取关于公司前景、生产力、企业文化和员工士气等软信息。这些信息难以通过公开渠道获得，但对投资决策具有重要价值（Cheng et al.，2016；Chen et al.，2022）；另一方面，在调研过程中，访客可以当面验证公司硬信息的质量。这种直接的信息验证能够增强基金对自身信息的信心，从而减少对其他基金决策的模仿行为（Cheng et al.，2016）。相比之下，未参与调研的基金机构即使能够获得调研记录，但也难以完全复制这种信息收集过程。因此，本节提出如下假设：

H1：实地调研较多的共同基金机构更不容易出现羊群行为。

然而，共同基金的羊群行为在访问频繁的公司中也可能较高。依据特定偏好理论，共同基金倾向于投资具有特定特征的公司，这可能是导致高羊群行为的原因之一。Cheng et al.（2019）指出，企业调研行为往往与公司规模、盈利能力等特征相关联，共同基金在调研中展现的偏好可能正是其群体偏好的体现，因此公司被访问的频率或许与基金的羊群行为水平呈正相关。此外，若多家共同基金在短时间内相继访问同一公司，它们所获取的信息很可能高度相似。加之深交所规定公司在调研结束后2个交易日内需详细披露考察记录，这使得未参与访问的基金也能获取相关信息（Yang et al.，2020b）。因此，本节提出如下假设：

H2：实地调研较多的共同基金机构更有可能出现羊群行为。

3.4.3 研究设计

3.4.3.1 样本选取及数据来源

深交所要求上市公司自2009年起在年报中披露企业实地调研记录。2012年7月，深交所对披露规定进行了重大改革，要求上市公司在实地调研结束后2个交易日内详细披露相关信息。据Bowen et al.（2018）和Yang et al.（2020b）的研究，这次改革显著改变了访问记录的信息内容。基于上述背景，本节选取了2013年至2021年期间在深交所上市的公司作为样本。

若某一公司在一个季度内有至少三个共同基金进行交易，则将其视为"羊群行为"现象（Wermers，1999）。为了确保样本的质量和研究结果的可靠性，我们在样本筛选过程中剔除了以下几类公司：金融类公司、因退市风险而受到特别处理的公司，以及缺少关键控制变量的样本。经过上述筛选，最终获得28099个公司—季度观察值，涵盖了114家上市公司。本节所使用的机场位置数据来自中国民用航空局，高铁站位置数据来自中国研究数据服务平台（CNRDS），共同基金持股数据和其他财务数据来自CSMAR数据库。

3.4.3.2 模型构建和变量定义

本节参考已有共同基金羊群行为的相关研究（Wermers，1999；Grinblatt and Han，2005；Brown et al.，2014；Deng et al.，2018），采用 Lakonishok et al.（1992）提出的 *LSV* 羊群行为指标来度量羊群行为的程度，表示为 $HM_{i,t}$，计算公式如下：

$$HM_{i,t} = | p_{i,t} - E[p_{i,t}] | - E | p_{i,t} - E[p_{i,t}] | \tag{3-14}$$

其中 $p_{i,t}$ 表示在第 t 季度中，增加对股票 i 份额的共同基金数量占所有积极交易该股票的共同基金数量的比例，$E[p_{i,t}]$ 是 $p_{i,t}$ 的期望值，以该季度中所有共同基金的买入交易比例来衡量，$E | p_{i,t} - E[p_{i,t}] |$ 是一个调整因子，用于控制在假设共同基金独立交易（即不存在羊群行为）的情况下，买入交易比例围绕期望值的随机波动。

本节使用三种方式衡量共同基金对公司进行实地访问的频率：首先，设定一个虚拟变量来衡量是否有共同基金在每个季度内访问某公司，如果在第 t 季度共同基金访问公司 i 至少一次，则将 $DFVisit_{i,t}$ 赋值为 1，否则为 0；其次，统计在第 t 季度共同基金对公司 i 访问的总次数，记作 $FCount_{i,t}$；最后，统计在第 t 季度内访问公司 i 的共同基金总数量，记作 $NFund_{i,t}$。在后续回归分析中，我们对共同基金访问次数和共同基金总数量进行了对数处理，分别标记为 $\text{Ln}(1 + FCount_{i,t})$ 和 $\text{Ln}(1 + NFund_{i,t})$。

共同基金可能依据自身偏好特征选择访问公司（Cheng et al.，2016），且可能会根据对特定公司特征的偏好表现出羊群行为（Falkenstein，1996），因而共同基金的访问决策和其当期的羊群行为之间可能存在内生性问题。为了缓解这一内生性问题，我们采用一种动态研究设计，即研究共同基金在当前季度对公司进行实地调研对下一季度羊群行为的影响。通过引入时间滞后，可以有效减少反向因果关系和遗漏变量偏误的影响。基准回归模型构建如下：

$$HM_{i,t+1} = \alpha + \beta_1 Visit_{i,t} + \sum Controls + FirmFE + IndFE + QtrFE + \varepsilon_{i,t} \tag{3-15}$$

其中，*HM* 指的是共同基金羊群行为的相关指标，*Visit* 代指共同基金实地调研的相关指标，*Controls* 表示控制变量集合。具体的变量定义如表 3-37所示：

表 3-37 变量定义

变量符号	变量定义
$HM_{i,t+1}$	第 t+1 季度股票 i 的 Lakonishok 等（1992）羊群行为度量
$BHM_{i,t+1}$	第 t+1 季度股票 i 的 Wermers（1999）买方羊群行为度量
$SHM_{i,t+1}$	第 t+1 季度股票 i 的 Wermers（1999）卖方羊群行为度量
$HM2_{i,t+1}$	第 t+1 季度股票 i 的 Frey 等（2014）羊群行为度量
$V\_HM_{i,t+1}$	基于第 t 季度访问公司 i 的共同基金的交易数据，计算得出的公司 i 在第 t+1 季度的 LSV 羊群行为水平
$NV\_HM_{i,t+1}$	基于第 t 季度未访问公司 i 的共同基金的交易数据，计算得出的公司 i 的 LSV 羊群行为水平
$NVTrade_{i,h}$	非访问共同基金投资组合中股票 i 的股份数量在半年期 h 内的百分比变化
$VTrade_{i,h}$	访问共同基金投资组合中股票 i 的股份数量在半年期 h 内的百分比变化
$DFVisit_{i,t}$	虚拟变量，如果公司 i 在第 t 季度至少被共同基金访问一次，则取值为 1，否则取值为 0
$NFund_{i,t}$	第 t 季度访问公司 i 的共同基金数量
$FCount_{i,t}$	第 t 季度公司 i 被共同基金访问的次数
$IOwn_{i,t}$	第 t 季度末公司 i 的机构持股比例
$QRet_{i,t}$	第 t 季度公司 i 的股票季度回报率
$SGr_{i,t}$	公司 i 第 t 季度相对于第 t-4 季度营收的增长率
$Lev_{i,t}$	公司 i 第 t 季度末的长期债务与总资产之比
$BM_{i,t}$	公司 i 第 t 季度末的账面价值与市场价值之比
$Size_{i,t}$	公司 i 第 t 季度末的市值（以十亿元人民币计）
$QTurn_{i,t}$	公司 i 第 t 季度的股票换手率
$QVar_{i,t}$	公司 i 第 t 季度日股票回报率的标准差
$\mathrm{Ana}_{i,t}$	第 t 季度跟踪公司 i 的分析师数量
$ROE_{i,t}$	公司 i 第 t 季度的净资产收益率
$Travel_{i,t}$	第 t 季度公司 i 总部所在城市的出行便利度评分。如果第 t 季度公司 i 总部所在城市有机场或高铁站，则等于 1；如果两者都有，则等于 2；否则，等于 0
$BuyHerd_{i,t+1}$	第 t+1 季度股票 i 的买方羊群行为度量与所有样本股票在第 t+1 季度的买方羊群行为度量的最小值之间的差异
$SellHerd_{i,t+1}$	第 t+1 季度股票 i 的卖方羊群行为度量与所有样本股票在第 t+1 季度的卖方羊群行为度量的最小值之间的差异
$AJHM_{i,t}$	调整后的羊群行为度量，在买方羊群行为的股票-季度中等于 $BuyHerd_{i,t+1}$，在卖方羊群行为的股票-季度中等于 $-SellHerd_{i,t+1}$

3.4.4 实证结果分析

3.4.4.1 描述性统计

表3－38展示了主要变量的描述性统计结果。其中，Panel A显示，下一季度的羊群行为指标（$HM_{i,t+1}$）的均值为0.098，说明在某一季度中交易同一股票的100只共同基金中，约有10只基金比随机和独立交易的情况下更多地站在市场同一侧，这一比例大约是美国市场的三倍（Piotroski et al.，2015）。根据信息级联理论，共同基金在信息环境不透明的情况下，由于信息不可靠，往往会表现出羊群行为。中国A股市场的透明度低于发达市场，这可能是导致上述差异的重要原因。此外，相关结果显示，一个季度内平均有38%的公司至少被共同基金访问一次，每家公司平均有3.167只共同基金访问，平均访问次数为0.765次。

Panel B中，我们将样本分为被共同基金访问的公司（$DFVisit_{i,t}=1$）和未被访问的公司（$DFVisit_{i,t}=0$）两组，分别统计其羊群行为指标（$HM_{i,t+1}$）。结果表明，被访问公司的$HM_{i,t+1}$平均值为0.086，未被访问的公司则为0.106，且两者之间存在显著差异，初步验证了H1假设。

表3－38　　描述性统计

Panel A：Descriptive statistic（no. of observations = 28099）

Variable	Mean	SD	P25	P50	P75
$HM_{i,t+1}$	0.098	0.147	−0.005	0.110	0.211
$DFVisit_{i,t}$	0.380	0.485	0	0	1
$FCount_{i,t}$	0.765	1.377	0	0	1
$NFund_{i,t}$	3.167	11.660	0	0	3
$IOwn_{i,t}$	0.350	0.248	0.133	0.300	0.539
$QRet_{i,t}$	0.082	0.283	−0.104	0.025	0.210
$SGr_{i,t}$	0.139	0.535	−0.131	0.055	0.276
$Lev_{i,t}$	0.385	0.193	0.227	0.370	0.529
$BM_{i,t}$	0.520	0.238	0.333	0.495	0.681
$Size_{i,t}$	20.860	36.920	5.140	9.471	19.820
$QTurn_{i,t}$	1.667	1.429	0.684	1.219	2.165
$QVar_{i,t}$	0.031	0.013	0.022	0.028	0.037
$ROE_{i,t}$	0.060	0.061	0.019	0.047	0.090

续表

Panel B: Differences in firm characteristics between firms visited and firms not				
Variable	Firm group		1 - 0	
	$DFVisit_{i,t}=0$	$DFVisit_{i,t}=1$	Difference	t - statistics
$HM_{i,t+1}$	0.106	0.086	-0.020 ***	(-11.189)
$BHM_{i,t+1}$	0.118	0.096	-0.022 ***	(-6.933)
$SHM_{i,t+1}$	0.109	0.086	-0.023 ***	(-10.268)
$IOwn_{i,t}$	0.353	0.345	-0.008 ***	(-2.624)
$QRet_{i,t}$	0.064	0.109	0.045 ***	(12.900)
$SGr_{i,t}$	0.126	0.162	0.036 ***	(5.478)
$Lev_{i,t}$	0.390	0.377	-0.013 ***	(-5.606)
$BM_{i,t}$	0.537	0.493	-0.043 ***	(-14.830)
$Size_{i,t}$	20.650	21.210	0.560	(1.234)
$QTurn_{i,t}$	1.624	1.736	0.112 ***	(6.382)
$QVar_{i,t}$	0.030	0.031	0.001 ***	(8.024)
$ROE_{i,t}$	0.055	0.067	0.011 ***	(15.187)

3.4.4.2 基准回归分析

下面我们分别以 $DFVisit_{i,t}$、$\text{Ln}(1+FCount_{i,t})$ 和 $\text{Ln}(1+NFund_{i,t})$ 为因变量，估计得到共同基金实地调研对其羊群行为的影响。基准回归结果如在表 3-39 所示。其中，第（1）—（3）列展示了不加入任何控制变量的结果，第（4）—（6）列进一步加入控制变量。所有结果均对公司、行业和季度层面的固定效应进行了控制。结果显示第（1）—（3）列中 $HM_{i,t}$ 的系数均为负，且在 1% 的显著性水平上显著。加入控制变量后 $HM_{i,t+1}$ 的估计系数有所减小，但仍在 1% 水平上显著为负。从控制变量来看，$HM_{i,t}$ 与 $HM_{i,t+1}$ 之间的关系不显著，说明样本公司中的共同基金羊群行为在下一季度并没有持续。换言之，羊群行为更多是一种短期现象。此外，在机构持股比例较低、股票回报较低、账面市值比较高、规模较小、股票换手率较高或股东权益回报率较低的公司中，共同基金羊群行为更为突出。这一发现与信息级联理论一致，表明信息级联理论比信号相关理论和特征性羊群理论更能解释我们样本中共同基金的羊群行为，即公司实地调研有利于提高共同基金掌握的公司信息的可靠性，进而减少羊群行为。

为了确保研究结果的稳健性，我们进行了两组的稳健性测试。其一，调整最低交易数量。在计算羊群行为指标时，我们将共同基金的最低交易数量从三笔提高到五笔或十笔。这一调整旨在消除仅有少量共同基金交易的公司对结果的潜在影响，从而确保羊群行为的测度更具代表性（Wermers，1999）。其二，采用 Frey et al.（2014）提出的方法测算羊群行为，从而避免 LSV 测度羊群行为水平可能存在的估计偏差。相关结果显示，共同基金访问对羊群行为的负面影响仍然是显著的①。

表 3-39　　基准回归结果

	(1)	(2)	(3)	(4)	(5)	(6)
	$HM_{i,t+1}$	$HM_{i,t+1}$	$HM_{i,t+1}$	$HM_{i,t+1}$	$HM_{i,t+1}$	$HM_{i,t+1}$
$DFVisit_{i,t}$	-0.013***			-0.010***		
	(-6.482)			(-4.742)		
$\text{Ln}(1+FCount_{i,t})$		-0.014***			-0.010***	
		(-7.375)			(-5.280)	
$\text{Ln}(1+NFund_{i,t})$			-0.007***			-0.005***
			(-7.608)			(-5.163)
$HM_{i,t}$				-0.001	-0.001	-0.001
				(-0.161)	(-0.144)	(-0.159)
$IOwn_{i,t}$				-0.028***	-0.028***	-0.028***
				(-4.167)	(-4.126)	(-4.109)
$QRet_{i,t}$				-0.029***	-0.029***	-0.029***
				(-6.707)	(-6.562)	(-6.599)
$SGr_{i,t}$				-0.001	-0.001	-0.001
				(-0.630)	(-0.611)	(-0.608)
$Lev_{i,t}$				-0.006	-0.006	-0.006
				(-0.541)	(-0.511)	(-0.506)
$BM_{i,t}$				0.038***	0.038***	0.038***
				(4.002)	(3.996)	(3.977)
$\text{Ln}(Size_{i,t})$				-0.011***	-0.011***	-0.011***
				(-3.783)	(-3.760)	(-3.730)
$QTurn_{i,t}$				0.002**	0.002**	0.002**
				(2.219)	(2.257)	(2.197)

① 囿于篇幅，在此没有报告相关表格，感兴趣的读者可向我们索取。

续表

	(1)	(2)	(3)	(4)	(5)	(6)
	$HM_{i,t+1}$	$HM_{i,t+1}$	$HM_{i,t+1}$	$HM_{i,t+1}$	$HM_{i,t+1}$	$HM_{i,t+1}$
$QVar_{i,t}$				-0.083	-0.076	-0.065
				(-0.542)	(-0.491)	(-0.424)
$ROE_{i,t}$				-0.100***	-0.099***	-0.099***
				(-4.861)	(-4.819)	(-4.818)
Constant	0.104***	0.104***	0.103***	0.129***	0.128***	0.127***
	(88.775)	(91.891)	(94.774)	(10.942)	(10.888)	(10.820)
Firm FE	Yes	Yes	Yes	Yes	Yes	Yes
Industry FE	Yes	Yes	Yes	Yes	Yes	Yes
Quarter FE	Yes	Yes	Yes	Yes	Yes	Yes
# of obs	28099	28099	28099	28099	28099	28099
Overall R^2	0.066	0.067	0.067	0.074	0.074	0.074
F-statistics	42.109	54.397	57.882	26.068	26.604	26.434

注：***、** 分别表示在 1%、5% 的显著性水平上显著。括号内为 t 值。

3.4.4.3 内生性问题

在基准回归中，我们控制了公司层面的固定效应来缓解内生性问题。为了进一步缓解内生性问题，我们采用工具变量法估计共同基金访问与羊群行为间的因果关系。具体地，我们使用公司总部所在城市的旅行便利度得分 $Travel_{i,t}$ 作为 $\text{Ln}(1+FCount_{i,t})$ 和 $\text{Ln}(1+NFund_{i,t})$ 的工具变量。如果公司总部所在城市有机场或高铁站，将 $Travel_{i,t}$ 赋值为 1，如果其所在城市同时拥有机场和高铁，将 $Travel_{i,t}$ 赋值为 2，否则为 0。公司总部所在城市的旅行便利度对共同基金的羊群行为是外生的，因为羊群行为不太可能影响机场或高铁站的选址。我们研究的实地调研活动通常发生在公司总部，其所在城市是否有机场或高铁站会影响共同基金对该公司的访问频率（高皓等，2022），交通越便利，公司越可能被访问。

表 3-40 展示了 2SLS 回归结果。其中第（1）列和第（3）列为第一阶段估计结果，第（2）列和第（4）列则为第二阶段估计结果。可以看出，$Travel_{i,t}$ 和 $\text{Ln}(1+FCount_{i,t})$、$\text{Ln}(1+NFund_{i,t})$ 均显著正相关，说明当地城市的交通便利度促进了共同基金访问。其次，第二阶段估计估计结果中 $\text{Ln}(1+FCount_{i,t})$、$\text{Ln}(1+NFund_{i,t})$ 的系数均显著为负，说明利用工具

变量排除内生性问题后，我们的基准回归的发现依旧成立。

表 3-40　　　　工具变量和 2SLS 回归

	(1)	(2)	(3)	(4)
	$\text{Ln}(1+FCount_{i,t})$	$HM_{i,t+1}$	$\text{Ln}(1+NFund_{i,t})$	$HM_{i,t+1}$
$Travel_{i,t}$	0.085***		0.133***	
	(13.660)		(11.626)	
$\text{Ln}(1+FCount_{i,t})$ (*instrumented*)		-0.052**		
		(-2.400)		
$\text{Ln}(1+NFund_{i,t})$ (*instrumented*)				-0.033***
				(-2.388)
Controls	Yes	Yes	Yes	Yes
Industry FE	Yes	Yes	Yes	Yes
Quarter FE	Yes	No	Yes	No
# of obs	27683	27683	27683	27683
Adjusted R^2	0.076	0.038	0.073	0.027
F-statistics	40.490		39.295	
Wald chi2		7061.001		5934.278

注：***、** 分别表示在 1%、5% 的显著性水平上显著。括号内为 t 值。

3.4.4.4　分组回归：来访与未来访共同基金

至此，我们得出结论实地调研抑制了共同基金的羊群行为，与信息级联假设一致，即实地调研能够帮助共同基金获取新的软信息并验证硬信息。为进一步验证信息级联理论的准确性，我们分别研究了公司实地访问对访问和未访问的共同基金羊群行为的影响。具体而言，我们将当季积极交易某只股票的共同基金分为有实地调研记录的共同基金和无调研记录的共同基金两组，并分组计算 *LSV* 羊群行为指标，分别表示为 $V\_HM_{i,t+1}$ 和 $NV\_HM_{i,t+1}$。计算要求至少有三笔共同基金交易，以确保羊群行为指标的可靠性。

表 3-41 的 Panel A 展示了以 $V\_HM_{i,t+1}$ 为因变量的回归结果。结果表明，$\text{Ln}(1+FCount_{i,t})$ 和 $\text{Ln}(1+NFund_{i,t})$ 在 1% 显著性水平上与 $V\_HM_{i,t+1}$ 负相关，即共同基金访问公司能够使得它们更加独立地交易。Panel B 显示了实地调研对无调研记录的共同基金的同期羊群行为的影响。相关结果显示，共同基金实地调研与 $NV\_HM_{i,t+1}$ 之间不存在显著关系或呈正相关。可

见，实地调研对共同基金羊群行为的负向影响仅在来访基金组显著，未访问基金的羊群行为并未因其他基金的实地调研而显著改变，验证了信息级联理论。

表 3 – 41　实地调研对来访与未来访共同基金羊群行为的影响

	Panel A: Dep Var = $V\_HM_{i,t+1}$			Panel B: Dep Var = $NV\_HM_{i,t+1}$			
	(1)	(2)	(3)	(4)	(5)	(6)	(7)
$DFVisit_{i,t}$					0.000		
					(0.308)		
$\text{Ln}(1+FCount_{i,t})$	−0.063***		0.005*			0.002	
	(−9.351)		(1.842)			(1.386)	
$\text{Ln}(1+NFund_{i,t})$		−0.032***		0.004***			0.001*
		(−9.723)		(2.856)			(1.950)
# of obs	4216	4216	8993	8993	23322	23322	23322
Adjusted R^2	0.127	0.129	0.112	0.113	0.126	0.126	0.126
F – statistics	8.964	9.706	4.846	5.254	5.699	5.943	6.167

注：***、* 分别表示在 1% 和 10% 的显著性水平上显著。括号内为 t 值。

3.4.4.5　异质性分析：信息不对称

在共同基金的私人信息或评估缺乏可靠性时，羊群行为会更加显著。这种现象在信息不对称程度较高的公司中尤为突出。对于这类公司，共同基金的私人信息或评估可能更加不可靠，因此在此类公司中收集软信息和验证硬信息可能更具价值和可行性。基于此，我们预测，在信息不对称程度较高的公司中，实地调研对共同基金羊群行为的抑制作用更为明显。

为了验证这一假设，首先，我们采用分析师覆盖率和股票非流动性这两个代理变量来衡量公司层面的信息不对称程度。分析师覆盖率越低，说明分析师获取的信息有限，公司信息不对称程度越高（Bushman et al.，2004），非流动性较高的股票往往伴随着更高的信息不对称（Amihud et al.，2015；Chung and Chuwonganant，2023）。分析师覆盖率采用分析师跟踪数量来衡量，股票流动性指标参考 Amihud（2002）进行计算。其次，我们以样本中位数为分界，构建两个虚拟变量 $DAna_{i,t}$ 和 $DIlli_{i,t}$。若公司 i 在 t 季度的分析师跟踪数量（股票流动性）高于样本中位数，将 $DAna_{i,t}$（$DIlli_{i,t}$）赋值为 1，否则为 0。最后，我们构建这两个虚拟变量与实地调研指标的交互项，并加入模型进行估计，结果如表 3 – 42 所示，其中 Panel

A 和 Panel B 分别展示了以分析师覆盖率和股票流动性为代理变量的估计结果。结果显示，$DAna_{i,t}$和 $DIlli_{i,t}$与实验调研相关指标[$DFVisit_{i,t}$、$\text{Ln}(1+FCount_{i,t})$、$\text{Ln}(1+NFund_{i,t})$]的交互项系数均显著为负，说明在信息不对称水平更高时，实地调研对共同基金羊群行为的影响更为突出。

表 3-42　　异质性分析：信息不对称

	Panel A: $DASY_{i,t}=DAna_{i,t}$			Panel B: $DASY_{i,t}=DIlli_{i,t}$		
	(1)	(2)	(3)	(4)	(5)	(6)
	$HM_{i,t+1}$	$HM_{i,t+1}$	$HM_{i,t+1}$	$HM_{i,t+1}$	$HM_{i,t+1}$	$HM_{i,t+1}$
$DFVisit_{i,t}$	-0.017***			-0.006**		
	(-5.298)			(-2.258)		
$DASY_{i,t}$	-0.021***	-0.020***	-0.021***	0.005	0.005	0.005*
	(-7.316)	(-7.004)	(-7.348)	(1.568)	(1.563)	(1.679)
$DFVisit_{i,t}*DASY_{i,t}$	0.014***			-0.008**		
	(3.660)			(-2.116)		
$\text{Ln}(1+FCount_{i,t})$		-0.016***			-0.006***	
		(-5.230)			(-2.676)	
$\text{Ln}(1+FCount_{i,t})\times DASY_{i,t}$		0.012***			-0.008**	
		(3.183)			(-2.332)	
$\text{Ln}(1+NFund_{i,t})$			-0.010***			-0.003**
			(-5.705)			(-2.449)
$\text{Ln}(1+NFund_{i,t})\times DASY_{i,t}$			0.008***			-0.005***
			(4.024)			(-2.750)
# of obs	28099	28099	28099	28099	28099	28099
Overall R^2	0.076	0.076	0.076	0.074	0.074	0.074
F-statistics	25.945	26.006	26.149	22.273	22.755	22.702

注：***、**、*分别表示在1%、5%和10%的显著性水平上显著。括号内为t值。

3.4.4.6　机制分析：软信息获取

进一步地，我们考察实地调研是否通过提供软信息降低了共同基金的羊群行为倾向。在我们的样本中，大约14.6%的共同基金在实地调研时对公司生产经营活动进行了参观，其可以通过近距离观察员工士气和实际生产状况获得更多软信息（程强等，2016）。若实地访问能够通过提供软信息来降低共同基金的羊群行为倾向，那么我们预计那些参与了企业生产经营活动的共同基金事后羊群行为减少的幅度更加明显。

为此，本节构建 $DTour_{i,t}$ 和 $\text{Ln}(1+NTour_{i,t})$ 两个代理变量来反映共同基金对公司生产经营活动的访问情况。首先，$DTour_{i,t}$ 是一个虚拟变量，如果 t 季度共同基金对公司生产经营活动进行了实地考察，则将 $DTour_{i,t}$ 赋值为 1，否则为 0。$\text{Ln}(1+NTour_{i,t})$ 则是共同基金参观公司生产经营活动的次数加 1 再取对数。其次，在控制 $DFVisit_{i,t}$ 的情况下，我们估计得到生产经营活动参观对共同基金样本性行为的影响，结果如表 3-43 的 Panel A 所示。可以看出，第（1）—（2）列 $DFVisit_{i,t}$ 的系数始终显著为负，$DTour_{i,t}$ 和 $Ln(1+NTour_{i,t})$ 均与 $HM_{i,t+1}$ 呈负相关，说明共同基金在实地调研公司生产经营活动的过程中，获取了对投资决策至关重要的"软信息"，凭借这些信息，其投资决策更加精准，从而减少了羊群行为。

表 3-43　　机制分析结果

	Panel A: Impact of soft information		*Panel B: Impact of hard information*		
	(1)	(2)	(3)	(4)	(5)
	$HM_{i,t+1}$	$HM_{i,t+1}$	$HM_{i,t+1}$	$HM_{i,t+1}$	$HM_{i,t+1}$
$DFVisit_{i,t}$	-0.009***	-0.009***	-0.000	0.009	0.019
	(-4.207)	(-4.109)	(-0.048)	(0.783)	(1.188)
$DTour_{i,t}$	-0.006				
	(-1.275)				
$\text{Ln}(1+NTour_{i,t})$		-0.009*			
		(-1.792)			
$\text{Ln}(1+NQ_{i,t})$			-0.004*		
			(-1.750)		
$\text{Ln}(1+QW_{i,t})$				-0.003*	
				(-1.678)	
$\text{Ln}(1+AW_{i,t})$					-0.003*
					(-1.846)
Controls	Yes	Yes	Yes	Yes	Yes
# of obs	28099	28099	27965	27965	27965
Overall R^2	0.074	0.074	0.074	0.074	0.074
F-statistics	24.725	24.917	24.058	24.060	24.118

注：***、* 分别表示在 1% 和 10% 的显著性水平上显著。括号内为 t 值。

3.4.4.7 机制分析：硬信息验证

企业实地调研通常以问答形式进行，在问答环节中，参与访问的共同基金就公司的公开公告、财务数据、经营策略等提出问题，从而获得详细的背景信息（程强等，2016），验证硬信息的真实性。问答越充分，访问者能够获得的背景信息越丰富，对硬信息的验证也越充分，从而显著减少羊群行为。因而如果硬信息验证机制成立，我们预计问答越充分，实地调研对共同基金羊群行为的抑制作用越突出。

为检验这一推测，我们构建 $\text{Ln}(1+NQ_{i,t})$、$\text{Ln}(1+QW_{i,t})$、$\text{Ln}(1+AW_{i,t})$三个代理变量来衡量问答环节的强度，考察实地调研问答强度对共同基金羊群行为的影响。其中，$\text{Ln}(1+NQ_{i,t})$表示共同基金访问 i 期间提出的问题总数加 1 再取自然对数，$\text{Ln}(1+QW_{i,t})$表示问题包含的中文字符总数（以千计）加 1 取自然对数，$\text{Ln}(1+AW_{i,t})$表示管理层对这些问题的回答中包括的中文字符总数（以千计）加 1 取自然对数。表 3－43 的 Panel B 展示了以 $\text{Ln}(1+NQ_{i,t})$、$\text{Ln}(1+QW_{i,t})$、$\text{Ln}(1+AW_{i,t})$为核心解释变量的结果。为识别 $\text{Ln}(1+NQ_{i,t})$、$\text{Ln}(1+QW_{i,t})$和 $\text{Ln}(1+AW_{i,t})$的边际效应，我们控制了 $DFVisit_{i,t}$。结果显示，所有代理变量的估计系数均在 10% 显著性水平上显著为负。这表明。共同基金在企业实地访问中提出更多问题以验证公司硬信息时，显著降低了其羊群行为。

为进一步明确是哪类硬信息驱动了这一结果，我们利用机器学习方法将样本中共同基金实地调研期间提出的问题分为以下 7 种类型①：（1）公司背景和日常运营；（2）生产和销售；（3）技术与创新；（4）战略与前景；（5）会计与财务；（6）公司治理；（7）行业和市场。并将其分别标记为 $Type1-7$。$\text{Ln}(TypeN_{i,t})$表示 t 季度访问公司 i 时讨论的第 N 种类型的问题数量加 1 取自然对数。随后将 $HM_{i,t+1}$对 $\text{Ln}(TypeN_{i,t})$进行回归分析，并控制 $DFVisit_{i,t}$及其他控制变量，$\text{Ln}(TypeN_{i,t})$的估计系数表示第 N 类问题对共同基金羊群行为的影响。结果如表 3－44 所示。前 7 列展示了单独加入七类问题的估计结果，第（8）列同时将七类问题同时加入模型。可以看出，前 7 列中 $\text{Ln}(TypeN_{i,t})$的估计系数大多显著为负，第（8）列中只有 $\text{Ln}(Type3_{i,t})$和 $\text{Ln}(Type5_{i,t})$的系数显著为负。由此表明，“技术与创新”以及“会计与财务”领域的信息是推动硬信息验证效果的主要因素。这些活

---

① 详细的分类方法见附录 B－1。

动对公司长期发展具有重要性，很可能影响共同基金的投资选择。

表 3 - 44　　实地调研期间提出的不同问题类型的影响

	(1)	(2)	(3)	(4)	(5)	(6)	(7)	(8)
	$HM_{i,t+1}$	$HM_{i,t+1}$	$HM_{i,t+1}$	$HM_{i,t+1}$	$HM_{i,t+1}$	$HM_{i,t+1}$	$HM_{i,t+1}$	$HM_{i,t+1}$
$DFVisit_{i,t}$	-0.001	-0.001	-0.002	-0.001	0.017	-0.001	-0.001	0.013
	(-0.194)	(-0.172)	(-0.306)	(-0.194)	(1.591)	(-0.179)	(-0.226)	(1.172)
Ln($Type1_{i,t}$)	-0.010***							0.001
	(-3.083)							(0.360)
Ln($Type2_{i,t}$)		-0.006*						-0.005
		(-1734)						(-1.180)
Ln($Type3_{i,t}$)			-0.014**					-0.014***
			(-5.462)					(-3.874)
Ln($Type4_{i,t}$)				-0.011***				-0.001
				(-3.243)				(-0.206)
Ln($Type5_{i,t}$)					-0.011**			-0.009*
					(-2.097)			(-1.684)
Ln($Type6_{i,t}$)						-0.011**		-0.002
						(-2191)		(-0.399)
Ln($Type7_{i,t}$)							-0.011***	-0.001
							(-2.985)	(-0.133)
# of obs	28099	28099	28099	28099	28099	28099	28099	28099
Overall R^2	0.074	0.074	0.075	0.074	0.074	0.074	0.074	0.075
F - statistics	24.709	24.344	26.283	24.774	24.432	24.298	24.692	17.994

注：***、**、*分别表示在 1%、5% 和 10% 的显著性水平上显著。括号内为 t 值。

3.4.4.8　经济后果：股价波动

共同基金的羊群行为对公司股价具有显著影响。当共同基金集中买入某家公司股票时，大量资金的涌入会推高该公司股票的价格；相反，当它们集中卖出时，股票价格则会被压低。这种现象在短期内可能导致股价的大幅波动。因此我们推测，实地考察可能通过影响共同基金羊群行为而对公司股价产生了影响。为验证这一推测，本节参考 Brown et al.（2014），分别计算得到买方羊群行为指标（$BHM_{i,t}$）和卖方羊群行为指标（$SHM_{i,t}$），并构建调整后的羊群行为指标（$AJHM_{i,t}$），具体计算公式如下：

$$BHM_{i,t} = HM_{i,t} \mid p_{i,t} > E[p_{i,t}] \tag{3-16}$$

$$SHM_{i,t} = HM_{i,t} \mid p_{i,t} < E[p_{i,t}] \tag{3-17}$$

若 t 季度买入公司 i 的共同基金比例高于样本均值，$BHM_{i,t}$ 等于 $HM_{i,t}$。当卖出公司 i 的共同基金比例低于样本均值时，$SHM_{i,t}$ 等于 $HM_{i,t}$。进一步地，

我们计算得到 $BHM_{i,t}$或 $SHM_{i,t}$与对应最小值的差值，分别用 $BuyHerd_{i,t}$和 $SellHerd_{i,t}$来表示。$AJHM_{i,t}$即为 $BuyHerd_{i,t}$与 $SellHerd_{i,t}$的差值，若 $AJHM_{i,t}$大于（小于）0，说明共同基金在 t 季度对股票 i 有强烈的买入（卖出）行为。

对于公司股价，我们选取了五个不同的观测窗口，分别计算了股票在以下五个时间区间内的收益率：当季收益率（$ERet_{i,t}$）、下一季度收益率（$ERet_{i,t+1}$）、$t+1$ 至 $t+2$ 季度的收益率（$ERet_{i,[t+1,t+2]}$）、$t+1$ 至 $t+3$ 季度的收益率（$ERet_{i,[t+1,t+3]}$）、$t+1$ 至 $t+4$ 季度的收益率（$ERet_{i,[t+1,t+4]}$）。这种多窗口设置有助于捕捉共同基金羊群行为对公司股价的短期、中期以及相对较长期的影响，从而更全面地揭示两者之间的动态关系。相关估计结果（Fama – MacBeth 回归）如表 3 – 45 的 Panel A 所示。结果显示，仅第（1）列中 $AJHM_{i,t}$的估计系数显著为正，表明共同基金羊群买入行为推高了当期股价。其他列中 $AJHM_{i,t}$的估计系数则不显著，说明共同基金羊群行为对股价的影响仅限于当期，对未来几个季度内的股价不存在显著影响。说明共同基金羊群行为由信息不对称驱动的，再次验证了信息级联理论。

表 3 – 45　　共同基金实地调研、羊群行为与公司股价

Panel A: The price impact of mutual fund herding

	(1)	(2)	(3)	(4)	(5)
(%)	$ERet_{i,t}$	$ERet_{i,t+1}$	$ERet_{i,[t+1,t+2]}$	$ERet_{i,[t+1,t+3]}$	$ERet_{i,[t+1,t+4]}$
$AJHM_{i,t}$	0.031***	0.003	0.004	0.006	0.008
	(12.930)	(1.115)	(0.967)	(1.262)	(1.328)
$BM_{i,t}$	−0.005	0.039***	0.070***	0.092***	0.110**
	(−1.403)	(7.568)	(10.088)	(11.267)	(12476)
$Ln(Size_{i,t})$	0.002***	0.039***	−0.013***	−0.017***	−0.020***
	(4.174)	(7.568)	(−8.786)	(−9.078)	(−10.781)
$QTurn_{i,t}$	0.005***	−0.007***	−0.012***	−0.015***	−0.019***
	(5.941)	(−7.967)	(−10.231)	(−8.525)	(−9.891)
$QRet_{i,t-1}$	−0.026***	−0.021***	−0.029***	−0.046***	−0.065***
	(−7.163)	(−3.630)	(−3.479)	(−4.118)	(−4.927)
Constant	−0.020***	0.004	0.003	−0.000	−0.001
	(−5.624)	(0.915)	(0.556)	(−0.016)	(−0.109)
# of obs	22323	22206	21962	21746	21557
Overall R^2	0.111	0.093	0.116	0.135	0.154
F – statistics	55.959	23.471	40.356	35.756	46.749

续表

Panel B: The moderating effect of corporate site visits						
	(1)	(2)	(3)	(4)	(5)	(6)
(%)	$ERet_{i,t}$	$ERet_{i,t}$	$ERet_{i,t}$	$ERet_{i,t+1}$	$ERet_{i,t+1}$	$ERet_{i,t+1}$
$AJHM_{i,t}$	0.027***	0.028***	0.028***	-0.000	-0.001	-0.002
	(10.634)	(11.015)	(11.247)	(-0.046)	(-0.277)	(-0.454)
$DIVisit_{i,t-1}$	-0.004**			-0.002		
	(-2.872)			(-0.852)		
$AJHM_{i,t} \times DFVisit_{i,t}$	0.007*			0.006		
	(2.209)			(0.988)		
$\text{Ln}(1+NFund_{i,t-1})$		-0.003***			-0.003	
		(-3.054)			(-1.189)	
$AJHM_{i,t} \times \text{Ln}(1+NFund_{i,t-1})$		0.005*			0.008	
		(1.996)			(1.433)	
$\text{Ln}(1+FCount_{i,t-1})$			-0.002***			-0.002*
			(-3.525)			(-2.014)
$AJHM_{i,t} \times \text{Ln}(1+FCount_{i,t-1})$			0.003*			0.007**
			(1.991)			(2.441)
$BM_{i,t}$	-0.005	-0.005	-0.005	0.039***	0.039***	0.039***
	(-1.456)	(-1.470)	(-1.612)	(7.611)	(7.596)	(7.634)
$\text{Ln}(Size_{i,t})$	0.002***	0.002***	0.003***	-0.008***	-0.008***	-0.008***
	(4.231)	(4.289)	(4.329)	(-6.829)	(-6.825)	(-6.843)
$QTurn_{i,t}$	0.005***	0.005***	0.005***	-0.007***	-0.007***	-0.007***
	(5.970)	(5.946)	(5.987)	(-7.976)	(-8.008)	(-8.055)
$QRet_{i,t-1}$	-0.026***	-0.026***	-0.025***	-0.021***	-0.021***	-0.020***
	(-7.149)	(-7.048)	(-7.024)	(-3.624)	(-3.631)	(-3.622)
Constant	-0.018***	-0.018***	-0.018***	0.005	0.005	0.006
	(-5.120)	(-5.229)	(-5.105)	(1.302)	(1.349)	(1.499)
# of obs	22323	22323	22323	22206	22206	22206
Average R^2	0.115	0.116	0.117	0.096	0.096	0.097
F-statistics	39.285	37.606	42.847	18.480	18.933	21.713

注：***、**、*分别表示在1%、5%和10%的显著性水平上显著。括号内为t值。

进一步地，我们构建$AJHM_{i,t}$与$t-1$期实地调研指标（$DIVisit_{i,t-1}$、Ln

$(1+NFund_{i,t-1})$、Ln $(1+FCount_{i,t-1})$）的交互项加入模型进行估计，以考察实地调研是否会调节共同基金羊群行为与公司股价之间的关系，结果如表3-44的Panel B所示。结果显示，以当季收益率（$ERet_{i,t}$）为因变量时，相关交互项的系数均显著为正，但以下一季度收益率（$ERet_{i,t+1}$）为因变量时，大多估计系数不显著。由此表明，实地调研次数越多，共同基金羊群行为对股价的影响越突出，但这种影响并未延续至下个季度，未引发价格反转。

3.4.5 研究结论与启示

本节在中国背景下考察实地调研对共同基金羊群行为的影响。研究显示，共同基金在实地调研后，减少了羊群行为。采用工具变量法缓解内生性、替换羊群行为衡量方式进行稳健性检验后，这一结论依旧成立。进一步研究发现，实地调研对共同基金羊群行为的负面影响在信息不对称程度较高的公司中更加明显，说明实地调研通过促进共同基金的信息获取削弱了羊群行为。通过实地调研，基金经理能够深入了解企业的运营状况、员工士气、财务健康以及未来发展战略等软信息，并验证财务数据、业务规模、技术指标等硬信息，这些信息使得基金经理更有信心基于自身研究作出投资决策，而不是盲目跟从其他基金的买卖行为。当访问内容包括实地调研企业的技术创新和财务信息，或者在访问期间讨论的问题更加深入、问答中使用更多词汇时，这种负面影响更为突出。这表明，高质量的信息交流和更深入的调研活动对减少共同基金的羊群行为起到了关键作用。此外，我们还发现共同基金羊群买入行为显著提高了公司股价，且这一效应在实地调研次数较多的情形下更加明显。

基于这些发现，我们建议监管部门及行业协会制订相关规范和激励机制，引导基金经理深入企业获取更全面、更准确的信息，从而减少因信息不足导致的羊群行为，提高资本市场的效率和稳定性。

第4章

地方气候环境与资本市场

4.1 空气污染与银行贷款定价

4.1.1 引言

近年来，全球对环境状况的关注持续攀升，环境风险成为资产定价的关键因素（Hsu et al.，2023）。大量研究表明，气候风险、污染排放以及环境法规等环境因素对股票、债券以及私人银行信贷的定价产生了深远影响（Sharfman and Fernando，2008；Schneider，2011；Chava，2014；Painter，2020；Fard et al.，2020；Bolton and Kacperczyk，2021；Fan et al.，2021；Javadi et al.，2023）。企业的融资环境很可能因此受到冲击。近年来，随着环境政策的收紧和绿色金融体系的不断完善，银行等金融机构在信贷审批中越来越重视企业的环境绩效。然而，分析环境绩效对银行信贷约束的影响仍面临诸多挑战。一方面，缺乏可靠的企业层面环境绩效数据，导致难以准确评估企业环境表现与融资成本之间的关系。另一方面，缺乏全面的企业贷款数据，难以深入探讨环境绩效对银行信贷决策的作用机制。

本章基于一家拥有全国性存贷款网络的国有银行提供的独特贷款数据集，以及从中国环境调查与报告数据库（ESR）获得的大气污染排放数据，从大气污染物排放角度考察企业环境风险与银行贷款定价之间的关系。考虑到空气污染与个人健康和环境成本高度相关，本章将空气污染对银行贷款定价的影响归纳为以下三个渠道。

首先，空气污染可能通过影响企业员工健康提高银行贷款定价。空气污染会导致呼吸道疾病发病率升高，这不仅增加了员工“用脚投票”的压力，还可能导致企业产出效率降低，进而提高企业违约风险。因预期借款人潜在风险的提升，银行很可能向企业收取较高的贷款价格（Graham et al.，2008；Hasan et al.，2017）。

其次，空气污染可能通过放大绿色转型风险提高银行贷款定价。随着各国政府大力推进低碳经济转型，企业尤其是高污染企业，面临着巨大的转型风险（Schneider，2011）。为了向低碳经济转型，企业需要付出大量成本，包括技术升级、设备更新以及运营模式的调整，由此产生的资金需求很可能引起银行对借款人现金流的关注，进而要求更高的贷款价格。

最后，空气污染可能通过阻碍银行信息获取影响银行贷款定价。银行贷款人员在决策过程中高度依赖软信息，即那些难以量化但能反映企业真实经营状况和信用水平的非财务信息（Petersen and Rajan，1994；Cassar et al.，2015）。这类信息往往较为隐蔽，需要通过现场调查或与企业管理者面对面交流来获取。然而，在向高污染企业发放贷款时，上级部门的贷款人员进行现场调查或与企业管理者直接沟通的意愿和能力可能会显著降低，进而影响软信息的获取和对借款企业的风险评估。在这种情形下，银行可能会采取更加谨慎的贷款决策，提高贷款价格以降低潜在风险。

本章在中国背景下研究空气污染对银行贷款定价的影响，具有以下几点重要研究意义。首先，中国在过去较长时期内以经济快速发展为首要目标，对环境问题的关注相对不足，导致空气污染问题日益突出。近年来，中国政府出台了一系列政策措施以应对环境污染，并在改善空气质量方面取得了显著成效（Greenstone et al.，2021）。然而，大气污染排放问题仍然较为严峻，它不仅对居民健康造成严重威胁，还对经济的高质量发展形成了诸多制约。在此背景下，本章从企业层面探讨大气污染排放对银行贷款定价的影响，旨在为环境政策的制定与实施提供重要的微观依据。其次，与发达经济体不同，中国等发展中国家的银行业在社会融资和经济增长中发挥着至关重要的作用。世界银行数据显示，2024 年中国银行信贷余额与 GDP 的比值高达 188.73%，位居世界第一。然而，环境绩效的不足在很大程度上制约了中国经济的可持续发展。随着中国对环境保护的日益重视，环境信用风险在银行定价决策中的重要性不断提升。研究大气污染物排放对贷款定价的影响，对于揭示企业环境绩效的负外部性以及如何将环境风险纳入银行业的整体风险管理体系，具有重要的现实意义。最后，中国的政治关系和政策导向对经济活动和企业行为有着深远影响（Allen et al.，2005；Calomiris et al.，2010），且不同地区在大气污染防治政策的制订和执行上存在显著差异，这些特征为研究大气污染对银行贷款决策的异质性影响创造了独特条件。

基于此，本章利用 2007—2019 年一家全国性国有商业银行贷款数据考察企业层面大气污染对银行贷款定价的影响。研究发现，大气污染物排放更多的企业其从银行获取的贷款价格也更高。这一结论在进行替换因变量衡量方式、替代固定效应、PSM - DID、排除替代解释等一系列稳健性检验后依旧成立。机制分析表明，空气污染通过恶化员工健康状态、提高借款企业转型风险、加剧银企之间的信息不对称三个方面提高了银行贷款定价。

异质性分析表明，空气污染对银行贷款定价的影响可能因企业在社会关系网络中的位置、内部治理状况、贷款特征以及所处的外部环境而产生差异。对于没有政治关系、员工待遇较差的企业，以及位于空气质量较好或环境治理较弱地区的企业，空气污染提高银行贷款价格的效果更为明显。从贷款特征来看，本章发现空气污染产生的风险溢价主要集中在向非核心客户、商业银行优先支持客户的贷款中。此外，空气污染带来的额外风险更容易体现在新增信贷的定价中，而非新增客户、债务再融资或债务重组。

进一步分析发现，空气污染与银行贷款定价之间的正相关关系主要是烟尘排放驱动的。银行收取的污染溢价主要针对无担保信用贷款，而非担保贷款、抵押或质押的贷款。这表明银行在面对高污染企业时，更倾向于通过提高无担保贷款的利率来补偿环境风险。最后，空气污染不仅影响银行贷款利率，还显著降低了企业的信贷可得性。为了防御风险，银行压缩了提供给污染企业的贷款额度，同时在贷款合同中增加了更多的非价格条款。

本章的边际贡献主要体现在以下几个方面。首先，我们补充了有关环境绩效的微观经济后果的相关研究。以往相关研究大多集中于探讨环境绩效对商业风险和企业融资的影响（Lins et al.，2017；Albuquerque et al.，2019），尽管近年来有研究逐渐关注到环境绩效对外部利益相关者的影响

(Jacobs et al., 2010; Krüger, 2015; Du et al., 2018), 但相关研究多围绕投资者、审计师这两个主体展开，缺少对银行债权人这一重要利益相关者的分析。基于此，本章考察空气污染对银行贷款决策的影响及其作用机制，从而拓展了相关研究。其次，本章拓展了银行贷款定价的影响因素相关研究。先前研究在分析银行贷款定价的影响因素时，多聚焦于内外部治理质量（Anderson et al., 2004; Huang et al., 2018; Francis and Wang, 2021)、公司绩效（Mafrolla and D'Amico, 2017）等方面，对企业污染排放行为的关注相对不足。本章通过实证分析，揭示了企业污染排放对银行贷款定价的显著影响，为理解银行贷款定价机制提供了新的视角和证据。

最后，本章丰富了环境风险与资产定价之间关系的相关研究。已有研究发现环境风险恶化了企业融资环境（Chava, 2014），而严格的环境法规能够在一定程度上改善这一状况。然而，既有研究在探讨环境风险对企业融资环境的影响时，大多依赖公开市场数据，缺乏基于大范围样本的大数据分析。本章利用一家覆盖全国的大型国有商业银行的贷款数据，深入考察环境风险对企业融资的影响。这种大样本数据的分析不仅确保了研究结果的普遍适用性，还使我们能够直接观察银行债权人的行为，避免了因代理问题或合谋等因素带来的潜在偏差。

4.1.2 制度背景

作为金融体系的核心，银行业在中国经济增长中扮演着重要角色。中国人民银行数据显示，2024 年银行信贷占中国社会融资总规模的 62.35%，远超债券和股权融资。中国银行业主要由政策性银行和商业银行组成。其中，政策性银行是政府主导、非盈利为目标的金融机构，主要用于支持国家经济政策，为经济发展提供长期、低成本资金。商业银行则主要依靠存贷款业务、金融服务来盈利，面向市场运作。

在中国，国有商业银行凭借其覆盖全国的庞大分支机构网络，掌控着国内银行信贷的大部分份额。根据中国人民银行的数据，四大商业银行的贷款占全国贷款总额的比重超过 35%。本章所使用的贷款数据来自一家已上市的大型国有商业银行。尽管该银行可能受到宏观经济政策的影响，但其核心业务仍以市场为导向。因此，本章的贷款数据样本涵盖了全国范围内的借款人，具有较强的代表性。

本章关注的国有商业银行拥有广泛的存贷款网络，其分支机构分为五层架构。其中，总行和省级分行在贷款审批流程中占据主导地位，掌握着90%的决策权限。这些分行的信贷人员负责开展尽职调查，并与客户进行沟通，以收集关键信息并优化贷款决策。其他基层层级包括地级市分行、省级分行在县或市辖区的支行，以及地级市分行的支行。这些基层网点由省级分行的支行管理，几乎不具备贷款审批权限。从贷款决策流程来看，与 Qian et al. （2015） 和 Geng et al. （2023） 中提到的中国银行业特征相似，本章所涉及的国有商业银行的贷款决策流程涵盖初始调查、贷款核实、审议评估、贷款审批和贷后监控五个环节，并根据不同层级的银行网点进行分工。在这一流程中，贷款人员的职责明确，须对信息的真实性负责，其薪酬、晋升和激励机制均与工作绩效紧密挂钩①。

国有商业银行内部严格的权力分配等级结构和规范的贷款决策流程，为贷款人员提供了多种手段来控制违约风险。贷款人员不仅可以在贷款决策的初始阶段直接拒绝违约风险过高的贷款申请，还可以根据借款人的违约风险等级设定不同的贷款利率或非价格条款，以此补偿银行因承担较高风险而可能遭受的损失。

4.1.3　理论假设

在签订贷款合同前后，银行因预期潜在风险增加而收取较高的贷款价格。因而，大气污染排放带来的企业违约风险、转型风险和信息不对称风险的上升，很可能导致银行为企业提供贷款时索取更高的风险溢价。

首先，大量研究表明，空气污染不利于人体健康（Chay and Greenstone，2003；Currie et al.，2015）。空气污染不仅会导致呼吸系统疾病、心身疾病发病率升高，会严重损害大脑功能（Block and Calderón－Garcidueñaset et al.，2009；Fonken et al.，2011）。对于企业而言，空气污染不仅危害身体健康，降低工作效率，还可能导致员工离职意愿上升。企业经营效率的下降和人力资本的流失会直接影响企业的盈利能力。在这种情况下，企业的偿债能力可能因现金流减少而受到削弱，进而增加银行面临的违约风险。为了补偿这些风险，银行通常会提高贷款利率或增加非价格条款，如要求更高的抵押物或更严格的还款计划。

---

① 关于本章中中国国有商业银行的权力分配和贷款决策流程的详细信息，请参阅附录 C－1。

其次，空气污染程度越高，企业为向低碳发展模式转型付出的成本就越多，由此产生的转型风险可能驱使银行提高贷款定价。一方面，高污染企业需要投入大量资金用于绿色生产技术的升级和改造，以满足日益严格的环保要求。另一方面，高污染企业还可能因环境污染问题面临更高的声誉维护成本。一旦被认定为污染源，企业不仅需要承担治理污染的费用，还可能因社会舆论压力而失去市场份额，卷入环境相关诉讼的概率也更高。在这种背景下，银行贷款人很可能对高污染企业的还款能力产生担忧，从而提高贷款定价。

最后，空气污染可能对贷款人员的实地调查和信息收集工作造成诸多阻碍，进而影响银行的信贷决策。中国的大型银行在全国范围内设有地方分行网络，其贷款审批权限逐级递减。上层分行（如省级分行或总行）的贷款专员主要负责收集关键信息，并将其传递给贷款审批委员会，以供最终决策。这些上级贷款专员主要依靠软信息进行贷款决策。然而，空气污染会阻碍贷款专员参与现场调查或与企业管理者面对面沟通的意愿和能力，从而限制软信息的获取和传递，最终加剧银行与借款企业之间的信息不对称。这种不确定性很可能放大了银行的信贷风险感知，从而导致银行在贷款定价中增加风险溢价，以补偿因信息不充分带来的潜在风险。因此，本章提出如下假设：

H1：在其他条件不变的情况下，大气污染排放强度较高的企业比大气污染排放强度较低的企业获得的银行贷款价格更高。

4.1.4　研究设计

4.1.4.1　数据来源与样本选取

本章主要涉及以下五类数据：企业层面的空气污染数据、贷款数据、财务数据、治理数据以及城市层面的颗粒物（PM2.5）浓度数据。其中，企业层面的空气污染数据来源于中国环境调查与报告数据库，该数据库由环境保护部和国家统计局共同管理，是目前最全面的环境数据集。数据最初由企业自行报告，随后经政府审计人员随机核实，以确保其准确性和可靠性。这一数据集有效减少了自愿披露带来的选择偏差，已在多项关于中国企业污染排放的研究中被广泛应用（He et al.，2020；M. Liu et al.，2021；Z. Liu et al.，2021）。企业贷款数据来源于一家拥有全国性存贷款网络的国有银行。该银行提供了东部沿海发达地区和内陆欠发达地区企业的详细贷款信息，涵盖年授信额度超过 5000 万元人民币（约合 800 万美元）的每笔新发放贷款的相关信息，为深入研究银行贷款的污染溢价问题提供了有力支持。公司财务和治理数据来源于 CSMAR 数据库，城市层面 PM2.5 排放信息则来源于圣路易斯华盛顿大学大气成分分析小组发布的卫星数据。

鉴于 2007 年是中国上市公司实施修订后的统一会计准则的第一年，我们将 2007 年作为样本起始年份，以确保各变量之间的可比性。样本终止年份为 2019 年，因为这是我们所使用的贷款数据的最新可用年份。为了避免样本期错位带来的内生性偏差，我们对企业层面的所有解释变量和控制变量进行了滞后一期处理。即空气污染和其他控制变量的样本期为 2007—2018 年，而贷款数据的样本期则为 2008—2019 年。将贷款数据与企业和城市层面匹配后，我们得到了一个包含 196 个城市 817 家企业的 61718 个企业 - 贷款层面观测值的初始样本。在剔除金融行业、主要变量缺失的样本后，我们得到 55483 个企业—贷款层面的观测值，覆盖 175 个城市的 745 家借款企业。

4.1.4.2　模型设定与变量定义

为检验借款企业大气污染排放对银行贷款定价决策的影响，本章构建如下计量模型：

$$Loan\_spread_{ijt} = \alpha + \beta Airpollution_{it-1} + \delta Controls + FirmFE + LoanFE + YearFE + \varepsilon_{ijt} \tag{4-1}$$

与以往研究银行贷款定价的文献一致（Houston et al.，2014；Kubick et al.，2023；Ma et al.，2024），我们在模型（4 - 1）中将 i 公司在 t 年新发放的单笔贷款 j 的贷款利差（$Loan\_spread_{ijt}$）作为被解释变量。该利差通过实际利率与中国人民银行设定的基准利率的比值计算得出，旨在控制宏观经济条件对贷款合同条款的潜在影响。$Airpollution_{it-1}$ 表示企业 i 在 $t-1$ 年的大气污染排放水平（以千克为单位）。*Controls* 表示控制变量集合，包括企业、城市和贷款三个层面（Graham et al.，2008；Houston et al.，2014；Campello and Gao，2017；Lin et al.，2018；Xue et al.，2021）。其中，贷款层面的控制变量包括每笔新发放贷款的金额（*Volume*）、贷款期限（*Maturity*）和抵押条款（*Collateral*）。企业层面的控制变量包括企业规模（*Firmsize*）、杠杆率（*Lev*）、国有股权（*Soe*）、资产收益率（*Roa*）、营业收入增长率（*Growth*）、有形资产比重（*Tangible*）、企业年龄（*Age*）、账面市值比（*BM*）、现金持有量（*Cash_holding*）。

此外，我们将主要解释变量和公司层面的控制变量均进行了滞后一年处理，并加入企业、年份和贷款层面的固定效应，以缓解潜在的内生性问题。其中贷款层面的固定效应包括借款人类型（*Borrower_category*）和风险类型（*Risk_type*）。借款人分为总行核心客户、省分行核心客户、省分行支行核心客户和一般客户四种。风险类型包括正常贷款、利息贷款和不良贷款三种。β 表示核心解释变量的回归系数，ε_{ijt} 为随机误差项。为减少异常值的影响，我们对所有公司层面的连续变量进行了前后 1% 缩尾处理。同时，在公司层面估计聚类标准误，以控制潜在的公司内部相关性。详细的变量定义见表 4－1。

表 4－1　　变量定义

Panel A：被解释变量	
Loan_spread	企业 i 在第 t 年银行贷款 j 的实际利率减去中国央行规定的基准利率
Loan_spread$_2$	计算方法与 Loan_spread 相同，但删除了小于 0 的观测值
Loan_spread$_3$	Loan_spread 的自然对数
Actual_rate	企业 i 在第 t 年的银行贷款 j 的实际利率
Base_rate	第 t 年贷款 j 的基准利率由中国央行设定
Sum_volume	一年内从国有商业银行借入的贷款总额
Mortgage_terms	公司 i 在 t 年和 $t-1$ 年获得的贷款抵押相关合同条款之间的差异
Panel B：解释变量	
Airpollution	公司 i 在 $t-1$ 年的年度空气污染量（数据源自中国环境调查和报告数据库 ESR，由污染者自报后经政府审计随机核实）除以 1000 作为解释变量
Airpollution_revenue	企业 i 在 $t-1$ 年的大气污染物相对排放水平，以大气污染物排放量除以营业收入再乘以 100000000 计算，所得即可比大气污染物排放系数
Treatpost	大气污染物排放量高于全样本行业年份中值的企业被定义为治理组。2013 年国务院发布大气污染治理行动计划后，虚拟变量 *Post* 为 1
SO_2	企业 i 在 $t-1$ 年报告的年度 SO_2 排放量
NO_X	企业 i 在 $t-1$ 年报告的年度特定 NO_X 排放量
Smoke	企业 i 在 $t-1$ 年报告的年度特定烟气排放量

续表

Panel C：控制变量	
Volume	企业第 t 年实际贷款额的自然对数
Maturity	以月为单位的贷款到期日的自然对数
Collateral	贷款类型，如果有抵押或质押贷款则为 1，否则为 0
Firmsize	总资产的自然对数，滞后 1 年
Lev	总负债除以总资产，滞后 1 年
Roa	总资产回报率，以净利润除以总资产来衡量，滞后 1 年
Age	企业年龄的自然对数，以 t 年减去企业注册年份计算，滞后 1 年
Soe	虚拟变量，国有企业为 1，否则为 0，滞后 1 年
Tangible	固定资产净值除以总资产，滞后 1 年
Cash_holding	现金和现金等价物除以公司 i 在 $t-1$ 年的总资产减去现金和现金等价物
BM	企业 i 在 $t-1$ 年的账面市值比率
Growth	企业 i 在 $t-1$ 年的销售收入增长率
Cashflow_volatility	企业 i 前三年的现金流标准差
Profits_volatility	企业 i 前三年利润的标准差
Z_Score	公司 i 在 t 年的财务健康与稳定性，依据 Edward Altman（1968）开发的 Z 分数公式衡量，即 Z 分数 = 1.2 × 营运资本/总资产 + 1.4 × 留存收益/总资产 + 3.3 × 息税前利润（EBIT）/总资产 + 0.6 × 股权市值/总负债 + 1.0 × 销售额/总资产
Mean_airpollution_city	借款公司所在城市上市公司年度大气污染物排放量
Mean_airpollution_kms	借款企业周围 100 公里范围内企业年度大气污染物排放量
Panel D：其他变量	
Morbidity_dummy	严重空气污染前最低结核病发病率变量：借款人 i 所在省份发病率低于全样本当年中位数时为 1，否则为 0
Retention_dummy	代表较高的员工保留水平，若借款人 i 在第 $t-1$ 年的员工增长率高于全样本当年的中值，则其值为 1，否则为 0
Z_Score_dummy	表示衡量借款人的违约风险，值越高表示破产风险越低，如果借款人 i 的 *Z_Score* 高于全样本特定年份的中位数，则取 1，否则取 0
Greeninno_dummy	代表弱的绿色创新经验，如果借款人 i 过去五年的绿色创新专利数量低于全样本特定年份的中值，则取 1，否则取 0
Violation_dummy	表明借款人 i 的环境违规记录丰富，声誉成本高，若借款人 i 在 $t-1$ 年的环境违规记录高于全样本当年的中值，则该值为 1，否则为 0
Gsubsidy_dummy	定义政府对环境保护支出的担保额度，若过去三年政府向借款人 i 提供的绿色补贴低于全样本当年的中值，则该值取 1，否则取 0

续表

Panel D：其他变量	
Unfamiliarity	衡量银行贷款人对借款人日常运作的不熟悉程度，如果借款人 *i* 与贷款银行的合作年限低于全样本的年份中位数，则取 1，否则取 0
Non_HSRopening	表示较高的信息获取成本，若借款人 *i* 所在的城市尚未开通高铁，则取 1，否则为 0
Political	虚拟变量，若企业 *i* 的实际控制人，即董事长或总经理是前任或现任政府官员、人大代表、党的代表或中国人民政治协商会议委员，则为 1，否则为 0
Employee	虚拟变量，若和讯员工待遇得分高于所有样本公司相应年份的中位数，则为 1，否则为 0
Pollution_rg	虚拟变量，若企业所在城市前一年年均 PM2.5（$\mu g/m^3$）高于所有企业所在区域空气污染年度中值（数据源于华盛顿大学圣路易斯分校大气成分分析小组卫星数据），则为 1，否则为 0
Envir_governance	虚拟变量，若省级污染治理成本高于全样本的年份中值，则为 1，否则为 0
Newcredit	依据贷款用途构建，若贷款样本为给现有客户增加新授信则为 1，否则为 0
Headquarter	依贷款数据中借款人类别构建，贷款发放给总部核心客户时为 1，否则为 0
Support	依据客户类型构建，贷款发放给支持客户时取值 1，否则取值 0
Borrrower_category	借款公司的分类，主要包括一般客户、一级分行客户、二级分行客户、总行客户四类
Risk_type	贷款风险类型，包括正常贷款、利息贷款、不良贷款（含次级、可疑、损失三种类型）

4.1.5 主要结果分析

4.1.5.1 描述性统计

表 4－2 列出了主要变量的描述性统计结果。样本数据显示，企业平均贷款额为 14.774（对数变换后约为 3360 万元），贷款期限为 1.618（对数变换后约为 8.22 个月），平均贷款利差为 1.259%。全年大气污染物排放均值为 146054 千克，低于 Liu et al.（2021）的大气污染物排放水平，这可能与近二十年来大气污染物排放防治政策的有效实施有关。控制变量中，企业杠杆率为 49.7%，资产收益率为 5.7%，这些控制变量的分布与既有相关研究基本一致（Lin et al.，2018；Li et al.，2021；Xue et al.，2021）。

表 4-2　描述性统计

Variable	N	Mean	SD.	Min	p25	p50	p75	Max
Loan_spread	55483	1.259	1.308	-0.656	0.000	0.700	2.700	3.500
Airpollution	55483	146.054	4.783	131.873	143.583	146.951	150.257	157.209
Volume	55483	14.774	2.583	9.808	12.725	14.116	17.217	20.723
Maturity	55483	1.618	0.861	0.000	1.099	1.609	2.485	5.283
Collateral	55483	0.178	0.383	0.000	0.000	0.000	0.000	1.000
Firmsize	55483	22.364	1.301	20.350	21.419	21.941	23.005	28.096
Lev	55483	0.497	0.152	0.147	0.373	0.465	0.620	1.151
Soe	55483	0.730	0.444	0.000	0.000	1.000	1.000	1.000
Roa	55483	0.057	0.046	-0.192	0.024	0.068	0.088	0.177
Growth	55483	0.155	0.263	-1.025	0.064	0.130	0.191	1.404
Tangible	55483	0.237	0.153	0.005	0.117	0.193	0.316	0.761
Age	55483	2.716	0.270	1.386	2.565	2.773	2.890	3.584
BM	55483	0.589	0.229	0.170	0.443	0.546	0.769	1.202
Cash_holding	55483	0.220	0.128	0.010	0.113	0.203	0.327	0.800

4.1.5.2　基准回归分析

下面我们基于模型（4-1）估计空气污染对银行贷款定价的影响，表 4-3 展示了逐步加入控制变量和固定效应的估计结果。其中第（1）列报告了不加入任何控制变量和固定效应的结果，第（2）列进一步控制了公司和年份固定效应，并将标准误差聚类在公司层面，第（3）列在第（2）列的基础上增加了公司层面的控制变量，第（4）列进一步引入了贷款层面的控制变量以及两个贷款特征固定效应。可以发现，第（1）—（4）列中 *Airpollution* 的系数均显著为正，且在 1% 的水平上具有统计意义，从而验证了前文提出的假设，即大气污染排放水平较高的企业会面临更高的贷款价格。从经济意义上看，大气污染排放量每增加一个标准差，贷款价格将上升 17.85%（0.047×4.783/1.259），这表明银行在贷款定价中对高污染企业收取更高的利率。这一发现将股票市场中关于污染溢价的研究结论（Hsu et al.，2023）扩展到了银行贷款市场，说明银行在贷款定价中也考虑了企业的环境表现。

表 4-3　　基准回归结果

Variables	*Loan_spread*			
	(1)	(2)	(3)	(4)
Airpollution	0.046***	0.048**	0.053***	0.047***
	(40.01)	(2.50)	(2.59)	(3.20)
Firmsize			-0.183*	-0.214**
			(-1.69)	(-2.18)
Lev			-1.479**	-0.933**
			(-2.35)	(-2.18)
Soe			0.277**	0.093
			(2.02)	(0.71)
Roa			-4.272***	-3.190***
			(-3.63)	(-3.97)
Growth			0.187*	0.019
			(1.77)	(0.21)
Tangible			-1.077**	-0.873**
			(-2.40)	(-2.34)
Age			0.332	0.263
			(0.66)	(0.66)
BM			-0.791***	-0.688***
			(-3.66)	(-3.88)
Cash_holding			-2.079***	-1.692***
			(-4.03)	(-4.37)
Volume				-0.083***
				(-3.30)
Maturity				-0.130
				(-1.52)
Collateral				-0.570***
				(-6.48)
Constant	-5.430***	-5.710**	-1.348	1.511
	(-32.46)	(-2.05)	(-0.35)	(0.47)
Firm_FE	No	Yes	Yes	Yes
Year_FE	No	Yes	Yes	Yes

续表

Variables	Loan_spread			
	(1)	(2)	(3)	(4)
Borrower_category_FE	No	No	No	No
Risk_type_FE	No	No	No	No
N	55483	55483	55483	55483
R^2_adjusted	0.028	0.744	0.770	0.791

4.1.6　稳健性分析

为了检验主要结果的稳健性，本章替换模型（4-1）中核心解释变量的衡量方法重新进行估计。在模型（4-1）中，我们使用企业大气污染排放量来衡量空气污染，而未考虑企业自身绩效的潜在影响。然而，企业的大气污染排放可能与自身绩效相关，因为企业在追求绩效提升时，可能会以增加大气污染排放为代价。因此，本章进一步引入了大气污染排放量与营业收入的比值（*Airpollution_revenue*）作为新的空气污染衡量指标，以缓解企业绩效对空气污染和银行贷款定价的潜在干扰。同时，我们将标准误差聚集到企业—年份层面，以控制发放给同一年份同一企业的贷款之间的相关性。相关估计结果如表 4-4 的第（1）列所示。结果显示，*Airpollution_revenue* 的系数显著为正，前文结论得到验证。

表 4-4　　　　稳健性检验结果

Variables	*Loan_spread*		*Actual_rate*	*Loan_spread2*	*Loan_spread3*
	(1)	(2)	(3)	(4)	(5)
Airpollution_revenue	0.015***				
	(2.85)				
Airpollution		0.047***	0.023**	0.045***	0.024***
		(2.59)	(2.20)	(3.19)	(3.46)
Base_rate			0.635***		
			(39.13)		
Volume	-0.078***	-0.083***	-0.017**	-0.075***	-0.035***
	(-3.25)	(-6.00)	(-2.26)	(-3.02)	(-2.86)
Maturity	-0.119	-0.130***	0.136***	-0.107	-0.062
	(-1.46)	(-3.43)	(5.71)	(-1.25)	(-1.48)

续表

Variables	Loan_spread		Actual_rate	Loan_spread2	Loan_spread3
	(1)	(2)	(3)	(4)	(5)
Collateral	-0.586***	-0.570***	-0.384***	-0.535***	-0.251***
	(-6.12)	(-3.63)	(-6.72)	(-8.27)	(-8.14)
Firmsize	-0.186*	-0.214***	-0.231**	-0.339***	-0.128***
	(-1.79)	(-3.18)	(-2.36)	(-3.56)	(-3.28)
Lev	-0.814**	-0.933***	-0.435	-0.821**	-0.286
	(-2.09)	(-3.29)	(-1.37)	(-2.13)	(-1.62)
Soe	0.095	0.093	-0.037	0.100	0.050
	(0.75)	(0.87)	(-0.31)	(0.58)	(0.58)
Roa	-2.870***	-3.190***	-2.569***	-2.719***	-1.167***
	(-4.25)	(-5.31)	(-3.89)	(-3.99)	(-3.84)
Growth	0.003	0.019	0.013	0.053	0.041
	(0.04)	(0.18)	(0.13)	(0.51)	(1.01)
Tangible	-0.783**	-0.873***	-1.696***	-1.076**	-0.510***
	(-2.19)	(-2.98)	(-3.71)	(-2.43)	(-2.99)
Age	0.338	0.263	0.229	0.465	0.207
	(0.84)	(0.99)	(0.63)	(1.07)	(1.03)
BM	-0.752***	-0.688***	-0.236	-0.455**	-0.199**
	(-3.96)	(-4.13)	(-1.36)	(-2.43)	(-2.52)
Cash_holding	-1.657***	-1.692***	-1.872***	-1.718***	-0.780***
	(-4.34)	(-5.60)	(-4.89)	(-4.72)	(-5.19)
Constant	7.396***	1.511	4.801*	3.872	0.724
	(3.27)	(0.51)	(1.70)	(1.27)	(0.52)
Firm_FE	Yes	Yes	Yes	Yes	Yes
Year_FE	Yes	Yes	Yes	Yes	Yes
Borrower_category_FE	Yes	Yes	Yes	Yes	Yes
Risk_type_FE	Yes	Yes	Yes	Yes	Yes
N	55483	55483	55483	49862	49798
R^2_adjusted	0.791	0.791	0.896	0.771	0.778

除了替代核心解释变量外，我们还采用了三种替代的因变量衡量方式进行检验：（1）实际贷款利率（*Actual_rate*）；（2）剔除贷款利差小于0的样本，生成 $Loan\_spread_2$；（3）贷款利差的自然对数（$Loan\_spread_3$）。考

虑到中国人民银行经常在一年内对贷款基准利率进行多次调整，而这无法用年份固定效应来解释，因此在使用 *Actual_rate* 作为因变量时，我们对中国人民银行设定的基准利率进行了控制。相关估计结果分别报告在表 4 - 4 第（2）—（4）列。结果显示，无论是哪种因变量衡量方式，结果均支持前文的发现。

4.1.7　内生性分析

（1）遗漏变量

前文基准回归分析可能因遗漏某些重要变量而引发内生性问题。首先，空气污染和银行贷款定价可能受到地区经济活动的影响，这种复杂关系可能导致两者之间的因果关系被扭曲。为了剔除与企业发展和银行信贷高度相关的时变区域因素的干扰，本章将基准回归中的年份固定效应替换为省份—年份固定效应进行估计，结果如表 4 - 5 第（1）列所示。其次，行业层面的产业升级、体制改革和供需调整可能同时对企业的污染排放和银行贷款定价产生影响。如银行很可能对高污染行业企业收取更高的贷款价格，以规避污染排放和环境治理带来的额外违约风险。为了控制这些时变行业因素的影响，我们进一步引入了行业—年份固定效应，估计结果如表 4 - 5 第（2）列所示。

本章研究的国有商业银行在全国各省均设有分支机构，尽管其主要业务以市场化为导向，但仍可能受到宏观经济政策的影响。为了削弱区域或行业层面环境政策对空气污染与银行贷款定价之间因果关系的潜在干扰，我们将年份固定效应替换为行业—年份固定效应和省份—年份固定效应进行估计，结果如表 4 - 5 第（3）列所示。最后，上层分行在客户关系维护和信息收集方面发挥着重要作用，分行层面的不可观测因素可能会影响我们的主要结果。为此，我们在模型中加入了银行分行层面的固定效应进行估计，结果如表 4 - 5 第（4）列所示。表 4 - 5 第（1）—（4）列中 *Airpollution* 的系数均显著为正，验证了我们基准回归的发现。

表 4 - 5　　　　内生性检验：遗漏变量

Variables	*Loan_spread*			
	(1)	(2)	(3)	(4)
Airpollution	0.032 ***	0.028 **	0.014 *	0.021 **
	(3.09)	(2.50)	(1.69)	(2.38)

续表

Variables	*Loan_spread*			
	(1)	(2)	(3)	(4)
Volume	-0.076***	-0.079***	-0.077***	-0.051***
	(-2.98)	(-2.94)	(-2.88)	(-2.68)
Maturity	-0.122	-0.116	-0.114	-0.061
	(-1.28)	(-1.27)	(-1.21)	(-0.79)
Collateral	-0.257***	-0.253***	-0.195***	-0.154**
	(-5.29)	(-4.34)	(-3.61)	(-2.45)
Firmsize	-0.170***	-0.268***	-0.191***	-0.195***
	(-2.86)	(-4.09)	(-3.77)	(-3.82)
Lev	-0.126	-0.108	0.048	-0.076
	(-0.52)	(-0.46)	(0.22)	(-0.31)
Soe	-0.194*	-0.160	-0.244**	-0.195
	(-1.90)	(-1.18)	(-1.98)	(-1.59)
Roa	-0.824*	-1.204**	-0.206	-0.095
	(-1.69)	(-2.52)	(-0.47)	(-0.19)
Growth	-0.013	0.104	0.050	0.041
	(-0.18)	(1.10)	(0.77)	(0.56)
Tangible	-0.333	-0.150	-0.104	-0.035
	(-1.47)	(-0.59)	(-0.47)	(-0.15)
Age	0.557*	0.418	0.656**	0.506
	(1.96)	(1.39)	(2.39)	(1.57)
BM	-0.374**	-0.405**	-0.270*	-0.222
	(-2.51)	(-2.31)	(-1.92)	(-1.48)
Cash_holding	-0.456*	-0.475*	-0.202	-0.203
	(-1.89)	(-1.68)	(-0.89)	(-0.94)
Constant	0.911	4.051**	3.433**	2.447
	(0.40)	(2.09)	(2.12)	(1.50)
Firm_FE	Yes	Yes	Yes	Yes
Year_FE	No	No	No	No
Ind_Year_FE	No	Yes	Yes	Yes
Province_Year_FE	Yes	No	Yes	Yes

续表

Variables	Loan_spread			
	(1)	(2)	(3)	(4)
Bank_branch_FE	No	No	No	Yes
Borrower_category_FE	Yes	Yes	Yes	Yes
Risk_type_FE	Yes	Yes	Yes	Yes
N	55483	55483	55483	55483
R^2_adjusted	0. 824	0. 823	0. 834	0. 849

（2）自选择问题

空气污染排放可能并非随机的外生因素，而是受到企业运营和商业决策等因素的影响，进而产生自选择问题。2013 年国务院发布《大气污染防治行动计划》，旨在全面治理大气污染，改善空气质量，这一政策的出台对空气污染排放产生了显著的外生冲击。基于这一实验背景，本章构建 PSM – DID 模型来克服自选择问题可能带来的内生性偏误，具体过程如下。首先，我们根据样本空气污染排放量中位数（行业调整）进行分组，将空气污染排放量高于所在行业年度中位数的企业划分为处理组，反之则划分为对照组。其次，采用 PSM 方法将处理组企业与对照组企业进行一对一匹配，确保处理组和对照组在政策冲击前一年（2012 年）在企业规模、杠杆率、资产收益率、收入增长率、年龄、账面市值比、现金持有等特征维度上不存在显著差异（Liu et al.，2021）。相关平衡性检验结果如表 4 – 6 面板 A 所示。可以看出，匹配后处理组与对照组的协变量不存在显著差异。

最后，我们利用匹配后的样本分别进行 OLS 和 DID 分析①，我们预计如果空气污染提高了银行贷款溢价，那么《大气污染防治行动计划》这一环保政策出台后，银行贷款价格会显著降低。相关结果分别报告在表 4 – 6 的第（1）和第（2）列。结果显示，两种模型估计中 *Airpollution* 的系数均显著为负，且在 1% 的显著性水平上显著，再次验证了基准回归的结论。

① 为了确保 DID 估计的科学性，我们进行了平行趋势检验，结果显示处理组和对照组企业的银行贷款定价在事前不存在显著差异。囿于篇幅，未在此报告结果。感兴趣的读者可向我们索取。

表 4-6　　内生性检验：自选择问题

Panel A：PSM 平衡性检验结果

Variable	Matched / Unmatched	Mean Treated	Mean Control	% bias	t-test t	t-test p>t	V（T）/V（C）
Size	U	22.788	22.849	-4.6	-1.23	0.219	0.89 *
	M	22.843	22.818	2.0	0.48	0.629	0.92
Lev	U	0.5644	0.5539	6.4	1.71	0.088	0.98
	M	0.556	0.55973	-2.3	-0.56	0.574	0.98
Age	U	2.7442	2.7485	-1.3	-0.36	0.720	0.88 *
	M	2.7475	2.7348	4.0	0.98	0.327	0.83 *
Roa	U	0.02831	0.02967	-3.4	-0.89	0.372	0.94
	M	0.02894	0.02892	0.1	0.01	0.990	0.97
Soe	U	0.57783	0.56649	2.3	0.61	0.542	
	M	0.55904	0.56978	-2.2	-0.53	0.594	
Growth	U	0.11044	0.10909	0.6	0.16	0.870	1.03
	M	0.11031	0.11042	-0.0	-0.01	0.990	1.04
BM	U	0.71416	0.69664	8.0	2.12	0.034	0.98
	M	0.70348	0.70698	-1.6	-0.39	0.696	1.04
Tangible	U	0.31026	0.31723	-3.8	-1.02	0.309	1.02
	M	0.31943	0.314	3.0	0.74	0.462	0.99
Cash_holding	U	0.15394	0.15502	-1.0	-0.26	0.794	0.92
	M	0.15373	0.15418	-0.4	-0.10	0.920	0.96

Panel B：PSM-OLS 和 PSM-DID 分析结果

Variables	*Loan_spread* PSM-OLS (1)	*Loan_spread* PSM-DID (2)
Airpollution	0.062 ***	
	(4.58)	
Treatpost		-0.124 ***
		(-3.07)
Volume	-0.071 **	-0.069 **
	(-2.56)	(-2.51)
Maturity	-0.106	-0.104
	(-1.00)	(-0.99)

续表

Variables	Loan_spread	
	PSM - OLS	PSM - DID
	(1)	(2)
Collateral	-0.447***	-0.468***
	(-7.34)	(-7.19)
Firmsize	-0.408***	-0.398***
	(-3.30)	(-3.35)
Lev	-0.939**	-0.854**
	(-2.22)	(-2.10)
Soe	-0.037	-0.028
	(-0.18)	(-0.12)
Roa	-3.263***	-2.885***
	(-3.79)	(-3.85)
Growth	-0.046	-0.094
	(-0.31)	(-0.67)
Tangible	-1.186**	-0.959*
	(-2.23)	(-1.88)
Age	0.182	0.040
	(0.28)	(0.06)
BM	-0.304	-0.431*
	(-1.25)	(-1.76)
Cash_holding	-1.476***	-1.413***
	(-3.37)	(-3.19)
Constant	3.706	12.943***
	(0.90)	(3.88)
Firm_FE	Yes	Yes
Year_FE	Yes	Yes
Borrower_category_FE	Yes	Yes
Risk_type_FE	Yes	Yes
N	42530	42530
R^2_adjusted	0.802	0.800

(3) 排除其他替代解释

①金融危机

金融危机可能对民营企业的融资环境产生了挤出效应，进而影响银行贷款定价。历史上，为应对2008年的金融危机，中国政府推出了4万亿信贷刺激计划，用于刺激参与基础设施建设的国有企业的投资，同时收紧了对民营企业的信贷供应，恶化了民营企业的融资环境（Cong et al.，2019；Huang et al.，2020）。在信贷供应紧缺的情况下，银行可能会提高向民营企业收取的贷款利率。在我们的样本中，民营企业占比约30%。因此，我们观察到的银行贷款价格提升，可能部分是由金融危机引发的信贷资源重新分配所驱动的。

为了排除这种可能性，我们在基准回归的基础上剔除了2008年金融危机时期和4万亿信贷刺激计划实施时期，将样本期限定为2010—2019年重新进行估计。另外，我们剔除了民营企业样本重新检验国有企业的污染溢价。相关估计结果分别报告在表4-7的第（1）—（2）列。结果依旧显示，空气污染显著提高了银行贷款定价，说明我们主回归的发现不是由金融危机驱动的。

②企业贷款需求

如前所述，高污染企业在向低碳经济转型过程中需要付出大量成本，同时可能因为污染排放被外部利益相关者收取更高的污染溢价。在这种情况下，企业很可能陷入财务困境，加大对银行贷款的需求，这种需求反过来可能推高了贷款价格。为了排除银行贷款价格的提高不是由这类贷款需求增加带来的，本章进一步在模型中控制了企业过去一年从样本国有商业银行借入的贷款总额（*Sum_volume*），该变量直接反映了企业的贷款需求规模。同时，我们加入与贷款需求密切相关的几个因素，包括过去三年的现金流波动率（*Cashflow_volatility*）、过去三年的利润波动率（*Profits_volatility*）和财务状况（*Z_Score*）。其中*Z_Score*借鉴Altman et al.（1968）进行估计，*Z_Score*越高，企业财务状况越好。相关回归结果如表4-7的第（3）列所示。结果显示，在控制了企业贷款需求后，*Airpollution*的系数仍然显著为正，进而排除了这种替代性解释。

表 4-7　　排除替代性解释：金融危机与企业贷款需求

Variables	*Loan_spread*		
	(1)	(2)	(3)
Airpollution	0.064***	0.046**	0.047***
	(3.64)	(2.41)	(3.94)
Volume	-0.088***	-0.039***	-0.087***
	(-3.18)	(-3.01)	(-3.17)
Maturity	-0.140	-0.045	-0.128
	(-1.39)	(-0.60)	(-1.48)
Collateral	-0.476***	-0.742***	-0.521***
	(-4.91)	(-13.07)	(-6.80)
Firmsize	-0.334***	-0.052	-0.253***
	(-2.62)	(-0.46)	(-3.18)
Lev	-0.683*	-1.138*	-1.193**
	(-1.71)	(-1.86)	(-2.51)
Soe	0.001		0.052
	(0.01)		(0.38)
Roa	-2.351***	-3.796***	-2.598***
	(-2.90)	(-3.56)	(-3.43)
Growth	-0.061	-0.088	0.120
	(-0.49)	(-0.86)	(1.20)
Tangible	-0.993*	-0.874***	-0.607**
	(-1.91)	(-2.96)	(-2.23)
Age	0.477	0.962*	0.229
	(1.08)	(1.65)	(0.62)
BM	-0.509**	-0.947***	-0.843***
	(-2.43)	(-4.75)	(-3.08)
Cash_holding	-1.217***	-1.599***	-1.493***
	(-3.10)	(-5.61)	(-4.23)
Sum_loan			0.191***
			(4.45)
Cashflow_volatility			1.282
			(1.33)

续表

Variables	Loan_spread		
	(1)	(2)	(3)
Profits_volatility			1.194
			(1.30)
Z_Score			-0.045*
			(-1.90)
Constant	0.961	-3.981	-1.051
	(0.23)	(-0.96)	(-0.34)
Firm_FE	Yes	Yes	Yes
Year_FE	Yes	Yes	Yes
Borrower_category_FE	Yes	Yes	Yes
Risk_type_FE	Yes	Yes	Yes
N	50095	40492	55483
r2_a	0.788	0.832	0.795

③地区空气质量

银行贷款决策不仅受到企业自身污染排放的影响，还可能与当地的空气质量有关。空气质量差的地区通常面临更严格的环境监管政策，企业可能需要投入更多资金用于污染治理和合规，这会增加企业的运营成本，进而影响其盈利能力。因此，银行可能会对位于空气质量差地区的企业的贷款申请持更谨慎的态度，甚至提高贷款利率或拒绝贷款，以补偿更高的风险。

为了缓解区域空气污染水平对本章估计结果的影响，我们在基准回归的基础上进一步控制了企业所在城市的空气污染排放量（*Mean_airpollution_city*）和企业周围100公里以内的空气污染排放量（*Mean_airpollution_kms*）。相关估计结果如表4-8的第（1）列和第（2）列所示。另外，我们剔除了高污染企业样本，以缓解高污染企业样本选择偏差对结果造成的干扰。结果如表4-8的第（3）列所示。可以看出，*Airpollution* 的估计系数均显著为正，说明在控制了企业所在地区或附近空气污染排放强度后，空气污染与贷款利差之间的正向因果关系仍然存在。

表 4-8　　排除替代性解释：区域空气污染

Variables	Loan_spread		
	(1)	(2)	(3)
Airpollution	0.047***	0.048***	0.050***
	(3.28)	(3.28)	(3.45)
Volume	-0.084***	-0.083***	-0.084***
	(-3.12)	(-3.27)	(-2.93)
Maturity	-0.127	-0.126	-0.108
	(-1.43)	(-1.48)	(-1.26)
Collateral	-0.561***	-0.571***	-0.550***
	(-7.16)	(-6.79)	(-8.00)
Firmsize	-0.190*	-0.225**	-0.303***
	(-1.88)	(-2.24)	(-3.39)
Lev	-0.992**	-0.928**	-0.859**
	(-2.35)	(-2.15)	(-2.01)
Soe	0.131	0.095	0.134
	(0.89)	(0.73)	(0.95)
Roa	-3.253***	-3.141***	-3.401***
	(-3.88)	(-3.94)	(-3.93)
Growth	0.025	0.017	0.099
	(0.25)	(0.19)	(0.97)
Tangible	-0.887**	-0.882**	-1.125**
	(-2.20)	(-2.26)	(-2.46)
Age	0.410	0.253	0.594
	(1.02)	(0.64)	(1.39)
BM	-0.747***	-0.696***	-0.655***
	(-3.88)	(-3.85)	(-3.49)
Cash_holding	-1.692***	-1.647***	-1.689***
	(-4.26)	(-4.30)	(-4.34)
Mean_airpollution_city	0.029		
	(0.76)		
Mean_airpollution_kms		-0.109**	
		(-2.29)	

续表

Variables	*Loan_spread*		
	(1)	(2)	(3)
Constant	-3.468	17.664***	2.216
	(-0.46)	(2.82)	(0.69)
Firm_FE	Yes	Yes	Yes
Year_FE	Yes	Yes	Yes
Borrower_category_FE	Yes	Yes	Yes
Risk_type_FE	Yes	Yes	Yes
N	53273	54973	49210
R^2_adjusted	0.794	0.792	0.790

4.1.8 经济机制

至此，我们得出结论银行对大气污染排放高的企业收取了更高的贷款价格。在本节中，我们进一步研究空气污染影响银行贷款定价的潜在机制。

4.1.8.1 违约风险

如前所述，空气污染通过影响员工健康提高了企业的违约风险，银行可能因此而向借款企业收取更高的风险溢价。为验证这一机制，本章构建了 *Morbidity_dummy*、*Retention_dummy* 和 *Z_Score_dummy* 三个指标来衡量企业预期违约风险，考察空气污染对企业预期违约风险的影响。这三个指标分别反映 $t-1$ 年借款企业的员工肺结核发病率、人才流动情况和财务健康状况。如果空气污染提高了企业预期违约风险，那么我们预计空气污染对银行贷款定价的提升作用更多地出现在员工结核发病率更低、人才留存率更高、财务状况更好的企业，这些企业事前预期违约风险相对较低。

首先，由于员工层面的肺结核发病率数据难以获取，因而本章采用其所在地区的肺结核发病率作为代理变量。若企业所在省份的肺结核发病率低于样本中位数，我们将 *Morbidity_dummy* 赋值为 1，否则为 0。其次，本书借鉴 Xue et al. （2021） 的做法，采用员工增长率来反映借款企业的就业创造和人才流失情况，构建虚拟变量 *Retention_dummy*，若借款企业在 $t-1$ 年的员工增长率高于样本中位数，将其赋值为 1，否则为 0。最后，若借款企业的 *Z_Score* 高于样本中位数，本书将 *Z_Score_dummy* 赋值为 1，否则为 0。

在此基础上，本章构建这三个指标与 *Airpollution* 的交互项，并分别加入回归模型，相关估计结果报告在表 4 -9。可以看出，表 4 -9 中 *Airpollution × Morbidity_dummy*、*Airpollution × Retention_dummy*、*Airpollution × Z_Score_dummy* 的估计系数均为正，且在 1% 的统计水平上显著。由此表明，位于肺结核发病率越低地区、人才留存率越高以及财务状况越好的企业（事前预期违约风险更低），空气污染提高银行贷款定价的效果更为明显。由此表明，空气污染通过提高借款企业的预期违约风险提高了银行贷款定价。

表 4 -9　　　　机制检验：违约风险

Variables	*Loan_spread*		
	(1)	(2)	(3)
Airpollution	0.026 **	0.026 ***	0.022 **
	(2.49)	(2.64)	(2.49)
Airpollution × Morbidity_dummy	0.045 ***		
	(3.27)		
Airpollution × Retention_dummy		0.044 ***	
		(3.36)	
Airpollution × Z_Score_dummy			0.065 ***
			(4.34)
Volume	-0.080 ***	-0.078 ***	-0.075 ***
	(-3.14)	(-3.07)	(-3.06)
Maturity	-0.131	-0.125	-0.127
	(-1.50)	(-1.45)	(-1.44)
Collateral	-0.521 ***	-0.516 ***	-0.450 ***
	(-7.15)	(-6.91)	(-6.90)
Firmsize	-0.199 *	-0.306 ***	-0.243 ***
	(-1.91)	(-3.01)	(-2.63)
Lev	-0.821 **	-0.812 **	-0.748 **
	(-2.20)	(-2.22)	(-2.39)
Soe	0.047	0.014	-0.025
	(0.34)	(0.11)	(-0.19)
Roa	-2.898 ***	-2.799 ***	-2.122 ***
	(-4.15)	(-4.21)	(-3.77)

续表

Variables	Loan_spread		
	(1)	(2)	(3)
Growth	-0.093	-0.040	-0.095
	(-0.98)	(-0.48)	(-1.02)
Tangible	-0.484*	-0.715**	-0.329
	(-1.78)	(-2.51)	(-1.29)
Age	0.101	0.254	-0.161
	(0.26)	(0.71)	(-0.45)
BM	-0.815***	-0.728***	-0.919***
	(-4.09)	(-3.81)	(-4.52)
Cash_holding	-1.423***	-1.387***	-1.196***
	(-4.45)	(-4.63)	(-4.35)
Morbidity_dummy	-6.760***		
	(-3.30)		
Retention_dummy		-6.374***	
		(-3.33)	
Z_dummy			-9.719***
			(-4.46)
Constant	4.623*	6.426**	6.831***
	(1.71)	(2.46)	(2.80)
Firm_FE	Yes	Yes	Yes
Year_FE	Yes	Yes	Yes
Borrower_category_FE	Yes	Yes	Yes
Risk_type_FE	Yes	Yes	Yes
N	55483	55483	55483
R^2_adjusted	0.795	0.795	0.801

4.1.8.2 转型风险

污染排放企业向绿色低碳模式转型需要投入大量成本，包括新技术的研发、设备更新、工艺改进以及环保设施的建设等。这些转型成本会显著增加企业的短期财务负担，对现金流产生挤出效应。由于绿色低碳转型带来的不确定性和成本压力，企业的违约风险可能上升。银行作为企业的主要债权人，会因此面临更高的信用风险。为了补偿这种风险，银行可能会向借款企业收取更高的风险溢价。由此，我们推测转型风险可能是空气污染作用于银行贷款定价的渠道之一。

为此，本章构建了三个虚拟变量来捕捉借款企业的转型风险，分别标记为 *Greeninno_dummy*、*Violation_dummy*、*Gsubsidy_dummy*，并将这三个变量与 *Airpollution* 的交互项加入模型。其中，*Greeninno_dummy* 反映企业在绿色创新方面的经验，如果借款企业过去五年的绿色创新专利数量低于样本中位数，将 *Greeninno_dummy* 赋值为1，否则为0。*Violation_dummy* 反映企业的环境违法行为，如果借款企业在 $t-1$ 年的环境违法次数高于样本中位数，将 *Violation_dummy* 赋值为1，否则为0。*Gsubsidy_dummy* 反映了政府为企业提供的环保补贴，若政府在过去三年中向借款企业提供的绿色补贴低于样本中位数，*Gsubsidy_dummy* 将赋值为1，否则为0。如果企业有更丰富的绿色创新经验，环境违规记录更少、收到的政府绿色补贴更多，企业面临的转型风险也更低。

加入交互项后的估计结果如表4-10所示。可以看出，*Airpollution* × *Greeninno_dummy*、*Airpollution* × *Violation_dummy*、*Airpollution* × *Gsubsidy_dummy* 的系数均显著为正，即对于绿色创新经验不足、环境违法次数更少以及政府绿色补贴更少的企业，空气污染对银行贷款定价的提升效果更为明显。由此验证了转型风险这一机制。

表4-10　　　　机制检验：转型风险

Variables	*Loan_spread*		
	(1)	(2)	(3)
Airpollution	0.027 **	0.047 ***	0.031 **
	(2.53)	(3.15)	(2.48)
Airpollution × *Greeninno_dummy*	0.024 **		
	(1.97)		
Airpollution × *Violation_dummy*		0.065 **	
		(2.40)	
Airpollution × *Gsubsidy_dummy*			0.021 **
			(2.00)
Volume	-0.082 ***	-0.083 ***	-0.082 ***
	(-3.23)	(-3.29)	(-3.25)
Maturity	-0.128	-0.130	-0.131
	(-1.49)	(-1.52)	(-1.52)

续表

Variables	Loan_spread		
	(1)	(2)	(3)
Collateral	-0.567***	-0.570***	-0.564***
	(-6.57)	(-6.47)	(-6.61)
Firmsize	-0.233**	-0.213**	-0.233**
	(-2.50)	(-2.17)	(-2.26)
Lev	-0.947**	-0.934**	-0.908**
	(-2.19)	(-2.18)	(-2.16)
Soe	0.081	0.093	0.070
	(0.56)	(0.71)	(0.56)
Roa	-3.155***	-3.184***	-3.105***
	(-3.99)	(-3.96)	(-3.98)
Growth	0.014	0.017	0.015
	(0.17)	(0.20)	(0.17)
Tangible	-0.800**	-0.871**	-0.795**
	(-2.28)	(-2.35)	(-2.32)
Age	0.319	0.273	0.190
	(0.81)	(0.69)	(0.49)
BM	-0.665***	-0.685***	-0.696***
	(-3.96)	(-3.85)	(-3.90)
Cash_holding	-1.637***	-1.693***	-1.631***
	(-4.43)	(-4.38)	(-4.44)
Greeninno_dummy	0.078		
	(0.99)		
Violation_dummy		-0.339*	
		(-1.95)	
Gsubsidy_dummy			-3.038**
			(-1.99)
Constant	8.572***	8.385***	4.494
	(4.03)	(3.78)	(1.49)
Firm_FE	Yes	Yes	Yes
Year_FE	Yes	Yes	Yes
Borrower_category_FE	Yes	Yes	Yes
Risk_type_FE	Yes	Yes	Yes
N	55483	55483	55483
R^2_adjusted	0.791	0.791	0.791

4.1.8.3　信息风险

银行贷款人员通常会依据软信息来作出贷款决策。然而，空气污染可能会削弱信贷人员进行实地调研或与企业管理者面对面交流的意愿和能力，进而阻碍软信息的有效获取与传递，进一步加剧银行与借款企业之间的信息不对称。这种因空气污染引发的信息风险可能导致银行对相关借款企业收取更高的贷款利率，以补偿由此带来的不确定性。因此，我们推测信息风险是空气污染影响银行贷款定价的另一渠道。

为检验这一推测，本章构建了 *Unfamiliarity*、*Non_HSRopening* 两个变量来衡量银行和借款企业之间的信息不对称程度。如果借款企业与银行的合作期限低于样本中位数，将 *Unfamiliarity* 赋值为 1，否则为 0。合作期限越长，银行对企业更加熟悉。如果借款企业所在城市未开通高铁，将 *Non_HSRopening* 赋值为 1，否则为 0。高铁开通有助于降低信息获取成本。*Unfamiliarity*、*Non_HSRopening* 取值越大，银行和借款企业之间的信息不对称程度越高。另外，我们构建这两个变量与 *Airpollution* 的交互项，并加入模型进行估计，相关结果如表 4 - 11 所示。从表 4 - 11 可以看出，*Airpollution* × *Unfamiliarity*、*Airpollution* × *non_HSRopenin* 的系数均显著为正，即当银行和借款企业的信息不对称程度更高时，空气污染提升银行贷款定价的效果更突出，信息风险机制得到验证。

表 4 - 11　　　　经济机制：信息风险

Variables	*Loan_spread*	
	(1)	(2)
Airpollution	0.016	0.029 ***
	(1.15)	(2.82)
Airpollution × *Unfamiliarity*	0.033 ***	
	(3.30)	
Airpollution × *non_HSRopening*		0.032 **
		(2.54)
Volume	−0.083 ***	−0.083 ***
	(−3.28)	(−3.35)
Maturity	−0.131	−0.130
	(−1.52)	(−1.52)

续表

Variables	*Loan_spread*	
	(1)	(2)
Collateral	-0.568***	-0.510***
	(-6.52)	(-7.34)
Firmsize	-0.227**	-0.215**
	(-2.26)	(-2.43)
Lev	-0.932**	-0.838**
	(-2.16)	(-2.18)
Soe	0.104	0.066
	(0.79)	(0.49)
Roa	-3.140***	-2.942***
	(-3.93)	(-4.01)
Growth	0.021	-0.017
	(0.23)	(-0.19)
Tangible	-0.882**	-0.991**
	(-2.40)	(-2.47)
Age	0.220	0.309
	(0.56)	(0.79)
BM	-0.679***	-0.610***
	(-3.73)	(-3.79)
Cash_holding	-1.665***	-1.585***
	(-4.36)	(-4.47)
Unfamiliarity	-0.218**	
	(-2.15)	
non_HSRopening		-0.268**
		(-2.42)
Constant	9.028***	8.343***
	(3.97)	(4.01)
Firm_FE	Yes	Yes
Year_FE	Yes	Yes
Borrower_category_FE	Yes	Yes
Risk_type_FE	Yes	Yes
N	55483	55483
R^2_adjusted	0.791	0.794

4.1.9　异质性分析

4.1.9.1　企业层面

（1）政治关联

与政府关联紧密的企业通常被认为有更好的声誉和更低的违约风险。Houston et al.（2014）研究发现银行倾向于与有政治关联的公司保持良好关系，向其收取较低的贷款价格。在高污染企业中，这种政治关联可能进一步削弱银行对其环境风险的定价。相反，对于没有政治关联的高污染企业，银行缺乏外部声誉机制的保护，因此会更加严格地评估其环境风险。因此，我们推测空气污染对银行贷款定价的提升效果在没有政治关联的公司会更加明显。

为了检验这一推测，本章搜集了样本企业高管的政治背景，将其作为企业政治关联的代理指标，用 *Political* 表示。具体而言，若企业的实际控制人、董事长或总经理是历任或现任政府官员、人大代表、党代表或政协委员，则将该借款企业定义为有政治关联的企业，将 *Political* 赋值为 1，否则为 0。另外，根据这一变量对样本进行分组，并执行分组回归，相关估计结果如表 4－12 的第（1）—（2）列所示。可以看出，仅没有政治关联的公司样本中 *Airpollution* 的系数显著为正，而有政治关联的公司样本中 *Airpollution* 的系数则不显著，两组系数差异通过了显著性检验（$p=0.000$），上述推论得到证实。

（2）员工待遇

大气污染排放较高的企业工作环境相对恶劣，员工对健康风险的担忧较高。提高员工待遇可以缓解员工的不安情绪，增强其对企业的认同感（Chen et al.，2016），有助于提高企业经营业绩，企业违约风险随之下降。因此，本章推测员工待遇较好的企业，银行可能向其索取相对较低的污染溢价。换言之，空气污染对银行贷款定价的提升作用可能在员工待遇更差的企业更加明显。

带着这一推测，我们从和讯网收集了企业员工关系评分数据。该数据库从员工收入、培训机会、工作安全和关怀三个层面对企业员工待遇进行了综合评价，评分值从 0—15 分不等，分值越高，说明企业越重视员工。根据这个评分，我们将样本划分为两组，并构建指标 *Employee*，若企业员工待遇得分高于样本中位数，将 *Employee* 赋值为 1，否则为 0。分组回归分析结果如表 4－12 第（3）—（4）列所示。不难发现，只有第（4）列 *Airpollution* 的估计系数显著为正，第（3）列中 *Airpollution* 的估计系数则不显著，由此表明空气污染对银行贷款定价的影响主要集中在员工待遇较差的企业。

表 4－12　　　　异质性分析：公司层面

Variables	*Loan_spread*			
	Political = 1	*Political* = 0	*Employee* = 1	*Employee* = 0
	(1)	(2)	(3)	(4)
Airpollution	0.018	0.052***	0.002	0.053***
	(0.97)	(3.16)	(0.16)	(2.89)
Volume	－0.087***	－0.075**	－0.115***	－0.065**
	(－3.29)	(－2.53)	(－5.15)	(－2.43)
Maturity	－0.352***	－0.094	－0.324***	－0.083
	(－5.37)	(－1.13)	(－4.73)	(－0.96)
Collateral	－0.001	－0.619***	－0.047	－0.599***
	(－0.02)	(－9.99)	(－0.61)	(－10.99)
Firmsize	－0.082	－0.269**	－0.468**	－0.080
	(－0.69)	(－2.12)	(－2.14)	(－0.65)
Lev	0.473	－1.073**	－0.537	－1.111**
	(0.83)	(－2.26)	(－0.86)	(－2.17)
Soe	－0.252	0.083	－0.615**	0.209
	(－0.69)	(0.64)	(－2.08)	(1.42)
Roa	－1.472	－3.612***	－1.881*	－3.456***
	(－1.15)	(－3.90)	(－1.93)	(－3.47)
Growth	－0.027	0.076	0.403*	－0.013
	(－0.23)	(0.71)	(1.78)	(－0.14)
Tangible	0.604	－1.123***	0.176	－0.931**
	(1.24)	(－2.71)	(0.40)	(－2.01)
Age	0.145	－0.033	－0.453	0.102
	(0.29)	(－0.06)	(－0.45)	(0.18)
BM	－0.362	－0.683***	－0.406	－0.761***
	(－0.79)	(－3.41)	(－1.33)	(－3.38)
Cash_holding	0.568	－1.839***	－0.112	－1.912***
	(1.01)	(－5.02)	(－0.16)	(－5.03)

续表

Variables	Loan_spread			
	Political = 1	*Political* = 0	*Employee* = 1	*Employee* = 0
	(1)	(2)	(3)	(4)
Constant	1.369	2.980	15.850 **	-1.915
	(0.30)	(0.78)	(2.34)	(-0.44)
P_value	0.000		0.000	
Firm_FE	Yes	Yes	Yes	Yes
Year_FE	Yes	Yes	Yes	Yes
Borrower_category_FE	Yes	Yes	Yes	Yes
Risk_type_FE	Yes	Yes	Yes	Yes
N	8025	47458	10735	44748
R^2_adjusted	0.645	0.807	0.605	0.821

4.1.9.2　区域层面

（1）区域空气质量

在空气质量较好的城市，社会对环境问题的关注度通常更高，公众对企业的环境表现更为敏感。高污染企业在这种环境下更容易受到媒体和公众的监督，一旦出现污染问题，其声誉受损的风险更大。同时，空气质量较好的城市往往执行更严格的环境规制政策，高污染企业需要投入更多资源用于污染治理和减排措施，以满足更高的环境标准，转型风险较大。因此，银行可能向位于空气质量更好地区的企业收取更高的风险溢价。空气污染对银行贷款定价的提升作用可能更多出现在空气质量更好的地区。

为了检验这一假设，我们根据企业所在地区的空气质量对样本进行分组回归。如果企业所在城市的空气污染水平高于样本中位数，将*Pollution_rg*赋值为1，否则为0。分组回归估计结果报告在表4-13的第（1）—（2）列。我们发现，地方空气污染水平更高的组（*Pollution_rg* = 1）中 *Airpollution* 的估计系数比污染水平较低的组（*Pollution_rg* = 0）更大，且通过了组间系数差异检验（$p = 0.000$），即大气污染排放对银行贷款价格的影响主要集中在空气质量较好的城市。

表 4-13　　　　异质性分析：区域层面

Variables	Loan_spread			
	Pollution_rg =1	*Pollution_rg* =0	*Envir_governance* =1	*Envir_governance* =0
	(1)	(2)	(3)	(4)
Airpollution	0.025*	0.059***	-0.002	0.079***
	(1.78)	(4.11)	(-0.11)	(4.67)
Volume	-0.112***	-0.067**	-0.110***	-0.055**
	(-5.09)	(-2.30)	(-4.71)	(-2.03)
Maturity	-0.196***	-0.082	-0.270***	-0.054
	(-4.19)	(-0.84)	(-4.97)	(-0.63)
Collateral	-0.090*	-0.521***	-0.000	-0.612***
	(-1.67)	(-8.24)	(-0.01)	(-9.76)
Firmsize	-0.145	-0.132	-0.160	-0.029
	(-1.21)	(-1.24)	(-1.32)	(-0.22)
Lev	-0.071	-0.845**	0.185	-1.082**
	(-0.19)	(-2.00)	(0.61)	(-2.22)
Soe	-0.140	0.166	0.084	-0.028
	(-1.05)	(1.01)	(0.82)	(-0.15)
Roa	-0.876	-3.574***	-1.365**	-3.587***
	(-1.13)	(-4.09)	(-2.00)	(-3.35)
Growth	0.200	-0.145	0.242	-0.101
	(1.45)	(-1.49)	(1.46)	(-0.87)
Tangible	-0.118	-1.525***	-0.161	-0.912**
	(-0.41)	(-2.84)	(-0.56)	(-2.26)
Age	0.423	1.085*	-0.177	0.456
	(0.94)	(1.92)	(-0.37)	(0.72)
BM	-0.136	-0.848***	-0.322	-0.998***
	(-0.52)	(-3.78)	(-0.95)	(-4.30)
Cash_holding	-0.520	-1.740***	-0.659	-1.352***
	(-1.23)	(-5.25)	(-1.43)	(-4.04)
Constant	1.664	-4.277	7.527***	-7.773*
	(0.51)	(-1.21)	(2.62)	(-1.74)

续表

Variables	Loan_spread			
	Pollution_rg =1	*Pollution_rg* =0	*Envir_governance* =1	*Envir_governance* =0
	(1)	(2)	(3)	(4)
P_value	0.000		0.000	
Firm_FE	Yes	Yes	Yes	Yes
Year_FE	Yes	Yes	Yes	Yes
Borrower_category_FE	Yes	Yes	Yes	Yes
Risk_type_FE	Yes	Yes	Yes	Yes
N	16039	39444	17296	38187
R^2_adjusted	0.576	0.826	0.602	0.833

（2）区域环境治理

近年来，中国政府实施了一系列环境治理政策，旨在优化生态环境，推动可持续发展。然而，这些政策在不同地区的实施效果存在显著差异（Edwards，2013）。作为一种外部监督机制，有效的地区环境治理为企业创造了更健康的工作环境。这不仅减少了员工因空气污染而“用脚投票”的压力，还降低了企业因员工流失和健康问题导致的运营成本。良好的环境治理效果也向银行等债权人传递了积极信号，从而减轻了银行对企业绩效和违约风险的担忧。因此，我们推测在环境治理薄弱的地区，空气污染与银行贷款价格之间的关系可能会更加明显。

为检验这一推测，本章采用企业所在省份的污染治理成本与工业产值的比值来衡量地区环境治理水平，并根据地区环境治理水平将样本划分为两组进行异质性分析。污染治理数据来自各省统计局发布的统计年鉴，污染治理成本越高，说明当地在环境治理中的投入更多，环境治理水平更高。我们将地方污染治理成本高于样本中位数的样本划为强区域治理组（*Envir_governance* = 1），否则划为弱区域治理组（*Envir_governance* = 0）。在两组内分别执行基准回归，结果如表 4 - 13 的第（3）—（4）列所示。显然，*Airpollution* 的估计系数仅在第（4）列显著为正，第（3）列则不显著，由此说明空气污染对银行贷款价格的影响主要集中在环境治理薄弱的地区，前文推测得到验证。

4.1.9.3 贷款层面

(1) 贷款用途

本章研究的国有商业银行提供的贷款主要有四大用途：新增信贷、新增客户、债务再融资和债务重组。其中，新增信贷指银行向稳定客户提供新的贷款额度，用于支持新的投资项目、扩大生产规模、购买设备等。新增信贷贷款是银行为了扩大客户基础向新客户提供的贷款。债务再融资是银行为客户提供的用于偿还旧债务的贷款。债务重组则是银行对现有贷款的还款期限、利率或债务金额进行调整，以更好地适应借款人的财务状况。除新增信贷外，其余三种贷款通常具有较高的信息风险或违约风险，贷款额度相对较小，合同条款也更严格，银行本身会就向其收取更高的风险溢价。基于此，我们推测银行向企业收取的污染溢价可能主要集中在以新增信贷为目的的贷款中。

为了验证这一假设，我们根据贷款用途的详细信息引入了变量 *Newcredit*。如果该笔贷款属于为旧客户增加新信贷的贷款样本，将 *Newcredit* 赋值为1，否则为0。接着，将样本分为两组进行分组回归，相关结果报告在表4-14第（1）—（2）列中。结果显示，只有当贷款为新增信贷时（$Newcredit=1$），空气污染才对银行贷款定价有提升作用，验证了我们的推测。

(2) 贷款对象类型

与普通客户相比，核心客户与银行之间的关系往往更为稳固。银行在选择核心客户时，通常会综合考虑其行业地位、盈利能力、资产质量以及发展前景等多方面因素。成为核心客户，不仅意味着银行对借款人业绩和信用状况的高度认可，更代表着一种更紧密、更长期的信息共享与战略合作关系。换言之，相比普通客户，银行往往向核心客户其收取更低的风险溢价。基于此，我们推测空气污染对银行贷款定价的影响可能主要体现在非核心客户的贷款中。对于这些客户，银行可能更倾向于通过提高贷款利率来补偿因环境风险带来的潜在违约风险。

为了检验这一推测，我们构建 *Headquarter* 这一变量来反映贷款对象类型。若贷款发放对象为核心客户，将 *Headquarter* 赋值为1，否则为0。对两组分别进行回归分析，相关结果如表4-14第（3）—（4）列所示。结果显示，只有当贷款面向非核心客户（$Headquarter=0$），空气污染才对银行贷款定价有提升作用。

（3）客户类型

银行客户可分为支持型、维护型、压缩型和退出型四大类型。访谈相关国有商业银行负责人后，我们发现支持型客户是银行信贷资源的重点配置对象。银行不仅优先保障对这类客户的信贷支持，还会在贷款流程优化、定价调整等方面给予更多关注。相比之下，对其他三类客户的信贷策略则更倾向于减少授信额度、控制融资规模，以降低潜在风险。因此，我们推测污染溢价可能主要集中在向支持型客户发放的贷款上。

为了验证这一推测，我们根据客户类型将样本划分为支持型客户（*Support* = 1）和非支持型客户（*Support* = 0）两组，在各组内进行回归分析，估计结果如表 4 - 14 第（5）—（6）列所示。可以看出，支持型客户组 *Airpollution* 的估计系数显著大于非支持型客户组，即银行向支持型客户收取了更高的污染溢价。

表 4 - 14　　异质性分析：贷款层面

Variables	*Loan_spread*					
	Loan purpose		Borrower category		Client_type	
	Newcredit = 1	*Newcredit* = 0	*Headquarter* = 1	*Headquarter* = 0	*Support* = 1	*Support* = 0
	(1)	(2)	(3)	(4)	(5)	(6)
Airpollution	0.056***	0.003	0.006	0.054***	0.046***	0.039**
	(3.30)	(0.56)	(0.46)	(3.82)	(2.68)	(2.23)
Volume	-0.071***	-0.017	-0.036**	-0.093**	-0.068***	-0.156***
	(-2.94)	(-1.59)	(-2.42)	(-2.31)	(-2.81)	(-4.12)
Maturity	-0.079	-0.064***	-0.232***	-0.117	-0.091	-0.256***
	(-1.03)	(-2.63)	(-4.51)	(-1.19)	(-1.01)	(-4.35)
Collateral	-0.545***	0.001	-0.039	-0.506***	-0.557***	-0.145*
	(-10.13)	(0.02)	(-0.40)	(-8.32)	(-8.46)	(-1.79)
Firmsize	-0.244*	-0.020	0.040	-0.361***	-0.249*	-0.077
	(-1.67)	(-0.57)	(0.63)	(-3.81)	(-1.78)	(-0.61)
Lev	-0.990**	0.238	1.418***	-1.233***	-0.772	0.014
	(-2.13)	(1.29)	(3.28)	(-3.04)	(-1.46)	(0.05)
Soe	-0.042	0.061	-0.291	0.290**	0.031	0.384*
	(-0.32)	(0.35)	(-1.14)	(2.28)	(0.25)	(1.78)
Roa	-4.006***	-0.787***	0.207	-3.287***	-4.460***	-1.004**
	(-4.24)	(-2.93)	(0.30)	(-4.60)	(-4.09)	(-2.42)

续表

Variables	Loan_spread					
	Loan purpose		Borrower category		Client_type	
	Newcredit = 1	*Newcredit* = 0	*Headquarter* = 1	*Headquarter* = 0	*Support* = 1	*Support* = 0
	(1)	(2)	(3)	(4)	(5)	(6)
Growth	0. 101	-0. 008	-0. 075	0. 114	0. 019	-0. 017
	(0. 81)	(-0. 22)	(-0. 91)	(1. 02)	(0. 17)	(-0. 24)
Tangible	-1. 370***	-0. 033	-0. 401	-0. 711*	-1. 260***	0. 070
	(-2. 82)	(-0. 17)	(-1. 10)	(-1. 91)	(-3. 24)	(0. 17)
Age	0. 044	0. 260	-0. 379	0. 565	0. 153	-0. 153
	(0. 09)	(1. 02)	(-1. 03)	(1. 32)	(0. 27)	(-0. 51)
BM	-0. 763***	0. 111	-0. 392	-0. 403**	-0. 858***	-0. 068
	(-3. 30)	(1. 07)	(-1. 45)	(-2. 14)	(-3. 80)	(-0. 31)
Cash_holding	-1. 761***	-0. 011	-0. 133	-1. 933***	-1. 849***	0. 031
	(-4. 97)	(-0. 06)	(-0. 33)	(-4. 62)	(-4. 95)	(0. 09)
Constant	1. 727	-0. 325	0. 404	2. 934	2. 816	0. 001
	(0. 40)	(-0. 24)	(0. 14)	(0. 84)	(0. 66)	(0. 00)
P_value	0. 000		0. 000		0. 000	
Firm_FE	Yes	Yes	Yes	Yes	Yes	Yes
Year_FE	Yes	Yes	Yes	Yes	Yes	Yes
Borrower_category_FE	Yes	Yes	Yes	Yes	Yes	Yes
Risk_type_FE	Yes	Yes	Yes	Yes	Yes	Yes
N	46378	9105	9251	46232	45876	9607
R^2_adjusted	0. 793	0. 572	0. 524	0. 799	0. 810	0. 655

4. 1. 10 进一步分析

4. 1. 10. 1 污染排放物类型

前文研究发现企业大气污染排放提高了银行贷款定价，在此我们进一步探究不同污染排放物类型对银行贷款定价的影响。大气污染排放物可大致分为二氧化硫、氮氧化物和烟尘三类。其中，二氧化硫主要来源于化石燃料的燃烧、含硫矿石的冶炼、硫酸和纸浆生产，氮氧化物主要来源于汽车、飞机、内燃机和工业窑炉的燃烧过程以及植物物质的焚烧，烟尘是悬浮在空气中的固体颗粒，主要来源于煤炭、燃油、工业生产、建筑等生产活动。烟尘由于其颗粒物的物理特性和化学成分，对人体健康造成更直接、更广泛的危害。相比之下，二氧化硫和氮氧化物主要以气态形式存在，其对人体的影响多通过呼吸道刺激和化学反应间接发生。因此，我们推测相比二氧化硫和氮氧化物，烟尘排放对银行贷款定价的影响可能更加突出。

为此，本章分别以企业层面的二氧化硫排放量（SO_2）、氮氧化物排放量（NO_x）和烟尘排放量（*Dust*）为核心解释变量，考察空气污染对银行贷款定价的影响，相关估计结果如表 4 - 15 所示。不难看出，烟尘排放对银行贷款定价的提升作用最为显著，氮氧化物其次，二氧化硫排放则没有显著影响，从而验证了我们的推测。

表 4 - 15　　不同污染物排放对银行贷款定价的影响

Variables	*Loan_spread*		
	(1)	(2)	(3)
SO_2	0.001		
	(1.25)		
NO_x		0.002 *	
		(1.76)	
Dust			0.002 **
			(2.54)
Volume	-0.083 ***	-0.082 ***	-0.083 ***
	(-3.26)	(-3.25)	(-3.27)
Maturity	-0.128	-0.129	-0.129
	(-1.52)	(-1.52)	(-1.51)
Collateral	-0.582 ***	-0.582 ***	-0.577 ***
	(-6.07)	(-6.06)	(-6.28)
Firmsize	-0.210 **	-0.210 **	-0.213 **
	(-2.07)	(-2.07)	(-2.12)
Lev	-0.876 **	-0.894 **	-0.885 **
	(-2.22)	(-2.20)	(-2.19)
Soe	0.102	0.103	0.100
	(0.73)	(0.76)	(0.74)

续表

Variables	*Loan_spread*		
	(1)	(2)	(3)
Roa	-2.956***	-2.914***	-3.106***
	(-4.39)	(-4.23)	(-4.07)
Growth	0.011	0.006	0.005
	(0.12)	(0.07)	(0.06)
Tangible	-0.825**	-0.820**	-0.882**
	(-2.27)	(-2.30)	(-2.28)
Age	0.256	0.276	0.257
	(0.63)	(0.67)	(0.65)
BM	-0.703***	-0.701***	-0.701***
	(-3.78)	(-3.79)	(-3.86)
Cash_holding	-1.651***	-1.654***	-1.741***
	(-4.26)	(-4.37)	(-4.23)
Constant	8.178***	8.014***	8.003***
	(3.60)	(3.52)	(3.57)
Firm_FE	Yes	Yes	Yes
Year_FE	Yes	Yes	Yes
Borrower_category_FE	Yes	Yes	Yes
Risk_type_FE	Yes	Yes	Yes
N	55483	55483	55483
R^2_adjusted	0.789	0.789	0.790

4.1.10.2 担保类型

根据担保性质的不同，贷款可以分为无担保信用贷款、担保贷款以及抵押或质押贷款三种类型。其中，无担保信用贷款是基于借款人的信用状况发放的，没有任何实物或第三方担保。相比之下，担保贷款和抵押或质押贷款则通过担保人或抵押物/质押物提供保障。如果借款人无法偿还到期债务，担保人需履行担保义务，或银行可通过抵押物/质押物实现债权。因此，无担保信用贷款的风险相对更高。鉴于这种风险差异，我们推测银行可能会对无担保信用贷款收取更高的污染溢价。

为了验证这一推测，我们根据上述三种贷款类型将样本分为三个子样本，分别进行回归，结果如表 4 - 16 所示。可以看出，只有无担保信用贷款子样本的 *Airpollution* 的系数在统计上显著，其他两种贷款则不存在显著影响，由此说明空气污染对银行贷款定价的影响主要集中在无担保信用贷款中。

表 4 - 16　　　　空气污染对不同类型贷款价格的影响

Variables	Loan_spread		
	Credit loans	Secured loans	Loans with mortgage or pledge
	(1)	(2)	(3)
Airpollution	0.025**	-0.006	0.004
	(2.33)	(-0.25)	(0.37)
Volume	-0.055***	-0.085***	-0.082***
	(-2.84)	(-2.85)	(-2.68)
Maturity	-0.139	-0.041	-0.128*
	(-1.61)	(-0.40)	(-1.73)
Firmsize	-0.265**	-0.067	-0.208
	(-2.32)	(-0.53)	(-1.44)
Lev	0.146	0.170	0.229
	(0.42)	(0.39)	(0.32)
Soe	-0.164	0.439**	0.218
	(-1.11)	(2.34)	(1.04)
Roa	-0.354	0.232	-3.047***
	(-0.47)	(0.34)	(-3.05)
Growth	-0.384**	-0.200*	0.319***
	(-2.18)	(-1.68)	(3.67)
Tangible	-0.351	-0.309	-1.596***
	(-0.91)	(-0.74)	(-2.67)
Age	-0.079	0.334	-0.174
	(-0.19)	(0.74)	(-0.34)
BM	-0.600***	0.575	0.054
	(-2.83)	(1.62)	(0.17)
Cash_holding	-1.122***	0.156	-1.617***
	(-2.77)	(0.39)	(-2.63)
Constant	5.737*	3.675	6.982*
	(1.94)	(0.72)	(1.74)

续表

Variables	*Loan_spread*		
	Credit loans	Secured loans	Loans with mortgage or pledge
	(1)	(2)	(3)
Firm_FE	Yes	Yes	Yes
Year_FE	Yes	Yes	Yes
Borrower_category_FE	Yes	Yes	Yes
Risk_type_FE	Yes	Yes	Yes
N	32293	13309	9881
R^2_adjusted	0.819	0.847	0.668

4.1.10.3 空气污染对银行贷款非价格合同条款的影响

空气污染对银行贷款的影响不仅体现在贷款价格上，还可能影响其在合同中的非价格条款，如增加贷款的附加条件、调整贷款期限或要求更严格的抵押物。因此，本章进一步考察空气污染对银行贷款非价格条款的影响。我们预测银行在向高污染企业提供贷款时可能会收紧信贷额度，并要求额外的抵押条款，以避免潜在的违约风险。

为了验证这一推测，我们首先计算得到企业在 t 年从国有商业银行获得的贷款总额和其在 t 年和 $t-1$ 年签订的贷款抵押合同条款数量的差值，分别标记为 *Sum_volume* 和 *Mortgage_terms*。其次，我们分别估计空气污染对这两个变量的影响，相关结果如表 4-17 所示。结果显示对空气污染带来的风险，银行收紧了相关贷款额度，同时增加了非价格条款。这表明，空气污染不仅影响银行的信贷规模，还促使银行通过调整合同条款来加强对贷款的风险管理。

表 4-17　　空气污染对银行贷款非价格合同条款的影响

Variables	*Loan_volume*	*Mortgage terms*
	(1)	(2)
Airpollution	-0.017*	0.009**
	(-1.67)	(2.08)
Firmsize	0.029**	0.001
	(2.02)	(0.24)

续表

Variables	Loan_volume	Mortgage terms
	(1)	(2)
Lev	0. 042	-0. 026
	(0. 49)	(-0. 83)
Soe	-0. 020	0. 010
	(-0. 82)	(1. 11)
Roa	0. 542	-0. 399 **
	(1. 37)	(-2. 23)
Growth	0. 037	0. 012
	(0. 53)	(0. 43)
Tangible	-0. 199 ***	0. 032
	(-2. 90)	(1. 41)
Age	-0. 044	-0. 016
	(-1. 18)	(-1. 26)
BM	-0. 033	-0. 010
	(-0. 42)	(-0. 35)
Cash_holding	-0. 109	-0. 018
	(-0. 84)	(-0. 36)
Constant	2. 060	-1. 277 **
	(1. 37)	(-1. 99)
Firm_FE	Yes	Yes
Year_FE	Yes	Yes
N	3052	3052
R^2_adjusted	0. 040	-0. 003

4. 1. 11　结论与启示

利用中国某国有商业银行 2007—2019 年的贷款数据和企业层面的大气污染排放数据，本章深入考察空气污染对银行贷款定价的影响。研究发现，空气污染提高了银行贷款定价，在经过一系列稳健性和内生性检验后，这一结论依旧成立。机制分析表明，银行对企业收取的污染溢价主要是由预期违约风险、转型风险和信息风险驱动的。异质性分析显示，对于没有政治关系、员工待遇较差、位于空气质量较好或环境治理较弱地区的企业，银行收取的污染定价更高。从贷款层面来看，空气污染对银行贷款溢价的提升作用主要发生在向稳定客户发放的新增信贷以及向非核心客户和支持型客户发放的贷款中。

进一步分析发现，相比二氧化硫和氮氧化物，烟尘排放对银行贷款定价的影响可能更加突出；银行收取的污染溢价主要针对无担保信用贷款，而非担保贷款、抵押贷款或质押贷款。此外，空气污染对银行贷款的影响不仅体现在贷款价格的提升上，还导致银行收紧了信贷额度，并增加非价格合同条款。

综上所述，本章发现空气污染严重损害了借款企业的员工健康和偿债能力，导致银行对借款企业的风险评估上升，并通过提高贷款利率和收紧信贷条件来补偿潜在风险，从而增加了企业的融资成本。因此，建议借款企业改善员工待遇，加强大气污染防治，同时加强与银行之间的信息交流，以降低风险溢价。

4.2 异常温度与散户投资者交易行为

4.2.1 引言

近年来，全球气候变暖步伐不断加剧。2024 年 11 月，世界气象组织发布《气候服务状况》报告称："2023 年是有记录以来最热的一年，2024 年延续了这一高温趋势。"这种极端天气引发一系列严重的环境和社会经济问题，对金融体系的稳定性造成了威胁（Litterman et al.，2020）。在此背景下，越来越多的投资者开始将气候风险纳入投资决策，以应对气候变化带来的不确定性。已有不少研究指出，异常高温引起了投资者对气候风险的广泛关注。Choi et al.（2020）基于跨国数据研究发现受高温天气影响，个人投资者倾向于投资低碳型股票，同时减少对高污染高排放企业的投资。Bolton 和 Kacperczyk（2021）进一步研究发现机构投资者在选择投资标的时也会考虑企业的碳排放水平。Liu et al.（2021）则发现异常高温与个人投资者购买行为之间存在倒 U 形关系。

然而，既有相关研究大多聚焦于跨国层面或发达市场，且主要集中在机构投资者的行为分析上，对于个人投资者，尤其是新兴市场中个人投资者的选股偏好的研究则相对不足。本章在中国这一新兴经济体背景下考察异常高温对个人投资者决策的影响。不同于西方发达市场，中国资本市场中个人投资者占比较高。相比专业的机构投资者，这类投资者往往缺乏足够的专业知识和信息获取渠道，因而在面对不确定的负面信息时，更容易产生对投资亏损的担忧。在气候风险不断加剧的背景下，分析极端高温对个人投资者选股偏好的影响具有重要意义。

本章基于 2012 年 4 月—2015 年 4 月中国 22 个城市 284389 个家庭的股票交易数据，系统检验了异常高温对散户投资者投资偏好的影响。研究发现中国股市的个人投资者已将气候风险纳入其投资决策。在出现异常高温时，个人投资者倾向于将资产从高污染排放公司转移至低污染排放公司。机制分析表明，这种现象主要由投资者对公司估值的预期变化以及社会责任的履行所驱动。一方面，在异常高温影响下，投资者预期高排放公司价值下降，从而转移资金；另一方面，投资者出于道德和伦理考量，减少了对高污染排放公司的投资。进一步研究表明，异常高温对相关公司股价产生了较大冲击，我们发现异常高温时期高污染排放公司股价普遍下跌，而低污染排放公司股价则显著上升。

本章的边际贡献体现在以下两个方面。第一，本章提供了新兴市场气候变暖影响散户投资者交易行为的微观证据。先前研究利用跨国或者美国等发达国家样本本章发现，投资者对气候变化的关注正日益加剧（Choi et al.，2020；Bolton and Kacperczyk，2021）。不同于他们的研究，本章聚焦中国这一新兴市场，通过挖掘中国家庭投资者股市交易数据，本章揭示了异常温度对个人投资者资产配置的影响及其作用机制，从而补充了气候变化与投资者决策的相关研究。第二，本章为企业提高可持续发展能力、政府推出应对气候变化政策提供了启示。通过考察异常高温对散户投资者决策的影响，本章揭示了散户投资者应对气候风险的行为变化。研究发现，高污染排放企业在异常高温期间的融资能力和市场价值受到显著冲击，这为企业和政府的决策提供了重要依据。对于企业而言，应当更加重视气候变化风险，加大环保投入，减少碳排放。对于政府而言，可以出台相关政策引导企业履行社会责任，推动企业减少污染排放，提升环境绩效。

4.2.2 研究设计

4.2.2.1 数据与样本

本章所使用的投资者交易数据来源于中国一家大型证券公司，数据覆盖了2012年4月至2015年4月期间中国22个主要城市中284389个家庭账户的股票交易活动。数据详细记录了包括用户ID、交易方向、交易量、交易金额等在内的40个账户层面的信息。我们从中获取了5100万条交易记录，其中2700万条为买入交易，交易总金额达到11930亿元（详见表4-18的A组）。这些丰富的微观数据为本章的研究结论提供了坚实的支撑，确保了研究结果的代表性。

表4-18　　样本描述

A组：个人投资者与交易	
样本中的个人投资者数量	284398
交易总数	51221641
总交易金额	11930亿元
买入总数	27178780
卖出总数	24042861
B组：个人投资者特征——性别	
女性投资者	130719
男性投资者	153570
C组：个人投资者特征——年龄	
<35	46536
35—55	168185
>55	69668

注：该表描述了个人投资者交易数据的概况。个人投资者的账户数据来自中国最大的折扣经纪商之一。

为了测度异常高温指标，我们从中国国家气象数据服务中心（data.cma.cn）收集了全国各地的每日气温数据，该数据涵盖了地面基本气象观测数据中的气温信息。根据投资者所在城市，我们将气温数据与投资者交易数据进行了匹配。个股收盘价数据来自WIND数据库，企业财务和城市层面特征数据来自CSMAR数据库。

4.2.2.2　模型构建与变量定义

（1）模型构建

为考察异常温度对个人投资者股票选择偏好的影响，本书构建如下基准回归模型：

$$DNB_{i,w} = \alpha + \beta_1 Ab\_Temp_{i,w} + \epsilon_i \quad (4-2)$$

$$DNB_{i,w} = \alpha + \beta_1 Ab\_Temp_{i,w} + \beta_2 Turn_{i,w} + \beta_3 ASI_w + \beta_4 Dif\_Return_{w-1} + \epsilon_i \quad (4-3)$$

$$DNB_{i,w} = \alpha + \beta_1 Ab\_Temp_{i,w} \times High\_Dif\_Return_{w-1} + \beta_2 Ab\_Temp_{i,w} + \beta_3 High\_Dif\_Return_{w-1} + \beta_4 Turn_{i,w} + \beta_5 ASI_w + \epsilon_i \quad (4-4)$$

其中，模型（4－2）关注在不加入任何控制变量的情形下异常高温对投资者决策的影响，$Ab\_Temp_{i,w}$ 表示企业所在城市在 w 周的异常高温水平，$DNB_{i,w}$ 表示投资者对高排放和低排放两类股票的净买入差值，ϵ_i 为随机扰动项。模型（4－3）在模型（4－2）基础上加入 *Turn*、*ASI*、*Dif_Return* 作为控制变量。其中，*Turn* 表示根据总市值加权计算的 A 股月度换手率，反映市场流动性（Brockman et al.，2008）。*ASI* 表示与全球气候变暖相关的百度搜索指数，反映互联网对全球变暖的关注度。*Dif_Return* 表示高污染排放和低污染排放企业在股票收益表现上的差异。模型（4－4）则进一步引入 *High_Dif_Return*，以考察当低污染排放企业股市表现优于高污染排放企业时，异常高温对投资者资产配置的影响是否会更加突出。如果高污染排放和低污染排放企业之间的股票收益率差值高于前五分位，将 *High_Dif_Return* 赋值为 1，否则为 0。

（2）变量定义

本章旨在考察异常高温对个人投资者的股票交易行为的影响。考虑到个人投资行为在短期内往往表现出较强的波动性，而气温变化对投资决策的影响通常是渐进且潜移默化的，因此我们将所有变量的时间单位统一为按周计算，从而更准确地评估异常高温对个人投资者资产配置决策的影响。

①核心解释变量。本章借鉴 Darwin et al.（2020）提出的温度偏差模型计算异常高温指标，以揭示投资者所在城市温度与历史平均值的偏离情况，具体计算公式如下：

$$Ab\_Temp_{\{i,t\}} = Temperature_{\{i,t\}} - Mon\_Temp_{\{i,t\}} \quad (4-5)$$

其中，$Ab\_Temp_{\{i,t\}}$ 表示在城市 i 在第 t 天的日温度偏离量。$Temperature_{\{i,t\}}$

表示城市 i 在第 t 天的实际温度；$Mon\_Temp_{\{i,t\}}$ 则为城市 i 在过去十年间同月的平均温度，以消除季节性温度变化带来的影响。我们将 $Ab\_Temp_{\{i,t\}}$ 在一周内的平均值作为最终的解释变量，记为 $Ab\_Temp_{\{i,w\}}$ 。

②被解释变量。本章通过观察投资者对高排放和低排放两类股票的净买入差异来捕捉投资者的资产配置决策变化。首先，参考联合国政府间气候变化专门委员会（IPCC），我们将行业划分为高污染排放行业和低污染排放行业，前者包括能源、交通、建筑、工业、农林及土地利用五大行业，这些行业的公司归为高排放组（*EMISSION*），其他行业的公司则计入低排放组（*CLEAN*）。其次，我们计算得到每个投资者每周在这两类股票上的平均净买入水平，分别用 $CNB_{\{i,w,y\}}$ 和 $ENB_{\{i,w,y\}}$ 来表示。投资者每日净买入水平利用买入股票份额与卖出股票份额的差值再除以当时买卖总金额来计算。最后，我们计算得到高排放组相对低排放组的净买入差值，用来反映投资者资产配置决策的变化，相关指标在城市层面进行等权加总，最终得到城市层面投资者对高排放和低排放两类股票的净买入差值（$DNB_{\{i,w,y\}}$），计算公式如下：

$$DNB_{\{i,w,y\}} = CNB_{\{i,w,y\}} - ENB_{\{i,w,y\}} \tag{4-6}$$

③控制变量。为了准确估计异常高温对投资者行为的影响研究，我们加入以下几个控制变量。a. 股市流动性（*Turn*）。流动性不足可能导致投资者在调整资产配置时面临更高的交易成本和更大的市场风险，从而减少资金转移。为此，我们控制了 A 股市场流动性，采用总市值加权计算的月度换手率来衡量。b. 互联网对全球变暖的关注度。借鉴 Zhi et al.（2011），本书选取“气候变化”“气候变暖”和“全球变暖”作为关键词，统计其在百度中的检索频率和次数，计算得到百度搜索指数（*ASI*），具体计算公式如下：

$$ASI_{\{w\}} = \log(Search_index_w) - \log[Med(Search\_index_{w-1},\cdots,Search\_index_{w-8})] \tag{4-7}$$

其中，$Search\_index_w$ 表示第 w 周与全球气候变暖相关的百度搜索指数之和，衡量该周网民对全球变暖的总体关注度。为了减少数值差异对结果的影响，我们对该搜索指数进行了对数处理，即 $\log(Search\_index_w)$。$\log[Med(Search\_index_{w-1},\cdots,Search\_index_{w-8})]$ 表示过去八周内百度搜索指数的中位数的对数，作为基准对照。我们利用这一指标对百度搜索指数进行了调整，以消除时间趋势和其他季节性因素的干扰，更准确地反映用户在特定时间段对全球变暖的关注度①。若 *ASI* 大于 0，说明该周互联网用户对全球变暖的关注度相比过去一段时间急剧上升。

c. 高污染排放和低污染排放企业在股票收益表现上的差异。投资者改变投资决策可能不一定出于对异常高温带来的气候风险的考量，还可以受到股票市场表现的影响。因此，我们对高污染排放和低污染排放企业之间的股票收益率差值（*Dif_Return*）进行控制，以剔除股票收益变化对结果造成的干扰。相关变量的描述性统计分析结果如表 4-19 所示。

表 4-19　　变量描述性统计

Variable	*N*	mean	sd.	min	p50	max
Ab_Temp	2764	0.15	2.75	-6.32	0.13	6.19
DNB	2764	0.39	0.36	-1.19	0.31	2
ASI	2764	-0.05	0.2	-0.88	-0.05	0.54
Turn	2764	0.19	0.1	0.09	0.17	0.52

注：本表报告了主要变量的描述性统计结果。在后续的回归分析中，我们对所有变量进行了标准化处理。

4.2.3　实证分析

4.2.3.1　基准回归分析

基于模型（4-2）、模型（4-3）和模型（4-4），本章估计得到异常高温对散户投资者股市资产配置决策的影响，相关结果如表 4-20 所示。其中，第（1）列展示了不加入任何控制变量和固定效应的结果，第（2）列在第（1）列的基础上加入了城市—年份交互固定效应，第（3）—（4）列则进一步加入了控制变量，第（5）—（6）列引入 *High_Dif_Return*，以考察当低污染排放企业股市表现优于高污染排放企业时，异常高温对投资者资产配置的影响。结果显示，第（1）—（4）列中 *Ab_Temp* 的估计系数均为显著为正，由此表明异常高温促使投资者将资金从高污染排放企业转移至低污染排放企业。以第（4）列为例，异常温度每上升一个标准差（约 2.75°C），投资者对高排放和低排放两类股票的净买入差值

① 我们采用前八周百度搜索指数的中位数而非均值进行调整，因为中位数更能抵御极端值的影响。在较短时间窗口内，突发事件可能导致搜索指数异常波动，而中位数作为一种稳健的统计量，能有效过滤这些波动，保持数据稳定性。

（*DNB*）增加 22%。第（5）—（6）列中交互项 $Ab\_Temp_{i,w}$ × $High\_Dif\_Return_{w-1}$ 的系数显著为正，这表明当低污染排放企业股市表现优于高污染排放企业时，异常温度对投资者交易行为的影响更加明显。

本章将基准回归中的因变量替换为未来三周和六周的净买入量（*DNB_T*+3、*DNB_T*+6），检验异常温度对投资者资产配置行为是否具有持续性影响。估计结果如表 4－21 所示。结果显示，在异常温度事件发生六周后，其对投资者资产配置的影响仍然显著存在。可见，异常温度不仅会影响投资者的当期决策，还会对未来决策产生持续影响，进一步揭示了环境因素对投资者行为的长期作用机制。

表 4－20　　　　基准回归结果

Variables	DNB					
	(1)	(2)	(3)	(4)	(5)	(6)
Ab_Temp	0.05 **	0.06 *	0.07 *	0.08 *	−0.04	0.01
	(2.42)	(3.68)	(3.57)	(4.67)	(−0.81)	(0.34)
Ab_Temp × *High_Dif_Return*					0.04 *	0.02 *
					(2.46)	(1.74)
High_Dif_Return					−0.08	−0.06 *
					(−5.49)	(−4.91)
Turn			−0.55 **	−2.14 *	−0.46 **	−2.02
			(−2.52)	(−6.26)	(−2.12)	(−5.89)
ASI			0.09 **	0.09 **	0.07 **	0.07 *
			(4.47)	(4.98)	(3.68)	(4.31)
Dif_Return			−12.32 **	−9.3		
			(−4.53)	(−3.93)		
Constant	0	0	0.70 ***	0.42 *	0.88 **	0.55 *
	(−0.00)	(−0.00)	(11.16)	(6.51)	(12.00)	(7.75)
Observations	2764	2764	2574	2574	2574	2574
R − squared	0	0.31	0.07	0.34	0.08	0.34
City × Year FE	NO	YES	NO	YES	NO	YES

注：括号内展示了在城市层面聚类的 t 值。下同。

表 4 - 21　　异常温度对投资者交易行为影响的持续性分析

Variables	DNB_T + 3		DNB_T + 6	
	(1)	(2)	(3)	(4)
Ab_Temp	0.04 **	0.04 ***	0.03	0.03 ***
	(2.04)	(3.10)	(1.50)	(2.82)
Turn	-1.10 ***	-1.17 ***	-1.32 ***	-1.35 ***
	(-4.98)	(-4.40)	(-6.16)	(-6.68)
ASI	-0.04 *	-0.03 **	-0.03 *	-0.03 ***
	(-1.90)	(-2.29)	(-1.76)	(-2.60)
Dif_Return	-2.00	0.40	-2.59	0.02
	(-0.73)	(0.22)	(-0.97)	(0.01)
Constant	0.17 ***	0.18 ***	0.17 ***	0.17 ***
	(3.83)	(3.58)	(3.84)	(4.38)
Observations	2574	2574	2574	2574
R - squared	0.01	0.58	0.02	0.75
City × Year FE	NO	YES	NO	YES

4.2.3.2　机制检验

异常温度可能通过以下渠道作用于投资者投资决策。一方面，相比低污染排放企业，高排放企业面临更大的监管风险、转型风险和成本压力，这些因素可能导致投资者预期其未来现金流下降，从而减少对其的投资。另一方面，一些具有社会责任感的投资者可能受到道德观念的驱动减少对高污染排放企业的投资（Kacperczyk and Marcin，2009）。

为了验证这些机制，本章参考 Addoum et al.（2020），进一步将高污染排放企业划分为高受损企业和低受损企业。其中，高受损企业指的是电力、建筑工程、燃气和机械等行业的企业，这些行业的收益更容易受到极端高温的冲击，因此，投资者在意识到气候风险后，可能会更多地将资金从这些高受损企业转移到低污染排放公司。低受损企业的收益受异常高温影响则相对较小。接着，我们计算得到投资者对低污染排放企业与这两组企业之间的净买入差值，分别用 *DNB_harmed* 和 *DNB_remain* 来表示。表 4 - 22中展示了以这两个变量为因变量的估计结果。如果社会责任机制成立，那么在异常气温升高的情况下，投资者从低受损企业转移至低污染排放企业的比例也会显著增加。

表 4－22　　机制检验

Variables	DNB_harmed		DNB_remain	
	(1)	(2)	(3)	(4)
Ab_Temp	0.02**	0.02**	0.03*	0.03
	(2.40)	(2.24)	(1.84)	(1.61)
Turn		−0.07		0.44
		(−0.57)		(1.42)
ASI		0.02		0.04***
		(1.66)		(2.78)
Dif_Return		−1.18		1.27
		(−1.37)		(0.60)
Constant	0.00***	0.01	0.00	−0.09*
	(174.32)	(0.36)	(0.00)	(−1.66)
Observations	2730	2547	2730	2547
R－squared	0.36	0.35	0.46	0.45
City × Year FE	YES	YES	YES	YES

从表 4－22 可以看出，随着异常气温的升高，投资者的资金配置行为发生显著变化。不仅从高受损企业向低污染排放企业的转移比例增加，从低受损企业向低污染排放企业的转移比例也显著上升。由此可知，投资者的资产配置调整并非仅基于经济利益，而是更多地受到道德观念的驱动。

4.2.3.3　股价同步性

至此，我们得出结论异常高温改变了投资者的股市投资策略，投资者在异常高温期间将资金从高排放公司转移到低排放公司。投资者的交易行为直接影响股票的供求关系，从而推动股价调整。沿着这一思路，我们推测异常高温可能导致相关企业的股价也发生系统变化，导致高污染排放公司股价下跌，低污染排放公司股价上涨。为验证这一假设，本书构建如下模型计算股价同步性：

$$CME_w = \alpha + \beta_1 Ab\_Temp_{i,w} + \beta_2 Turn_{i,w} + \beta_3 ASI_w + \beta_4 R(SSEC)_w + \epsilon_{i,w} \tag{4-8}$$

其中 *CME* 表示低污染排放组合与高污染排放组合之间的平均股票收益率之差，各组平均收益率基于组内各股票市值加权计算得到。如果 *CME* 大于0，说明投资者将资金转向低污染排放公司后获得了更高的收益。除了模型（4－3）中的控制变量，本书进一步将上证综指收益率纳入模型，以控制整体市场环境的影响。模型（4－8）的估计结果如表4－23所示，第（1）—（2）列、第（3）—（4）列分别展示了以投资者所在城市的异常高温、交易所当地的异常高温为解释变量的估计结果。结果显示，异常高温期间，将资金从高污染排放企业转移至低污染排放企业后，投资者获得了更高的收益，即投资者的资产配置决策与股价变动之间存在显著的同步性。这一发现与先前研究一致，即气候风险较高的公司的股票收益也较低（Hh et al.，2019；Darwin et al.，2020；Duan et al.，2021；Xu et al.，2021）。这表明投资者的行为不仅反映了对气候风险的担忧，还通过市场机制影响了股价的走势。

表4－23　　股价同步性

Variables	*CME_all*		*CME_exchange*	
	(1)	(2)	(3)	(4)
Ab_Temp	0.04**	0.08***	0.15	0.19**
	(0.02)	(0.02)	(0.10)	(0.09)
Turn	-1.77***	0.81***	0.97	0.91
	(0.19)	(0.27)	(1.14)	(1.25)
ASI	0.03	0.04**	0.02	0.04
	(0.02)	(0.02)	(0.08)	(0.07)
R（*SSEC*）	-0.21***	-0.09***	-0.06	-0.09
	(0.03)	(0.03)	(0.15)	(0.13)
Constant	0.43***	-0.14***	7.35***	-0.11
	(0.06)	(0.05)	(1.80)	(0.24)
Observations	2764	2764	146	146
R-squared	0.06	0.34	0.16	0.35
City × Year FE	NO	YES	NO	NO
Year FE	NO	NO	NO	YES

4.2.3.4　稳健性检验

为确保研究结果的可靠性，本书通过多种方法对主要结论进行了稳健性检验，以排除潜在的干扰因素和模型设定偏差。首先，我们考虑异常高温与投资者行为之间可能存在的非线性关系。在基准回归分析中，我们将异常高温定义为连续变量，构建 OLS 模型估计其对投资者投资决策的影响。然而，异常高温与投资者行为之间可能并非线性关系。为此，本书进一步将投资者所在城市温度划分为五个区间，生成相应的离散变量（Q_1、Q_2、Q_3、Q_4、Q_5），从 Q_1 到 Q_5 温度依次递增。分别构建这五个变量与 *Ab_Temp*的交乘项，加入模型进行估计，相关结果如表 4－24 的第（1）—（5）列所示。结果显示，极端高温（Q5）显著增强了投资者对将股市资金转移至低污染排放公司的偏好，而极端低温（Q1）则对这种偏好起到一定的抑制作用。由此表明，投资者对温度变化的反应确实是非线性的，极端高温更可能促使投资者调整资产配置。

其次，本书重新定义对高污染排放组和低污染排放组的分类方式。具体而言，根据 CNRDS 数据库中的 ESG 评级数据，我们将环境表现得分更高的公司归为低污染排放组（193 家公司），反之则计入高污染排放组（80 家公司），并重新计算得到这两组之间的净买入差值（*DNB_stren*）进行回归，结果如表 4－24 中的第（6）列所示，相关结果依旧支持基准回归的发现。最后，我们排除相关价格限制政策带来的干扰。自 1996 年 12 月起，中国股市实施价格涨跌幅限制政策。如果某股票触发该政策，说明其价格充分反映了所有相关信息。为排除这种极端交易对结果的干扰，本书剔除了触发价格限制政策的样本，重新估计的结果如表 4－24 的第（7）列所示。结果显示，即使在排除这些股票后，异常温度对投资者资产配置决策的影响依然显著。这表明本书的结论并非由少数异常交易驱动。

表 4－24　　　　稳健性检验

	Q_1	Q_2	Q_3	Q_4	Q_5	*DNB Stren*	*DNB_Drop*
	(1)	(2)	(3)	(4)	(5)	(6)	(7)
Ab_Temp	0.10	0.04	0.07 **	0.07 **	0.07 ***	0.02 *	0.03 *
	(4.33)	(1.48)	(3.25)	(2.53)	(3.02)	(2.04)	(1.84)
Q1	−2.62 ***						
	(−2.73)						
Ab_Temp × *Q1*	−1.23 **						
	(−3.16)						
Q2		0.02					
		(0.10)					

续表

	Q_1	Q_2	Q_3	Q_4	Q_5	DNB Stren	DNB_Drop
	(1)	(2)	(3)	(4)	(5)	(6)	(7)
Ab_Temp × *Q2*		0.12					
		(0.90)					
Q3			0.02				
			(0.46)				
Ab_Temp × *Q3*			0.01				
			(0.09)				
Q4				-0.02			
				(-0.18)			
Ab_Temp × *Q4*				0.03			
				(0.22)			
Q5					-1.67*		
					(-1.79)		
Ab_Temp × *Q5*					0.68*		
					(1.84)		
Turn	-0.77***	-0.74***	-0.75***	-0.76***	-0.75***	2.08***	0.28
	(-3.44)	(-3.28)	(-3.33)	(-3.36)	(-3.36)	(5.60)	(1.00)
ASI	0.08***	0.09***	0.09**	0.09***	0.09***	0.04*	0.02*
	(3.97)	(4.19)	(4.26)	(4.24)	(4.25)	(1.86)	(1.97)
Dif_Returnn	-12.19***	-11.87***	-11.98***	-11.99***	-11.80***		1.35
	(-4.38)	(-4.26)	(-4.29)	(-4.29)	(-4.22)		(0.51)
Constant	0.17***	0.19***	0.16***	0.17***	0.17***	-0.39***	-0.06
	(3.70)	(4.11)	(3.10)	(3.70)	(3.75)	(-5.60)	(-1.09)
Observations	2574	2574	2574	2574	2574	2730	2547
R-squared	0.03	0.02	0.02	0.02	0.02	0.51	0.38
City × Year FE	YES	YES	YES	YES	YES	YES	YES

4.2.4 结论与启示

气候变化已成为全球性的重要议题，不仅对自然环境构成挑战，也对金融市场产生了深远影响。利用中国散户投资者交易数据，本书系统考察异常高温对个人投资者股市投资决策的影响，以明确其应对气候变化的行为模式变化。研究表明，在异常高温期间，投资者倾向于减少对高污染排放企业的持股，并将资金重新配置到低污染排放企业，最终推高了高污染排放企业的股价。进一步研究发现，这种资产配置的调整并非单纯出于经济利益考量，更多地是受到道德观念的驱动。这表明投资者在面对气候变化时，不仅关注财务回报，还积极践行社会责任，推动投资决策向可持续方向转变。投资者对气候问题的关注和行动不仅促使企业在日常运营中更加重视环境保护和社会责任，还在一定程度上推动了政府加快应对气候变化的立法和监管进程。

第5章

国际证据

5.1 媒体报道与资本市场[①]

5.1.1 引言

在现代资本市场中，媒体不仅是信息的传播者，还在市场定价、投资决策、企业治理和金融稳定等多个方面发挥着关键作用。作为信息中介，媒体能够减少市场中的信息不对称，使投资者和金融机构更有效地获取公司相关信息（Bushee et al.，2010）。同时，作为市场监督者，媒体可以揭露企业的不当行为，提高市场透明度，增强投资者信心，并促使公司改进治理结构（Dyck et al.，2008）。近年来，学术研究对媒体在股票市场中的作用进行了广泛探讨，但对于债务市场，尤其是银行贷款市场中的媒体影响，研究仍较为有限。此外，媒体报道的内容（如正面或负面新闻）以及国家层面的制度环境（如新闻自由度和媒体信任度）如何调节媒体对资本市场的影响，仍然是值得深入研究的问题。

本章综合借鉴现有文献，并利用国际数据样本，系统探讨媒体报道如何影响资本市场，特别是对股票市场的股价崩盘风险与银行贷款利差的影

① 本部分系笔者两项国家自然科学基金面上项目（基金批准号71873058、72373099）的阶段性成果，相关成果分别于2023年6月、2023年12月发表于*Journal of Empirical Finance*和*Journal of Corporate Finance*。

响。首先，在股票市场方面，管理者出于个人激励，可能倾向于隐瞒坏消息，以避免股价下跌、保护自身声誉或规避股东压力（Jin and Myers，2006；Hutton et al.，2009）。然而，媒体的监督作用可以有效遏制管理者的信息操控行为。媒体通过深度调查、披露公司隐藏的负面信息，使投资者能够更早地意识到潜在风险，减少因信息不透明导致的市场非理性反应（Miller，2006）。此外，媒体的坏消息报道还可以增强市场对管理层的监督，使其在盈余管理、投资决策和公司治理方面更加谨慎，降低市场崩盘的可能性（Callen and Fang，2015）。因此，坏消息报道不仅能在信息层面提高市场透明度，还能在治理层面增强市场纪律，从而降低股票市场的崩盘风险。

其次，在债务市场方面，银行贷款通常具有较高的信息不对称性，因为借款企业的信息披露要求远低于上市公司，且银行通常通过私密渠道获取借款人信息（Gorton and Winton，2003）。然而，媒体作为公开信息的重要来源，仍然可以对银行贷款市场产生影响。研究发现，借款企业的媒体关注度越高，且媒体报道越正面，其贷款利率利差就越低（Gao et al.，2020a）。这是因为积极的媒体报道不仅向市场传递了企业良好运营状况的信号，还可能吸引更多的竞争性放款人，从而降低贷款成本。此外，在银团贷款市场中，媒体的积极报道增加了非关系银行作为主导银行或参与贷款银团的可能性，并降低了主导银行所占的贷款份额，这进一步表明媒体报道可以缓解贷款市场中的信息不对称，并提高市场竞争效率。

尽管媒体报道在资本市场中扮演着重要角色，但其影响程度受到不同国家制度环境的调节。新闻自由度和媒体信任度是影响媒体有效性的关键因素（Griffin et al.，2011）。在新闻自由度较高的国家，媒体更容易进行独立调查和新闻报道，政府或企业对新闻内容的干预较少，因此媒体的监督作用更为显著。同样，在公众对媒体信任度较高的国家，投资者和放款人更倾向于依赖媒体报道作为信息来源，因此媒体对市场价格的影响更大（Kohring and Matthes，2007）。此外，政府对银行或媒体的控制程度也可能影响媒体在资本市场中的作用。在政府对银行高度控制的国家，银行的贷款行为可能更多受到政策导向，而非市场信息的驱动，从而削弱媒体新闻对贷款定价的影响（Sapienza，2004）。同样，政府控制的媒体可能不会披露企业的真实财务状况，而是选择性地发布对政府有利的经济信息，从而影响市场对公司风险的认知（You et al.，2018）。

为验证上述理论，本节利用涵盖多个国家的国际数据样本，系统分析媒体报道对股票市场和债务市场的影响，并进一步考察国家层面制度环境的调节作用。具体而言，我们的研究问题包括：（1）媒体报道如何影响企业的股价崩盘风险？（2）媒体报道是否会影响银行贷款的利率利差？（3）新闻自由度、媒体信任度和政府对银行及媒体的控制程度是否会调节媒体对资本市场的影响？

本节的贡献主要体现在以下几个方面：首先，我们拓展了媒体在资本市场中的作用理论框架，结合股票市场和债务市场，提供了一种更加全面的分析视角。其次，我们基于国际数据样本，提供了跨国家的实证证据，有助于理解媒体影响的外部有效性以及不同制度环境下的异质性效应。再次，我们不仅关注媒体报道的数量，还分析了媒体情绪产生的影响。最后，本节的结论可以为政策制订者、投资者和金融机构提供实践指导。

5.1.2　理论分析及研究假设

5.1.2.1　坏消息报道与股市崩盘风险

在现代资本市场中，信息不对称和代理问题使得公司面临高额外部融资成本或融资困难，从而引发财务约束与投资不足。为缓解这些问题，及时准确的信息披露成为解决公司与外部市场之间信息鸿沟的关键手段（Leuz and Verrecchia，2000）。然而，基于委托代理理论，公司的管理层并非总是有动力进行透明的披露。出于多种原因，他们可能会选择隐瞒坏消息，例如，避免股权补偿损失（Benmelech et al.，2010；Kim et al.，2011a）、维护职业前景（Kothari et al.，2009），或期望未来业绩改善以抵消当前负面信息（Graham et al.，2005）。然而，坏消息的长期累积会导致市场突然剧烈调整，引发股价崩盘。

尽管管理层隐瞒坏消息是股市崩盘的根本原因，但媒体在坏消息披露中的作用尚未得到充分探讨。媒体在资本市场中发挥信息中介和监督者的双重功能：一方面，媒体通过采访、调查和公开报道公司信息，使得隐藏的坏消息更早地进入市场，从而降低未来的股市崩盘风险；另一方面，媒体作为监督机制，可以遏制管理层的机会主义行为。因此，我们提出以下假设：

H1：媒体对坏消息的报道降低了公司未来股市价格的崩盘风险。

国家的媒体环境因素，特别是新闻媒体的信任度和新闻自由度，决定了媒体在信息传播和监督方面的影响力。新闻媒体的信任度反映了公众对媒体的依赖程度（Kohring and Matthes，2007）。我们假设，在新闻媒体信任度较高的国家，媒体报道坏消息对股市崩盘风险的抑制作用更为显著。在这些国家，公众通常更信任媒体报道，因此，媒体对坏消息的披露能够更有效地影响投资者的决策。相反，在信任度较低的国家，即使媒体揭露了负面信息，投资者可能因对媒体的怀疑而忽视这些信息。因此，在信任度较高的国家，媒体报道能够有效制约管理层的隐瞒行为，从而降低股市崩盘的风险。因此，我们提出以下假设：

H2：在人们对新闻媒体信任度较高的国家，媒体对坏消息的报道对未来股市崩盘风险的负面影响更加显著。

新闻自由度对记者和新闻机构的动机和行动具有重要影响。在新闻自由度较高的国家，新闻机构通常具有较大的报道自由和独立性，可以更加批判性地揭示信息。反之，在新闻自由度较低的国家，媒体往往受限于政府干预和法律限制，报道可能受到压制。研究表明，新闻自由有助于提高信息透明度和公司治理质量。Griffin et al. （2011）认为，新闻自由为记者提供了揭示重要信息的空间，从而促进了信息的准确传播。Kim et al.（2017）发现，在新闻自由度较高的国家，分析师的预测更为准确，表明新闻自由有助于信息环境的良性发展。Houston et al. （2011）也表明，新闻自由能够保护公司免受不当影响，促进市场的健康发展。我们推测，在新闻自由度较高的国家，媒体更能独立地调查并报道公司隐瞒的坏消息，进而增强坏消息报道对股市崩盘风险的抑制作用。因此，我们提出以下假设：

H3：在新闻自由度较高的国家，媒体对坏消息的报道对未来股市崩盘风险的负面影响更加显著。

5.1.2.2 媒体报道、银行贷款与制度环境的作用

媒体新闻通过其信息传播和监管功能影响全球市场的贷款利差。媒体在收集和整合借款人信息的同时，还将这些信息传达给广泛的受众（Bushee et al.，2010）。它们有助于贷方验证通过私人渠道获得的信息，并通过原创研究和分析提供有价值的新信息。研究表明，媒体能揭示公司的财务不当行为（Miller，2006），为贷方提供评估信用风险的依据。此外，媒体作为外部监管者对借款公司进行监督，其报道促使企业改善治理结构（Dyck et al.，2008），加强董事会的效率（Joe et al.，2009），并限制不正当的内部交易（Dai et al.，2015）。治理结构健全的公司通常会从贷方获得更优

惠的贷款条件（Chava et al.，2009）。媒体报道能够减少贷方面临的信息不对称，从而促使银行对媒体曝光较多的借款人提供更低的利率。

近年来，媒体情绪成为研究的焦点之一（Calomiris and Mamaysky，2019；Fraiberger et al.，2021；Mavruk，2021）。媒体情绪通过分析新闻报道的语言特征和情感倾向，反映市场的积极、中性或负面情绪。研究发现，商业新闻中的正面消息往往导致公司股票回报和波动性的下降（Kothari et al.，2009）。对于借款人而言，积极的媒体情绪通常反映了对其表现的正面评价，从而降低了贷方的风险。积极情绪也会吸引更多的潜在贷方，提升他们贷款竞争的兴趣（Rajan，1992）。在股票市场中，Tetlock（2007）发现投资者对媒体情绪产生过度反应，随后会对公司基本面进行调整。进一步的研究（Tetlock，2011）表明，随着新闻变得过时，修正幅度加大。Ben-Rephael et al.（2019）发现，外国投资者对负面新闻的反应通常会导致市场回报的反转。Fraiberger et al.（2021）则证明，全球新闻情绪对股票回报的影响比本地新闻情绪更为显著和持久。在银行贷款中，信贷员并非完全理性的决策者（Agoraki et al.，2022）。他们可能会对积极的媒体情绪反应过度，从而导致贷款利差暂时下降。根据信息和行为理论，积极的媒体情绪预计会降低贷款利差。

考虑到私人债务（银行贷款）与公共债务（公司债券）市场的制度差异（Gorton and Winton，2003），媒体新闻可能不会对贷款定价产生影响。相较于股票市场，债务市场通常缺乏透明度，投资者接触到的公开信息有限，且存在显著的信息不对称。在公司债券市场中，Gao et al.（2020a）发现，债券投资者在决定要求的债券收益率时，往往依赖媒体新闻提供的关于发行人信息。然而，在私人贷款市场，银行与借款人之间建立了私人关系和沟通渠道，能够获得更为详细的私人信息，如财务预测、资本投资以及管理能力等，甚至可以定期对借款人进行私人调查和监督。由于银行可以获得这些私密信息，因此有观点认为，公共媒体的新闻报道可能对贷款定价的影响较小。

因此，提出以下假设：

H4a：媒体报道更多的借款人将获得更低的贷款利差。

H4b：关于借款人的积极报道能够降低贷款利差。

H4c：媒体报道和情绪对贷款利差无显著影响。

此外，国家层面制度环境可能影响媒体新闻对银行贷款的作用。

（1）金融信息环境

媒体通过传播信息来缓解信息不对称，而其作用在金融信息透明的国家更为显著。透明的金融环境提高了信息的可靠性和可获得性，降低了媒体收集和报道信息的成本（Dang et al.，2015）。然而，在信息透明的国家，由于公司提供高质量的财务报告，媒体作为信息中介的角色可能会减弱（Chen et al.，2020）。因此，我们提出两种竞争性假设：

H5a：在金融信息透明的国家，媒体报道和情绪与贷款利差之间的负相关关系更强。

H5b：在金融信息透明的国家，媒体报道和情绪与贷款利差之间的负相关关系较弱。

（2）国家治理质量

一个国家的法律和政治环境会影响银行筛选借款人和发放贷款的能力。较强的债权人保护和有效的合同执行提高了违约后的回收率，增强了贷款的安全性。研究表明，银行在良好治理环境下会降低贷款利率，从而促进企业融资（Qian and Strahan，2007；Bae and Goyal，2009）。然而，治理质量对媒体新闻和贷款利差关系的影响尚不明确。因此，我们提出以下假设：

H6a：在治理质量较高的国家，媒体报道和情绪与贷款利差之间的负相关关系更强。

H6b：在治理质量较高的国家，媒体报道和情绪与贷款利差之间的负相关关系较弱。

（3）媒体所有权结构

媒体的效率与其所有权结构密切相关。政府拥有的媒体可能会受到政治干预，无法独立报道，从而影响其对信息的传播和真实性的判断。研究表明，政府拥有的媒体报道偏向性较大，难以发挥有效的监督作用（Djankov et al.，2003；You et al.，2018）。因此，政府拥有的媒体可能削弱其降低贷款利差的能力。因此，我们提出以下假设：

H7：在媒体由政府控制的国家，媒体报道和情绪与贷款利差之间的负相关关系较弱。

（4）政府对银行的控制

政府控制的银行往往受政治目标驱动，导致贷款配置效率低下（Sapienza，2004）。在政府干预较强的国家，银行可能对媒体新闻的信息反应迟钝，从而削弱媒体对贷款定价的影响。因此，我们提出以下假设：

H8：在政府对银行控制较强的国家，媒体报道和情绪与贷款利差之间的负相关关系较弱。

5.1.3 研究设计

5.1.3.1 样本选取与数据来源

对于股价崩盘风险的研究，初始样本涵盖了2001年至2018年全球所有上市公司。股票回报数据来自Datastream，媒体新闻数据来自RavenPack，公司财务数据则从Worldscope提取。此外，国家层面的宏观经济与制度变量来源于世界发展指标（WDI）和相关文献。为了保证数据质量并减少潜在偏误，我们按照现有研究（如An et al.，2018）的做法，对初始样本进行了以下筛选：首先，剔除美国存托凭证（ADRs）和全球存托凭证（GDRs），因为这些在外国市场上市的股票受母国与东道国制度环境的双重影响，可能导致估计偏误。其次，剔除了公用事业行业和金融企业，这是由于公用事业行业的强监管性和金融企业独特的财务结构可能导致其股价形成机制和崩盘风险特征与其他行业存在显著差异，会对研究结果产生干扰。此外，要求股票在一年中至少有26周的交易数据，以确保能够准确估计年度股价崩盘风险指标。最后，删除主回归模型关键变量缺失的观测值，并仅保留在样本期间内至少有100个观测值的国家，以保证样本在国家层面具有足够的代表性，避免因个别国家样本量过小而导致结果偏差。

银行贷款相关研究的样本选取则聚焦国际银行贷款市场。我们从Thomson - Reuters LPC DealScan数据库获取贷款交易的详细信息，利用DealScan - Compustat链接文件（Chava and Roberts，2008），将其与Compustat Global和Compustat North America数据库中的借款人财务特征匹配。此外，我们从RavenPack新闻分析数据库收集媒体报道数据，从I/B/E/S数据库获取分析师信息，并从Fraser Institute提取经济自由度指数。同时，我们从World Development Indicators（WDI）数据库获取各国人均GDP及经济增长率等宏观经济变量，金融信息环境变量数据来自Bushman et al.（2004），国家层面的治理质量数据来自WGI，传媒行业的所有权结构数据来自Djankov et al.（2003），政府对银行业的控制变量数据来自La Porta et al.（2002）。

由于美国企业的贷款业务样本占比较高，而其他国家的贷款数据相对较少，为了防止美国市场对整体分析的主导作用，并保持研究对国际银行贷款环境的关注，我们主要聚焦于非美国企业的贷款交易。我们剔除了金融行业和公用事业行业的借款人，因为这些行业的财务结构特殊，且受到严格的监管。此外，我们要求每个国家至少包含 20 笔贷款交易，以确保结果的稳健性。最终，在剔除基准回归中缺失的观察值后，我们获得了 2000 年至 2016 年来自 37 个非美国经济体的 2535 家企业，共计 12422 笔贷款交易。

表 5－1 显示了按市场（面板 A）和年份（面板 B）划分的样本分布。面板 A 反映出各国贷款交易数量的差异，其中英国（占比 14.00%）和中国台湾（占比 15.22%）的贷款交易数量最多。面板 B 显示，样本数据在时间上的分布较为均衡，2005 年的贷款交易数量最多，占比 8.16%。

表 5－1　　银行贷款相关样本分布

Panel A. Distribution by Market

Developed Market	Freq.	Developing Market	Freq.
Australia	680	Argentina	34
Belgium	126	Brazil	142
Canada	917	Chile	78
Denmark	43	China	338
Finland	87	Greece	95
France	846	Hungary	42
Germany	674	India	331
Hong Kong	552	Israel	32
Ireland	126	Korea (South)	420
Italy	325	Luxembourg	117
Japan	421	Mexico	119
Netherlands	453	Philippines	92
Norway	141	Poland	57
Singapore	243	Portugal	63
Spain	479	Russia	125
Sweden	152	South Africa	89
Switzerland	242	Taiwan	1891
United Kingdom	1739	Turkey	82
		United Arab Emirates	29
		Total	12422

续表

Panel B. Distribution by Year			
Year	Freq.	Percent	Cum.
2000	538	4.33	4.33
2001	648	5.22	9.55
2002	663	5.34	14.88
2003	705	5.68	20.56
2004	852	6.86	27.42
2005	1014	8.16	35.58
2006	999	8.04	43.62
2007	923	7.43	51.05
2008	817	6.58	57.63
2009	527	4.24	61.87
2010	702	5.65	67.53
2011	804	6.47	74.00
2012	714	5.75	79.75
2013	672	5.41	85.16
2014	747	6.01	91.17
2015	634	5.10	96.27
2016	463	3.73	100
Total	12422	100	

经过上述筛选过程，最终得到了两个样本：一个是研究股价崩盘风险样本，其中使用坏消息比例（%BAD_NEWS）作为代理变量的回归包含129915 个公司年度观测值（16764 家公司），而使用坏消息数量（#BAD_NEWS）的回归则包含 206416 个公司年度观测值（23605 家公司）。另一个是研究银行贷款的样本，包含 12422 笔交易数据（2535 家企业）。

5.1.3.2 变量定义

（1）股价崩盘风险相关变量

①被解释变量

负收益偏态系数（*NCSKEW*）：用于衡量企业周回报率在一年中的负偏态程度，计算方法为企业周回报率的三阶中心矩取负值，再除以样本方差的 3/2 次方。*NCSKEW* 值越大，表明股价崩盘风险越高。

上下波动比率（*DUVOL*）：计算为企业周回报率中下跌周（回报率低于年度均值）与上涨周（回报率高于年度均值）的标准差比率的自然对数。*DUVOL* 值越大，意味着股价下跌波动相对于上涨波动更大，股价崩盘风险越高。

极端值频率（*COUNT*）：将企业周回报率与年度均值进行比较，如果周回报率低于年度均值 3.09 个标准差（对应正态分布的 0.1% 分位数），则视为崩盘周；如果高于年度均值 3.09 个标准差，则视为跳跃周。*COUNT* 定义为一年中崩盘周数减去跳跃周数，该值越大，股价崩盘风险越高。

②解释变量

由于股价崩盘风险主要受到媒体报道中坏消息的影响，自变量为坏消息报道。具体采用两种度量方式，一是坏消息比例（*%BAD_NEWS*），计算为一年内关于企业的负面新闻文章数量除以总新闻文章数量；二是坏消息数量（*#BAD_NEWS*），即一年内关于企业的负面新闻文章的绝对数量。如果一家公司在一年内没有媒体新闻，那么*#BAD_NEWS* 取值为零。这两个变量用于衡量媒体对企业负面信息的报道程度。

③控制变量

企业层面控制变量包括公司层面特征：企业规模（*SIZE*）、总资产收益率（*ROA*）、市净率（MTB）、销售增长率（*SALES_GROWTH*）和财务杠杆（*LEV*），滞后负收益偏态系数（*NCSKEW_LAG*），用于控制股价崩盘风险的持续性；一年内公司特定周股票回报率（*RET*）及其标准差（*SIGMA*）、峰度（*KURTOSIS*），用于捕捉股票回报率的分布特征；去趋势化股票周转率（*DTURN*），定义为当年平均每月股票周转率与前一年平均每月股票周转率的差值，反映投资者对股票基本面的分歧程度；盈余不透明度（*ACCM*），采用修正 Jones 模型估计的可操纵应计项目的三年移动总和，用于衡量企业的盈余管理程度。

国家层面控制变量：人均国内生产总值（*GDP/CAPITA*）和国内生产总值增长率（*GDP_GROWTH*），用于控制国家经济状况；股票市场资本化（*MCAP*）和股票市场周转率（*STKTURN*），衡量国家股票市场的发展程度；债权人权利指数（*CR*），用于控制国家层面的投资者保护程度。

（2）其他变量

媒体信任度（*TRUST*）：取自 Reuters Institute Digital News Report，用于

衡量一个国家民众对新闻媒体的信任程度，得分越高表示信任度越高。

新闻自由度（*FREEDOM*）：采用 Reporters Without Borders 发布的世界新闻自由指数，并将其乘以 -1 进行转换，使得数值越高表示新闻自由度越高，该指数综合考虑了媒体独立性、多元化以及记者安全和自由等因素。

（3）银行贷款相关变量

①被解释变量

贷款工具的利差（*Spread*），贷款工具相对于伦敦银行同业拆借利率（LIBOR）的利差（以基点计）与每美元提款需支付给银行团的任何年度费用之和的自然对数（即全提款利差）。

②解释变量

媒体报道量（*Coverage*）：贷款发放日前 180 天内发布的关于借款人的新闻报道数量加 1 的自然对数。该变量衡量了媒体对企业的关注程度，媒体报道数量越多，表明企业受到的媒体监督和信息传播越广泛。

媒体情绪（*Sentiment*）：通过 RavenPack 的新闻级别的综合情绪评分（CSS）来衡量。我们将 CSS 重新缩放至 -1 到 1 之间，正值表示积极新闻，负值表示消极新闻，0 表示中性新闻。媒体情绪（Sentiment）是贷款发放日前 180 天内关于借款人的所有新闻报道的重新缩放 CSS 的平均值。

总体情绪（*Sent - Aggregate*）：计算为在贷款发放日前 180 天内关于借款人的所有新闻文章的重新缩放 CSS 的总和，它综合考虑了媒体报道量和媒体情绪，更全面地反映了媒体报道对市场的累积影响。

③控制变量

企业层面特征变量：包括总资产收益率（*ROA*），用于衡量企业的盈利能力；利息覆盖率（*IC*），反映企业支付利息的能力；杠杆率（*Lev*），体现借款人的财务风险水平；企业规模（*Size*），以总资产的自然对数表示；Altman 的 Z - 分数，用于评估企业的违约风险；市净率（*MB*），反映企业的市场估值；亏损（*Loss*），为虚拟变量，表示借款人是否出现财务亏损；上市状态（*PUB*），表示企业在最近一次贷款发放后是否仍为上市公司；分析师覆盖（*Analyst*），若在贷款发放前一个月至少有一名分析师跟踪该借款人则取值为 1，否则为 0；股票回报率（*Return*），即该借款人在贷款发放日前 180 天的累积市场调整回报率；负回报率（*NegRet*），若 *Return* 为负则取值为 1，否则为 0；地理距离（*Distance*），为借款人总部所在国家首都与牵头银行总部所在国家首都之间的地理距离（公里数加 1 的自然对数）；信用评级（*Rated*），若借款人获得主要评级机构的高级债务评级则取值为1，否则为0。

贷款层面特征变量：贷款金额（*Amount*），以美元计价的贷款金额的自然对数；贷款期限（*Maturity*），为贷款到期的月数；是否有绩效定价条款（*PP*）、贷款附带的财务契约数量（*Covenant*）、是否为循环信贷（*Revolver*）以及贷款类型（*TLB*）等。

国家层面特征变量：Fraser Institute 的经济自由指数（*EcoF*），该指数综合衡量了一个国家的法治水平（包括财产权、政府廉洁性和司法效率）、政府规模（包括政府支出、税收负担和财政健康状况）、监管效率（反映商业自由、劳动自由和货币自由）以及开放市场程度；人均国内生产总值（*GDP*）和 GDP 增长率（*GDPG*），用于控制国家的经济发展水平和增长趋势。

具体变量定义见表 5－2。

表 5－2　　　　变量定义

变量符号	变量定义
面板 A：股价崩盘风险相关变量	
a. 股价崩盘风险	
NCSKEW	公司每周回报的负偏度
DUVOL	在一个公司年度内，下跌周的周收益率标准差与上涨周的周收益率标准差之比的自然对数。如果一家公司的周收益率低于（高于）年度平均值，我们就认为该周是下跌周（上涨周）
COUNT	公司年度内崩盘周数减去跳跃周数的差值。若某周的公司回报率低于（高于）年度均值 3.09 个标准差，则定义为崩盘周（跳跃周）
b. 媒体报道	
%BAD_NEWS	公司年度内负面新闻报道数量占总新闻报道数量的比例
#BAD_NEWS	公司年度内负面新闻报道的绝对数量
TOTAL_NEWS	公司年度内发布的新闻总数量
NCSKEW_LAG	上一年度的 NCSKEW
RET	年度内公司的平均周收益，乘以 100
SIGMA	年度内公司的周收益的标准差

续表

变量符号	变量定义
KURTOSIS	年度内公司的周收益峰度
DTURN	本年度的月均股票换手率与上一年度月均换手率之差。月度股票换手率计算为月交易量除以当月流通股数
ACCM	根据修正的 Jones 模型估计的可操控应计利润绝对值的三年移动总和（Dechow et al.，1995）
LEV	总债务与总资产之比
ROA	息税前利润除与总资产之比
MTB	市场价值与账面价值之比
SALES_GROWTH	销售额的复合增长率，当年销售额与前一年销售额之比的自然对数（Piotroski et al.，2015）
SIZE	公司市值的自然对数（以 2010 年不变美元计算）
c. 国家层面控制变量	
GDP/CAPITA	该国人均 GDP 的自然对数（以 2010 年美元为基准）
GDP_GROWTH	本年度相对于上一年度的国内生产总值（GDP）增长率
MCAP	股票市场总市值与 GDP 的比率
STKTURN	股票市场总交易额与市场总市值的比率
CR	该国的债权人保护指数
d. 国家层面媒体环境	
TRUST	新闻媒体信任度指数，衡量公众对新闻报道的信任程度
FREEDOM	新闻自由指数，衡量记者和媒体机构在新闻采编上的自由度
e. 其他变量	
ACCRUAL	根据修正的 Jones 模型估计的可操控应计项目的值（Dechow et al.，1995）
RISK_TAKING	在五年的滚动窗口中，公司经行业调整后的总资产回报率的标准差。公司的总资产回报率通过减去同一国家、同一行业和同一年份的平均总资产回报率调整
面板 B：贷款定价相关变量	
a. 媒体变量	
Coverage	贷款发放日前 180 天内关于借款人的新闻报道数量加 1 的自然对数
Sentiment	贷款发放日前 180 天内关于借款人的新闻报道的综合情绪评分（CSS）的平均值。CSS 取值范围为 -1 至 1，正值表示正面新闻，负值表示负面新闻，0 表示中性新闻

续表

变量符号	变量定义
Sent - Aggregate	贷款发放日前180天内关于借款人的所有新闻报道的CSS总和
Cov_Dum	若借款人在贷款发放日前180天内有媒体报道（即Coverage > 0），则取值为1，否则为0
Sent_Dum	若借款人在贷款发放日前180天内的媒体情绪为正（即Sentiment > 0），则取值为1，否则为0
Cov_360	贷款发放日前360天内关于借款人的新闻报道数量加1的自然对数
Sent_360	贷款发放日前360天内关于借款人的新闻报道的CSS平均值
Sent - Agg_360	贷款发放日前360天内关于借款人的所有新闻报道的CSS总和
PRS	贷款发放日前180天内借款人自行发布的新闻稿的CSS平均值
Sent - ESS	贷款发放日前180天内关于借款人的新闻报道的事件情绪评分（ESS）的平均值，ESS取值范围为 -1 至 1
Sent - ESS - Agg	贷款发放日前180天内发表的有关借款人的新闻报道的ESS总和
Source_Sentiment	在贷款发放前180天内发布过有关借款人新闻的媒体的平均报道风格的代用指标，估计值如下：$Source\_Sentiment_{i,t} = \frac{1}{n_{i,t}}\sum_{j=1}^{n}\hat{a}_{j,i,t}$ 其中，i 表示借款人，t 表示贷款发放日期，$n_{i,t}$表示在贷款发放日期 t 之前的180天内有关借款人 i 的新闻报道总数，$\hat{a}_{j,i,t}$表示在贷款发放日期 t 之前的180天内发表过有关借款人 i 的新闻报道的媒体来源 j 的新闻报道风格（在下一步中估算） 每个媒体来源的新闻报道风格 $\hat{a}$ 是其在第一步中包含的180天之前发布的所有不同公司新闻的平均情感得分，按以下公式估算： $$\hat{a}_{j,t} = \frac{1}{N_{j,before\ t-180}}\sum_{k=1}^{N}CSS_{k,j}$$ 其中，j 表示新闻来源，$N_{j,before\ t-180}$ 表示 j 在贷款发放日 t 前180天内发表的新闻文章总数，k 表示一篇新闻文章。CSS的范围从 -1 到 1，正（负）分表示积极（消极）情绪，0分表示中性情绪。$\hat{a}_{j,t}$反映了媒体来源 j 在贷款发放日期 t 之前的新闻报道风格（积极或消极）
Strike	若在贷款发放日前180天内发生至少一次全国性媒体罢工，则取值为1，否则为0

续表

变量符号	变量定义
b. 贷款层面的变量	
Spread	贷款工具相对于 LIBOR 的利差（以基点计）与每美元提款支付的任何年度费用之和的自然对数（即全提款利差）
Amount	贷款金额（以美元计）的自然对数
Maturity	贷款到期的月份数
PP	若贷款包含业绩定价条款，则取值为 1，否则为 0
Covenant	贷款的财务契约数量
Revolver	若贷款为循环信贷，则取值为 1，否则为 0
TLB	若贷款类型为 B、C、D、E 或 F 类定期贷款，则取值为 1，否则为 0
BLNoRel	虚拟变量，如果牵头银行在当前贷款发放前 5 年内没有为借款人提供 50% 或以上的银团贷款，则该变量等于 1，否则等于 0
PBNoRel	如果参与银行在当前贷款发放前五年内没有参与借款人的贷款，则该虚拟变量等于 1，否则等于 0
PLNoRel	虚拟变量，如果参与银行在当前贷款发放前五年内没有与牵头银行一起发放过任何贷款，则该变量等于 1，否则等于 0
LeadShare	牵头银行保留的贷款份额百分比
Outstanding	一个虚拟变量，如果借款人在当前贷款发放时有未偿还贷款，该变量等于 1，否则等于 0
Gap	上一笔贷款发放日期与本笔贷款发放日期之间的天数
FirstTime	如果银行首次担任牵头安排人，则该虚拟变量等于 1，否则等于 0
c. 借款人层面的变量	
ROA	折旧后营业收入与总资产之比
IC	折旧后营业收入与利息费用之比
Lev	总负债与总资产之比
Size	总资产的自然对数
Z - score	衡量借款人违约风险的 *Z* 评分，得分越高，破产概率越低
MB	市场价值与账面价值之比
Loss	若 ROA 为负，则取值为 1，否则为 0
PUB	若借款人在最近一次贷款发放后仍为上市公司，则取值为 1，否则为 0

续表

变量符号	变量定义
Analyst	如果在贷款发放前的一个月内至少有一名分析师跟踪借款人，则虚拟变量等于1，否则为0
Return	借款人在贷款发放日前180天的累计市场调整收益
NegRet	若Return为负，则取值为1，否则为0
Distance	借款人所在国首都与主贷银行所在国首都之间的地理距离（公里数加1的自然对数）
Rated	若借款人从主要评级机构获得高级债务评级则取值为1，否则为0
DJD_rank	借款人总部与最近的道琼斯分行之间的地理距离十分位降序排名。借款人距离道琼斯分行越近，DJD_rank越高
Volatility	贷款发行日期前180天借款人股票回报率的标准差。我们要求至少126个交易日来计算标准差
IO	借款人股份中机构投资者所占比例
d. 国家层面的控制变量	
EcoF	一个国家的法律和监管框架支持经济自由的程度
GDP	人均国内生产总值的自然对数（以美元计）
GDPG	国内生产总值年增长率
e. 国家层面的制度环境变量	
e1. 金融信息环境	
DISCL	衡量关于研究与开发支出、资本支出、产品和地理细分数据、子公司信息以及会计政策等具有高度专有性但对外部投资者估值至关重要的会计项目的披露程度
FINTRA	衡量企业、金融分析师和媒体记者对财务信息的披露、解释和传播程度，以评估财务信息的可获得性
NAN	一国中市值最大30家公司的平均分析师关注数量
e2. 国家层面的治理质量	
VA	衡量公民在一国政府选举中的投票权利以及自由表达观点、组建协会和获取自由媒体的程度
PV	人们认为政府可能会因违反宪法或暴力手段（如出于政治动机的暴力和恐怖主义）而陷入动荡或被推翻
GE	公共服务的质量、公务员队伍的素质及其不受政治压力的独立程度、政策制订和执行的质量以及政府对这些政策的承诺的可信度

续表

变量符号	变量定义
RQ	政府制订和执行促进私营部门发展的有效政策和法规的能力
RL	衡量社会成员对社会规则的信任程度，尤其是在合同执行、产权保护、司法系统效率以及犯罪和暴力现象等方面的质量
CC	衡量公共权力是否被用于谋取私利，包括低层次和高层次腐败，以及精英和私人利益对国家的“俘获”程度
e3. 传媒行业的所有权结构	
PRCS	一个国家中，前五大报纸（按发行量计算）中由国家拥有的报纸比例
PRSS	国家拥有的报纸在前五大报纸总市场份额中的占比
PRCP	一个国家发行量最大的五家报纸中私营报纸所占的百分比
PRSP	私营报纸的市场份额占一个国家发行量最大的五家报纸的总市场份额的百分比
e4. 政府对银行业的控制	
GB	一国前十大银行（包括商业银行和开发银行）的资产中，政府所占的比例。政府在银行所占资产的比例是将该银行每个股东的股份乘以政府在该股东所占股份，然后相加得出的
GBCOM	一个国家十大商业银行的资产中，由该国政府持有的比例
GC20	一个国家前十大银行的资产比例由该国政府持有，其中政府持有该银行至少 20% 的所有权
GC50	一个国家前十大银行的资产比例由该国政府持有，其中政府持有该银行至少 50% 的所有权
GC90	一个国家前十大银行的资产比例由该国政府持有，其中政府持有该银行至少 90% 的所有权

5.1.3.3　模型设定

（1）股价崩盘风险模型

为探究坏消息报道对股价崩盘风险的影响，构建以下回归模型：

$$CRASH_{ij,t+1} = \beta_0 + \beta_1 BAD_N EWS_{ij,t} + \beta_2 X_{ij,t} + \beta_3 Y_{j,t} + \varepsilon_{ij,t+1} \tag{5-1}$$

其中，i 表示企业，j 表示国家，t 表示年份；*CRASH* 为股价崩盘风险，分别用 *NCSKEW*、*DUVOL* 和 *COUNT* 衡量；$BAD_N EWS$ 表示坏消息报道，分别用 $BAD_N EWS_{ij,t}$（坏消息比例，即一年内关于企业的负面新闻文章数量除以总新闻文章数量）或 *BAD_NEWS*（坏消息数量，即一年内关于企业的负面新闻文章的绝对数量）衡量；$X_{ij,t}$为企业层面控制变量；$Y_{j,t}$为国家层面控制变量；$\varepsilon_{ij,t+1}$为随机误差项。

（2）银行贷款定价模型

为检验媒体报道与银行贷款定价之间的关系，设定如下普通最小二乘（OLS）回归模型：

$$Spread = \alpha_0 + \beta_1 MediaNewsVariables + \beta_2 Borrower - LevelControls + \beta_3 Facility - LevelControls + \beta_4 Country - LevelControls + FixedEffects + \varepsilon \quad (5-2)$$

其中，*Spread* 为贷款定价，即贷款交易的利率价差；*Media News Variables* 包括媒体报道量（*Coverage*）、媒体情绪（*Sentiment*）和总体情绪（*Sent－Aggregate*）；*Borrower－Level Controls* 为企业层面控制变量；*Facility－Level Controls* 为贷款层面控制变量；*Country－Level Controls* 为国家层面控制变量；*Fixed Effects* 包括年份、行业、国家、贷款目的和分配方法固定效应；ε 为随机误差项。

为进一步研究国家层面制度环境与媒体报道的交互作用对贷款定价的影响，在上述模型基础上引入交互项，得到扩展模型：

$$Spread = \alpha_0 + \beta_1 MediaNewsVariables + \beta_2 InstitutionalEnvironment(IE) + \beta_3 MediaNewsVariables \times IE + \beta_4 Borrower - LevelControls + \beta_5 Facility - LevelControls + \beta_6 Country - LevelControls + FixedEffects + \varepsilon \quad (5-3)$$

其中，*Institutional Environment*（*IE*）表示国家层面制度环境因素，如金融信息环境（包括金融披露强度、金融透明度、分析师私人信息获取等指标）、国家治理质量（包括政治稳定性、政府有效性、法治水平、腐败控制等指标）、媒体所有权结构（包括政府和私人对媒体的所有权比例）以及政府对银行的控制程度等。

5.1.4　实证结果分析

5.1.4.1　描述性统计分析

股价崩盘风险样本数据的描述性统计结果如表 5－3 所示。坏消息比例（*%BAD_NEWS*）均值为 0.257，不同国家之间存在差异，如澳大利亚的平均坏消息比例为 0.3472，奥地利为 0.2477 等。就坏消息数量（*#BAD_NEWS*）而言，中国以 0.76 的数值位居最后，而美国则以 66.58 位居榜首。各国在新闻媒体信任度（*TRUST*）和新闻自由度（*FREEDOM*）方面也存在显著差异：荷兰和巴西的新闻媒体信任度最高（0.59），而韩国最低（0.25）；荷兰的新闻自由度的最高（0.000），而中国最低（-0.086）。

面板 B 部分展示了关键变量的描述性统计结果。*%BAD_NEWS* 样本包含了所有至少有一篇新闻报道的公司年度观测值。平均而言，25.70%的新闻报道属于坏消息，这表明媒体所报道的负面新闻比例较低。*#BAD_NEWS* 样本则包含了那些没有媒体新闻报道的公司年度数据，结果显示，媒体每年平均披露一家公司 20.471 篇坏消息报道。

表 5-3　　股价崩盘风险样本数据的描述性统计结果

Panel A：Sample distribution

Market	*%BAD_NEWS sample*			*#BAD_NEWS sample*				
	#Obs	*#Firms*	*%BAD_NEWS* (Ave.)	*#Obs*	*#Firms*	*#BAD_NEWS* (Ave.)	*TRUST* (Ave.)	*FREEDOM* (Ave.)
Australia	3975	751	34.72	5834	888	16.14	0.50	-0.010
Austria	152	14	24.77	168	14	7.98	0.41	-0.004
Belgium	238	38	29.13	329	43	7.96	0.53	-0.004
Brazil	362	52	28.25	528	72	12.58	0.59	-0.029
Canada	5825	979	26.17	6115	981	24.68	0.58	-0.005
Chile	157	24	31.99	306	31	4.80	0.53	-0.016
China	901	289	27.64	20103	2136	0.76	N/A	-0.086
France	2653	340	26.18	4359	447	15.77	0.35	-0.011
Germany	1896	268	27.58	4738	520	10.05	0.50	-0.005
Greece	322	103	31.34	966	149	1.14	0.26	-0.013
Hong Kong	5942	928	31.69	9399	1140	5.64	0.45	-0.019
India	5722	862	27.95	9791	1420	9.96	N/A	-0.041
Indonesia	348	42	34.97	1313	175	3.11	N/A	-0.038
Israel	182	34	27.42	611	98	11.35	N/A	-0.025
Italy	289	46	27.58	575	65	4.90	0.42	-0.010
Japan	30932	3327	26.97	39983	3568	6.32	0.43	-0.014
Malaysia	1161	113	34.65	5281	611	2.79	0.30	-0.043
Mexico	197	38	24.89	289	44	14.10	0.49	-0.046
Netherlands	320	53	29.31	468	59	11.63	0.59	0.000
Norway	733	120	28.78	826	124	11.09	0.47	-0.001
Philippines	243	30	29.35	537	70	5.09	N/A	-0.048

续表

Market	%BAD_NEWS sample			#BAD_NEWS sample				
	#Obs	#Firms	%BAD_NEWS (Ave.)	#Obs	#Firms	#BAD_NEWS (Ave.)	TRUST (Ave.)	FREEDOM (Ave.)
Poland	402	116	30.90	1409	240	1.03	0.48	−0.012
Russia	175	39	31.76	439	74	23.89	N/A	−0.052
Singapore	1159	142	33.89	2770	357	7.03	0.47	−0.051
South Africa	782	82	31.52	1306	134	11.11	N/A	−0.014
South Korea	4945	745	28.47	13154	1473	3.76	0.25	−0.018
Spain	397	73	29.43	546	73	7.79	0.44	−0.012
Sweden	109	18	27.54	152	23	6.14	0.41	−0.002
Switzerland	1194	118	30.73	1328	121	21.41	0.52	−0.004
Taiwan	8330	815	26.03	14874	1445	3.04	0.32	−0.016
Thailand	570	59	31.81	3285	355	1.65	N/A	−0.041
Turkey	501	123	29.34	1294	159	1.97	0.38	−0.048
United Kingdom	4197	425	30.66	6110	764	9.12	0.42	−0.006
United States	44604	5558	27.46	47230	5732	66.58	0.34	−0.013
Total	129915	16764		206416	23605			

Panel B: Summary statistics

Variable	%BAD_NEWS sample					
	N	Mean	SD	25%	Median	75%
NCSKEW	129915	−0.148	0.815	−0.556	−0.144	0.252
DUVOL	129915	−0.166	0.745	−0.641	−0.175	0.292
COUNT	129915	−0.078	0.614	0.000	0.000	0.000
%BAD_NEWS	129915	0.257	0.217	0.105	0.228	0.352
TOTAL_NEWS	129915	120.596	386.096	9.000	28.000	114.000
TRUST	120992	0.392	0.076	0.340	0.350	0.430
FREEDOM	121745	−0.015	0.014	−0.023	−0.013	−0.006
NCSKEW_LAG	129915	−0.142	0.778	−0.548	−0.147	0.240
RET	129915	−0.157	0.219	−0.174	−0.082	−0.040
SIGMA	129915	0.048	0.029	0.029	0.041	0.060
KURTOSIS	129915	4.341	2.465	2.962	3.619	4.793
DTURN	129915	−0.001	0.010	−0.001	0.000	0.001
ACCM	129915	0.159	0.135	0.071	0.119	0.200

续表

Variable	%BAD_NEWS sample					
	N	Mean	SD	25%	Median	75%
LEV	129915	0.213	0.181	0.043	0.189	0.337
ROA	129915	0.020	0.143	0.009	0.042	0.080
MTB	129915	2.403	2.810	0.870	1.527	2.748
SALES_GROWTH	129915	0.065	0.249	-0.030	0.055	0.156
SIZE	129915	20.128	1.887	18.862	20.036	21.350
GDP/CAPITA	129915	10.417	0.826	10.544	10.718	10.790
GDP_GROWTH	129915	0.024	0.024	0.015	0.022	0.033
MCAP	129915	1.467	1.873	0.825	1.115	1.379
STKTURN	129915	1.255	0.682	0.788	1.138	1.521
CR	129915	1.816	0.942	1.000	2.000	2.000

Variable	#BAD_NEWS sample					
	N	Mean	SD	25%	Median	75%
NCSKEW	206416	-0.170	0.791	-0.570	-0.154	0.235
DUVOL	206416	-0.182	0.736	-0.655	-0.187	0.278
COUNT	206416	-0.096	0.597	0.000	0.000	0.000
#BAD_NEWS	206416	20.471	97.887	0.000	1.000	12.000
TRUST	169031	0.388	0.080	0.340	0.350	0.430
FREEDOM	194284	-0.247	0.262	-0.287	-0.143	-0.080
NCSKEW_LAG	206416	-0.168	0.759	-0.564	-0.160	0.221
RET	206416	-0.163	0.213	-0.186	-0.091	-0.046
SIGMA	206416	0.050	0.028	0.030	0.043	0.062
KURTOSIS	206416	4.231	2.106	2.939	3.581	4.712
DTURN	206416	-0.001	0.012	-0.001	0.000	0.001
ACCM	206416	0.175	0.142	0.078	0.133	0.223
LEV	206416	0.217	0.182	0.049	0.195	0.343
ROA	206416	0.023	0.134	0.010	0.041	0.078
MTB	206416	2.354	2.731	0.842	1.501	2.729
SALES_GROWTH	206416	0.066	0.258	-0.036	0.057	0.167
SIZE	206416	19.729	1.832	18.488	19.597	20.850
GDP/CAPITA	206416	10.090	1.020	9.823	10.651	10.764
GDP_GROWTH	206416	0.032	0.031	0.016	0.026	0.047

续表

Variable	#BAD_NEWS sample					
	N	Mean	SD	25%	Median	75%
MCAP	206416	1.401	1.931	0.672	1.006	1.358
STKTURN	206416	1.245	0.745	0.752	1.125	1.543
CR	206416	1.989	0.916	1.000	2.000	2.000

注：该表显示了样本分布（面板A）和汇总统计数据（面板B）。面板A报告了公司年度的观察数量（*#Obs*）、公司数量（*#Firms*）、坏消息比例（*% BAD_NEWS*）和坏消息数量（*#BAD_NEWS*）的平均值，以及每个国家对新闻媒体（*TRUST*）和新闻自由（*FREEDOM*）的平均信任水平。表5-2中提供了面板B中变量的定义。

银行贷款样本数据的描述性统计结果如表5-4所示。利差（*Spread*）的统计结果与Bushman et al.（2017）对美国贷款工具的研究结论相近。在本节的样本中，贷款的平均利率利差为169个基点。在贷款发放前的180天内，借款人平均被报道56次。对新闻报道数量取对数转换后，媒体报道量（*Coverage*）的均值为2.487。媒体情绪（*Sentiment*）均值为0.005，表明整体而言，借款人的相关新闻信息呈现出正面倾向。

表5-4　　银行贷款样本数据的描述性统计结果

Main variables:	N	Mean	St. Dev	P25	Median	P75
Spread	12422	4.794	0.858	4.212	4.828	5.416
Coverage	12422	2.487	1.808	1.099	2.485	3.850
Sentiment	8475	0.005	0.043	-0.003	0.000	0.028
Sent-Aggregate	8475	0.017	0.145	-0.009	0.000	0.097
Control variables:						
ROA	12422	0.067	0.062	0.033	0.062	0.098
IC	12422	9.684	26.989	1.779	3.815	8.073
Lev	12422	0.600	0.175	0.489	0.601	0.711
Size	12422	9.352	2.412	7.689	9.254	10.63
Z-score	12422	2.340	1.891	1.217	1.932	2.874
MB	12422	2.155	2.794	0.913	1.493	2.479
Loss	12422	0.084	0.278	0.000	0.000	0.000
PUB	12422	0.513	0.500	0.000	1.000	1.000
Analyst	12422	0.166	0.372	0.000	0.000	0.000
Return	12422	0.054	0.317	-0.104	0.055	0.213

续表

Main variables:	N	Mean	St. Dev	P25	Median	P75
NegRet	12422	0. 401	0. 490	0. 000	0. 000	1. 000
Distance	12422	0. 897	2. 629	0. 000	0. 000	0. 000
Rated	12422	0. 220	0. 414	0. 000	0. 000	0. 000
Amount	12422	18. 852	1. 830	17. 728	18. 882	20. 082
Maturity	12422	57. 009	38. 555	36. 000	60. 000	60. 000
PP	12422	0. 114	0. 318	0. 000	0. 000	0. 000
Covenant	12422	0. 391	0. 912	0. 000	0. 000	0. 000
Revolver	12422	0. 351	0. 477	0. 000	0. 000	1. 000
TLB	12422	0. 062	0. 240	0. 000	0. 000	0. 000
EcoF	536	7. 430	0. 720	7. 015	7. 500	7. 850
GDP	536	9. 948	1. 070	9. 401	10. 258	10. 690
GDPG	536	0. 029	0. 033	0. 012	0. 027	0. 044
Institutional environment variables:						
DISCL	32	85. 326	17. 024	73. 550	92. 750	100. 000
FINTRA	32	0. 329	0. 656	-0. 179	0. 386	0. 801
NAN	32	14. 493	7. 782	7. 685	13. 870	20. 350
VA	556	0. 833	0. 765	0. 460	1. 041	1. 413
PV	556	0. 460	0. 826	-0. 063	0. 744	1. 063
GE	556	1. 126	0. 766	0. 441	1. 268	1. 777
RQ	556	1. 044	0. 739	0. 549	1. 200	1. 658
RL	556	0. 991	0. 861	0. 349	1. 262	1. 754
CC	556	1. 030	0. 991	0. 136	1. 281	1. 934
PRCS	34	-0. 047	0. 185	0. 000	0. 000	0. 000
PRSS	34	-0. 047	0. 186	0. 000	0. 000	0. 000
PRCP	34	0. 900	0. 222	1. 000	1. 000	1. 000
PRSP	34	0. 905	0. 218	1. 000	1. 000	1. 000
GB	36	0. 322	0. 275	0. 108	0. 274	0. 428
GBCOM	36	0. 307	0. 280	0. 104	0. 240	0. 411
GC20	36	0. 395	0. 326	0. 128	0. 325	0. 587
GC50	36	0. 344	0. 312	0. 096	0. 235	0. 575
GC90	36	0. 213	0. 254	0. 018	0. 126	0. 303

注：国家层面时变变量的统计量基于国家—年度观测值报告，国家层面非时变变量的统计量基于国家横截面数据报告。变量定义见表 5 - 2。

5.1.4.2 基准回归结果

(1) 股价崩盘风险

表5－5展示了坏消息报道对未来股价崩盘风险的影响。坏消息比例（%BAD_NEWS）和坏消息数量（#BAD_NEWS）的系数均显著为负，说明坏消息报道显著降低了股价崩盘风险。这一发现支持假设H1，即坏消息报道能够抑制管理层囤积坏消息的行为，从而降低企业未来的股价崩盘风险。在列（1）至列（3）中，媒体报道总量（TOTAL_NEWS）与未来崩盘风险呈现负相关关系，这与An et al.（2020）的研究结果一致。

表5－5 坏消息报道对未来崩盘风险的影响

Variable	(1)	(2)	(3)	(4)	(5)	(6)
	$NCSKEW_{t+1}$	$DUVOL_{t+1}$	$COUNT_{t+1}$	$NCSKEW_{t+1}$	$DUVOL_{t+1}$	$COUNT_{t+1}$
%BAD_NEWS	−0.042***	−0.033***	−0.021***			
	(−3.942)	(−3.440)	(−2.647)			
#BAD_NEWS				−0.051***	−0.055***	−0.037***
				(−2.692)	(−3.183)	(−2.583)
TOTAL_NEWS	−0.020***	−0.017***	−0.013***			
	(−3.077)	(−2.892)	(−2.690)			
NCSKEW_LAG	0.037***	0.035***	0.021***	0.042***	0.042***	0.026***
	(12.779)	(13.321)	(9.558)	(18.335)	(19.474)	(14.658)
RET	0.153***	0.071**	0.088***	0.151***	0.083***	0.096***
	(4.444)	(2.257)	(3.381)	(5.566)	(3.293)	(4.643)
SIGMA	1.174***	0.356	0.804***	0.993***	0.250	0.799***
	(4.161)	(1.388)	(3.751)	(4.546)	(1.233)	(4.804)
KURTOSIS	0.001	0.000	−0.001	−0.001*	−0.001	−0.002***
	(0.475)	(0.481)	(−1.557)	(−1.741)	(−1.340)	(−3.694)
DTURN	0.966***	1.004***	0.419**	0.554***	0.375***	0.545***
	(4.152)	(4.744)	(2.371)	(3.971)	(2.899)	(5.126)
ACCM	0.075***	0.061***	0.033**	0.060***	0.054***	0.020**
	(4.054)	(3.670)	(2.375)	(4.525)	(4.447)	(2.033)
LEV	−0.172***	−0.152***	−0.101***	−0.136***	−0.120***	−0.083***
	(−12.669)	(−12.368)	(−9.778)	(−13.231)	(−12.563)	(−10.587)

续表

Variable	(1) $NCSKEW_{t+1}$	(2) $DUVOL_{t+1}$	(3) $COUNT_{t+1}$	(4) $NCSKEW_{t+1}$	(5) $DUVOL_{t+1}$	(6) $COUNT_{t+1}$
ROA	0.111***	0.123***	0.127***	0.069***	0.062***	0.102***
	(5.953)	(7.281)	(8.949)	(4.583)	(4.494)	(8.909)
MTB	0.017***	0.016***	0.009***	0.017***	0.016***	0.010***
	(20.272)	(20.860)	(14.680)	(26.071)	(26.517)	(18.966)
SALES_GROWTH	0.101***	0.091***	0.055***	0.068***	0.055***	0.043***
	(10.749)	(10.618)	(7.655)	(9.798)	(8.623)	(8.195)
SIZE	0.050***	0.045***	0.029***	0.045***	0.041***	0.027***
	(31.516)	(31.546)	(24.268)	(36.821)	(36.662)	(28.838)
GDP/CAPITA	0.034***	0.036***	0.019***	0.032***	0.034***	0.020***
	(16.166)	(18.987)	(11.709)	(21.632)	(24.375)	(17.795)
GDP_GROWTH	0.554***	0.435***	0.204*	2.263***	2.510***	1.213***
	(3.621)	(3.130)	(1.752)	(24.435)	(29.221)	(17.201)
MCAP	-0.007***	-0.006***	-0.004***	-0.011***	-0.012***	-0.007***
	(-4.785)	(-5.104)	(-4.089)	(-10.705)	(-12.262)	(-8.863)
STKTURN	0.026***	0.031***	0.014***	0.033***	0.042***	0.012***
	(5.488)	(7.233)	(3.942)	(11.328)	(15.804)	(5.635)
CR	-0.029***	-0.024***	-0.021***	-0.026***	-0.023***	-0.019***
	(-9.347)	(-8.516)	(-8.736)	(-11.466)	(-10.513)	(-10.880)
Industry fixed effect	Yes	Yes	Yes	Yes	Yes	Yes
Year fixed effect	Yes	Yes	Yes	Yes	Yes	Yes
N	129915	129915	129915	206416	206416	206416
Adj. R^2	0.031	0.035	0.019	0.032	0.036	0.020

注：NCSKEW、DUVOL 和 COUNT 是衡量特定公司股价崩盘风险的指标。变量定义见表 5-2。截距项已包含但为简洁起见未列出。括号中显示的是基于公司层面聚类的稳健标准误差的 t 统计量。***、** 和 * 分别表示在 1%、5% 和 10% 水平上的统计显著性。

就企业层面的控制变量而言，滞后的负收益偏态系数（*NCSKEW_LAG*）对未来股价崩盘风险具有显著的正向影响，反映了崩盘风险的时间持续性（Chen et al.，2001）。历史股票回报率（*RET*）系数显著为正，表明历史收益较高的股票更易经历崩盘（Chen et al.，2001）。此外，股票回报波动率（*SIGMA*）被证实显著提高未来的崩盘风险（Kim et al.，2011b）。去趋势换手率（*DTURN*）的正向显著系数支持了投资者对企业基本面分歧较大时，企业更易出现崩盘的观点（Chen et al.，2001）。作为管理层掩盖不利信息的重要手段，盈余管理（*ACCM*）被证实会加剧崩盘风险（Hutton et al.，2009）。此外，与现有研究（如 Obaydin et al.，2021）相一致，我们发现杠杆水平较低（*LEV*）、盈利能力较高（*ROA*）、成长性较强（*MTB* 和 *SALES_GROWTH*）以及规模较大的企业（*SIZE*）通常具有更高的崩盘风险。

在国家层面，结果表明人均 GDP（*GDP per capita*）和 GDP 增长率（*GDP growth rate*）均显著提高企业的崩盘风险，这与 An et al.（2018）的研究一致，即富裕国家和高增长经济体的企业更容易经历股价崩盘。此外，在股票市场规模（*MCAP*）较小但市场流动性（*STKTURN*）较高的国家，企业的崩盘风险更大，这一发现与 An et al.（2018）的结论相符。而债权人权利保护（*CR*）增强能够有效降低崩盘风险，表明债权人保护机制可以约束管理层的坏消息囤积行为。

（2）银行贷款定价

表 5－6 展示了媒体报道量与媒体情绪对贷款利差的基准回归结果（假设 H4）。第（1）列表明，*Coverage*（媒体报道量）的系数在统计上显著为负。从经济意义来看，*Coverage* 每增加一个标准差，贷款利差（*Spread*）下降 0.108（=1.808×0.060），即减少约 12.4 个基点。第（2）列考察了媒体情绪（*Sentiment*）对贷款定价的影响，结果显示，*Sentiment* 每增加一个标准差，贷款利差下降 0.039（=0.900×0.043），约为 4.6 个基点。当在第（3）列同时加入 *Coverage* 和 *Sentiment* 变量时，结果表明，两者分别能够使贷款利差减少 14.2 个基点和 4.4 个基点。此外，在第（4）列中，我们使用 *Sent－Aggregate*（媒体情绪综合指标）作为整体市场新闻情绪的代理变量，发现其系数显著为负，表明具有更积极媒体情绪的借款人能够获得更低的贷款利差。具体而言，*Sent－Aggregate* 每增加一个标准差，贷款利差将下降 5.8 个基点。这些发现一致支持假设 H4，即较广泛的媒体报道与更积极的媒体情绪能够降低银行贷款成本。

控制变量方面，研究结果与现有文献（Bushman et al.，2017；Gao et al.，2020a）基本一致。企业层面来看，经营业绩更优（由 *ROA*、*Loss* 和 *NegRet* 衡量）、杠杆水平较低（*Lev*）、规模较大（*Size*）、破产风险较低（*Z－*

score)、已上市（Pub）、受到分析师关注（Analyst）以及与牵头银行地理距离较近（Distance）的企业，其贷款利差显著较低。贷款特征方面，规模较大的贷款（Amount）和循环贷款（Revolver）的贷款利差较低，而贷款期限较长（Maturity）、包含业绩定价条款（PP），以及属于 B 类或更低级别定期贷款（TLB）的贷款，往往伴随更高的贷款利差。国家层面，经济自由度（EcoF）和 GDP 增长率（GDPG）较高的国家贷款利差较低，而人均 GDP（GDP）较高的国家贷款利差较高。这些结果表明，经济环境和市场特征在贷款定价中发挥着重要作用。

表 5-6　基准回归结果：媒体和贷款定价

Variable	(1)	(2)	(3)	(4)
	Spread	Spread	Spread	Spread
Coverage	-0.060***		-0.061***	
	(-13.319)		(-11.049)	
Sentiment		-0.900***	-0.860***	
		(-5.145)	(-4.970)	
Sent-Aggregate				-0.333***
				(-6.643)
ROA	-0.596***	-0.486***	-0.513***	-0.472***
	(-4.564)	(-2.930)	(-3.112)	(-2.919)
IC	0.000	0.000*	0.000*	0.000
	(0.416)	(1.741)	(1.761)	(1.636)
Lev	0.385***	0.414***	0.441***	0.409***
	(8.906)	(7.610)	(8.221)	(7.597)
Size	-0.068***	-0.093***	-0.073***	-0.093***
	(-17.823)	(-18.229)	(-13.995)	(-20.291)
Z-score	-0.030***	-0.037***	-0.033***	-0.037***
	(-6.327)	(-6.632)	(-5.942)	(-6.379)
MB	0.002	0.002	0.003	0.002
	(0.811)	(0.723)	(1.266)	(0.796)
Loss	0.194***	0.221***	0.219***	0.221***
	(8.125)	(7.106)	(7.068)	(7.239)
PUB	-0.087***	-0.098***	-0.101***	-0.099***
	(-7.276)	(-6.416)	(-6.691)	(-6.540)

续表

Variable	(1)	(2)	(3)	(4)
	Spread	*Spread*	*Spread*	*Spread*
Analyst	-0.038**	-0.101***	-0.054***	-0.101***
	(-2.089)	(-5.202)	(-2.666)	(-5.152)
Return	0.034	0.072**	0.073**	0.075**
	(1.396)	(2.200)	(2.225)	(2.475)
NegRet	0.049***	0.043**	0.047**	0.040**
	(3.130)	(2.193)	(2.418)	(2.078)
Distance	0.024***	0.022***	0.023***	0.022***
	(10.688)	(8.343)	(8.839)	(8.264)
Rated	0.012	-0.008	0.038*	-0.007
	(0.670)	(-0.403)	(1.806)	(-0.381)
Amount	-0.063***	-0.066***	-0.064***	-0.066***
	(-15.861)	(-11.694)	(-11.429)	(-13.911)
Maturity	0.001***	0.001***	0.001***	0.001***
	(6.931)	(3.672)	(3.864)	(4.834)
PP	0.061***	0.053**	0.063***	0.053**
	(3.331)	(2.518)	(2.976)	(2.413)
Covenant	-0.000	0.022***	0.018**	0.021**
	(-0.009)	(2.700)	(2.210)	(2.456)
Revolver	-0.161***	-0.190***	-0.188***	-0.190***
	(-12.675)	(-12.295)	(-12.239)	(-12.009)
TLB	0.329***	0.357***	0.348***	0.356***
	(13.052)	(13.065)	(12.596)	(11.810)
EcoF	-0.418***	-0.394***	-0.458***	-0.394***
	(-10.943)	(-7.755)	(-9.051)	(-7.864)
GDP	0.304***	0.347***	0.338***	0.347***
	(7.715)	(6.801)	(6.742)	(6.864)
GDPG	-1.180***	-1.253***	-0.926**	-1.209***
	(-3.802)	(-3.234)	(-2.442)	(-3.077)
Fixed Effects	Yes	Yes	Yes	Yes
Adj. R^2	0.541	0.548	0.555	0.549
Obs.	12422	8475	8475	8475

注：回归模型包含截距项，但为简洁起见未予列出。固定效应包括年份、行业、国家、贷款用途及分销方式的固定效应。变量定义见表5-2。括号内为使用异方差稳健标准误计算的t统计量。*** 表示 $p<0.01$，** 表示 $p<0.05$，* 表示 $p<0.1$。

5.1.4.3 内生性检验

（1）股价崩盘风险内生性检验

①倾向得分匹配法

具体而言，我们根据每个负面新闻报道变量的中位数，将同一国家内的企业划分为高负面新闻报道组和低负面新闻报道组，并使用 Probit 模型回归企业属于高负面新闻报道组的概率，其自变量包括表 5－7 面板 A 中的企业层面特征。随后，我们采用一对一最近邻匹配（最近邻替换匹配法），使得同一国家内的高负面新闻报道组和低负面新闻报道组在匹配变量上保持一致。在面板 B 中，我们验证了匹配后的两组企业在企业特征上的均值没有显著差异。基于匹配后的样本，我们在面板 C 重新检验了负面新闻报道与未来股价崩盘风险之间的关系，结果显示，无论是*% BAD_NEWS* 还是*#BAD_NEWS*，均显著降低未来股价崩盘风险，进一步验证了研究假设的成立。

表 5－7　　内生性检验：基于公司特征的倾向评分匹配

Panel A：Determinants of bad－news media coverage		
Variable	(1)	(2)
	$\%BAD\_NEWS_{t+1}$	$\#BAD\_NEWS_{t+1}$
RET	0.014	0.000
	(1.635)	(0.052)
SIGMA	0.316***	0.039***
	(4.367)	(2.661)
KURTOSIS	0.003***	0.002***
	(9.458)	(29.957)
DTURN	－0.336***	0.012
	(－5.798)	(1.383)
ACCM	0.010**	0.003***
	(2.053)	(3.333)
LEV	0.022***	0.002**
	(6.382)	(2.218)
ROA	－0.051***	－0.007***
	(－10.668)	(－6.621)

续表

Variable	(1)	(2)
	% BAD_NEWS$_{t+1}$	#BAD_NEWS$_{t+1}$
MTB	0. 000	0. 003 ***
	(0. 333)	(57. 459)
SALES_GROWTH	−0. 023 ***	−0. 002 ***
	(−9. 714)	(−3. 573)
SIZE	0. 009 ***	0. 014 ***
	(22. 790)	(169. 438)
GDP/CAPITA	−0. 001	0. 007 ***
	(−1. 366)	(64. 827)
GDP_GROWTH	0. 327 ***	0. 125 ***
	(8. 367)	(20. 106)
MCAP	−0. 001 ***	0. 001 ***
	(−3. 826)	(11. 856)
STKTURN	−0. 016 ***	0. 001 ***
	(−13. 791)	(4. 136)
CR	0. 025 ***	−0. 010 ***
	(32. 322)	(−66. 311)
Industry fixed effect	Yes	Yes
Year fixed effect	Yes	Yes
N	137084	229850
Adj. R^2	0. 029	0. 248

Panel B: Post − matching mean differences between firms with high and low levels of bad − news coverage

Variable	% BAD_NEWS				#BAD_NEWS			
	High	Low	High − Low	*p* − value	High	Low	High − Low	*p* − value
RET	−0. 162	−0. 161	−0. 001	0. 527	−0. 176	−0. 175	−0. 001	0. 518
SIGMA	0. 050	0. 049	0. 000	0. 379	0. 052	0. 052	0. 000	0. 262
KURTOSIS	4. 339	4. 343	−0. 004	0. 799	4. 379	4. 385	−0. 006	0. 653
DTURN	−0. 001	−0. 001	0. 000	0. 170	−0. 001	−0. 001	0. 000	0. 332
ACCM	0. 164	0. 163	0. 001	0. 204	0. 176	0. 178	−0. 001	0. 190
LEV	0. 216	0. 218	−0. 002	0. 110	0. 208	0. 210	−0. 002	0. 159
ROA	0. 020	0. 020	0. 001	0. 585	0. 017	0. 018	−0. 001	0. 146
MTB	2. 377	2. 356	0. 021	0. 259	2. 348	2. 332	0. 016	0. 356
SALES_GROWTH	0. 065	0. 065	0. 000	0. 833	0. 062	0. 064	−0. 002	0. 272
SIZE	19. 928	19. 910	0. 017	0. 147	19. 416	19. 407	0. 009	0. 350

续表

Panel C：Use the propensity-score matched sample to estimate the baseline regression						
Variable	(1)	(2)	(3)	(4)	(5)	(6)
	$NCSKEW_{t+1}$	$DUVOL_{t+1}$	$COUNT_{t+1}$	$NCSKEW_{t+1}$	$DUVOL_{t+1}$	$COUNT_{t+1}$
%BAD_NEWS	-0.056***	-0.042***	-0.034***			
	(-3.860)	(-3.203)	(-3.131)			
#BAD_NEWS				-0.189***	-0.153***	-0.107**
				(-2.985)	(-2.604)	(-2.185)
TOTAL_NEWS	-0.049***	-0.036***	-0.022**			
	(-3.447)	(-2.834)	(-2.085)			
Control variables	Yes	Yes	Yes	Yes	Yes	Yes
Industry fixed effect	Yes	Yes	Yes	Yes	Yes	Yes
Year fixed effect	Yes	Yes	Yes	Yes	Yes	Yes
N	68135	68135	68135	85258	85258	85258
Adj. R^2	0.032	0.036	0.020	0.027	0.031	0.017

注：变量定义见表 5-2。截距项已包含但为简洁起见未列出。括号内为基于公司层面聚类的稳健标准误的 t 统计量。***、** 和 * 分别表示在 1%、5% 和 10% 的显著性水平上具有统计显著性。

②工具变量法

为缓解遗漏变量可能导致的内生性问题，我们借鉴 Peress（2014）的研究，采用全国性报纸罢工事件作为工具变量。这些罢工通常由新闻工作者为抗议媒体审查、争取新闻自由或改善行业待遇而发起。在发生全国性报纸罢工的国家，记者通常拥有更大的自由度和动机去调查、曝光企业的负面信息。此外，这些罢工主要影响新闻行业，与其他行业或股票市场的表现关系不大，因此可作为外生于股价崩盘风险的冲击变量。

为运用 Peress（2014）的罢工数据，我们将样本限定在 2001 年至 2011 年的 OECD 国家。基于该数据，我们构建了两类工具变量：*STRIKE*：某国某年若发生全国性报纸罢工，则该虚拟变量取值为 1，否则为 0。*STRIKE_DURATION*：表示某国某年度全国性报纸罢工的持续天数。

2SLS 回归结果如表 5-8 所示。在面板 A 第一阶段回归［第（1）列和第（5）列］中，我们回归负面新闻比例（*%BAD_NEWS*）在工具变量上的拟合值（$\widehat{\%BAD\_NEWS}$），结果表明，全国性报纸罢工的发生及持续时间均显著增加%BAD_NEWS，说明罢工期间媒体更倾向于披露企业的负面信息。在第二阶段回归中，我们发现，工具变量拟合的*%BAD_NEWS*显著降低未来股价崩盘风险，这一结果与我们的基准回归一致。在面板B中，我们进一步使用负面新闻数量（*#BAD_NEWS*）作为代理变量，发现工具变量拟合的*#BAD_NEWS*仍然显著降低未来股价崩盘风险，进一步增强了研究结论的稳健性。

表5-8　　内生性测试：全国性报纸罢工作为工具

Panel A: % BAD_NEWS as the proxy for bad - news media coverage								
Variable	1st stage	2nd stage			1st stage	2nd stage		
	(1)	(2)	(3)	(4)	(5)	(6)	(7)	(8)
	$\%BAD\_NEWS_t$	$NCSKEW_{t+1}$	$DUVOL_{t+1}$	$COUNT_{t+1}$	$\%BAD\_NEWS_t$	$NCSKEW_{t+1}$	$DUVOL_{t+1}$	$COUNT_{t+1}$
STRIKEt	0.031***							
	(4.787)							
$STRIKE\_DURATION_t$					0.033***			
					(3.631)			
$\widehat{\%BAD\_NEWS_t}$		-0.037**	-0.028**	-0.026**		-0.038**	-0.029**	-0.027**
		(-2.414)	(-2.004)	(-2.186)		(-2.438)	(-2.033)	(-2.207)
Control variables	Yes	Yes	Yes	Yes	Yes	Yes	Yes	Yes
Industry fixed effect	Yes	Yes	Yes	Yes	Yes	Yes	Yes	Yes
Year fixed effect	Yes	Yes	Yes	Yes	Yes	Yes	Yes	Yes
N	62416	62416	62416	62416	62416	62416	62416	62416
Adj. R^2	0.049	0.024	0.027	0.017	0.049	0.024	0.027	0.017
Panel B: #BAD_NEWS as the proxy for bad - news media coverage								
Variable	1st stage	2nd stage			1st stage	2nd stage		
	(1)	(2)	(3)	(4)	(5)	(6)	(7)	(8)
	$\#BAD\_NEWS_t$	$NCSKEW_{t+1}$	$DUVOL_{t+1}$	$COUNT_{t+1}$	$\#BAD\_NEWS_t$	$NCSKEW_{t+1}$	$DUVOL_{t+1}$	$COUNT_{t+1}$
$STRIKE_t$	0.003***							
	(2.614)							
$STRIKE\_DURATION_t$					0.004***			
					(3.005)			
$\widehat{\#BAD\_NEWS_t}$		-0.206***	-0.157***	-0.149***		-0.209***	-0.158***	-0.150***
		(-3.216)	(-2.684)	(-3.040)		(-3.250)	(-2.716)	(-3.063)

续表

Variable	1st stage	2nd stage			1st stage	2nd stage		
	(1)	(2)	(3)	(4)	(5)	(6)	(7)	(8)
	$\#BAD\_NEWS_t$	$NCSKEW_{t+1}$	$DUVOL_{t+1}$	$COUNT_{t+1}$	$\#BAD\_NEWS_t$	$NCSKEW_{t+1}$	$DUVOL_{t+1}$	$COUNT_{t+1}$
Control variables	Yes	Yes	Yes	Yes	Yes	Yes	Yes	Yes
Industry fixed effect	Yes	Yes	Yes	Yes	Yes	Yes	Yes	Yes
Year fixed effect	Yes	Yes	Yes	Yes	Yes	Yes	Yes	Yes
N	83035	83035	83035	83035	83035	83035	83035	83035
adj. R^2	0. 245	0. 026	0. 028	0. 019	0. 245	0. 026	0. 028	0. 019

注：基于稳健性标准误差在企业层面聚集的 t 统计量在括号中显示。*** 、** 和 * 分别表示在 1%、5% 和 10% 水平上具有统计学显著性。

（2）银行贷款定价内生性检验

①工具变量法

借鉴 Dai et al.（2015）和 Chen et al.（2020）的研究，我们使用企业总部与最近的道琼斯（Dow Jones）分支机构之间的地理距离作为媒体报道的工具变量。道琼斯作为全球主要商业新闻机构，旗下包括《华尔街日报》（*The Wall Street Journal*）、Factiva、《巴伦周刊》（*Barron's*）、MarketWatch、Mansion Global、《金融新闻》（*Financial News*）和道琼斯新闻社（Dow Jones Newswires）等，其新闻报道广泛覆盖全球企业。Gurun 和 Butler（2012）指出，企业与媒体机构的距离越近，其媒体曝光度越高，因为记者更容易获取相关信息并进行报道。我们从道琼斯官方网站收集全球分支机构的位置，并构造工具变量 *DJD_rank*，该变量表示企业总部到最近道琼斯分支机构的地理距离降序排名（十分位数），即企业距离道琼斯分支机构越近，*DJD_rank* 值越高。

表 5 -9 展示了两阶段最小二乘法（2SLS）回归结果。在面板 A 中，第（1）—（2）列使用完整样本，第（3）—（4）列使用匹配样本，通过一对一的最近邻倾向评分匹配，将距离最近的道琼斯分支机构距离较远的借款人与距离较低的借款人进行匹配。在面板 B 中，第（1）—（2）列使用完整样本，第（3）—（4）列使用匹配样本，该样本通过一对一的最近邻倾向评分匹配，将借款人与 Source_Sentiment 的正面和负面相匹配。在第一阶段回归（第 1 列），媒体报道量与 *DJD_rank* 之间呈现显著正相关关系，表明

距离道琼斯分支机构较近的企业获得了更多的媒体报道。部分 *F* 统计量为 60.259，显著高于弱工具变量的标准。在第二阶段回归（第 2 列）中，拟合的媒体报道量（Fitted Coverage）显著降低贷款利差，验证了研究假设。

表 5 -9　　　　工具变量方法

Panel A. The Ⅳ -2SLS approach for media coverage				
	Full sample		Matched sample	
Dependent variable =	First - stage	Second - stage	First - stage	Second - stage
	(1)	(2)	(3)	(4)
	Coverage	*Spread*	*Coverage*	*Spread*
DJD_rank	0.046 ***		0.034 ***	
	(7.761)		(4.543)	
Fitted Coverage		-0.169 ***		-0.274 **
		(-1.732)		(-2.315)
Controls	Yes	Yes	Yes	Yes
Fixed Effects	Yes	Yes	Yes	Yes
Partial F - statistic	60.259 ***		20.378 ***	
Adj. R^2	0.616		0.614	
Obs.	10553	10553	5844	5844
Panel B. The Ⅳ -2SLS approach for media sentiment				
	Full sample		Matched sample	
Dependent variable =	First - stage	Second - stage	First - stage	Second - stage
	(1)	(2)	(3)	(4)
	Sentiment	*Spread*	*Sentiment*	*Spread*
Source_Sentiment	1.107 ***		1.801 ***	
	(7.473)		(8.332)	
Fitted Sentiment		-4.878 **		-4.615 ***
		(-2.557)		(-3.063)
Controls	Yes	Yes	Yes	Yes
Fixed Effects	Yes	Yes	Yes	Yes
Partial F - statistic	54.218 ***		65.928 ***	
Adj. R^2	0.195		0.095	
Obs.	6247	6247	4066	4066

注：截距包括在内，但为了简洁未列出。固定效应包括年份、行业、国家、贷款用途和分配方式。变量定义见表 5 -2。使用经异方差校正的稳健标准误差计算的 t 统计量在括号内。*** 表示 $p<0.01$，** 表示 $p<0.05$，* 表示 $p<0.1$。

然而，道琼斯可能更倾向于在新闻价值较高的地区设立分支机构，这可能影响企业与媒体报道之间的关系。为应对这一问题，我们采用倾向得分匹配（PSM）方法进行调整，使高距离组和低距离组的企业在基本特征上保持一致。匹配后两组企业间无显著差异，确保了工具变量 DJD_rank 的有效性。最终，在匹配样本中的 2SLS 回归结果依然支持研究结论，即媒体报道降低贷款利差。

②外生冲击检验

企业可以主动管理其媒体曝光度，例如选择向媒体披露的信息或调整财报发布时间，这可能会影响媒体报道的独立性和公正性。为减少潜在的内生性问题，我们采用全国性媒体罢工作为媒体报道的外生冲击变量。参考 Chen et al.（2020）的研究方法，表 5－10 面板 A 中，我们识别出在发生全国性媒体罢工的国家，贷款发放日期落入罢工期间的 504 笔贷款，并将这些贷款划分为罢工组（Strike group）和非罢工组（Non－strike group）。罢工组（Strike＝1）：包括 147 笔贷款，其发放日期前 180 天内至少经历过一次全国性媒体罢工。非罢工组（Strike＝0）：包括 357 笔贷款，其发放日期前 180 天内未发生全国性媒体罢工。*t* 检验结果表明，这一均值差异在统计上显著，说明由于全国性媒体罢工的影响，罢工组的企业获得的媒体报道数量明显减少。

进一步地，我们分析全国性媒体罢工对贷款利差（Loan Spread）的影响。在回归模型中，我们控制了一系列与基准回归一致的变量，并纳入公司、年份、贷款用途和贷款发放方式的固定效应，以确保结果的稳健性。表 5－10 面板 B 的回归结果显示，Strike 变量的回归系数显著为正，表明全国性媒体罢工提高了贷款利差。这一发现表明：当企业的媒体报道减少时，其贷款融资成本上升，进一步支持了媒体监督在企业融资环境中的关键作用。

表 5－10　　外生性冲击—全国媒体罢工

Panel A. Media coverage with and without a national media strike				
	Strike＝0	*Strike*＝1	*Mean diff.*	*t－statistic*
Coverage	3.474	3.227	0.263	2.05 **
Obs.	357	147		

续表

Panel B. How the occurrence of a national media strike affects loan spreads	
Dependent variable =	(1)
	Spread
Strike	0.151 *
	(1.744)
Controls	Yes
Fixed Effects	Yes
adj. R^2	0.797
Obs.	504

注：其中包含了一个截距，但为简洁起见将其省略。固定效应包括企业、年份、贷款用途和发放方式。变量定义见表5-2。括号内为使用稳健标准误（已修正异方差）计算的t统计量。*** 表示 $p<0.01$，** 表示 $p<0.05$，* 表示 $p<0.1$。

5.1.4.4 稳健性检验

（1）股价崩盘风险稳健性检验

在表5-11中，我们对主要研究结果进行了稳健性检验。面板A采用一阶差分模型，将股价崩盘风险的时间序列变化回归于坏消息报道的变动及控制变量，以消除时间不变的遗漏变量可能带来的干扰。回归结果支持我们的主要结论。面板B在国家层面进行回归分析，以避免回归结果受到样本中占比较大的国家的主导影响。结果表明，我们的推论依然成立。面板C采用国家层面回归系数估计值衡量坏消息报道的经济影响，它报告了响应坏消息报道增加一个标准差时崩溃风险的百分比变化。结果显示，*%BAD_NEWS* 每增加一个标准差，*NCSKEW* 相较于样本均值下降约21.01%，而*#BAD_NEWS* 每增加一个标准差，*NCSKEW* 相较于样本均值下降约20.71%。

表5-11　坏消息报道对未来崩盘风险影响的额外测试

Panel A: First - difference regression						
Variable	(1)	(2)	(3)	(4)	(5)	(6)
	$\Delta NCSKEW_{t+1}$	$\Delta DUVOL_{t+1}$	$\Delta COUNT_{t+1}$	$\Delta NCSKEW_{t+1}$	$\Delta DUVOL_{t+1}$	$\Delta COUNT_{t+1}$
Δ%BAD_NEWS	-0.053 ***	-0.066 ***	-0.048 ***			
	(-4.518)	(-6.052)	(-3.066)			

续表

Variable	(1)	(2)	(3)	(4)	(5)	(6)
	$\Delta NCSKEW_{t+1}$	$\Delta DUVOL_{t+1}$	$\Delta COUNT_{t+1}$	$\Delta NCSKEW_{t+1}$	$\Delta DUVOL_{t+1}$	$\Delta COUNT_{t+1}$
Δ#BAD_NEWS				-0.325***	-0.276**	-0.246***
				(-2.838)	(-2.552)	(-2.590)
ΔTOTAL_NEWS	-0.059**	-0.066***	-0.043**			
	(-2.217)	(-2.659)	(-1.965)			
ΔControl variables	Yes	Yes	Yes	Yes	Yes	Yes
Industry fixed effect	Yes	Yes	Yes	Yes	Yes	Yes
Year fixed effect	Yes	Yes	Yes	Yes	Yes	Yes
N	106570	106570	106570	173822	173822	173822
Adj. R^2	0.248	0.229	0.145	0.247	0.227	0.140

Panel B: Country - level regression

Variable	(1)	(2)	(3)	(4)	(5)	(6)
	$NCSKEW_{t+1}$	$DUVOL_{t+1}$	$COUNT_{t+1}$	$NCSKEW_{t+1}$	$DUVOL_{t+1}$	$COUNT_{t+1}$
%BAD_NEWS	-0.373***	-0.491***	-0.246**			
	(-3.002)	(-3.605)	(-2.363)			
#BAD_NEWS				-0.097***	-0.144***	-0.104***
				(-2.829)	(-4.254)	(-3.737)
TOTAL_NEWS	-0.334***	-0.363***	-0.247***			
	(-3.798)	(-3.927)	(-3.155)			
Control variables	Yes	Yes	Yes	Yes	Yes	Yes
Year fixed effect	Yes	Yes	Yes	Yes	Yes	Yes
N	586	586	586	619	619	619
Adj. R^2	0.256	0.262	0.181	0.243	0.249	0.155

Panel C: Economic significance of the key independent variables

One standard deviation increase	(1)	(2)	(3)
	NCSKEW	*DUVOL*	*COUNT*
%BAD_NEWS	-21.01%	-22.66%	-40.00%
#BAD_NEWS	-20.71%	-28.45%	-35.36%

注：基于稳健性标准误差聚集在公司/国家层面的 t 统计量在括号中显示。*** 、** 和 * 分别表示在 1% 、5% 和 10% 水平上具有统计学显著性。

（2）银行贷款定价稳健性检验

①选择偏差处理

借款人是否获得媒体报道可能受到企业特征的影响，而这些特征差异可能同时影响贷款利差。因此，我们首先评估获得媒体报道的企业与未获得媒体报道的企业是否存在系统性差异。我们定义了一个二元变量 *Cov_Dum*：若借款人在贷款发放前 180 天内至少被新闻报道一次，则 *Cov_Dum* =1（存在媒体报道）；否则，*Cov_Dum* =0（无媒体报道）。为了减少选择性偏差的影响，我们采用一对一最近邻倾向得分匹配（PSM），使用 Probit 模型预测 *Cov_Dum* 的概率，并控制多个企业特征［见公式（5－2）］。匹配后，两组企业在可观测变量上的差异不再显著。在匹配样本中，我们回归贷款利差（*Spread*）对 *Cov_Dum* 及其他控制变量，回归结果见表 5－12 面板 A 第 1 列。结果表明，获得媒体报道的借款人相比未获得报道的借款人，享受更低的贷款利差，与我们的基准研究结论一致。

同样地，我们检查了媒体情绪的影响是否受企业特征的选择性偏差影响，定义新的二元变量 *Sent_Dum*：*Sent_Dum* =1，若借款人在贷款发放前 180 天内的媒体情绪（*Sentiment*）为正面；*Sent_Dum* =0，若媒体情绪为负面。匹配后，我们重新回归贷款利差对 *Sent_Dum* 及控制变量，回归结果见表 5－12 面板 A 第 2 列。负向系数表明，获得正面媒体报道的企业，其贷款利差显著较低，进一步支持我们的研究假设。

②替代媒体新闻估计窗口

基准分析使用的是贷款发放前 180 天的新闻报道计算媒体报道量和媒体情绪。为了检验结果的稳健性，我们将时间窗口扩大至 360 天，重新计算媒体报道量（*Cov_360*）、媒体情绪（*Sent_360*）和累计情绪（*Sent－Agg_360*）。表 5－12 面板 B 显示，即使扩大时间窗口，较高的媒体报道量和更正面的媒体情绪仍显著降低贷款利差，表明研究结论稳健。

③增加控制变量

为了确保结果不受遗漏变量的影响，我们进一步引入了以下额外控制变量。新闻稿情绪（*PRS*）：贷款发放前 180 天内，借款人自行发布的新闻稿的平均情绪得分。表 5－12 面板 C 显示，*PRS* 的回归系数显著为负，表明发布正面新闻稿的企业可获得更低的贷款利差。重要的是，在控制 *PRS* 变量后，媒体新闻的影响依然显著，排除了媒体报道仅仅是公司新闻稿复制品的可能性。我们还控制了机构所有权（*IO*），即机构投资者持有的公司股份比例。参考 Roberts 和 Yuan（2010）的研究，我们进一步加入 *IO* 的平方项（IO^2）以检验机构持股的非线性影响。结果表明，媒体报道量和媒体情绪对贷款利差的负向影响仍然显著。

④聚类方法调整

我们选择其他聚类方法来校正残差的横截面和/或时间序列相关性。我们使用了行业层面的聚类、国家层面的聚类、年份层面的聚类、按企业和年份的双向聚类以及按行业和年份的双向聚类。主要研究结果在所有聚类方法下均保持稳健。为节省篇幅，我们仅在表5-12的面板D中报告了按企业和年份进行双向聚类的结果。

⑤替代媒体情绪评分

基准研究采用 Raven Pack CSS 评分作为媒体情绪变量，该评分基于市场对新闻的反应，识别最具价格影响力的信息。然而，Raven Pack 还提供事件情绪评分（*ESS*），其基于金融专家标注的新闻事件，评估其情绪倾向（正面、中性或负面）。我们使用 *ESS* 重新计算媒体情绪（*Sent-ESS*）和累计情绪（*Sent-ESS-Agg*）。表5-12面板E结果表明，无论使用 *CSS* 评分还是 *ESS* 评分，积极的媒体情绪均能有效降低贷款利差，进一步支持研究结论。

⑥样本排除检验

英国和中国台湾的借款人在样本中占比相对较高（见表5-12面板A），可能会影响研究结果。因此，我们剔除了英国和中国台湾的企业，并重新估计回归。此外，国际市场上的大型企业能获得更多的媒体关注，从而获得更优惠的贷款条件。为控制这一影响，我们剔除了全球市值排名前10%的企业。在表5-12的面板F中，媒体报道量和媒体情绪仍然显著降低贷款利差。

⑦发达国家与发展中国家分组检验

发达国家和发展中国家在银行业和传媒业方面有许多制度上的区别。我们将研究我们的主要发现在这两类国家中是否成立。根据 CIA World Factbook 的分类，我们将借款人总部所在国分为发达国家和发展中国家。在表5-12的面板G中，媒体报道对贷款利差的负面影响在发达国家和发展中国家均显著存在。相比于发展中国家，发达国家的媒体情更能有效地降低贷款利差。

表 5 - 12　　银行贷款定价稳健性检验结果

Panel A. Selection bias related to observed characteristics		
Variable	(1)	(2)
	Spread	*Spread*
Cov_Dum	-0.097***	
	(-3.934)	
Sent_Dum		-0.065***
		(-3.582)
Controls	Yes	Yes
Fixed Effects	Yes	Yes
Adj. R^2	0.725	0.746
Obs.	3696	5390

Panel B. Alternative media news estimation window				
Variable	(1)	(2)	(3)	(4)
	Spread	*Spread*	*Spread*	*Spread*
*Cov*_360	-0.054***		-0.050***	
	(-13.077)		(-9.068)	
*Sent*_360		-0.419***	-0.400***	
		(-4.202)	(-4.027)	
*Sent - Agg*_360				-0.253***
				(-6.656)
Controls	Yes	Yes	Yes	Yes
Fixed Effects	Yes	Yes	Yes	Yes
Adj. R^2	0.540	0.548	0.551	0.549
Obs.	12419	10537	10537	10537

Panel C. Additional control variables				
Variable	(1)	(2)	(3)	(4)
	Spread	*Spread*	*Spread*	*Spread*
Coverage	-0.056***		-0.057***	
	(-5.783)		(-5.628)	
Sentiment		-0.485**	-0.508***	
		(-2.490)	(-2.623)	
Sent - Aggregate				-0.201***
				(-3.342)

续表

Variable	(1)	(2)	(3)	(4)
	Spread	*Spread*	*Spread*	*Spread*
PRS	−0. 830 ***	−0. 719 ***	−0. 743 ***	−0. 692 ***
	(−4. 447)	(−3. 881)	(−4. 036)	(−3. 743)
IO	−0. 317 **	−0. 434 ***	−0. 308 **	−0. 422 ***
	(−2. 210)	(−3. 077)	(−2. 170)	(−2. 995)
IO^2	0. 476 ***	0. 569 ***	0. 464 ***	0. 557 ***
	(3. 468)	(4. 245)	(3. 445)	(4. 153)
Controls	Yes	Yes	Yes	Yes
Fixed Effects	Yes	Yes	Yes	Yes
Adj. R^2	0. 598	0. 595	0. 598	0. 596
Obs.	5342	5342	5342	5342

Panel D. Two − way clustering at the firm − year level

Variable	(1)	(2)	(3)	(4)
	Spread	*Spread*	*Spread*	*Spread*
Coverage	−0. 060 ***		−0. 061 ***	
	(−8. 758)		(−7. 792)	
Sentiment		−0. 900 ***	−0. 860 ***	
		(−3. 802)	(−3. 694)	
Sent − Aggregate				−0. 333 ***
				(−4. 407)
Controls	Yes	Yes	Yes	Yes
Fixed Effects	Yes	Yes	Yes	Yes
Adj. R^2	0. 541	0. 548	0. 555	0. 549
Obs.	12422	8475	8475	8475

Panel E. Alternative news sentiment scores

Variable	(1)	(2)
	Spread	*Spread*
Sent − ESS	−0. 286 ***	
	(−5. 006)	
Sent − ESS − Agg		−0. 111 ***
		(−6. 188)
Controls	Yes	Yes

续表

Variable	(1)	(2)
	Spread	*Spread*
Fixed Effects	Yes	Yes
Adj. R^2	0.582	0.583
Obs.	8475	8475

Panel F. Alternative samples

Exclude the UK and Taiwan

Variable	(1)	(2)	(3)	(4)
	Spread	*Spread*	*Spread*	*Spread*
Coverage	−0.070***		−0.072***	
	(−12.547)		(−11.160)	
Sentiment		−0.979***	−0.919***	
		(−4.702)	(−4.473)	
Sent−Aggregate				−0.370***
				(−5.693)
Controls	Yes	Yes	Yes	Yes
Fixed Effects	Yes	Yes	Yes	Yes
Adj. R^2	0.569	0.577	0.586	0.578
Obs.	8792	6111	6111	6111

Exclude the top 10% of firms by market value

Variable	(1)	(2)	(3)	(4)
	Spread	*Spread*	*Spread*	*Spread*
Coverage	−0.046***		−0.047***	
	(−9.336)		(−7.953)	
Sentiment		−0.659***	−0.642***	
		(−3.716)	(−3.649)	
Sent−Aggregate				−0.232***
				(−4.111)
Controls	Yes	Yes	Yes	Yes
Fixed Effects	Yes	Yes	Yes	Yes
Adj. R^2	0.558	0.570	0.574	0.570
Obs.	11181	7705	7705	7705

续表

Panel G. Developed countries versus developing countries				
Developed countries				
Variable	(1)	(2)	(3)	(4)
	Spread	*Spread*	*Spread*	*Spread*
Coverage	-0.052***		-0.048***	
	(-8.616)		(-6.739)	
Sentiment		-0.992***	-0.973***	
		(-4.971)	(-4.905)	
Sent-Aggregate				-0.387***
				(-6.390)
Controls	Yes	Yes	Yes	Yes
Fixed Effects	Yes	Yes	Yes	Yes
Adj. R^2	0.600	0.606	0.609	0.607
Obs.	8246	5890	5890	5890
Developing countries				
Variable	(1)	(2)	(3)	(4)
	Spread	*Spread*	*Spread*	*Spread*
Coverage	-0.053***		-0.063***	
	(-6.408)		(-6.258)	
Sentiment		-0.663*	-0.508	
		(-1.950)	(-1.513)	
Sent-Aggregate				-0.165
				(-1.418)
Controls	Yes	Yes	Yes	Yes
Fixed Effects	Yes	Yes	Yes	Yes
Adj. R^2	0.453	0.458	0.468	0.458
Obs.	4176	2585	2585	2585

注：括号内为使用校正了异方差的稳健标准误差计算的 t 统计量。*** 表示 $p<0.01$，** 表示 $p<0.05$，* 表示 $p<0.1$。

5.1.4.5　拓展分析

(1) 媒体环境的作用

国家层面的媒体环境，如新闻媒体的公信力和新闻自由度，可能在企业行为和市场动态中发挥关键作用。在公众对新闻媒体高度信任的国家，媒体曝光的负面新闻更具影响力，对管理层的机会主义行为形成更有效的约束。而在新闻自由较高的国家，记者可以更加独立地调查和揭露企业可能隐瞒的不利信息。因此，我们推测，新闻信任度和新闻自由度会增强负面新闻报道对未来股价崩盘风险的抑制作用。

表 5 - 13 展示了负面新闻报道与新闻信任度（*TRUST*）之间的交互作用。面板 A 和面板 B 分别采用负面新闻比例（*%BAD_NEWS*）和负面新闻数量（*#BAD_NEWS*）作为负面新闻报道的衡量指标。在企业层面和国家层面的回归分析中（后者用于消除部分国家样本占比过高可能导致的偏差），交互项 *TRUST* × *%BAD_NEWS*（面板 A）和 *TRUST* × *#BAD_NEWS*（面板 B）的系数均为负且显著。这一发现支持假设 H2，即在新闻媒体信任度较高的国家，负面新闻报道对管理层囤积坏消息的抑制作用更强。

表 5 - 13　　坏消息报道、对新闻媒体的信任以及未来崩盘风险

Panel A: % BAD_NEWS as the proxy for bad - news media coverage

Variable	Firm - level regression			Country - level regression		
	(1)	(2)	(3)	(4)	(5)	(6)
	$NCSKEW_{t+1}$	$DUVOL_{t+1}$	$COUNT_{t+1}$	$NCSKEW_{t+1}$	$DUVOL_{t+1}$	$COUNT_{t+1}$
TRUST × *%BAD_NEWS*	-0.598***	-0.554***	-0.327***	-0.316***	-1.681***	-0.884**
	(-5.377)	(-5.353)	(-4.084)	(-2.656)	(-3.332)	(-2.167)
TRUST	-0.054	-0.032	-0.022	-0.811**	-0.903***	-0.990***
	(-1.060)	(-0.687)	(-0.574)	(-2.481)	(-2.625)	(-2.855)
%BAD_NEWS	0.242***	0.227***	0.136***	0.021	0.111	-0.009
	(4.445)	(4.584)	(3.429)	(0.113)	(0.553)	(-0.058)
TOTAL_NEWS	-0.024***	-0.020***	-0.016***	-0.341***	-0.374***	-0.229***
	(-3.663)	(-3.308)	(-3.241)	(-3.902)	(-4.081)	(-2.878)
Control variables	Yes	Yes	Yes	Yes	Yes	Yes
Industry fixed effect	Yes	Yes	Yes	No	No	No
Year fixed effect	Yes	Yes	Yes	Yes	Yes	Yes
N	120992	120992	120992	586	586	586
adj. R^2	0.030	0.033	0.019	0.267	0.275	0.158

续表

Panel B：#BAD_NEWS as the proxy for bad - news media coverage						
Variable	Firm - level regression			Country - level regression		
	(1)	(2)	(3)	(4)	(5)	(6)
	$NCSKEW_{t+1}$	$DUVOL_{t+1}$	$COUNT_{t+1}$	$NCSKEW_{t+1}$	$DUVOL_{t+1}$	$COUNT_{t+1}$
TRUST × #BAD_NEWS	-1.565***	-1.421***	-1.086**	-0.381***	-0.289***	-0.490***
	(-2.636)	(-2.629)	(-2.410)	(-4.686)	(-3.045)	(-4.090)
TRUST	-0.099***	-0.084**	-0.042	-0.830***	-1.103***	-1.069***
	(-2.676)	(-2.513)	(-1.509)	(-2.655)	(-3.469)	(-3.506)
#BAD_NEWS	0.534**	0.495**	0.345**	0.049	0.021	0.063
	(2.406)	(2.452)	(2.052)	(1.111)	(0.415)	(1.410)
Control variables	Yes	Yes	Yes	Yes	Yes	Yes
Industry fixed effect	Yes	Yes	Yes	No	No	No
Year fixed effect	Yes	Yes	Yes	Yes	Yes	Yes
N	169031	169031	169031	619	619	619
adj. R^2	0.030	0.033	0.020	0.270	0.250	0.200

注：该表中因变量是衡量公司特定崩盘风险的指标（*NCSKEW*、*DUVOL* 和 *COUNT*）。回归结果在公司和国家两个层面进行估计。括号中显示的是基于公司/国家层面的稳健标准误差的 t 统计量。*** 、** 和 * 分别表示在 1%、5% 和 10% 水平上的统计显著性。

表 5 - 14 进一步探讨了负面新闻报道与新闻自由度（*FREEDOM*）的交互效应。在企业层面和国家层面的回归分析中，交互项 *FREEDOM* × *%BAD_NEWS* 和 *FREEDOM* × *#BAD_NEWS* 的系数均为负且显著。这表明，在新闻自由度较高的国家，媒体能够更独立地披露负面新闻，从而增强其对管理层隐藏坏消息行为的制约作用，验证了假设 H3。

表 5 - 14　　坏消息报道、新闻自由和未来崩盘风险

Panel A：%BAD_NEWS as the proxy for bad - news media coverage						
Variable	Firm - level regression			Country - level regression		
	(1)	(2)	(3)	(4)	(5)	(6)
	$NCSKEW_{t+1}$	$DUVOL_{t+1}$	$COUNT_{t+1}$	$NCSKEW_{t+1}$	$DUVOL_{t+1}$	$COUNT_{t+1}$
FREEDOM ×	-1.775**	-1.751**	-1.485**	-1.299**	-2.006***	-0.826**
%BAD_NEWS	(-2.230)	(-2.423)	(-2.458)	(-2.206)	(-3.187)	(-2.086)

续表

Variable	Firm - level regression			Country - level regression		
	(1)	(2)	(3)	(4)	(5)	(6)
	$NCSKEW_{t+1}$	$DUVOL_{t+1}$	$COUNT_{t+1}$	$NCSKEW_{t+1}$	$DUVOL_{t+1}$	$COUNT_{t+1}$
FREEDOM	0. 457	0. 321	0. 385	0. 095	0. 255	0. 078
	(1. 253)	(0. 971)	(1. 390)	(0. 563)	(1. 392)	(0. 666)
% BAD_NEWS	-0. 069 ***	-0. 061 ***	-0. 045 ***	-0. 530 ***	-0. 747 ***	-0. 426 ***
	(-4. 028)	(-3. 900)	(-3. 496)	(-3. 484)	(-4. 438)	(-3. 229)
TOTAL_NEWS	-0. 018 ***	-0. 015 **	-0. 012 **	-0. 301 ***	-0. 342 ***	-0. 240 ***
	(-2. 845)	(-2. 505)	(-2. 519)	(-3. 597)	(-3. 849)	(-3. 144)
Control variables	Yes	Yes	Yes	Yes	Yes	Yes
Industry fixed effect	Yes	Yes	Yes	No	No	No
Year fixed effect	Yes	Yes	Yes	Yes	Yes	Yes
N	121745	121745	121745	555	555	555
Adj. R^2	0. 030	0. 034	0. 019	0. 344	0. 355	0. 247

Panel B: *#BAD_NEWS* as the proxy for bad - news media coverage

Variable	Firm - level regression			Country - level regression		
	(1)	(2)	(3)	(4)	(5)	(6)
	$NCSKEW_{t+1}$	$DUVOL_{t+1}$	$COUNT_{t+1}$	$NCSKEW_{t+1}$	$DUVOL_{t+1}$	$COUNT_{t+1}$
FREEDOM ×	-0. 925 ***	-0. 594 *	-0. 843 ***	-0. 552 ***	-0. 584 **	-0. 464 ***
#BAD_NEWS	(-2. 766)	(-1. 920)	(-3. 308)	(-2. 668)	(-2. 523)	(-2. 669)
FREEDOM	-0. 212 ***	-0. 269 ***	-0. 098 ***	0. 137	0. 181	0. 050
	(-17. 479)	(-23. 908)	(-10. 595)	(1. 130)	(1. 335)	(0. 489)
#BAD_NEWS	-0. 139 **	-0. 090	-0. 147 ***	-0. 225 ***	-0. 235 ***	-0. 177 ***
	(-2. 091)	(-1. 459)	(-2. 909)	(-3. 683)	(-3. 428)	(-3. 476)
Control variables	Yes	Yes	Yes	Yes	Yes	Yes
Industry fixed effect	Yes	Yes	Yes	No	No	No
Year fixed effect	Yes	Yes	Yes	Yes	Yes	Yes
N	194284	194284	194284	557	557	557
Adj. R^2	0. 033	0. 039	0. 020	0. 300	0. 288	0. 188

注：该表中因变量是衡量公司特定崩溃风险的指标（*NCSKEW*、*DUVOL* 和 *COUNT*）。回归结果在公司和国家两个层面进行估计。括号中显示的是基于公司/国家层面的稳健标准误差的 t 统计量。*** 、** 和 * 分别表示在 1% 、5% 和 10% 水平上的统计显著性。

（2）制度环境的作用

金融信息透明度：媒体在缓解信息不对称和促进市场透明度方面的作用受到国家金融信息环境（*IE*）的影响。在表 5 – 15 中，我们使用国家层面的信息披露强度（*DISCL*）、金融透明度（*FINTRA*）和分析师获取私人信息的能力（*NAN*）作为衡量标准。结果显示，在信息透明度更高的国家，企业的贷款利差更低，表明高透明度环境降低了融资成本。同时，媒体报道、媒体情绪和总体情绪均显著降低贷款利差。此外，交互项（媒体报道 × *IE*、媒体情绪 × *IE*、总体情绪 × *IE*）的系数均为负且显著，表明在信息透明度更高的国家，媒体新闻对贷款定价的影响更强。这一结果支持了 Dang et al.（2015）的观点，即国家层面的金融透明度能够提升媒体的监督职能，加强其作为信息中介的作用。

表 5 – 15　　金融信息环境的影响

	(1)	(2)	(3)	(4)
	Spread	*Spread*	*Spread*	*Spread*
Panel A. IE = DISCL				
Coverage(C)	−0.049***		−0.050***	
	(−5.703)		(−5.223)	
Sentiment(S)		−0.836***	−0.881***	
		(−4.366)	(−4.610)	
Sent − Aggregate(A)				−0.298***
				(−5.190)
C × IE	−0.002***		−0.002***	
	(−4.454)		(−4.181)	
S × IE		−0.032***	−0.034***	
		(−2.837)	(−3.008)	
A × IE				−0.016***
				(−4.332)
IE	0.000	−0.002***	0.000	−0.002***
	(0.166)	(−2.927)	(0.360)	(−2.876)
Controls	Yes	Yes	Yes	Yes
Fixed effects	Yes	Yes	Yes	Yes
Adj. R^2	0.545	0.544	0.547	0.546
Obs.	6142	5996	5996	5996

续表

	(1)	(2)	(3)	(4)
	Spread	*Spread*	*Spread*	*Spread*
Panel B. IE = FINTRA				
Coverage(*C*)	-0.050***		-0.051***	
	(-5.636)		(-5.335)	
Sentiment(*S*)		-0.733***	-0.770***	
		(-3.772)	(-3.972)	
Sent-Aggregate(*A*)				-0.293***
				(-5.066)
C×*IE*	-0.026**		-0.026**	
	(-2.627)		(-2.429)	
S×*IE*		-0.522*	-0.586**	
		(-1.835)	(-2.060)	
A×*IE*				-0.199**
				(-2.343)
IE	-0.101***	-0.136***	-0.095***	-0.133***
	(-4.524)	(-7.036)	(-4.048)	(-6.888)
Controls	Yes	Yes	Yes	Yes
Fixed effects	Yes	Yes	Yes	Yes
Adj. R^2	0.575	0.573	0.575	0.574
Obs.	6142	5719	5719	5719
Panel C. IE = NAN				
Coverage(*C*)	-0.048***		-0.047***	
	(-5.591)		(-5.073)	
Sentiment(*S*)		-0.817***	-0.843***	
		(-4.287)	(-4.432)	
Sent-Aggregate(*A*)				-0.301***
				(-5.263)
C×*IE*	-0.002**		-0.002**	
	(-2.582)		(-2.375)	
S×*IE*		-0.058**	-0.063***	
		(-2.445)	(-2.688)	
A×*IE*				-0.026***
				(-3.710)

续表

	(1)	(2)	(3)	(4)
	Spread	*Spread*	*Spread*	*Spread*
IE	-0.006***	-0.008***	-0.005***	-0.008***
	(-3.399)	(-5.905)	(-3.017)	(-5.745)
Controls	Yes	Yes	Yes	Yes
Fixed effects	Yes	Yes	Yes	Yes
Adj. R^2	0.548	0.546	0.548	0.547
Obs.	6142	5996	5996	5996

注：该表中的指数对每个国家都是不变的。固定效应包括行业、年份、贷款用途和分配方法固定效应。为简洁起见，未列出截距项。括号内为使用校正了异方差的稳健标准误差计算的 t 统计量。*** 表示 $p<0.01$，** 表示 $p<0.05$，* 表示 $p<0.1$。下同。

国家治理质量：法律与政治制度在银行信贷市场中起着重要作用。良好的法律和治理体系能够提高信贷市场效率，并优化贷款的筛选与执行。在表 5-16 中，我们使用言论自由与问责（*VA*）、政治稳定性（*PV*）、政府效能（*GE*）、监管质量（*RQ*）、法治（*RL*）和反腐败能力（*CC*）作为国家治理水平的代理变量。结果显示，治理质量越高（由 *VA*、*RQ*、*RL* 和 *CC* 衡量），贷款利差显著降低。尽管媒体报道 × *IE* 的交互项在列（1）和列（3）中未达到统计显著性，但列（2）中媒体情绪 × *IE* 及列（4）中总体情绪 × *IE* 的交互项均显著为负。这表明，在治理水平更高的国家，获得正面媒体曝光的企业能够享受更低的贷款利差。

表 5-16　　国家级治理质量的影响

	(1)	(2)	(3)	(4)
	Spread	*Spread*	*Spread*	*Spread*
Panel A. IE = VA				
Coverage(C)	-0.050***		-0.046***	
	(-5.993)		(-5.084)	
Sentiment(S)		-0.578***	-0.595***	
		(-3.162)	(-3.257)	
Sent-Aggregate(A)				-0.207***
				(-3.785)

续表

	(1)	(2)	(3)	(4)
	Spread	*Spread*	*Spread*	*Spread*
C×*IE*	-0.007		-0.000	
	(-0.717)		(-0.031)	
S×*IE*		-0.665**	-0.711***	
		(-2.555)	(-2.733)	
A×*IE*				-0.246***
				(-3.311)
IE	-0.345***	-0.348***	-0.328**	-0.344***
	(-2.699)	(-2.665)	(-2.495)	(-2.638)
Controls	Yes	Yes	Yes	Yes
Fixed effects	Yes	Yes	Yes	Yes
Adj. R^2	0.586	0.585	0.587	0.586
Obs.	6191	6046	6046	6046
Panel B. IE = PV				
Coverage(*C*)	-0.051***		-0.047***	
	(-6.088)		(-5.091)	
Sentiment(*S*)		-0.620***	-0.640***	
		(-3.399)	(-3.515)	
Sent-Aggregate(*A*)				-0.227***
				(-4.170)
C×*IE*	-0.011		-0.006	
	(-1.104)		(-0.528)	
S×*IE*		-0.513*	-0.550*	
		(-1.814)	(-1.948)	
A×*IE*				-0.169**
				(-2.084)
IE	-0.002	-0.027	-0.006	-0.028
	(-0.026)	(-0.467)	(-0.105)	(-0.490)
Controls	Yes	Yes	Yes	Yes
Fixed effects	Yes	Yes	Yes	Yes
Adj. R^2	0.586	0.585	0.586	0.585
Obs.	6191	6046	6046	6046

续表

	(1)	(2)	(3)	(4)
	Spread	*Spread*	*Spread*	*Spread*
Panel C. IE = GE				
Coverage(*C*)	-0.052***		-0.047***	
	(-6.135)		(-5.175)	
Sentiment(*S*)		-0.577***	-0.591***	
		(-3.146)	(-3.229)	
Sent-Aggregate(*A*)				-0.210***
				(-3.836)
C×*IE*	0.001		0.008	
	(0.142)		(0.781)	
S×*IE*		-0.684**	-0.720**	
		(-2.435)	(-2.567)	
A×*IE*				-0.252***
				(-3.054)
IE	-0.090	-0.087	-0.098	-0.087
	(-1.230)	(-1.182)	(-1.317)	(-1.181)
Controls	Yes	Yes	Yes	Yes
Fixed effects	Yes	Yes	Yes	Yes
Adj. R^2	0.586	0.585	0.587	0.586
Obs.	6191	6046	6046	6046
Panel D. IE = RQ				
Coverage(*C*)	-0.050***		-0.046***	
	(-5.944)		(-5.023)	
Sentiment(*S*)		-0.594***	-0.611***	
		(-3.244)	(-3.341)	
Sent-Aggregate(*A*)				-0.215***
				(-3.928)
C×*IE*	0.008		0.011	
	(0.816)		(0.983)	
S×*IE*		-0.471*	-0.483*	
		(-1.66)	(-1.708)	
A×*IE*				-0.141*
				(-1.752)

续表

	(1)	(2)	(3)	(4)
	Spread	*Spread*	*Spread*	*Spread*
IE	-0.249***	-0.213***	-0.216***	-0.212***
	(-3.158)	(-2.708)	(-2.668)	(-2.698)
Controls	Yes	Yes	Yes	Yes
Fixed effects	Yes	Yes	Yes	Yes
Adj. R^2	0.587	0.585	0.587	0.586
Obs.	6191	6046	6046	6046
Panel E. IE = RL				
Coverage(*C*)	-0.051***		-0.047***	
	(-6.011)		(-5.127)	
Sentiment(*S*)		-0.549***	-0.563***	
		(-2.984)	(-3.068)	
Sent - Aggregate(*A*)				-0.197***
				(-3.583)
C×*IE*	0.003		0.007	
	(0.365)		(0.772)	
S×*IE*		-0.682***	-0.713***	
		(-2.698)	(-2.824)	
A×*IE*				-0.228***
				(-3.134)
IE	-0.238**	-0.191*	-0.189*	-0.182*
	(-2.246)	(-1.790)	(-1.746)	(-1.710)
Controls	Yes	Yes	Yes	Yes
Fixed effects	Yes	Yes	Yes	Yes
Adj. R^2	0.586	0.585	0.587	0.586
Obs.	6191	6046	6046	6046
Panel F. IE = CC				
Coverage(*C*)	-0.051***		-0.047***	
	(-6.036)		(-5.100)	
Sentiment(*S*)		-0.560***	-0.575***	
		(-3.044)	(-3.130)	

续表

	(1)	(2)	(3)	(4)
	Spread	*Spread*	*Spread*	*Spread*
Sent - Aggregate(*A*)				-0.197***
				(-3.581)
C×*IE*	-0.002		0.001	
	(-0.311)		(0.093)	
S×*IE*		-0.504**	-0.534**	
		(-2.412)	(-2.560)	
A×*IE*				-0.189***
				(-3.090)
IE	-0.187**	-0.169**	-0.165**	-0.170**
	(-2.522)	(-2.282)	(-2.166)	(-2.294)
Controls	Yes	Yes	Yes	Yes
Fixed effects	Yes	Yes	Yes	Yes
Adj. R^2	0.586	0.585	0.587	0.586
Obs.	6191	6046	6046	6046

媒体所有权结构：媒体的所有权结构影响其独立性和新闻内容的公正性。在全球范围内，媒体通常由政府或私人资本控制（Djankov et al.，2003）。政府控制的媒体更容易受到政治干预，而私人媒体通常更倾向于进行独立调查报道。在表 5-17 中，我们使用五大报纸中政府持股比例（*PRCS*）和市场份额（*PRSS*），以及五大报纸中私人持股比例（*PRCP*）和市场份额（*PRSP*）来衡量各国的媒体所有权结构。在面板 A 和 B 中，交互项 *S*×*IE*（媒体情绪×国有媒体比例）和 *A*×*IE*（总体情绪×国有媒体比例）的系数均为正且显著，表明政府控制的媒体削弱了媒体新闻对贷款利差的影响。相反，在面板 C 和 D 中，私有媒体比例较高的国家，媒体情绪和总体情绪与贷款利差的负相关关系更强。这些结果表明，私有媒体的增加、国有媒体的减少，有助于提升媒体在降低企业融资成本方面的作用，证实了私有媒体作为更有效信息中介的功能。

表 5 - 17　　媒体行业所有权结构的影响

	(1)	(2)	(3)	(4)
	Spread	*Spread*	*Spread*	*Spread*
Panel A. IE = PRCS				
Coverage(*C*)	-0.057***		-0.058***	
	(-6.749)		(-6.282)	
Sentiment(*S*)		-0.934***	-0.960***	
		(-4.907)	(-5.056)	
Sent - Aggregate(*A*)				-0.321***
				(-5.638)
C × *IE*	0.057		0.016	
	(1.338)		(0.327)	
S × *IE*		2.351**	2.429**	
		(2.034)	(2.108)	
A × *IE*				0.994***
				(3.167)
IE	-0.165*	-0.107	-0.116	-0.109
	(-1.874)	(-1.387)	(-1.162)	(-1.411)
Controls	Yes	Yes	Yes	Yes
Fixed effects	Yes	Yes	Yes	Yes
Adj. R^2	0.542	0.540	0.543	0.541
Obs.	6171	6023	6023	6023
Panel B. IE = PRSS				
Coverage(*C*)	-0.057***		-0.058***	
	(-6.738)		(-6.270)	
Sentiment(*S*)		-0.934***	-0.960***	
		(-4.908)	(-5.056)	
Sent - Aggregate(*A*)				-0.321***
				(-5.639)
C × *IE*	0.054		0.012	
	(1.263)		(0.247)	
S × *IE*		2.308**	2.367**	
		(1.994)	(2.052)	

续表

	(1)	(2)	(3)	(4)
	Spread	*Spread*	*Spread*	*Spread*
A × IE				0.978 ***
				(3.114)
IE	0.181 **	0.127	0.130	0.129 *
	(2.052)	(1.645)	(1.307)	(1.672)
Controls	Yes	Yes	Yes	Yes
Fixed effects	Yes	Yes	Yes	Yes
Adj. R^2	0.542	0.540	0.543	0.541
Obs.	6171	6023	6023	6023
Panel C. IE = PRCP				
Coverage(C)	−0.058 ***		−0.058 ***	
	(−6.836)		(−6.323)	
Sentiment(S)		−0.964 ***	−0.993 ***	
		(−5.057)	(−5.225)	
Sent − Aggregate(A)				−0.332 ***
				(−5.815)
C × IE	−0.094 **		−0.054	
	(−2.458)		(−1.199)	
S × IE		−1.887 *	−1.955 *	
		(−1.798)	(−1.869)	
A × IE				−0.933 ***
				(−3.212)
IE	0.155 **	0.052	0.107	0.049
	(1.999)	(0.764)	(1.233)	(0.723)
Controls	Yes	Yes	Yes	Yes
Fixed effects	Yes	Yes	Yes	Yes
Adj. R^2	0.543	0.540	0.543	0.541
Obs.	6171	6023	6023	6023
Panel D. IE = PRSP				
Coverage(C)	−0.058 ***		−0.058 ***	
	(−6.829)		(−6.316)	

续表

	(1)	(2)	(3)	(4)
	Spread	*Spread*	*Spread*	*Spread*
Sentiment(*S*)		-0.964***	-0.991***	
		(-5.056)	(-5.218)	
Sent - Aggregate(*A*)				-0.331***
				(-5.811)
C×*IE*	-0.090**		-0.048	
	(-2.286)		(-1.058)	
S×*IE*		-1.892*	-1.955*	
		(-1.762)	(-1.827)	
A×*IE*				-0.928***
				(-3.135)
IE	0.165**	0.068	0.117	0.067
	(2.086)	(0.994)	(1.328)	(0.970)
Controls	Yes	Yes	Yes	Yes
Fixed effects	Yes	Yes	Yes	Yes
Adj. R^2	0.543	0.540	0.543	0.541
Obs.	6171	6023	6023	6023

政府对银行的控制：政府持有银行股份的现象在全球广泛存在。在部分国家，政府持有的银行可能被用于政治目的，如向特定企业或地区提供优惠贷款，而不是根据市场原则配置信贷资源。Sapienza（2004）指出，政府持股银行的贷款利率通常低于私有银行，但其优惠贷款主要流向大企业或特定政治关联地区，而非市场化配置资源。在表 5-18 中，我们探讨了政府对银行的所有权如何影响媒体新闻与贷款利差的关系。政府对银行业的控制程度通过政府持有前十大银行（*GB*）或商业银行（*GBCOM*）的资产比例来衡量。此外，我们设定政府持股 20%（*GC*20）、50%（*GC*50）和 90%（*GC*90）作为不同程度的政府控制门槛。结果表明，政府对银行的持股比例（IE）显著降低贷款利差，这与 Sapienza（2004）的发现一致。然而，交互项（*C*×*IE*、*S*×*IE*、*A*×*IE*）的系数均为正且显著，说明在政府控制银行比例较高的国家，媒体报道和情绪对贷款利差的负面影响减弱。这一结果可能反映出政府持有银行的国家，银行对媒体提供的信息反应较迟钝，导致媒体的约束作用降低。

表 5 - 18 政府控制银行业的影响

	(1)	(2)	(3)	(4)
	Spread	*Spread*	*Spread*	*Spread*
Panel A. IE = GB				
Coverage(*C*)	-0.064***		-0.063***	
	(-7.787)		(-7.017)	
Sentiment(*S*)		-0.899***	-0.919***	
		(-4.863)	(-4.987)	
Sent - Aggregate(*A*)				-0.305***
				(-5.488)
C × *IE*	0.055**		0.052**	
	(2.519)		(2.143)	
S × *IE*		1.649**	1.617**	
		(2.564)	(2.524)	
A × *IE*				0.719***
				(3.749)
IE	-0.561***	-0.496***	-0.564***	-0.494***
	(-9.977)	(-9.264)	(-9.456)	(-9.251)
Controls	Yes	Yes	Yes	Yes
Fixed effects	Yes	Yes	Yes	Yes
Adj. R^2	0.550	0.547	0.551	0.548
Obs.	6326	6174	6174	6174
Panel B. IE = GBCOM				
Coverage(*C*)	-0.063***		-0.061***	
	(-7.633)		(-6.805)	
Sentiment(*S*)		-0.887***	-0.905***	
		(-4.804)	(-4.922)	
Sent - Aggregate(*A*)				-0.301***
				(-5.420)
C × *IE*	0.054**		0.053**	
	(2.501)		(2.168)	
S × *IE*		1.721***	1.676***	
		(2.673)	(2.612)	

续表

	(1)	(2)	(3)	(4)
	Spread	*Spread*	*Spread*	*Spread*
$A \times IE$				0.735 ***
				(3.831)
IE	−0.573 ***	−0.517 ***	−0.576 ***	−0.515 ***
	(−10.636)	(−10.149)	(−10.08)	(−10.124)
Controls	Yes	Yes	Yes	Yes
Fixed effects	Yes	Yes	Yes	Yes
Adj. R^2	0.551	0.548	0.552	0.549
Obs.	6326	6174	6174	6174
Panel C. IE = GC20				
Coverage(*C*)	−0.065 ***		−0.065 ***	
	(−7.862)		(−7.221)	
Sentiment(*S*)		−0.906 ***	−0.928 ***	
		(−4.888)	(−5.024)	
Sent − Aggregate(*A*)				−0.308 ***
				(−5.522)
$C \times IE$	0.038 **		0.040 **	
	(2.133)		(1.971)	
$S \times IE$		1.184 **	1.178 **	
		(2.193)	(2.192)	
$A \times IE$				0.553 ***
				(3.361)
IE	−0.378 ***	−0.332 ***	−0.390 ***	−0.330 ***
	(−8.366)	(−7.562)	(−8.149)	(−7.545)
Controls	Yes	Yes	Yes	Yes
Fixed effects	Yes	Yes	Yes	Yes
Adj. R^2	0.548	0.545	0.549	0.546
Obs.	6326	6174	6174	6174
Panel D. IE = GC50				
Coverage(*C*)	−0.063 ***		−0.062 ***	
	(−7.701)		(−6.907)	

续表

	(1)	(2)	(3)	(4)
	Spread	*Spread*	*Spread*	*Spread*
Sentiment(*S*)		−0.873***	−0.890***	
		(−4.725)	(−4.835)	
Sent − Aggregate(*A*)				−0.294***
				(−5.297)
C × *IE*	0.040**		0.040*	
	(2.157)		(1.944)	
S × *IE*		1.811***	1.753***	
		(3.253)	(3.162)	
A × *IE*				0.767***
				(4.503)
IE	−0.460***	−0.421***	−0.467***	−0.420***
	(−10.079)	(−9.575)	(−9.664)	(−9.550)
Controls	Yes	Yes	Yes	Yes
Fixed effects	Yes	Yes	Yes	Yes
Adj. R^2	0.555	0.548	0.551	0.549
Obs.	6326	6174	6174	6174
Panel E. IE = GC90				
Coverage(*C*)	−0.062***		−0.060***	
	(−7.489)		(−6.714)	
Sentiment(*S*)		−0.927***	−0.946***	
		(−5.012)	(−5.130)	
Sent − Aggregate(*A*)				−0.319***
				(−5.733)
C × *IE*	0.051*		0.040	
	(1.883)		(1.307)	
S × *IE*		1.638**	1.616**	
		(2.076)	(2.054)	
A × *IE*				0.720***
				(3.136)
IE	−0.661***	−0.599***	−0.648***	−0.596***
	(−9.826)	(−9.547)	(−9.015)	(−9.509)

续表

	(1)	(2)	(3)	(4)
	Spread	*Spread*	*Spread*	*Spread*
Controls	Yes	Yes	Yes	Yes
Fixed effects	Yes	Yes	Yes	Yes
Adj. R^2	0.555	0.547	0.551	0.548
Obs.	6326	6174	6174	6174

5.1.5 研究结论及政策意义

5.1.5.1 研究结论

本节利用涵盖多个国家的国际数据样本，系统分析了媒体报道在资本市场中的作用，特别是对股价崩盘风险和银行贷款定价的影响。在股票市场方面，本节发现，负面新闻报道能够显著降低未来股价崩盘风险。在银行贷款市场中，媒体报道和媒体情绪均与贷款利差呈显著负相关关系。广泛的媒体报道有助于缓解信息摩擦，降低银行对借款企业的风险评估不确定性，从而减少贷款成本。最后，本节探讨了国家层面制度环境如何影响媒体与资本市场的关系。研究发现，在制度环境和媒体环境更完善的国家，媒体对贷款定价和股价崩盘风险的影响更为显著。这说明，新闻自由和媒体公信力是增强媒体在资本市场中作用的重要因素。

5.1.5.2 政策意义

本节的结论对银行和金融机构、企业、监管机构以及投资者具有重要的政策启示。对于银行和金融机构而言，媒体报道是企业信用风险评估的重要外部信息来源。在贷款定价和风险管理过程中，银行应将媒体报道纳入信用评估体系，尤其是针对负面新闻报道较多的企业，应审慎评估其财务健康状况和市场风险。此外，银行可以利用大数据分析和自然语言处理技术，对企业媒体报道的情绪进行量化分析，以提升风险评估的精准度。在银团贷款市场中，银行应推动信息共享机制的完善，以减少因信息不对称导致的市场扭曲，从而提升市场竞争性和贷款效率。

对于企业而言，本节表明媒体报道会对融资成本和市场表现产生重要影响。因此，企业需要优化自身的信息披露管理，提高财务透明度，以减少市场的不确定性。同时，企业应建立有效的媒体沟通机制，及时澄清市场误解，降低因负面新闻报道导致的融资成本上升或股价大幅波动。此外，企业的治理质量会影响媒体报道的市场效应，因此企业应持续优化治理结构，提高经营透明度，从而增强市场对其未来表现的信心。

对于监管机构而言，本节的结果表明，提高信息透明度和完善金融监管体系对于提升媒体在市场中的作用至关重要。因此，政策制订者应强化企业的信息披露监管，确保上市公司和借款企业提供准确、透明的信息，以减少市场的信息不对称问题。此外，为了提高市场的稳定性，监管机构应加强对银行和企业的合规管理，确保银行在贷款决策中合理利用媒体信息，同时防止企业利用媒体操纵市场预期。

对于投资者而言，本节强调了媒体报道在市场信息传递中的重要性。因此，投资者在决策时应密切关注企业的媒体曝光度，特别是负面新闻报道，以降低因股价崩盘带来的潜在损失。同时，投资者需要提高对媒体信息的分析能力，避免受到市场噪声信息的误导。仅依赖媒体信息可能带来偏差，因此投资者应结合财务报表、市场趋势和行业动态等多维度信息，作出更加理性的投资决策。

5.2 外国机构投资者持股与企业杠杆调整①

5.2.1 引言

在全球化进程不断加深的背景下，外国资本在发达经济体和新兴市场的企业融资中扮演着日益重要的角色（Bekaert et al.，2002）。根据国际货币基金组织（IMF，2019）的数据，2013 年全球外国机构投资者（FIIs）持有的股权投资规模达 6.4 万亿美元，相较于 2002 年增长了 8 倍。FIIs 凭借其庞大的资本规模，不仅是全球金融市场的重要参与者，同时也在公司治理中发挥着关键的监督作用（Ferreira and Matos，2008）。尽管已有大量研究探讨 FIIs 如何影响企业的投资决策，但其对企业融资策略，尤其是资本结构调整速度（SOA）的作用仍未得到充分研究。本节旨在填补这一研

① 本部分系笔者两项国家自然科学基金面上项目（基金批准号 71873058、72373099）的阶段性成果，于 2021 年 6 月发表于 *Journal of Corporate Finance*。

究空白，分析 FIIs 是否以及如何影响企业资本结构动态中的杠杆调整决策。

动态权衡理论（Fischer et al.，1989；Goldstein et al.，2001；Strebulaev，2007）指出，公司在权衡财务杠杆的成本与收益时，只有当调整收益超过调整成本时，才会主动改变资本结构以接近目标杠杆水平。Morellec et al.（2012）进一步强调，股东与管理层之间的代理冲突是影响资本结构调整的重要因素。FIIs 作为关键的外部治理力量（Gillan and Starks，2003），有助于缓解代理问题，进而加快企业杠杆调整速度（SOA）。已有跨国研究表明，来自股东保护较强国家的 FIIs，能够提升治理水平较低国家中被投资企业的治理质量（Aggarwal et al.，2011）。此外，FIIs 通过推动信息透明化来改善治理，如促使企业聘请四大会计师事务所（Guedhami et al.，2009；Kim et al.，2019）、提升财务信息可比性（Fang et al.，2015）、减少盈余管理（Lel，2019）以及强化自愿性信息披露（Tsang et al.，2019）。因此，FIIs 的治理作用能够降低资本结构调整的摩擦成本（Myers，1984；Myers and Majluf，1984），从而提升企业 SOA 的调整效率。

此外，债务融资虽然能够约束管理层的自由现金流使用，提高企业治理效率（Jensen and Meckling，1976；Jensen，1986），但过高的财务杠杆可能增加破产风险。因此，FIIs 作为外部治理者，可能倾向于促使企业降低杠杆水平，以减少财务风险（Kang and Stulz，1997；Li et al.，2009；Bamiatzi et al.，2017）。因此，我们推测，FIIs 对 SOA 的促进作用在高杠杆企业中更为显著，即 FIIs 更倾向于推动过度杠杆化公司更快调整资本结构，以优化财务稳定性。

为检验上述假设，本节基于 2000 年至 2013 年间 38 个国家和地区的 7246 家上市公司（共 79702 个公司年度数据），分析 FIIs 持股与企业 SOA 之间的关系。研究发现，FIIs 持股比例越高，企业的 SOA 调整速度越快，且这种关系在过度杠杆化公司中尤为显著。进一步分析表明，这一影响主要由持股集中度较高、投资周期较长且独立性较强的 FIIs 所推动，表明 FIIs 通过强化监督来影响 SOA。此外，我们发现，FIIs 促使高杠杆公司更多依赖股权融资来调整资本结构。拓展性分析显示，FIIs 母国的股东保护水平对其治理能力具有重要影响，来自股东保护较强国家的 FIIs 在促进 SOA 方面的作用更为显著，尤其是在股东保护较弱的国家。该结果进一步验证了 FIIs 在跨国公司治理转移中的关键作用（Aggarwal et al.，2011）。

为确保研究结论的稳健性，我们进行了多项稳健性检验。在不同模型设定（如简化模型）、不同样本（排除美国公司，或同时排除美国和日本公司，或单独分析发达国家与发展中国家）以及不同财务杠杆定义（如市场杠杆）下，研究结果依然稳健。此外，我们采用两阶段最小二乘法（2SLS）和双重差分法（DID）估计方法，以降低潜在的内生性问题。在2SLS分析中，我们利用摩根士丹利资本国际全球指数（MSCI ACWI）成员资格作为FIIs持股的工具变量。由于MSCI ACWI衡量全球股票市场表现，并被FIIs广泛用于投资组合基准，其变化可视为FIIs持股的外生冲击，而不会直接影响企业的杠杆调整决策。此外，我们利用2003年《工作与增长税收减免协调法案》（JGTRRA）带来的美国FIIs持股外生变化进行DID估计。JGTRRA法案实施后，美国机构投资者在与美国签订税收协定国家的持股比例显著上升，为FIIs持股的外生变化提供了自然实验。研究结果表明，无论是在2SLS还是DID估计下，FIIs对SOA的促进作用均保持稳健。

本节的主要贡献体现在以下三个方面：

第一，拓展了FIIs在公司治理中的监督角色。现有研究主要关注FIIs对企业投资行为的影响，如跨境并购（Ferreira et al.，2010）、企业风险承担（Boubakri et al.，2013）、创新投入（Luong et al.，2017）、长期投资（Bena et al.，2017）以及投资效率（Chen et al.，2017）。本节从资本结构调整的视角，探讨FIIs是否以及如何影响企业融资决策，从而丰富了FIIs在治理领域的研究。

第二，丰富了FIIs对被投资企业治理改进影响的研究。既有文献指出，FIIs能够提升被投资公司的治理质量（Aggarwal et al.，2011），促进全球财务报告标准的趋同（Fang et al.，2015）、提高审计质量（Guedhami et al.，2009；Kim et al.，2019）并增强信息披露透明度（Lel，2019；Tsang et al.，2019）。本节进一步提供证据表明，来自股东保护较强国家的FIIs通过影响SOA来强化治理，尤其是在治理环境较弱的国家，凸显了FIIs在跨国公司治理体系中的关键作用。

第三，拓展了资本结构调整的研究视角。近年来，SOA的研究不断深化，已有文献探讨了企业财务状况（Byoun，2008；Faulkender et al.，2012）、宏观经济因素（Cook and Tang，2010）、制度环境（Öztekin and Flannery，2012）、股权结构（Warr et al.，2012）、信贷条件（Lockhart，

2014）等对 SOA 的影响。本节补充了 FIIs 如何通过治理机制影响 SOA 的研究，并进一步验证了 FIIs 母国的治理环境如何通过跨境投资传导至被投资企业，支持了“治理传递”理论（Aggarwal et al.，2011）。

5.2.2 理论分析及研究假设

自 Modigliani 和 Miller（1958）提出资本结构“无关性”理论以来，关于企业如何调整财务杠杆以优化运营与投资的研究层出不穷。核心问题在于，是否存在一个最优杠杆水平，使公司价值最大化。一方面，权衡理论（Trade－off Theory）主导企业融资决策，即公司会在税收收益和财务困境成本之间进行权衡（Jensen and Meckling，1976；Jensen，1986），从而围绕目标杠杆水平进行调整。另一方面，即啄序理论（Pecking Order Theory）认为企业在融资时具有偏好顺序：优先使用内部资金，其次是债务融资，最后才考虑股权融资，以降低信息不对称带来的不利影响（Myers，1984；Myers and Majluf，1984）。然而，该理论并未明确提出企业是否存在最优杠杆水平。

一方面，权衡理论（Trade－off Theory）认为，企业在决定杠杆水平时，会权衡税收盾的收益与财务困境（如破产成本或财务不稳定）带来的损失（Jensen and Meckling，1976；Jensen，1986）。该理论预测，公司会围绕目标杠杆水平进行调整，并在长期内趋近该目标。另一方面，啄序理论（Pecking Order Theory）认为，企业在融资时存在一定偏好，优先选择内部资金，当内部资金不足时才会依次使用债务融资和股权融资，而股权融资由于信息不对称成本最高，通常是最不受欢迎的选择（Myers，1984；Myers and Majluf，1984）。然而，该理论并未提出明确的最优杠杆水平。

近年来，越来越多的实证研究支持权衡理论的观点，表明企业确实存在目标杠杆率，并在偏离该目标时调整资本结构，使其回归合理范围（Leary and Roberts，2005；Flannery and Rangan，2006；Harford et al.，2009；Huang and Ritter，2009）。然而，研究发现企业的杠杆调整速度（SOA，Speed of Adjustment）往往低于预期（Fama and French，2002）。动态权衡理论（Dynamic Trade－off Theory）解释了这一现象，认为调整成本（如交易费用）会阻碍企业迅速回归目标杠杆水平（Fischer et al.，1989；Goldstein et al.，2001；Strebulaev，2007）。此外，Morellec et al.（2012）

指出，股东与管理层之间的代理冲突是影响资本结构调整速度的关键因素，因此降低代理成本有助于提升SOA。

近年来，FIIs在公司治理中发挥监督作用的研究受到广泛关注。相较于可能与本地企业存在业务联系、从而可能在监督上存在“忠诚度偏见”的国内机构投资者（DIIs），FIIs通常表现出更独立、更激进的治理风格（Gillan and Starks，2003）。这一特性使FIIs在应对管理层侵害股东利益的行为时更加严格，并倾向于通过股东投票、与管理层直接对话或抛售股票等方式施加压力（Ferreira and Matos，2008）。

在跨国研究中，Aggarwal et al.（2011）发现，来自股东保护较强国家的FIIs能有效改善被投资公司的治理水平。此外，Morellec et al.（2012）建立的动态权衡模型表明，公司治理在资本结构调整中起着重要作用，而代理冲突的降低有助于提升SOA。Chang et al.（2014）和Liao et al.（2015）的研究也发现，良好的治理实践通常伴随着更快的SOA。

FIIs还能够通过推动信息透明化来进一步优化治理。例如，研究表明FIIs促使企业聘请四大会计师事务所，提高财务报告质量（Guedhami et al.，2009；Kim et al.，2019），支持全球会计标准趋同（Fang et al.，2015），减少盈余管理（Lel，2019）并促进自愿性信息披露（Tsang et al.，2019）。信息透明度的提升有助于降低信息不对称，从而减少外部融资成本（Myers，1984；Myers and Majluf，1984）。此外，Kacperczyk et al.（2021）发现，FIIs持股比例较高的企业往往资本成本较低，且股价信息含量更高，这使得企业能够更频繁地进入资本市场，并优化资本运作，从而提升SOA的调整效率。

综上所述，FIIs通过治理优化和信息披露改善，有助于降低代理成本和融资障碍，从而提升SOA。基于此，我们提出以下假设：

H1：FIIs持股比例与被投资企业的SOA之间存在显著正相关关系。

债务融资在企业治理中通常扮演约束管理层行为的角色。较高的杠杆水平可以减少管理层对自由现金流的滥用，增强股东利益保护（Jensen and Meckling，1976；Jensen，1986）。然而，高杠杆水平也伴随着更大的财务风险和破产成本，使得股东面临潜在损失。鉴于FIIs在治理中的监督作用，其影响可能类似于债务的纪律约束功能，即通过外部治理来限制管理层的机会主义行为。因此，FIIs在一定程度上可以作为债务治理的替代机制，促使公司在调整资本结构时减少杠杆，以降低财务风险（Kang and

Stulz，1997；Li et al.，2009；Bamiatzi et al.，2017）。这种影响在过度杠杆化企业中尤为显著。对于杠杆水平过高的公司，资本结构调整通常需要降低杠杆率，以改善财务健康状况。在这一过程中，FIIs 可能更倾向于推动企业降低债务依赖，而非单纯依赖债务约束管理层。因此，我们推测，FIIs 在过度杠杆化企业中的 SOA 促进作用将更为明显。

基于上述分析，我们提出以下假设：

H2：FIIs 持股比例与 SOA 之间的正相关关系在过度杠杆化企业中更为显著。

5.2.3 研究设计

5.2.3.1 样本选择与数据来源

（1）样本选择

初始样本包括 2000 年至 2013 年 Worldscope 数据库中的所有上市公司。为了确保研究的准确性和可靠性，对初始样本进行了一系列筛选。首先，排除了金融和公用事业企业，因为这些企业在资本结构政策方面受到特殊监管（Flannery and Rangan，2006），其资本结构决策可能受到非市场因素的较大影响，与其他行业企业不具有可比性。其次，剔除了在经济体中企业年度观察值少于 100 的企业，以避免样本数据过少对研究结果产生偏差。最后，对所有连续变量在第 1 和第 99 百分位进行了缩尾处理，以减少异常值对研究结果的影响。经过筛选后，最终样本涵盖 38 个经济体的 7246 家公司，共计 79702 个公司年度观察值。

表 5 - 19 展示了样本在不同经济体中的分布情况。样本大多数国家涵盖 2000 年至 2013 年的 14 年数据，但由于 FactSet 数据库的覆盖范围问题，部分经济体（如波兰和俄罗斯）的数据时间较短，分别为 9 年和 11 年。发达经济体的样本公司多于发展中经济体，这主要归因于数据的可获得性。例如，美国和日本的公司年度观察值最多，分别达到 15400 个和 16221 个。从不同经济体的外国机构投资者持股（*FIO*）和国内机构投资者持股（*DIO*）均值来看，差异显著。例如，爱尔兰企业平均 *FIO* 高达 14.1%，而巴基斯坦企业平均 *FIO* 仅为 0.9%。美国公司的 *FIO* 平均值为 3.5%，而 *DIO* 平均值高达 48.4%，远超其他国家，与既有研究一致。

表 5-19　　样本分布

经济体	时间跨度(年)	企业数量	企业年度观察值数量	*FIO*(均值)	*DIO*(均值)
	(1)	(2)	(3)	(4)	(5)
澳大利亚	14	321	2794	0.055	0.016
奥地利	14	18	162	0.105	0.02
比利时	14	49	476	0.079	0.035
巴西	14	20	230	0.107	0.046
加拿大	14	457	2397	0.09	0.153
智利	14	15	147	0.027	0.015
丹麦	14	25	336	0.06	0.092
芬兰	14	62	593	0.079	0.099
法国	14	285	3107	0.064	0.048
德国	14	284	2581	0.08	0.046
希腊	14	66	643	0.031	0.004
中国香港	14	226	2593	0.055	0.018
印度	14	341	3178	0.042	0.042
印度尼西亚	14	47	620	0.052	0.001
爱尔兰	14	28	165	0.141	0.01
意大利	14	100	1046	0.06	0.019
日本	14	631	16221	0.04	0.027
韩国	14	251	4213	0.048	0.001
马来西亚	14	169	2282	0.024	0.007
墨西哥	14	32	206	0.083	0.008
荷兰	14	61	699	0.122	0.06
新西兰	14	20	199	0.043	0.019
挪威	14	41	480	0.085	0.114
巴基斯坦	14	34	278	0.009	0
菲律宾	14	28	285	0.055	0.001
波兰	9	54	460	0.033	0.0258
葡萄牙	14	17	160	0.036	0.039
新加坡	14	114	1286	0.049	0.01
南非	14	82	883	0.062	0.041
瑞典	14	49	547	0.075	0.058
西班牙	14	80	949	0.057	0.058

续表

经济体	时间跨度(年)	企业数量	企业年度观察值数量	*FIO*(均值)	*DIO*(均值)
瑞士	14	64	1104	0.138	0.069
中国台湾	14	267	3842	0.043	0.008
泰国	14	72	871	0.049	0.007
土耳其	14	80	809	0.041	0.001
英国	14	581	7564	0.048	0.162
美国	14	2149	15400	0.035	0.484
均值	13.8	191	2097	0.063	0.058
总计		7246	79702		

注：本表列示了每个经济体的年数、企业数、企业年观察数以及 *FIO* 和 *DIO* 的均值。

（2）数据来源

本节的数据来源于多个渠道。其中，公司层面的财务数据提取自 Worldscope 数据库，涵盖全球上市企业的资本结构信息。国家层面的宏观经济变量（如人均 GDP、股票市场市值和 GDP 增长率）来自世界银行《世界发展指标》（WDI）。机构投资者持股数据源于 FactSet（LionShares），该数据库提供了全球范围内上市公司的机构持股情况。此外，国家层面的股东保护指数数据来自 La Porta et al.（1998）和 Djankov et al.（2008）的研究。

5.2.3.2 变量定义

（1）被解释变量

杠杆调整速度（*SOA*）是本节的核心被解释变量。采用两阶段部分调整模型来衡量企业的杠杆调整速度。在第一阶段，通过对一系列杠杆决定因素进行回归，得到目标杠杆的拟合值。在第二阶段，将实际杠杆调整量与目标杠杆调整量进行比较，得到杠杆调整速度的估计值。具体而言，实际杠杆调整量为 $LEV_{i,t}-LEV_{i,t-1}$，目标杠杆调整量为 $TL_{i,t}-LEV_{i,t-1}$，杠杆调整速度（λ）通过以下公式计算：

$$LEV_{i,t}-LEV_{i,t-1}=\lambda(TL_{i,t}-LEV_{i,t-1})+\delta_{i,t} \tag{5-4}$$

其中 λ 即为杠杆调整速度的衡量指标，λ 的值越高，表示企业的杠杆调整速度越快。

（2）解释变量

①外国机构投资者持股（*FIO*）

外国机构投资者持股比例是本节的关键解释变量。定义为外国机构投资者持有的股权比例，通过外国机构投资者持有的股份数量除以企业的市场资本化来衡量。

②国内机构投资者持股（*DIO*）

作为控制变量，国内机构投资者持股比例定义为国内机构投资者持有的股权比例，同样通过国内机构投资者持有的股份数量除以企业的市场资本化来衡量。

③其他控制变量

为了控制其他因素对企业杠杆调整速度的影响，还选取了一系列企业层面、行业层面和国家层面的控制变量。企业层面的控制变量包括企业规模（*SIZE*），用总资产的自然对数衡量；资产有形性（*TANG*），用固定资产占总资产的比例衡量；市场—账面比（*MTB*），用市场价值与账面价值之比衡量；盈利能力（*PROF*），用资产回报率衡量；折旧（*DEP*），用折旧费用占总资产的比例衡量；研发费用（*RDEXP*），用研发费用占总资产的比例衡量；研发虚拟变量（*RD_DUM*），如果企业有研发支出则为1，否则为0；行业杠杆率（*LEV_IND*），用行业平均杠杆率衡量。行业层面的控制变量包括行业固定效应（*ind*）。国家层面的控制变量包括人均国内生产总值（*GDPC*）、市场资本化（*MCAP*）和国内生产总值增长率（*GGDP*）。具体见变量定义表5-20。

表5-20　　　　变量定义

变量符号	变量定义
面板A：机构所有权变量	
FIO	外国机构投资者的机构所有权，按公司市值缩放
FIO_Independent	独立外国机构投资者（如共同基金和独立投资顾问）的机构所有权，按公司市值缩放
FIO_Grey	灰色外国机构投资者（如银行信托、保险公司、养老基金和捐赠基金）的机构所有权，按公司市值缩放
FIO_Long	长期外国机构投资者的机构所有权按公司市值缩放。我们将年投资组合周转率在35%或以下的外国机构投资者归类为长期外国机构投资者
FIO_Short	短期外国机构投资者的机构持股比例按公司市值计算。我们将年度投资组合周转率超过35%的外国机构投资者归类为短期外国机构投资者
FIO_TOP5	五大境外机构投资者的机构持股量按公司机构持股总量计算

续表

变量符号	变量定义
FIO_HHI_Quartile	*FIO_HHI* 是外国机构持股集中度的赫芬达尔指数。然后，我们将 *FIO_HHI* 分成四分位数，以减轻较大异常值的影响（表示为 *FIO_HHI_Quartile*）
DIO	国内机构投资者的持股比例按公司市值计算
面板 C：公司层面控制变量	
LEV	债务的账面价值除以资产的账面价值
SIZE	按 2005 年美元平减的资产账面价值的自然对数
TANG	按资产账面价值衡量的净物业、厂房和设备
MTB	资产账面价值减去股权账面价值加上股权市场价值除以资产账面价值
PROF	利息、税项、折旧及摊销前的利润按资产账面价值计算
DEP	按资产账面价值计算的折旧和摊销
RDEXP	研发费用按资产账面价值计算
RD_DUM	未报告研发费用，则虚拟变量为 1，否则为 0
LEV_IND	企业所属行业的平均杠杆率
OL	如果公司的财务杠杆大于目标杠杆，则虚拟变量为 1，否则为 0
MSCI	如果某公司被纳入摩根士丹利资本国际所有国家世界指数，则虚拟变量等于 1，否则为 0
DI	如果债务账面价值的变化除以资产账面价值大于 5%，则虚拟变量为 1，否则为 0
EI	如果净股权发行量的变化除以资产账面价值大于 5%，则为虚拟变量，否则为 0
ML	债务的账面价值乘以股权的市场价值与债务的账面价值之和
面板 C：国家层面的变量	
GDPC	以美元计算的人均 GDP 的自然对数
MCAP	按 GDP 衡量的股票市场资本化
GGDP	年 GDP 增长率
SR	反董事指数和反自我交易指数的第一个主成分。反董事指数衡量股东的总体权利。在下列情况下，该指数加 1：（1）国家允许股东向公司邮寄代理投票；（2）股东大会召开前不要求交存股份；（3）允许累积投票或按比例代表少数派进入董事会；（4）建立了压制少数派的机制；（5）股东有权要求召开会议的最低股份比例小于或等于 10%；或（6）股东拥有只能通过股东投票才能放弃的优先购买权。反自我交易指数衡量股东权利执行的质量，是对自我交易的事前和事后控制的平均值

5.2.3.3 模型设定

为了分析 FIIs 对企业杠杆调整速度（SOA）的影响，本节采用两步部分调整模型（Partial Adjustment Model），该方法广泛用于研究企业资本结构动态调整（Hovakimian et al.，2001；Fama and French，2002；Hovakimian and Li，2011；Öztekin and Flannery，2012）。本方法允许 SOA 随时间变化，并结合企业、行业及国家层面的特征，以便在面板回归框架下评估 FIIs 的作用。模型分为两个阶段：第一步估算目标杠杆（Target Leverage，TL），第二步利用目标杠杆值估计局部调整模型，具体如下。

（1）目标杠杆估计模型

为了估计目标杠杆，首先建立以下回归模型：

$$LEV_{i,t} = \gamma X_{i,t-1} + f_i + y_t + \epsilon_{i,t} \tag{5-5}$$

其中 i 和 t 分别表示企业和年份，*LEV* 是账面杠杆率（债务账面价值与资产账面价值之比）。*X* 是包含企业和行业层面变量的向量，包括公司规模（*SIZE*）、资产有形性（*TANG*）、市净率（*MTB*）、盈利能力（*PROF*）、折旧率（*DEP*）、研发支出（*RDEXP*）、研发虚拟变量（*RD_DUM*）以及行业平均杠杆（*LEV_IND*）。γ 是相应系数的估计值，f_i 是企业固定效应，y_t 是年份固定效应，$\epsilon_{i,t}$是误差项。通过对每个国家分别估计该模型，得到目标杠杆的拟合值：

$$TL_{i,t} = \gamma X_{i,t-1} + f_i + y_t \tag{5-6}$$

（2）局部调整模型

在得到目标杠杆拟合值后，建立局部调整模型来研究外国机构投资者持股对企业杠杆调整速度的影响。首先，将杠杆调整速度（λ）表示为外国机构投资者持股（*FIO*）、国内机构投资者持股（*DIO*）以及其他控制变量的函数：

$$\lambda_{i,t} = \beta_0 + \beta_1 FIO_{i,t-1} + \beta_2 DIO_{i,t-1} + \gamma X_{i,t-1} + \eta Y_{j,t-1} \tag{5-7}$$

其中 β_1 衡量外国机构投资者持股对杠杆调整速度的影响，β_2 衡量国内机构投资者持股对杠杆调整速度的影响，$Y_{j,t-1}$表示国家层面变量，包括人均 GDP（*GDPC*）、股票市场市值（*MCAP*）和 GDP 增长率（*GGDP*）。将该式代入实际杠杆调整量与目标杠杆调整量的关系式：

$$LEV_{i,t} - LEV_{i,t-1} = \lambda(TL_{i,t} - LEV_{i,t-1}) + \delta_{i,t} \tag{5-8}$$

并重新整理得到以下可估计的模型：

$$LEV_{i,t} - LEV_{i,t-1} = \beta_0 DLEV_{i,t-1} + \beta_1 FIO_{i,t-1} \times DLEV_{i,t-1} + \beta_2 DIO_{i,t-1} \times$$

$$DLEV_{i,t-1} + \gamma X_{i,t-1} \times DLEV_{i,t-1} + \eta Y_{j,t-1} \times DLEV_{i,t-1} + c_j + ind_{ind} + y_t + \delta_{i,t} \tag{5-9}$$

其中 $DLEV_{i,t-1}$ 是杠杆偏离目标的值 $TL_{i,t} - LEV_{i,t-1}$。通过估计该模型，可以得到 β_1 的值，从而判断外国机构投资者持股对企业杠杆调整速度的影响。β_1 的正值表明 FIIs 持股比例越高，企业 SOA 速度越快，从而支持假设 1（H1）。

为了检验外国机构投资者持股与企业杠杆调整速度之间的正相关关系是否在过度杠杆化的企业中更为显著，在上述局部调整模型中加入过度杠杆化虚拟变量（*OL*）及其与 *FIO* 和 *DIO* 的交互项。当企业的金融杠杆大于目标杠杆时，*OL* 等于 1，否则等于 0。重新设定的模型为：

$$\lambda_{i,t} = \beta_0 + \beta_1 FIO_{i,t-1} + \beta_2 FIO_{i,t-1} \times OL_{i,t-1} + \beta_3 DIO_{i,t-1} + \beta_4 DIO_{i,t-1} \times OL_{i,t-1} + \beta_5 OL_i + \gamma X_{i,t-1} \eta Y_{j,t-1} \tag{5-10}$$

同样将该式代入实际杠杆调整量与目标杠杆调整量的关系式并重新整理得到相应的可估计模型：

$$LEV_{i,t} - LEV_{i,t-1} = \beta_0 DLEV_{i,t-1} + \beta_1 FIO_{i,t-1} \times DLEV_{i,t-1} + \beta_2 DIO_{i,t-1} \times OL_{i,t-1} \times DLEV_{i,t-1} + \beta_3 DIO_{i,t-1} \times DLEV_{i,t-1} + \beta_4 DIO_{i,t-1} \times OL_{i,t-1} \times DLEV_{i,t-1} + \beta_5 OL_i \times DLEV_{i,t-1} + \gamma X_{i,t-1} \times DLEV_{i,t-1} + \eta Y_{j,t-1} \times DLEV_{i,t-1} + c_j + ind_{ind} + y_t + \delta_{i,t} \tag{5-11}$$

通过估计该模型，判断在过度杠杆化企业中 *FIO* 对 *SOA* 的影响。

5.2.3.4 内生性问题处理

（1）内生性问题的来源

本书可能存在内生性问题。一方面，可能存在未观察到的因素同时影响外国机构投资者持股和企业杠杆调整速度，导致遗漏变量偏差。例如，企业的某些潜在特质可能既吸引外国机构投资者投资，又影响企业的杠杆调整决策。另一方面，外国机构投资者可能更倾向于投资那些本身杠杆调整速度较快的企业，从而导致反向因果关系。

（2）内生性问题的解决方法

为了解决内生性问题，本书采用了以下两种方法：

①两阶段最小二乘法（2SLS）回归

采用 MSCI 会员资格作为外国机构投资者持股（*FIO*）的工具变量进行 2SLS 回归。MSCI ACWI（Morgan Stanley Capital International All Country World Index）包含了每个经济体中大约 85% 的自由流通调整后的市场资本化，并且是衡量全球股票市场表现的指标。FIIs 通常将 MSCI ACWI 作为构建投资组合的基准，而国内机构投资者则倾向于使用当地指数作为基准。而且，MSCI ACWI 的纳入规则仅基于企业在一个经济体中的自由流通调整后的市场资本化排名，因此 MSCI 会员资格不太可能直接影响企业的杠杆调整决策，从而可以作为一个有效的工具变量来产生外生的 *FIO* 变化。具体操作时，首先将 *FIO* 对 MSCI 会员资格和其他控制变量进行回归（第一阶段回归），得到拟合的 *FIO* 值，然后将拟合的 *FIO* 值代入上述局部调整模型进行回归（第二阶段回归），以得到无偏的系数估计。

②双重差分（DID）估计

利用 2003 年美国《就业与增长税收减免协调法案》（JGTRRA）通过后美国机构在税收协定经济体中的外国所有权外生变化进行 DID 估计。JGTRRA 将对位于与美国有税收协定的经济体中的企业的股息税率从 38.6% 降低到 15%，这使得在这些经济体中的股息支付企业相对于非税收协定经济体中的企业对美国 FIIs 更具吸引力。因此，JGTRRA 的通过产生了美国机构在税收协定经济体中的外国所有权的外生变化。通过比较受影响和不受影响的企业在法案通过前后的杠杆调整速度差异，可以有效控制内生性问题，得到更可靠的研究结果。

5.2.4　实证结果分析

5.2.4.1　描述性统计分析

（1）变量描述性统计

表 5－21 呈现了关键变量的描述性统计结果。平均而言，样本企业中 5.5% 的股权由外国机构投资者持有，14.5% 由国内机构投资者持有，与先前研究相符（Aggarwal et al.，2005；Bena et al.，2017）。样本企业平均用 20.3% 的资产进行债务融资，资产回报率为 9.4%，有形资产比例为 29.7%，市净率为 1.272。同时，有 35.4% 的企业年度观察值属于过度杠杆化企业，有 17.4% 的企业年度观察值来自 MSCI 成分股公司。

（2）相关性分析

表 5－22 给出了金融杠杆及其决定因素的相关性分析结果。金融杠杆与企业规模（*SIZE*）、资产有形性（*TANG*）、折旧（*DEP*）、研发虚拟变量（*RD_DUM*）和行业杠杆率（*LEV_IND*）呈正相关，与市净率（*MTB*）、盈利能力（*PROF*）和研发费用（*RDEXP*）呈负相关。这表明模型中的自变

量之间不太可能存在严重共线性问题。

表 5 -21　　变量描述性统计

Variable	N	Mean	Std. Dev.	p25	Median	p75
	(1)	(2)	(3)	(4)	(5)	(6)
Panel A：Institutional ownership variables						
FIO	79702	0. 055	0. 081	0. 004	0. 022	0. 072
FIO_Independent	79702	0. 05	0. 079	0. 006	0. 028	0. 08
FIO_Grey	79702	0. 005	0. 009	0	0. 009	0. 037
FIO_Long	79702	0. 031	0. 048	0	0. 009	0. 037
FIO_Short	79702	0. 024	0. 033	0. 001	0. 009	0. 032
FIO_TOP5	79702	0. 4	0. 37	0. 02	0. 31	0. 74
FIO_HHI	79702	0. 415	0. 415	0. 119	0. 31	0. 703
DIO	79702	0. 145	0. 248	0. 002	0. 028	0. 137
Panel B：Firm – and industry – level variables						
LEV	79702	0. 203	0. 173	0. 038	0. 18	0. 323
SIZE	79702	13. 126	1. 757	11. 949	13. 029	14. 228
TANG	79702	0. 297	0. 215	0. 12	0. 262	0. 429
MTB	79702	1. 272	1. 089	0. 641	0. 911	1. 456
PROF	79702	0. 094	0. 126	0. 052	0. 101	0. 156
DEP	79702	0. 04	0. 028	0. 021	0. 035	0. 052
RDEXP	79702	0. 022	0. 049	0	0	0. 02
RD_DUM	79702	0. 417	0. 493	0	0	1
LEV_IND	79702	0. 176	0. 102	0. 108	0. 171	0. 245
OL	79702	0. 354	0. 478	0	0	1
MSCI	79702	0. 174	0. 379	0	0	0
Panel C：Country – level variables						
GDPC	563	9. 63	1. 224	8. 832	10. 215	10. 523
MCAP	563	90. 567	74. 796	41. 875	70. 734	115. 78
GGDP	563	2. 865	2. 988	1. 315	2. 884	4. 736

注：本表显示了公司、行业和国家变量的观测值、平均值、标准差、第 25、50 和 75 百分位值。变量定义见表 5 -20。

表 5 - 22 相关性分析结果

Variables		(1)	(2)	(3)	(4)	(5)	(6)	(7)	(8)	(9)
LEV	(1)	1								
SIZE	(2)	0.291	1							
TANG	(3)	0.314	0.157	1						
MTB	(4)	-0.198	-0.129	-0.136	1					
PROF	(5)	-0.085	0.208	0.088	0.172	1				
DEP	(6)	0.094	-0.022	0.289	0.032	0.133	1			
RDEXP	(7)	-0.204	-0.171	-0.272	0.304	-0.284	0.092	1		
RD_DUM	(8)	0.102	-0.077	0.153	-0.082	0.061	-0.029	-0.354	1	
LEV_IND	(9)	0.403	0.219	0.287	-0.221	0.13	-0.004	-0.354	0.157	1

注：变量定义见表 5 - 20。

5.2.4.2 主要回归结果分析

（1）外国机构投资者持股对杠杆调整速度的影响

基于两步回归框架，我们估计局部调整模型并检验外国机构投资者（FIIs）对企业杠杆调整速度（SOA）的影响。在第一步，我们在每个国家内回归企业的实际杠杆水平与其决定因素的关系，并提取拟合值作为目标杠杆（TL）。在第二步，我们利用该目标杠杆估计局部调整模型（见方程5 和方程 7），评估 FIIs 是否对 *SOA* 产生积极影响。

表 5 - 23 展示了采用两阶段局部调整模型进行普通最小二乘法（OLS）回归的结果。所有解释变量均与目标杠杆偏离程度（*DLEV*）相乘，以衡量 FIIs 在杠杆调整中的作用。第（1）列结果显示，FIO 的系数估计值不显著，意味着其对 SOA 的影响在 OLS 估计中并未表现出明显的统计效应。然而，由于 OLS 可能受到内生性问题的干扰，在进一步进行 2SLS 回归和DID 估计之前，我们无法直接拒绝假设 1（H1）。

我们在回归中加入了过度杠杆化（OL）的虚拟变量，以及其与 *FIO* 和 *DIO* 的交互项（*FIO* × *OL* 和 *DIO* × *OL*）。第（2）列结果表明，FIIs 显著提高了过度杠杆化公司的 *SOA*，其中 *FIO* × *OL* 的系数为 0.152（t = 3.19）。从经济意义上看，在过度杠杆化的公司中，*FIO* 每增加一个标准差（0.081），*SOA* 将提高 1.2%（ = 0.152 × 0.081）。这一结果支持了假设 2（H2），即FIIs 对过度杠杆化企业的 *SOA* 有显著的正向影响。

对于杠杆不足（*OL* = 0）的公司，FIIs 对 *SOA* 的影响体现在 *FIO* 的单独系数上。第（2）列显示，该系数为 -0.074（$t=-3.08$），表明在低杠杆公司中，FIIs 可能会降低 *SOA*。这一现象可能与 FIIs 担忧提高杠杆率可能增加破产风险相关。然而，这一结果在后续 2SLS 回归和 DID 估计中消失，说明 FIIs 对低杠杆企业的 *SOA* 影响并不稳健。

关于国内机构投资者（DIIs）对 *SOA* 的影响，第（1）列显示，*DIO* 的系数显著为正，表明 DIIs 可能也有助于提升企业 *SOA*。此外，第（2）列结果显示，*DIO × OL* 的系数同样显著，意味着 DIIs 可能对过度杠杆化企业的 *SOA* 具有促进作用。这一发现在 2SLS 估计中仍然成立，进一步支持了 DIIs 在治理企业资本结构调整中的一定作用。然而，当我们在稳健性检验中排除美国公司重新进行回归时，发现 *DIO × OL* 的系数变得不显著。换言之，DIIs 在非美国经济体中的影响较小，说明其对 *SOA* 的促进作用可能主要存在于美国企业中。因此，我们在后续分析中主要关注 FIIs 对 *SOA* 的影响，并将 *DIO* 作为控制变量。

表 5-23　OLS 回归结果（*FIO* 对 *SOA* 的影响）

Variables	(1)	(2)
FIO	-0.009	-0.074***
	(-0.37)	(-3.08)
FIO × OL		0.152***
		(3.19)
DIO	0.032***	-0.031**
	(3.49)	(-2.25)
DIO × OL		0.100***
		(4.86)
OL		0.018***
		(2.69)
SIZE	-0.014***	-0.012***
	(-9.88)	(-8.44)
TANG	0.011	0.009
	(0.96)	(0.81)
MTB	0.019***	0.020***
	(6.84)	(6.95)
PROF	-0.111***	-0.101***
	(-3.82)	(-3.46)

续表

Variables	(1)	(2)
DEP	0.302***	0.314***
	(3.17)	(3.30)
RDEXP	0.005	0.005
	(0.06)	(0.06)
RD_DUM	0.011**	0.009**
	(2.46)	(2.09)
LEV_IND	-0.058**	-0.063**
	(-2.29)	(-2.48)
GDPC	-0.004*	-0.005**
	(-1.67)	(-2.00)
MCAP	0.000***	0.000***
	(3.54)	(3.52)
GGDP	0	0.001
	(0.51)	(0.76)
Country FE	Yes	Yes
Industry FE	Yes	Yes
Year FE	Yes	Yes
N	79702	79702
Adj. R^2	0.074	0.075

注：使用异方差稳健标准误。***、** 和 * 分别表示系数在 1%、5% 和 10% 的水平上具有统计显著性。下同。

（2）内生性问题检验结果

我们的研究可能受到内生性问题的影响，这主要体现在两个方面。首先，未被观测到的因素可能同时影响外国机构投资者（FIIs）的持股比例（FIO）和杠杆调整速度（SOA），从而引发遗漏变量偏误。其次，FIIs 可能更倾向于投资具有特定特征的企业，而这些特征可能与杠杆调整速度相关，导致反向因果关系。因此，为了缓解这些内生性问题，我们采用两种识别策略：①使用 MSCI 成员资格作为 FIO 的工具变量进行两阶段最小二乘法（2SLS）回归；②利用 2003 年美国《工作与增长税收减免协调法案》（JGTRRA）带来的外生变动进行双重差分（DID）估计。

a. 两阶段最小二乘法（2SLS）回归

表 5-24 展示了采用 MSCI 会员资格作为 *FIO* 的工具变量进行 2SLS 回

归的结果。我们定义一个虚拟变量 MSCI，当公司被纳入 MSCI ACWI 时，该变量取值为 1，否则为 0。第一阶段的回归结果显示，MSCI 会员资格对 *FIO* 有正向且显著的影响，*F* 检验的 *p* 值接近零，表明工具变量与 *FIO* 高度相关，符合工具变量的有效性要求。在第二阶段回归中，将第一阶段回归得到的拟合 *FIO* 值代入局部调整模型进行回归。结果表明，对 SOA 具有显著的正向影响，其中回归系数为 0.306（$t=3.81$）。从经济学角度来看，当增加一个标准差（0.045），SOA 将提高 1.4%（$=0.306\times0.045$）。此外，我们发现在过度杠杆化（OL）公司中的促进作用更为显著，$FIO\times OL$ 的交互项回归系数仍为正且具有统计显著性。这些结果支持假设 H1，即 FIIs 的参与能够加速企业杠杆调整，尤其是在高杠杆企业中作用更为显著。

表 5-24　　2SLS 回归结果（*MSCI* 作为工具变量）

Dependent Variable =	1st Stage	2nd Stage	2nd Stage
	FIO	LEV_t-LEV_{t-1}	LEV_t-LEV_{t-1}
	(1)	(2)	(3)
MSCI	0.032***		
	(37.09)		
$\widehat{FIO}$		0.306***	-0.004
		(3.81)	(-0.04)
$\widehat{FIO}\times OL$			0.834***
			(6.67)
DIO	-0.040***	0.045***	-0.010
	(-18.74)	(4.38)	(-0.66)
$DIO\times OL$			0.075***
			(3.18)
OL			0
			(0.03)
Controls	Yes	Yes	Yes
Country FE	Yes	Yes	Yes
Industry FE	Yes	Yes	Yes
Year FE	Yes	Yes	Yes
N	75283	67416	67416
Adj. R^2	0.382	0.071	0.073
$F-test(p-value)$	305.64(<0.001)		

b. 双重差分（DID）估计

JGTRRA 显著降低了与美国签订税收协定国家的公司股息税率（从 38.6%降至 15%），而非协定国家公司的股息税率保持不变。因此，JGTRRA 通过后，美国 FIIs 对协定国家公司的投资显著增加，从而为 FIO_US 的外生变化提供了准自然实验的条件。因此，我们基于 2003 年 JGTRRA 通过后 FIO_US 的外生变动进行 DID 分析。

在 DID 分析中，我们将 2000—2002 年定义为政策实施前的时期，2004—2006 年定义为政策实施后的时期。处理组公司指 2002 年位于协定国家并支付股息的企业，而对照组公司则位于非协定国家。为减少样本选择偏误，我们使用最近邻匹配方法（PSM），确保两组公司在关键财务特征上的可比性。

表 5-25 展示了利用 JGTRRA 法案通过后美国机构在税收协定经济体中的外国所有权外生变化进行 DID 估计的结果。DID 结果显示，*TREAT* × *POST* 的回归系数为 0.070（$t=2.72$），表明 JGTRRA 通过后，处理组公司的 SOA 显著提高。此外，在高杠杆企业子样本中，该效应更为显著，而在低杠杆企业中则不明显。这进一步验证了 FIIs 在推动杠杆调整方面的监督作用，尤其在高杠杆企业中的影响更为突出。

表 5-25　　DID 估计结果

Panel A：Pretreatment statistics				
Variables	Treatment(Mean)	Control(Mean)	Difference(1)—(2)	t-statistic
	(1)	(2)	(3)	(4)
FIO_US	0.009	0.008	0.001	0.17
FIO_NonUS	0.03	0.027	0.003	0.66
DIO	0.011	0.014	-0.003	-1.42
SIZE	13.186	13.091	0.095	0.85
TANG	0.391	0.387	0.004	0.22
MTB	0.958	1.039	-0.081	-1.26
PROF	0.11	0.117	-0.007	-1.07
DEP	0.036	0.037	-0.001	-0.51
RDEXP	0.006	0.007	0.001	-0.10
RD_DUM	0.662	0.682	-0.020	-0.50
LEV_IND	0.211	0.213	-0.002	-0.17

续表

Panel B：Multivariate DID estimation				
Sample =	Full	Full	Over – Leveraged	Under – Leveraged
Dependent Variable =	*FIO_US* (1)	$LEV_t - LEV_{t-1}$ (2)	$LEV_t - LEV_{t-1}$ (3)	$LEV_t - LEV_{t-1}$ (4)
TREAT × POST	0.035 ***	0.070 ***	0.136 **	0.046
	(3.43)	(2.72)	(2.32)	(1.59)
TREAT	0.001	−0.035 *	−0.165 ***	0.008
	(0.04)	(−1.93)	(−3.93)	(0.33)
POST		−0.046 **	−0.092	−0.030
		(−2.13)	(−1.49)	(−1.13)
FIO_NonUS	−0.07	−0.243	−0.482	−0.124
	(−1.24)	(−1.54)	(−1.02)	(−0.67)
DIO	0.022	0.422 *	0.388	−0.205
	(0.94)	(1.96)	(0.85)	(−0.71)
Controls	Yes	Yes	Yes	Yes
Country FE	Yes	Yes	Yes	Yes
Industry FE	Yes	Yes	Yes	Yes
Year FE	Yes	Yes	Yes	Yes
N	5444	5444	1780	3664
Adj. R^2	0.261	0.097	0.168	0.08

注：面板 A 展示了处理组和对照组匹配变量的均值以及两组均值的差异。面板 B 报告了多元 DID 估计结果。在第（2）至（4）列中，因变量是实际杠杆调整（$LEV_{i,t} - LEV_{i,t-1}$），所有自变量均乘以杠杆偏离目标的值（DLEV）。*TREAT* 对于位于与美国有税收协定经济体的派息公司取值为 1，否则为 0。POST 对于 2003 年 JGTRRA 通过后的年份取值为 1，否则为 0。FIO_NonUS（DIO）是非美国机构持股。按公司市值计算的外国（国内）机构投资者。在每次回归中都控制了公司、行业和国家层面的变量，但为简洁起见未列出。使用异方差稳健标准误。***、** 和 * 分别表示该系数在 1%、5% 和 10% 的显著性水平上具有统计显著性。

为确保 DID 方法的适用性，我们进行了多项稳健性检验。首先，通过平行趋势检验，我们发现 JGTRRA 通过前，处理组和对照组在 SOA 上的趋势差异不显著，符合 DID 方法的基本假设。其次，我们缩小时间窗口（2002 年与 2004 年）进行分析，发现 *TREAT × POST* 的系数仍为正且显著。此外，我们采用安慰剂检验，将事件年份调整至 2001 年或 2005 年，发现 *TREAT × POST* 的系数不再显著，进一步验证了 JGTRRA 政策冲击的外生性。

5.2.4.3 进一步分析结果

（1）不同类型外国机构投资者的影响

不同类型的机构投资者在监督公司治理方面的作用存在显著差异。部分投资者更积极履行监督职能，而另一些则可能出于业务关联或其他原因，对管理层采取更宽松的态度。Almazan et al.（2005）指出，投资顾问和共同基金经理往往较其他机构投资者更具监督能力。Ferreira 和 Matos（2008）进一步将机构投资者划分为独立型（如投资顾问、共同基金）和非独立型（如银行信托、保险公司、养老基金）。独立型投资者监管限制较少，倾向于主动收集信息，并更积极地参与公司治理。而非独立型投资者因与被投资公司存在业务往来，更可能支持管理层决策，避免对公司施加过多约束。因此，我们预期独立型投资者较非独立型投资者在提高杠杆调整速度（SOA）方面发挥更强的监督作用。

除了投资者类型，投资期限也决定了其治理影响力。长期投资者因专注于企业的可持续发展，通常更倾向于施加有效监督（Bushee and Noe，2000）。Bushee（1998）指出，长期投资者能够减少管理层的短视行为，鼓励企业关注长期增长。Chen et al.（2007）发现，与短期投资者相比，长期投资者更注重监督而非短期交易套利。Tsang et al.（2019）进一步表明，长期型 FIIs 有助于提高公司的信息披露透明度。因此，我们假设长期型 FIIs 在促进 SOA 方面比短期型 FIIs 更具影响力。

为了验证这一假设，我们构建了不同类型的 FIO 变量，包括 *FIO_Independent*（独立型）、*FIO_Grey*（非独立型）、*FIO_Long*（长期型）和 *FIO_Short*（短期型）。其中，*FIO_Independent* 和 *FIO_Grey* 分别衡量独立型和非独立型投资者在 FIO 中的占比，而 *FIO_Long* 和 *FIO_Short* 则依据年度投资组合换手率进行划分（Froot et al.，1992；Tsang et al.，2019），投资换手率低于 35% 的归类为长期型，高于 35% 的归类为短期型。

表 5－26 的实证结果验证了这一推测。第（1）列的回归显示，*FIO_Independent* × *OL* 的交互项系数为正且显著，而 FIO_Grey × OL 则不显著，说明独立型 FIIs 在过度杠杆化公司中显著促进 SOA。从经济学角度来看，当 *FIO_Independent* 增加一个标准差（0.079），SOA 将提高 1.9%（＝0.245 × 0.079）。第（2）列的回归结果表明，*FIO_Long* × *OL* 的交互项系数显著为正，而 *FIO_Short* × *OL* 的交互项不显著，这意味着长期型 FIIs 较短期型 FIIs 对 SOA 的影响更大。具体而言，*FIO_Long* 每增加一个标准差（0.048），

SOA 将提高 3.1%(=0.643 ×0.048)。

表 5 – 26　　不同类型外国机构投资者的 OLS 回归结果

Variables	(1)	(2)
FIO_Independent	−0.118***	
	(−3.65)	
FIO_Independent × *OL*	0.245***	
	(2.97)	
FIO_Grey	0.315	
	(1.08)	
FIO_Grey × *OL*	0.287	
	(0.47)	
FIO_Long		−0.273***
		(−3.98)
FIO_Long × *OL*		0.643***
		(2.87)
FIO_Short		0.240*
		(1.67)
FIO_Short × *OL*		−0.299
		(−0.74)
DIO	0.034***	−0.030**
	(3.18)	(−2.20)
DIO × *OL*	−0.007	0.097***
	(−0.43)	(4.68)
OL	0.020***	0.014**
	(2.99)	(2.06)
Controls	Yes	Yes
Country FE	Yes	Yes
Industry FE	Yes	Yes
Year FE	Yes	Yes
N	79702	79702
Adj. R^2	0.064	0.075

注：公司、行业和国家层面的变量在每次回归中都有控制，但为简洁起见，不作说明。所有变量的定义见表 5 – 20。使用异方差稳健标准误。***、** 和 * 分别表示系数在 1%、5% 和 10% 的显著性水平上具有统计显著性。

（2）被投资公司与外国机构投资者母国的公司治理效果

前文已证明，FIIs在促进公司杠杆调整方面发挥了监督作用，尤其在过度杠杆化公司中表现显著。鉴于FIIs的投资覆盖全球，其母国的股东保护水平可能影响其治理能力。Aggarwal et al.（2011）发现，来自股东保护较强国家的FIIs能够改善被投资公司的治理水平，尤其在股东权益较弱的国家，治理增强作用更为明显。因此，我们假设FIIs的治理影响在股东保护较弱的国家更为突出。为验证这一假设，我们依据被投资国家的股东权益指数（*SR*）中位数，将公司分为高*SR*和低*SR*组。*SR*衡量国家层面的股东权益水平，由反董事指数和反自我交易指数的第一主成分构成（Öztekin and Flannery，2012），反映股东保护程度及权益执行质量。

从表5-27的OLS回归结果来看，在全样本中，$FIO \times OL$ 在低*SR*（股东权利）投资对象子样本中的系数显著为正，而在高*SR*投资对象子样本中系数不显著。这表明FIIs在股东保护较弱的国家中，对提高过度杠杆化公司*SOA*的影响更大。此外，我们检验了FIIs母国的股东保护是否影响被投资公司的杠杆调整。如果FIIs能够促进母国的公司治理模式向被投资国家的扩展，那么当FIIs来自股东保护较强国家时，过度杠杆化公司的*SOA*应更快。为验证这一观点，我们构建了调整后的*FIO*变量：

$$FIO\_HomeSR_{i,t} = \sum_{v=1}^{N} FIO_{v,i,t} \times SR \tag{5-12}$$

其中，$FIO_{v,i,t}$ 为 FIO_v 在公司 i 于时间 t 持有的股权比例，*SR*为FIIs母国的股东权益指数。*FIO_HomeSR*值越高，表示更多FIIs股权来自股东保护较强的国家。表5-27第（3）列显示，$FIO\_HomeSR \times OL$ 的回归系数为正且显著，表明来自股东保护较强国家的FIIs促进过度杠杆化公司的SOA。此外，第（4）列和第（5）列进一步验证了这一结果，在低*SR*被投资子样本中，$FIO\_HomeSR \times OL$ 仍显著为正，而在高*SR*子样本中不显著。这说明FIIs的母国治理水平在决定其监督效能方面发挥重要作用，特别是当被投资公司所在国的股东保护较弱时。

表5-27　　不同股东保护水平下的OLS回归结果

Sample =	*High SR Investee*	*Low SR Investee*	*Full*	*High SR Investee*	*Low SR Investee*
	(1)	(2)	(3)	(4)	(5)
FIO	-0.050	-0.105***			
	(-1.45)	(-3.15)			

续表

Sample =	*High SR Investee*	*Low SR Investee*	*Full*	*High SR Investee*	*Low SR Investee*
	(1)	(2)	(3)	(4)	(5)
FIO × OL	0.055	0.288 ***			
	(0.89)	(4.59)			
FIO_HomeSR			-0.076 **	-0.071	-0.123 ***
			(-2.09)	(-1.34)	(-2.58)
FIO_HomeSR × OL			0.218 ***	0.139	0.384 ***
			(3.07)	(1.51)	(3.97)
DIO	-0.017	0.160 **	0.018	-0.020	0.153 *
	(-1.09)	(2.18)	(1.48)	(-1.28)	(1.91)
DIO × OL	0.029	-0.059	0.031	0.037	-0.024
	(1.63)	(-0.55)	(1.49)	(1.54)	(-0.20)
OL	0.022 **	0.031 ***	0.015 **	0.010	0.026 **
	(2.18)	(3.44)	(2.01)	(0.77)	(2.52)
Controls	Yes	Yes	Yes	Yes	Yes
Country FE	Yes	Yes	Yes	Yes	Yes
Industry FE	Yes	Yes	Yes	Yes	Yes
Year FE	Yes	Yes	Yes	Yes	Yes
N	38866	40180	79702	39522	40180
Adj. R^2	0.082	0.070	0.075	0.082	0.073

注：在每个回归中都控制了公司、行业和国家层面的变量，但为了简洁起见，这些变量被删除。所有变量的定义见表 5-20。使用异方差稳健标准误。***、** 和 * 分别表示系数在 1%、5% 和 10% 的显著性水平上具有统计显著性。

5.2.4.4 稳健性检验结果

（1）替代模型

为验证结果的稳健性，我们借鉴 Öztekin 和 Flannery（2012）的方法，采用简化形式模型进行替代估计。具体而言，我们修改目标杠杆（TL）的估计方式，使其不仅由公司特征决定，还受到国家层面因素的影响：

$$TL_{i,t} = \gamma X_{i,t-1} + \eta Y_{j,t-1} + c_j + ind_{ind} + y_t \tag{5-13}$$

将上述方程代入杠杆调整模型，并重新排列后，我们得到：

$$LEV_{i,t} = (1-\lambda) LEV_{i,t-1} + \lambda\gamma X_{i,t-1} + \lambda\eta Y_{j,t-1} + \lambda(c_j + ind_{ind} + y_t) + \delta_{i,t} \tag{5-14}$$

由于该方程属于动态面板数据模型，包含滞后因变量，直接采用普通最小二乘法（OLS）估计可能会导致偏误。为避免这一问题，我们按照 Flannery 和 Hankins（2013）的建议，采用 Blundell 和 Bond（1998）的系统广义矩（SYSGMM）方法进行估计。表5-28的结果显示，$LEV_{i,t-1}$的系数为0.805，表明公司平均每年缩小目标杠杆与当前杠杆之间差距的比率约为19.5%。这一估计值与 Öztekin 和 Flannery（2012）及 Drobetz et al.（2015）的研究结果一致，进一步验证了 SOA 估计的合理性。

此外，我们依据 FIO 的中位数，将样本划分为高 FIO 和低 FIO 子样本，并分别估计 SOA。结果表明，高 FIO 公司的 SOA 为20.0%，明显快于低 FIO 公司的18.6%。当聚焦于过度杠杆化公司时，这一差距更加显著，高 FIO 公司的 SOA 达到24.9%，而低 FIO 公司的 SOA 仅为16.8%。

当在模型中加入 *FIO* 及其与 $LEV_{i,t-1}$的交互项后，$FIO_{i,t-1} \times LEV_{i,t-1}$的系数估计为负且显著，表明较高的 FIO 能够加快杠杆调整速度。对于过度杠杆化企业，该系数估计为负且显著，对于低杠杆化企业则不显著。这些结果表明我们的结果是稳健的。

表5-28　简化形式模型的 SYS-GMM 回归结果

Sample =	*Full*	*High FIO*	*Low FIO*	*High FIO and Over-Leveraged*	*Low FIO and Over-Leveraged*	*Full*	*Over-Leveraged*	*Under-Leveraged*
	(1)	(2)	(3)	(4)	(5)	(6)	(7)	(8)
$LEV_{i,t-1}$	0.805***	0.800***	0.814***	0.751***	0.832***	0.837***	0.889***	0.850***
	(66.32)	(38.82)	(50.49)	(13.54)	(15.93)	(58.01)	(47.99)	(41.79)
$FIO_{i,t-1}$						0.115	0.276**	0.041
						(1.46)	(2.34)	(0.52)
$FIO_{i,t-1} \times LEV_{i,t-1}$						-0.299*	-0.603***	-0.258
						(-1.89)	(-2.88)	(-1.23)
$DIO_{i,t-1}$						-0.025**	-0.047***	-0.000
						(-2.12)	(-2.77)	(-0.02)
$DIO_{i,t-1} \times LEV_{i,t-1}$						0.037	-0.037	0.006
						(1.49)	(-0.93)	(0.18)
Controls	Yes	Yes	Yes	Yes	Yes	Yes	Yes	Yes
Country FE	Yes	Yes	Yes	Yes	Yes	Yes	Yes	Yes

续表

Sample =	Full	High FIO	Low FIO	High FIO and Over - Leveraged	Low FIO and Over - Leveraged	Full	Over - Leveraged	Under - Leveraged
	(1)	(2)	(3)	(4)	(5)	(6)	(7)	(8)
Industry FE	Yes	Yes	Yes	Yes	Yes	Yes	Yes	Yes
Year FE	Yes	Yes	Yes	Yes	Yes	Yes	Yes	Yes
N	79702	40631	39071	12458	15747	79702	28205	51497
Adj. R^2	0.819	0.818	0.816	0.818	0.818	0.829	0.818	0.830

注：因变量为账面杠杆率（$LEV_{i,t-1}$）。所有自变量均滞后1年。*FIO*（*DIO*）是国外（国内）机构投资者的机构所有权，按公司市值缩放。每次回归都会控制公司、行业和国家层面的变量，但为了简洁起见，这些变量维列出。所有变量的定义见表5-20。使用异方差稳健标准误。***、**和*分别表示系数在1%、5%和10%的显著性水平上具有统计显著性。

（2）替代样本检验

鉴于美国和日本的样本量占比较大，可能对整体结论产生影响。我们排除美国企业或美国和日本企业后，重新进行回归分析。从表5-29的2SLS回归结果来看，排除美国企业后，*FIO* 的系数估计为0.105（*t* 统计量为1.09），*FIO*×*OL* 的系数估计为0.807（*t* 统计量为5.65）；排除美国和日本企业后，*FIO* 的系数估计为-0.062（*t* 统计量为-0.43），*FIO*×*OL* 的系数估计为0.594（*t* 统计量为3.22）。这些结果表明，无论是否包含这两个国家的数据，FIO 对 SOA 的影响仍然显著，说明研究结果不太可能是由美国和日本企业所驱动的，具有一定的普遍性。

表5-29　　排除美国企业或美国和日本企业的2SLS回归结果

Sample =	Exclude U. S. Firms	Exclude U. S. and Japanese Firms
Dependent Variable =	$LEV_t - LEV_{t-1}$	$LEV_t - LEV_{t-1}$
	(1)	(2)
$\widehat{FIO}$	0.105	-0.062
	(1.09)	(-0.43)
$\widehat{FIO} \times OL$	0.807***	0.594***
	(5.65)	(3.22)
DIO	0.004	-0.008
	(0.10)	(-0.19)

续表

Dependent Variable =	$LEV_t - LEV_{t-1}$	$LEV_t - LEV_{t-1}$
	(1)	(2)
DIO × *OL*	0.103	0.075
	(1.45)	(1.01)
OL	0.001	0.022
	(0.12)	(1.47)
Controls	Yes	Yes
Country FE	Yes	Yes
Industry FE	Yes	Yes
Year FE	Yes	Yes
N	55571	40466
Adj. R^2	0.074	0.077

注：因变量是第（1）—（2）列中的实际账面杠杆调整。所有自变量均乘以杠杆偏离目标值（*DLEV*）。*FIO*（*DIO*）是国外（国内）机构投资者的机构持股比例乘以公司市值。工具变量 *MSCI* 是一个虚拟变量，如果公司被纳入摩根士丹利资本国际所有国家世界指数，该变量等于1，否则等于0。*OL* 是一个虚拟变量，如果一家公司杠杆率过高，则该变量等于1，否则等于0。***、**、*分别表示系数在1%、5%和10%的显著性水平上具有统计显著性。下同。

此外，我们进一步将样本划分为发达经济体和发展中经济体进行回归分析。从表5-30的2SLS回归结果来看，在发达经济体子样本中，*FIO* 的系数估计为0.089（*t* 统计量为0.85），*FIO* × *OL* 的系数估计为0.823（*t* 统计量为5.90）；在发展中经济体子样本中，*FIO* 的系数估计为-0.467（*t* 统计量为-2.03），*FIO* × *OL* 的系数估计为0.544（*t* 统计量为1.86）。这些结果表明主要研究结论在发达经济体和发展中经济体中均成立，说明研究结果不受经济体类型的影响。

表5-30　　分经济体类型样本的2SLS回归结果

Sample =	*Developed Economies*	*Developing Economies*
Dependent Variable =	$LEV_t - LEV_{t-1}$	$LEV_t - LEV_{t-1}$
	(1)	(2)
$\widehat{FIO}$	0.089	-0.467**
	(0.85)	(-2.03)
$\widehat{FIO} \times OL$	0.823***	0.544*
	(5.90)	(1.86)

续表

Dependent Variable =	$LEV_t - LEV_{t-1}$	$LEV_t - LEV_{t-1}$
	(1)	(2)
DIO	-0.009	-0.133
	(-0.51)	(-1.43)
DIO × OL	0.091***	0.348*
	(3.74)	(1.87)
OL	-0.015	0.043**
	(-1.34)	(2.25)
Controls	Yes	Yes
Country FE	Yes	Yes
Industry FE	Yes	Yes
Year FE	Yes	Yes
N	48815	18601
Adj. R^2	0.078	0.075

（3）替代金融杠杆检验

采用市场杠杆（*ML*）作为替代指标，定义为债务账面价值占股权市场价值与债务账面价值之和的比例，并重新进行2SLS 回归。表5-31 的结果显示，FIO 的估计系数仍然为正且显著，表明 FIIs 的监督作用同样适用于市场杠杆测度。此外，FIIs 对过度杠杆化公司的影响在使用市场杠杆时比使用账面杠杆更强。这一发现与 Yin 和 Ritter（2019）研究结果一致，他们指出市场杠杆往往受股价波动影响，使得 SOA 估计存在一定上偏。

表5-31　　替代定义金融杠杆（市场杠杆）的2SLS 回归结果

Sample =	*Full*	*Full*
Dependent Variable =	$ML_t - ML_{t-1}$	$ML_t - ML_{t-1}$
	(1)	(2)
$\widehat{FIO}$	0.568***	0.127
	(6.89)	(1.47)
$\widehat{FIO} \times OL$		0.856***
		(5.98)
DIO	0.069***	-0.083***
	(5.56)	(-5.36)

续表

Dependent Variable =	$ML_t - ML_{t-1}$	$ML_t - ML_{t-1}$
	(1)	(2)
$DIO \times OL$		0.260***
		(9.20)
OL		-0.031***
		(-3.07)
Controls	Yes	Yes
Country FE	Yes	Yes
Industry FE	Yes	Yes
Year FE	Yes	Yes
N	67416	67416
Adj. R^2	0.162	0.167

5.2.5 研究结论及政策意义

本书基于 2000 年至 2013 年间 38 个经济体 7246 家上市公司的数据（共 79702 组公司年度观察值），探讨了外国机构投资者（FIIs）持股与企业资本结构调整速度（SOA）之间的关系。研究结果表明，FIIs 持股比例较高的企业往往具有更快的 SOA，且这一效应在高杠杆企业中更为显著。此外，我们发现，FIIs 的治理作用主要由长期投资、持股集中度较高且独立性较强的机构投资者推动，这进一步验证了 FIIs 通过监督渠道影响 SOA 的机制。

进一步分析显示，在杠杆率较高的企业中，FIIs 持股比例越高，企业通过股权融资调整资本结构的可能性越大。此外，FIIs 母国的股东保护水平对其治理影响具有重要作用。具体而言，来自股东保护更完善国家的 FIIs 能够显著加快高杠杆企业的 SOA，尤其是在股东保护较弱的经济体，这表明 FIIs 在跨国治理转移方面发挥了积极作用。

为确保研究结论的稳健性，我们进行了多项稳健性测试，包括不同的模型设定、替代样本以及不同财务杠杆定义的检验，结果均保持一致。此外，为降低内生性问题的影响，我们采用了 2SLS 回归，以 MSCI 成员资格作为工具变量，同时将 2003 年《工作与增长税收减免协调法案》（JGTRRA）作为政策冲击，运用 DID 估计实施后美国 FIIs 持股变化。无论是在

2SLS 还是 DID 估计中，我们的主要结论依然稳健。

本书揭示了 FIIs 在企业资本结构动态调整中的关键作用，特别是在杠杆调整决策中的影响。FIIs 通过强化公司治理、减少股东与管理层之间的代理冲突，提高了企业杠杆调整的收益，使 SOA 速度加快。此外，在股东权利保护较弱的国家，FIIs 的监督作用尤为重要，能够有效弥补治理缺陷，促使企业更合理地优化资本结构。总体而言，本书支持动态权衡理论，即企业在杠杆调整收益大于成本时，会主动向目标杠杆水平调整。研究结果不仅丰富了关于 FIIs 在全球治理中的作用的文献，也为政策制订者提供了重要参考，表明改善股东保护机制、鼓励 FIIs 参与企业治理，能够促进资本市场的稳定与发展。

5.3 气候风险与企业避税①

5.3.1 引言

近年来，气候变化引发的极端天气事件日益频繁，对全球经济和企业运营造成了前所未有的冲击。这些极端事件不仅造成了巨额的财产损失，还对企业的生产与经营活动构成了严重威胁。例如，2019 年全球发生的 15 次极端天气事件，每次造成超过 10 亿美元的损失，凸显了气候风险对企业长期稳定和财务状况的重大影响。这些事件加剧了企业所面临的外部环境不确定性，迫使其重新评估财务和经营策略，以便更好地应对气候变化带来的挑战。

现有文献广泛探讨了气候风险对企业财务表现的负面影响。气候风险不仅导致企业利润下降，还提高了企业收益和现金流的波动性。如 Huang et al. (2018) 发现气候风险显著降低了企业的盈利能力并加剧了财务不稳定性。此外，投资者对气候风险的敏感度日益提高，市场对受气候风险影响较大企业的未来盈利能力更加不确定，这也促使企业在制订财务策略时更加审慎。鉴于气候风险所带来的潜在威胁，税收规避策略逐渐成为企业

---

① 本部分系笔者两项国家自然科学基金面上项目（基金批准号 71873058、72373099）的阶段性成果，于 2021 年 7 月发表于 *Corporate Governance: An International Review*。

可能采用的应对手段之一，以帮助其保留更多的现金资源和增强财务弹性（Kamstra et al.，2003）。

税收规避是一种通过合法手段减少税务支出、增加现金储备的财务策略。理论层面，气候风险可能同时影响企业税收规避的边际收益和边际成本。一方面，气候风险导致企业收益减少，现金流更加不稳定（Huang et al.，2018），企业可能有动机采取税收规避策略来积累资源应对未来的不确定性。另一方面，企业可能面临声誉风险的上升，尤其是在公众和投资者日益关注气候变化背景下，激进的税收规避行为可能会被视为缺乏社会责任感，从而损害企业的声誉（Gallemore et al.，2014）。此外，与政府的关系恶化可能会削弱企业获得政策支持和资源分配的能力，这也增加了税收规避的边际成本（Liu et al.，2017）。

现有实证研究对气候风险与企业税收规避之间的关系提供了不同的视角和相互矛盾的结果。Chen et al.（2019）利用美国数据分析发现，恶劣天气导致的情绪波动使得管理层更倾向于规避税收，以缓解财务限制的主观感知。这一结果支持气候风险增加税收规避边际收益的观点。然而，Liu et al.（2017）的研究却指出，自然灾害促使中国企业了减少税收规避行为，以维护与政府的合作关系并获得灾后支持，这一现象在国有企业和与政府关系密切的公司中尤为显著。这种现象表明，税收规避的边际成本在某些特定的制度和文化环境中可能更高。

不同国家的公司治理水平、信息环境、经济发展程度以及政策稳定性等因素都可能影响企业应对气候风险的策略。例如，在公司治理较差或信息披露环境不佳的国家，企业可能更倾向于采取税收规避措施来缓解财务压力。而在经济发展水平较高、政策环境更为稳定的地区，企业可能更加重视其声誉成本，采取更为审慎的税收策略（Kanagaretnam et al.，2018）。然而，大多数现有研究集中于单一国家或区域，研究结果难以普遍适用于全球不同的经济和制度环境。因此，理解气候风险与税收规避之间的国际异质性仍然是一个重要的研究议题（Atwood et al.，2012）。

为填补现有研究的空白，本节从国际视角探讨气候风险对企业税收规避行为的影响。与之前单一国家的研究相比，我们采用了覆盖全球 71 个经济体的广泛数据样本，分析了 2005 年至 2018 年间 30916 家企业的税收规避行为。由于气候风险的测量具有挑战性，我们选择了 Germanwatch 编制的全球气候风险指数作为衡量气候风险的主要指标。该指数基于一系列严谨且广泛使用的气候数据，综合了四个关键方面：极端天气事件导致的死亡人数、每十万人口中的死亡人数、按购买力平价调整的总经济损失以及损失占国内生产总值（GDP）的比重。这些指标能够有效捕捉一个国家或地区在特定年份受到极端天气事件影响的严重程度，并提供较高的时间内和跨国间的可比性。此外，为避免长期气候变化过程可能引发的内生性问题，我们重点关注那些迅速显现且可量化的极端天气事件，而不是渐进性的气候变化（如全球变暖），以减少潜在的内生性偏差，并更准确地评估气候风险对企业税收决策的短期影响。

通过研究发现，气候风险与企业税收规避之间存在显著的正相关关系，即企业在面临更高气候风险时倾向于采取更积极的税收规避策略。机制分析进一步揭示，这一现象主要由于气候风险加剧了企业的财务约束，使其更加倾向于保留现金，而非源于政府的税收减免。此外，我们发现这一正相关关系在公司治理较弱、经济发展水平较低或政策环境不稳定的国家和地区更加显著，表明制度环境和经济条件对这一关系具有重要的调节作用。

为确保研究结果的稳健性，我们进行了多种检验以排除潜在的偏误和内生性问题。首先，我们采用人口密度作为气候风险的工具变量，进行2SLS 回归分析，结果显示使用工具变量后的结论依然稳健。其次，我们通过 PSM 方法，匹配高气候风险和低气候风险的企业样本，以控制可能影响税收规避行为的企业特征差异，回归结果保持一致。最后，我们还采用 Heckman 两阶段方法，调整样本选择偏差，以确保研究结果不受特定样本选择的影响。所有这些稳健性检验均支持气候风险与企业税收规避之间的显著正相关关系，进一步验证了我们的研究结论的可靠性。

我们的研究不仅为理解气候变化对企业财务决策的影响提供了新的国际证据，还为政策制订者提供了有意义的启示。近年来，环境非政府组织呼吁各国政府加强税收监管，以便在应对气候灾害时拥有足够的财政资源。本节强调了在高气候风险环境中制订健全税收政策的重要性，并指出通过缓解企业财务约束、减少政策不确定性、加强投资者保护和信息披露，可以降低企业税收规避的动机，从而促进更好的经济和社会福利。

本节的研究在文献中的贡献主要体现在如下：首先，深化了我们对于气候变化如何影响企业决策及其结果的认识。具体来说，已有研究如

Huang et al.（2018）的发现指出，气候风险加剧时，企业利润下降且波动性增加。Addoum et al.（2020）进一步揭示了极端气温对超过四成行业利润的显著影响，这种影响是双向的。Pankratz et al.（2019）发现气温升高会负面影响公司收入和营业利润。在这些研究的基础上，本书聚焦于企业税收策略，发现企业在面对较高气候风险时倾向于规避额外的税务负担。通过这样的分析，本书不仅扩展了现有文献，还为企业如何应对气候变化提供了新的视角。

本书研究为理解气候变化对企业财务决策的国际影响提供了全新的实证证据，填补了单一国家研究的局限性。通过分析覆盖 71 个经济体的大样本数据，我们揭示了气候风险如何在不同经济体和制度环境中影响企业的税收规避行为。这种国际视角有助于深化对气候变化与企业财务策略之间关系的理解，并为未来相关研究提供了可靠的基础（Atwood et al.，2012；Huang et al.，2018）。

此外，我们的研究丰富了气候变化对公司决策和结果的影响研究，并为政策制订者提供了重要的启示，特别是在高气候风险环境下制订合理税收政策的必要性。我们指出，通过采取措施缓解企业的财务约束、降低政策的不确定性，并加强投资者保护与信息透明度，政府可以有效减少企业的税收规避动机，从而保障更多财政资源用于应对气候灾害。

5.3.2 理论分析及研究假设

极端气候事件对企业的资产和运营环境产生了较大冲击，包括破坏固定资产、损坏基础设施、降低劳动生产效率等（Covington and Thamotheram，2015；Fuss，2016；Hasegawa et al.，2016）。这些负面影响削弱了企业的经营能力和财务稳定性，促使企业在财务管理上采取不同的策略来应对不确定性和风险。在这种背景下，企业是否选择税收规避，取决于其对该行为的潜在收益与成本的权衡。

从潜在收益的视角来看，气候风险的上升可能促使企业通过税收规避来增强财务灵活性。由于气候风险会减少企业利润并加剧现金流的不确定性，企业可能倾向于采取减少税务支出的措施，以保留更多的现金储备。这种策略为企业提供缓冲机制，帮助其更好地应对未来财务挑战。在这种情况下，税收规避的边际收益增加，促使企业更积极地规避税收以提升财务韧性。

然而，税收规避的边际成本在高气候风险环境下也会随之上升。首先，企业需要面对更高的声誉风险，特别是在社会对企业承担气候责任的期望不断提升的背景下。研究表明，过于激进的税务策略可能损害企业的公众形象，削弱其在投资者和社会中的信任度（Gallemore et al.，2014）。此外，企业与政府的关系也在气候风险中扮演关键角色。税收规避可能影响企业获得政府支持的能力，尤其在企业寻求灾后政策援助或资源分配时，这种影响尤为显著（Liu et al.，2017）。因此，声誉和关系成本可能迫使企业在应对气候风险时采取更加保守的税收策略。

综上所述，气候风险对企业税收规避行为的影响具有多面性。一方面，气候风险可能提升税收规避的边际收益，使企业倾向于规避税收；另一方面，声誉和政府关系的潜在成本可能抵消这些收益，甚至使企业放弃激进的税务策略。因此，我们提出以下假设：

H1：气候风险对公司税收规避没有影响。

5.3.3 研究设计

5.3.3.1 模型构建

本书通过构建包含多国企业数据的面板数据集，以分析气候风险对企业税收规避的影响。具体来说，我们借鉴 Huang et al.（2018）的研究方法，使用普通最小二乘（OLS）回归模型来检验这种关系。我们建立的回归模型如下：

$$TaxAvoid = \alpha_{year} + \alpha_{industry} + \alpha_{country} + \alpha_1 ClimateRisk + \sum \alpha_k Control_k + \varepsilon \tag{5-15}$$

其中，α_{year}、$\alpha_{industry}$、$\alpha_{country}$ 分别表示年度、行业和国家的固定效应，以控制宏观经济和制度环境的变化对企业税收规避行为的影响。为了进一步提高模型的稳健性，我们在某些检验中引入企业和年度的双重固定效应，并在企业层面对标准误差进行聚类。

在因变量的选择上，考虑到跨国背景下法定税率的差异，我们采用调整后的税收规避指标（*TaxAvoid*）来衡量企业的税收规避行为。传统的有效税率测度方法（如有效税率）由于各国法定税率不同而可能产生偏差。因此，我们参考 Atwood et al.（2012）的研究，构建了能够控制法定税率差异的税收规避测度。

$$TaxAvoid_{it} = \frac{(PTEBX \times \tau)_{it} - CTP_{it}}{PTEBX_{it}} \tag{5-16}$$

其中，*PTEBX* 表示企业的税前收益（PI），τ 为企业所在国家的法定公司所得税率，我们使用毕马威公司税率表（KPMG's corporate tax rates table）获取这些税率数据。CTP 表示企业在当期支付的税款，计算为已缴税款（*TXC*）减去递延税款变化（*ΔTXP*）。如果 *TXC* 的数据缺失，我们则用总税款（*TXT*）减去递延所得税（*TXDI*）来替代。如果企业的税前收益 *PTEBX* 为负值，我们将该观测值设置为缺失值。*TaxAvoid* 值越高，表明企业的税收规避程度越强，反映企业采取了更多的策略以降低税负。

对于核心自变量 *ClimateRisk*，我们采用 Germanwatch 发布的全球气候风险指数（Global Climate Risk Index）进行衡量。该指数综合了多项极端天气事件的影响因素，包括直接死亡人数、每十万人口的死亡率、以购买力平价（*PPP*）调整的总经济损失以及这些损失占国内生产总值（*GDP*）的比重。因为它不仅能够提供国家间的可比气候风险度量，还能反映出不同年份风险的变化。此外，与缓慢、逐步的气候变化相比，极端天气事件的影响更为直接且易于量化，这有助于减少内生性偏误并增强研究结论的解释力。通过聚焦于短期气候风险，我们可以更准确地评估其对企业财务决策的即时影响，并提高研究结果的可靠性。

$$GermanwatchAnnualGlobalClimateRiskIndex = \frac{1}{6} \times Rank(deathnumber) + \frac{1}{3} \times Rank(deathnumberper100000inhabitants) + \frac{1}{6} \times Rank(totalUSdollarlossinpurchasingpowerparity(PPP)) + \frac{1}{3} \times Rank(perunitlossofGDP) \tag{5-17}$$

在全球气候风险指数的构建中，不同指标被赋予了不同的权重，以准确衡量各国受到极端天气事件的影响。具体而言，直接死亡人数和总经济损失（以购买力平价计算的美元损失）各占 1/6 的权重，而每 10 万人口的死亡率和单位 *GDP* 的损失则各占 1/3 的权重。这种加权方法旨在平衡人口因素与经济影响，从而提供一个全面且具有跨国可比性的气候风险衡量指标。在我们的分析中，核心变量 *ClimateRisk* 定义为将原始指数按（-100）进行缩放，数值越大表示越高的气候风险水平。

为了增强模型的解释力和控制潜在的混杂因素，我们在回归分析中引入了一系列时变的国家和公司层面控制变量。国家层面的控制变量包括法定税率（*TaxRate*）、人均 GDP 对数（Log*GDPPC*）、GDP 增长率（*GDPGrowth*）以及国家层面的盈利波动性（*EarnVol*），这些变量有助于捕捉宏观经济和制度环境的影响。在企业层面，我们引入了常用的财务控制变量，如公司规模（Log*Size*）、财务杠杆（*Leverage*）、销售增长率（*SalesGrowth*）、研发支出（*R&D*）、税前收益率（*PreTaxROA*）、无形资产比例（*Intangible*）、固定资产比例（*PPE*）和企业年龄（Log*Age*），以调整企业特征对税收规避的影响。变量定义见表 5 – 32。

表 5 – 32　　变量定义

变量符号	变量定义
避税代理变量	
TaxAvoid	避税措施，定义为： $TaxAvoid_{it} = \frac{(PTEBX \times \tau)_{it} - CTP_{it}}{PTEBX_{it}}$ 其中 *PTEBX* 是税前收益（PI）。*t* 是公司注册国的法定企业所得税率。*CTP* 是当前支付的税款（*TXC* – Δ*TXP*）。当 *TXC* 数据缺失时，我们用 *TXT* – *TXDI* 替代 *TXC*。较高的 *TaxAvoid* 表示较高的避税水平
气候风险和气候变化得分的代理变量	
ClimateRisk	气候风险衡量指标，定义为年度气候风险指数的负 100 倍。较高的 ClimateRisk 表示较高的气候风险水平
Log(1 + *DEATH*1)	平均死亡人数加一的自然对数
Log(1 + *DEATH*2)	每 10 万居民平均死亡人数加一的自然对数
Log(1 + *LOSS*1)	平均总损失加一的自然对数
Log(1 + *LOSS*2)	每单位 GDP 平均损失加一的自然对数
Climate Change Score	由汤森路透编制的气候变化商业风险机会评分，衡量公司对气候变化可能代表商业风险和/或机会的认识程度，范围在 0 到 100 之间
国家层面控制变量	
TaxRate	公司母国的法定企业税率。来源：KPMG LLP 在线企业税率表
Log*GDPPC*	按 2011 年不变美元计算的人均实际 GDP 的自然对数
GDPGrowth	国内生产总值的年度增长率
PopDensity	人口密度，定义为每平方公里土地面积的人口（以千为单位）
EarnVol	按国家—年份划分的税前收益波动性的降序十分位排名的标准化值，用于控制税前收益横截面方差的差异

续表

变量符号	变量定义
公司层面控制变量	
Log*Size*	年初总资产（*AT*）的自然对数
Leverage	长期负债（*DLTT* + *DLC*），与滞后总资产（AT）的比值
SalesGrowth	销售额（SALE）与去年销售额的比值，再减 1
R&D	研发支出（XRD）按滞后总资产（AT）缩放
PreTaxROA	非常项目前的税前收入（PI－SPI）与滞后总资产（AT）的比值
Intangible	无形资产（INTAN）与滞后总资产（AT）的比值
PPE	净固定资产、厂房和设备（PPENT）与滞后总资产（AT）的比值
Log*Age*	自公司首次出现在 Compustat 数据库以来的年数的自然对数
拓展分析中的变量	
KZ_Index	由 Kaplan 和 Zingales（1997）开发的 Kaplan－Zingales 指数，并由 Hadlock 和 Pierce（2010）重新估计。计算公式如下：$KZ\ index = -0.009 \times \frac{Cash\ Flow}{K} + 0.031 \times Q + 2.643 \times \frac{Debt}{Total\ Capital} + 0.224 \times \frac{Dividends}{K} + 0.017 \times \frac{Cash}{K}$ 其中，$CashFlow = IB + DP$，K = 滞后 $PPENTK$，$Q = \frac{AT + PRCC_C \times CSHO - CEQ - TXDB}{AT}$，$Debt = \frac{DLTT + DLC}{DLTT + DLC + SEQ}$，$Dividends = DVC + DVP$，$Cash = CHECash = CHE$。
WW_Index	由 Whited 和 Wu（2006）开发的 Whited－Wu 指数。计算公式如下：$WW\_index = -0.091CF - 0.062DIVPOS + 0.021TLTD - 0.044LNTA + 0.102ISG - 0.035SG$。其中，CF 是现金流与总资产的比值，DIVPOS 是如果公司支付现金股利则取值为 1 的指标，TLTD 是长期债务与总资产的比值，LNTA 是总资产的自然对数，ISG 是公司 3 位数行业销售增长率，SG 是公司销售增长率。来源：Compustat
SA_Index	由 Hadlock 和 Pierce（2010）开发的规模—年龄指数。计算公式如下：$SA\_index = -0.737Size + 0.043Size^2 - 0.040Age$。其中，Size 是总资产的自然对数，Age 是当前年份减去公司首次有非缺失股票价格的年份。来源：Compustat
GovShare	政府或政府机构持有的 5% 或以上股份的总股份的百分比。来源：DataStream
TaxRev	企业利润的税收收入占国家总税收收入的百分比。来源：OECD stat
TaxRevGrowth	TaxRev 的增长率。来源：OECD stat
CGI	给予少数股东保护、培训质量、授权意愿、裙带关系和公司治理问题满意评级（回答 5、6 或 7）的公司在该国的百分比。来源：Kaufmann（2004）

续表

变量符号	变量定义
ANTID	股东权利的综合指数。该指数是通过汇总六个指标构建的：（1）邮寄投票；（2）未存入的股份；（3）累积投票；（4）受压迫的少数股东；（5）优先购买权；（6）召开会议的资本。来源：Djankov et al.（2008）
DISREQ	披露指数，定义为：（1）前景；（2）薪酬；（3）股东；（4）内部所有权；（5）不规则合同；（6）交易的算术平均值。来源：La Porta et al.（2006）
FINTRA	由于公司、金融分析师和媒体记者对财务信息的披露、解释和传播，外部人员可获得的财务信息的相对度量。来源：Bushman et al.（2004）
ANALYST	1996 年每个国家最大 30 家公司的分析师数量。来源：Bushman et al.（2004）
EPU	Baker et al.（2016）编制的每月经济政策不确定性指数的年度平均值，乘以 1000。来源：http：//www. policyuncertainty. com/index. html

5.3.3.2 样本选取

本节的样本数据通过整合全球气候风险指数与北美 Compustat 数据库构建，涉及多个经济体的公司层面数据。由于全球气候风险指数从 2005 年才开始可用，样本数据起始于该年，并延续至 2018 年。我们排除了金融和公用事业行业的公司，并剔除了缺少关键变量（如税收规避或控制变量）数据的公司年度观察值。经过筛选和清理，最终样本涵盖 2005 年至 2018 年期间的 213739 个企业年度观察值，涉及 71 个经济体（包括美国和非美国公司）中的 30916 家独立企业，每个国家或地区至少有 100 个公司年度观察值。

样本的描述性统计展示在表 5 - 33。连续变量在第 1 和第 99 百分位处进行缩尾处理，以减少极值的影响。样本中的税收规避均值（*TaxAvoid*）为 0. 129，高于 Atwood et al.（2012）所报告的 0. 084。该差异是由于样本选择及时间范围的不同。本节的样本覆盖 71 个国家或地区，时间跨度为 2005 年至 2018 年，而 Atwood et al.（2012）的研究覆盖了 22 个国家，时间跨度为 1993 年至 2007 年。气候风险（*ClimateRisk*）的均值为 - 0. 463，中位数为 - 0. 409。所有因变量和自变量的相关矩阵展示在表 5 - 34 中，税收规避与气候风险的 Pearson 相关系数为 0. 041。

表 5－33　描述性统计

Variable	N	Mean	SD	P25	P50	P75
TaxAvoid	197227	0.141	0.288	0.018	0.157	0.294
ClimateRisk	197227	－46.317	22.644	－57.833	－41.333	－29.780
TaxRate	197227	0.290	0.082	0.250	0.300	0.345
Log*GDPPC*	197227	9.960	0.840	9.359	10.366	10.600
GDPGrowth	197227	0.037	0.032	0.017	0.030	0.066
EarnVol	197227	0.284	0.195	0.142	0.206	0.353
Log*Size*	197227	7.824	2.827	5.844	7.580	9.634
Leverage	197227	0.230	0.221	0.039	0.187	0.352
SalesGrowth	197227	0.129	0.375	－0.019	0.069	0.193
R&D	197227	0.012	0.028	0.000	0.000	0.008
PreTaxROA	197227	0.091	0.101	0.030	0.067	0.124
Intangible	197227	0.105	0.184	0.001	0.018	0.115
PPE	197227	0.323	0.252	0.121	0.272	0.468
Log*Age*	197227	2.482	0.637	2.079	2.565	2.944
Climate Change Score	24985	50.714	23.040	32.692	38.971	77.803

注：本表显示的汇总统计量样本包括来自 30916 家独特企业（包括美国和非美国企业）的 213739 个企业年观察数据。

表 5－34　相关系数矩阵

Variables		(1)	(2)	(3)	(4)	(5)	(6)	(7)	(8)	(9)	(10)	(11)	(12)	(13)	(14)
TaxAvoid	(1)	1													
ClimateRisk	(2)	0.041	1												
TaxRate	(3)	－0.012	0.423	1											
Log*GDPPC*	(4)	－0.119	－0.37	0.011	1										
GDPGrowth	(5)	0.122	0.212	－0.23	－0.634	1									
EarnVol	(6)	0.019	0.067	0.153	0.471	－0.21	1								
Log*Size*	(7)	－0.099	0.056	0.122	－0.089	－0.049	－0.368	1							
Leverage	(8)	0.033	0.047	0.029	－0.098	0.059	0.018	0.104	1						
SalesGrowth	(9)	0.12	0.045	－0.036	－0.107	0.15	－0.098	0.196	0.196	1					
R&D	(10)	－0.031	0.026	0.07	0.192	－0.121	0.159	－0.062	－0.124	0.042	1				
PreTaxROA	(11)	0.148	0.027	－0.029	－0.026	0.058	0.125	－0.158	－0.097	0.31	0.113	1			
Intangible	(12)	－0.008	－0.015	0.031	0.271	－0.18	0.383	－0.133	0.164	0.142	0.15	0.074	1		
PPE	(13)	0.071	0.026	－0.032	－0.152	0.118	－0.082	0.098	0.347	0.15	－0.18	0.033	－0.214	1	
Log*Age*	(14)	－0.105	0.051	0.224	0.244	－0.243	0.206	0.174	－0.028	－0.132	0.059	－0.126	0.058	－0.048	1

表5－35列出了各国家或地区的税收规避和气候风险平均水平以比较不同经济体的税收规避与气候风险水平。结果显示，各经济体间的气候风险均值差异显著。气候风险较高的国家包括菲律宾（均值为－0.214）和印度（均值为－0.229），两国的税收规避水平均相对较高，分别达到0.203和0.196。相比之下，卡塔尔的气候风险均值最低（－1.130），其税收规避均值也较低，为0.089。这些结果初步表明，高气候风险的经济体往往伴随着更高的税收规避行为。

表5－35　　　　税收规避和气候风险平均水平

Country/Region	N	*TaxAvoid*	*ClimateRisk*	*TaxRate*
Argentina	516	0.179	－0.54	0.348
Australia	4922	0.213	－0.374	0.299
Austria	613	0.094	－0.531	0.25
Bangladesh	134	－0.013	－1.097	0
Belgium	907	0.183	－0.431	0.263
Brazil	787	0.147	－0.712	0.337
Bulgaria	1808	0.211	－0.529	0.333
Canada	307	－0.018	－0.667	0.103
Chile	4007	0.076	－0.515	0.302
China	1164	0.047	－0.66	0.199
Colombia	29306	0.155	－0.314	0.238
Croatia	263	0.134	－0.452	0.301
Cyprus	401	0.124	－0.753	0.199
Denmark	264	0.049	－0.951	0.109
Egypt	878	0.07	－0.822	0.242
Finland	665	0.063	－0.977	0.227
France	104	0.133	－0.944	0.213
Germany	949	0.052	－1.015	0.231
Greece	4839	0.174	－0.527	0.333
Hong Kong SAR	4850	0.189	－0.478	0.315
India	1168	0.061	－0.612	0.262
Indonesia	2554	0.133	－1.103	0.033
Ireland	111	0.032	－0.765	0.161
Israel	26486	0.196	－0.229	0.341

续表

Country/Region	N	*TaxAvoid*	*ClimateRisk*	*TaxRate*
Italy	3027	0. 18	-0. 463	0. 262
Jamaica	573	0. 001	-0. 752	0. 126
Japan	2125	0. 077	-0. 81	0. 258
Jordan	1791	0. 146	-0. 532	0. 314
Kazakhstan	220	0. 292	-0. 764	0. 291
Kenya	30330	-0. 033	-0. 454	0. 37
Korea, Republic of	574	0. 169	-0. 936	0. 195
Kuwait	134	0. 109	-0. 921	0. 227
Latvia	146	0. 059	-0. 522	0. 3
Lithuania	6528	0. 219	-0. 728	0. 243
Luxembourg	614	0. 176	-1. 009	0. 173
Malaysia	165	0. 084	-0. 84	0. 152
Mauritius	200	0. 099	-0. 927	0. 15
Mexico	196	0. 037	-0. 982	0. 282
Morocco	7229	0. 211	-0. 717	0. 251
Netherlands	218	0. 034	-0. 943	0. 157
New Zealand	968	0. 104	-0. 407	0. 295
Nigeria	201	0. 18	-0. 903	0. 306
Norway	1107	0. 076	-0. 822	0. 258
Oman	496	0. 083	-0. 524	0. 124
Pakistan	2227	0. 232	-0. 323	0. 336
Peru	797	0. 176	-0. 538	0. 295
Philippines	1281	0. 203	-0. 214	0. 31
Poland	3607	0. 126	-0. 581	0. 19
Portugal	388	0. 036	-0. 626	0. 24
Qatar	130	0. 089	-1. 13	0. 1
Romania	752	0. 107	-0. 557	0. 16
Russia	1281	0. 099	-0. 569	0. 21
Saudi Arabia	959	0. 211	-0. 682	0. 204
Singapore	3760	0. 051	-1. 068	0. 173
Slovenia	214	-0. 02	-0. 737	0. 201

续表

Country/Region	N	*TaxAvoid*	*ClimateRisk*	*TaxRate*
South Africa	2270	0. 316	-0. 482	0. 326
Spain	985	0. 153	-0. 555	0. 298
Sri Lanka	1571	0. 255	-0. 4	0. 288
Sweden	2774	0. 098	-0. 831	0. 246
Switzerland	1824	0. 027	-0. 572	0. 189
Thailand	4360	0. 19	-0. 416	0. 245
Tunisia	266	0. 231	-0. 848	0. 273
Turkey	1899	0. 049	-0. 769	0. 205
United Arab Emirates	342	0. 55	-0. 982	0. 377
United Kingdom	8572	0. 201	-0. 579	0. 244
United States	23221	0. 107	-0. 235	0. 388
Vietnam	2645	0. 062	-0. 29	0. 233
Zimbabwe	132	0. 161	-0. 628	0. 257

注：全样本包括来自 30916 家公司的 213739 个公司年观测值，其中包括美国公司和非美国公司（观测值少于 100 个的国家不包括在样本中）。样本期为 2005 年至 2018 年。变量定义见表 5 -32。

我们还进一步分析了国家层面的税收规避与气候风险的相关性，并在图 5 -1 中呈现了各国平均税收规避与气候风险的关系。图 5 -1 中 *Y* 轴表示各国的平均税收规避水平，*X* 轴表示按国家划分的平均气候风险值。每个数据点的数据来源于表 5 -35。图 5 -1 显示，气候风险较高的国家通常也具有较高的税收规避均值。需要指出的是，这种正相关性未考虑时间序列变化，也未控制各国公司特征的差异。我们将在下一节中利用面板回归模型进一步检验假设。

在进一步分析中，图 5 -1 展示了各国的平均税收规避水平与气候风险均值的关系，其中 *Y* 轴表示各国的平均税收规避水平，*X* 轴表示气候风险均值。图 5 -1 中每个数据点对应表 5 -35 中的国家统计值。图 5 -1 显示，气候风险较高的国家通常税收规避均值也较高。然而，这种正相关性未考虑时间序列的波动及国家内部企业特征的差异，因此仅能作为初步观察。在后续分析中，我们将使用面板回归模型检验气候风险对税收规避的影响。

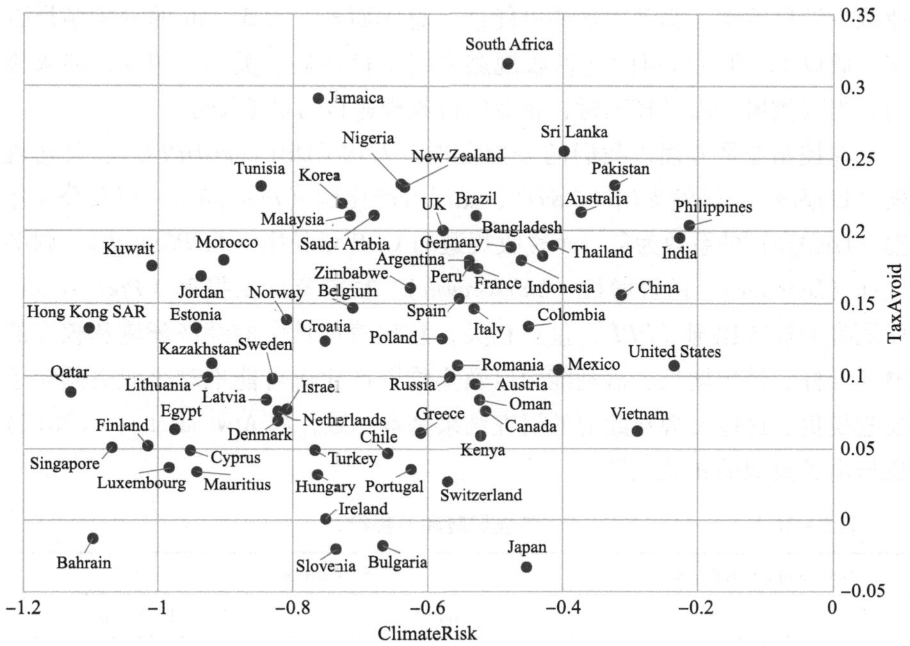

图 5－1　国家层面气候风险与避税行为均值之间的关系

注：一个异常值（即阿拉伯联合酋长国）已从图中排除［彩色图可在 wileyonlinelibrary. com 查看］。

5.3.4　实证结果分析

5.3.4.1　基准回归

为验证假设，我们进行了普通最小二乘（OLS）回归分析，以检验气候风险对企业税收规避行为的影响，回归模型如公式（1）所示。表 5－36 第（1）列展示了全样本分析结果，第（2）列则专门对非美国样本进行分析。结果显示，无论是全样本还是非美国样本中，气候风险（*ClimateRisk*）的系数均显著为正，并在 1% 水平上显著。从经济意义来看，第（1）列的系数为 0.063，表明气候风险每增加一个标准差（0.272），企业税收规避水平（*TaxAvoid*）平均增加 0.017，约占税收规避均值的 13%。这一结果揭示了在气候风险加剧的情况下，企业更倾向于采取税收规避策略。值得注意的是，研究在控制盈利能力指标（*PreTaxROA*）的基础上得出上述结论，这表明企业在高气候风险下减少税收支付的原因并非单纯源于会计表现的下降。因此，这一结果排除了由于气候风险带来的会计收益下降是企业减少纳税的唯一驱动因素的可能性。总体而言，表 5 - 36 的分析结果否定了假设 1，即气候风险与税收规避之间不存在显著关系。相反，结果表明，当气候风险水平较高时，企业的税收规避行为显著增强。

在控制变量方面，我们的分析发现，人均 GDP(Log*GDPPC*)、公司规模（Log*Size*)、研发支出（*R&D*)、无形资产比例（*Intangible*）以及公司年龄（Log*Age*）的系数为负，而税收规避与 GDP 增长率（*GDPGrowth*)、财务杠杆（*Leverage*)、销售增长（*SalesGrowth*)、税前资产回报率（*PreTaxROA*）以及有形资产比例（*PPE*）呈正相关，意味着增长中的经济环境和较高的财务杠杆、销售增长、盈利能力以及实物资产比例可能推动企业更倾向于规避税负。这些发现与此前的研究结果基本一致，如 Atwood et al.（2012）也指出了类似的相关关系。

表 5 - 36　　气候风险和避税行为

Dependent Variable =	*TaxAvoid*	
Sample	Full Sample	Non - US Sample
	(1)	(2)
ClimateRisk	0.063***	0.067***
	(11.44)	(12.09)
TaxRate	0.024	-0.008
	(0.88)	(-0.30)
Log*GDPPC*	-0.143***	-0.097***
	(-16.19)	(-10.57)
GDPGrowth	0.518***	0.428***
	(8.72)	(7.10)
EarnVol	0.052***	-0.025
	(2.72)	(-1.24)
Log*Size*	-0.005***	-0.006***
	(-7.33)	(-7.61)
Leverage	0.013**	-0.002
	(2.48)	(-0.29)
SalesGrowth	0.058***	0.060***
	(20.09)	(20.18)
R&D	-0.184***	-0.270***
	(-4.18)	(-5.19)

续表

Sample	Full Sample	Non - US Sample
	(1)	(2)
PreTaxROA	0.403 ***	0.418 ***
	(34.76)	(34.17)
Intangible	-0.043 ***	-0.041 ***
	(-5.64)	(-4.74)
PPE	0.043 ***	0.032 ***
	(8.28)	(5.99)
Log*Age*	-0.008 ***	-0.004 *
	(-3.92)	(-1.91)
Constant	1.533 ***	1.105 ***
	(17.38)	(12.25)
Year FE	Yes	Yes
Industry FE	Yes	Yes
Country FE	Yes	Yes
Observations	213739	190518
Adj. R^2	0.098	0.106

注：括号中报告了在公司层面上聚集的稳健标准误差的 t 统计量。变量定义见表 5 - 32。*、** 和 *** 分别表示在 10%、5% 和 1% 的水平上显著。

5.3.4.2 有效性测试：公司对气候风险的意识

为了验证气候风险衡量指标的有效性，我们分析了企业在面临更严峻的气候事件时是否表现出更强的气候风险意识。为此，我们运用指标“气候变化商业风险机会评分”（*ClimateChangeScore*），评分范围为 0 至 100，用于反映企业对气候变化的关注度。该评分来源于汤森路透的 Eikon 数据库，基于汤森路透的 ESG 评级系统中的环境评分，用于衡量“公司是否识别出气候变化带来的潜在商业风险或机会。”合并主样本与该评分数据，我们得到了 26074 个观察值，样本的平均评分为 51，标准差为 23。如果气候风险（*ClimateRisk*）作为国家层面的气候风险度量是有效的，并且对公司决策有显著影响，我们预期会观察到气候风险（*ClimateRisk*）与企业气候变化评分（*ClimateChangeScore*）之间存在正相关。这种正相关关系将为气候风险指标的有效性提供支持。同时，税收规避作为公司应对气候风险的一种策略，预计也会随着企业对气候风险的意识提高而增加。

我们进行了两项检验。首先，采用类似公式（1）的 OLS 回归，将因变量替换为气候变化评分（*ClimateChangeScore*）。表 5 – 37 的第（1）列结果显示，气候风险（*ClimateRisk*）系数为正，且 p 值小于 0.01，说明更高的气候风险确实伴随着更强的气候意识。从经济意义来看，第（1）列的气候风险系数 3.58，意味着气候风险（*ClimateRisk*）每增加一个标准差（0.272），企业的气候变化评分（*ClimateChangeScore*）平均提升 1 点左右。

其次，为进一步评估气候变化意识对税收规避的影响，我们基于第（1）列的回归结果构建了气候变化评分的拟合值（*FittedClimateChangeScore*），并在第（2）列中将税收规避（*TaxAvoid*）回归到该拟合值上。我们之所以采用拟合值而非直接使用气候变化评分，是因为气候变化意识和税收规避行为之间可能存在内生性问题。使用拟合值能够更好地捕捉企业在高气候风险环境下的气候意识对税收决策的影响。结果显示，第（2）列中的拟合气候变化评分的系数在 1% 的显著性水平上为正，表明公司对气候风险的意识越强，其税收规避行为越显著。

综上所述，表 5 – 37 的结果说明，气候风险的上升增强了公司对气候变化的意识，并进一步推动其采用更多税收规避策略。这些发现支持了气候风险（*ClimateRisk*）作为有效度量指标的合理性。

表 5 – 37　　　　有效性测试：公司层面气候变化得分

Dependent Variable =	*Climate Change Score*	*TaxAvoid*
	(1)	(2)
ClimateRisk	3.583***	
	(4.58)	
FittedClimateChangeScore		0.028***
		(6.11)
TaxRate	–9.409*	0.321***
	(1.76)	(4.32)
Log*GDPPC*	5.920	–0.148***
	(1.47)	(–2.73)
GDPGrowth	–0.090	1.280***
	(–0.01)	(6.21)

续表

Dependent Variable =	*Climate Change Score*	*TaxAvoid*
	(1)	(2)
EarnVol	2.612	-0.058
	(0.91)	(-1.10)
Log*Size*	5.094 ***	-0.142 ***
	(20.95)	(-6.00)
Leverage	1.302	-0.062 ***
	(0.94)	(-3.57)
SalesGrowth	-0.300	-0.016
	(-0.46)	(-1.20)
R&D	40.478 ***	-1.673 ***
	(4.25)	(-7.83)
PreTaxROA	10.613 ***	0.043
	(3.95)	(0.70)
Intangible	0.749	-0.064 ***
	(0.52)	(-3.65)
PPE	3.906 ***	-0.077 ***
	(2.81)	(-3.06)
Log*Age*	3.909 ***	-0.141 ***
	(7.65)	(-7.37)
Constant	-71.710 *	1.933 ***
	(-1.72)	(3.26)
Year FE	Yes	Yes
Industry FE	Yes	Yes
Country FE	Yes	Yes
Observations	26074	26074
Adj. R^2	0.208	0.609

注：括号中报告了在公司层面上聚集的稳健标准误差的 t－统计量。变量定义见表 5－32。*、** 和 *** 分别表示在 10%、5% 和 1% 的水平上显著。

5.3.4.3　观察到的影响是由长期气候变化预期引起，还是由意外气候风险导致

基准回归结果表明，气候风险正向影响税收规避。我们使用极端天气

所致的死亡人数和经济损失衡量气候风险指标（*ClimateRisk*）。因此，有待进一步研究的关键问题是：这种影响究竟是源于对长期气候变化的预期，还是意外的气候事件带来的短期冲击。一方面，如果一个国家的气候风险相对稳定（如某地每年都会经历飓风或洪水），企业可能会采取策略性税收规避，通过留存现金来应对预计的天气冲击。这种行为是一种理性反应，目的是在稳定的极端天气模式下保持财务灵活性。另一方面，若气候风险高度不稳定（即气候事件的发生在时间上不可预测），企业可能会因短期的突发事件而采取非典型的财务应对行为。例如，极端天气事件的不确定性可能引发企业对财务压力的高估，导致更激进的税收规避决策，以积累现金资源（Chen et al.，2019）。

为进一步探讨上述两种解释的适用性，我们进行了额外的分析。首先，我们计算了各国气候风险的年度变化率（year - over - year change）。数据显示，气候风险的波动具有较高的离散性：$\Delta ClimateRisk$ 的标准差为 0.308，$|\Delta ClimateRisk|$ 的均值为 0.240。相比气候风险的总体均值（-0.463），这些统计值相对较高，说明气候风险在时间上并非持续稳定，而是具有相当大的变动性。因此，观察到的气候风险与税收规避之间的关系，更有可能是由于意外气候事件的冲击，而非企业对长期气候变化的预期。

其次，我们引入三年平均气候风险值（*ClimateRisk_3yr*）作为控制变量，以控制企业对长期气候趋势预期的影响。具体而言，*ClimateRisk_3yr* 反映了各国气候风险的三年平均水平。我们发现，在模型中加入该控制变量后，气候风险与税收规避的正相关关系仍然显著，而 *ClimateRisk_3yr* 的系数则无统计显著性。这一结果进一步支持了我们的观点，即观察到的税收规避行为主要反映企业应对短期气候风险，而非对长期气候变化的预期。

综上所述，本节分析表明，我们的气候风险指标（*ClimateRisk*）反映的是气候风险在时间上的波动性。因此，我们认为企业通过积极的税收规避行为应对气候风险，是短期内对极端气候事件的响应，而非长期气候变化预期驱动的结果。

5.3.4.4 内生性

本节探讨了潜在的内生性问题。由于国家层面的气候风险不受单个公司行为的直接影响，反向因果关系在本书中不太可能构成问题。然而，未控制的相关变量可能导致遗漏变量偏差，从而影响结果。为减少这一问题，我们采用了三种方法验证：工具变量法、倾向得分匹配和 Heckman 选择模型。

（1）工具变量法

我们采用人口密度作为气候风险的工具变量，并使用 2SLS 方法进行估计。文献表明，人口密度与气候风险负相关，但不太可能与公司层面的税收规避直接相关（Huang et al.，2018）。高气候风险地区通常抑制人口集中，导致人口密度较低；但税收规避更多取决于公司决策而非国家特征。因此，人口密度（*PopDensity*）作为工具变量的假设具有合理性。2SLS 回归结果见表 5－38 的 A 面板。

在第一阶段回归中，A 面板第（1）列和第（3）列显示人口密度与气候风险呈显著负相关，这与既有研究一致，并支持工具变量的相关性假设。*F* 统计量也远高于弱工具变量的临界值（Larcker and Rusticus，2010），对于单一工具变量，临界值为 8.96。第（2）列和第（4）列则展示了全样本与非美国样本的第二阶段回归结果，拟合气候风险（*FittedClimateRisk*）与税收规避之间的关系显著为正，说明使用工具变量法后结果仍成立，表明遗漏变量影响结果的可能性较小。

（2）倾向得分匹配

另一种可能的偏误来自高气候风险组与低气候风险组之间的公司特征差异。尽管我们控制了多项公司特征，但模型设定错误可能仍会导致偏差。为降低这一偏差，我们使用倾向得分匹配方法（El Ghoul et al.，2017；Huang et al.，2018），在高气候风险组（处理组）与低气候风险组（对照组）之间创建特征相似的匹配组，从而减少对函数形式假设的依赖（Shipman et al.，2017）。

表 5－38 的 B 面板展示了倾向得分匹配后的回归结果。结果显示，高气候风险（*HighClimateRisk*）显著促进了税收规避行为。第（1）列的系数为 0.020，表明高气候风险组的税收规避水平比低风险组高出 0.020，约占税收规避均值的 16%（标准差的 5%）。这一结果的稳健性表明，观察到的税收规避差异并非由高、低气候风险组之间公司特征差异所致。

（3）Heckman 选择模型

最后，为应对潜在的选择偏差问题，我们使用 Heckman 两阶段模型进行检验。尽管公司难以影响所在国家的气候风险水平，但可能会通过迁移总部位置选择较低气候风险的地区，从而潜在地与税收政策相关联。因此，若存在这种选择行为，则气候风险与税收规避之间的正相关可能受到选择偏差的影响。

为应对这一问题，我们使用 Heckman 选择模型。在第一阶段中，我们以高气候风险（*HighClimateRisk*）虚拟变量为因变量，基准模型中的控制变量和外生变量人口密度（*PopDensity*）为自变量，使用 Probit 模型预测公司处于高气候风险下的概率。在第二阶段中，将逆 Mills 比率（*InverseMills'Ratio*）引入基准模型，以调整选择偏差。全样本与非美国样本的第二阶段回归结果展示在表 5－38 的 C 面板中，加入逆 Mills 比率后，气候风险系数依然为正且显著，表明选择偏差对结果的影响较小。

表 5－38　　　　解决内生性问题

Panel A：Instrument variable approach				
Dependent Variable =	*ClimateRisk*	*TaxAvoid*	*ClimateRisk*	*TaxAvoid*
	First stage	Second stage	First stage	Second stage
	(1)	(2)	(3)	(4)
PopDensity	−0.156***		−0.159***	−0.156***
	(−56.17)		(−55.41)	(−56.17)
FittedClimateRisk		0.349***	0.231***	
		(5.19)	(3.48)	
Controls in Table 3	Yes	Yes	Yes	Yes
Year FE	Yes	Yes	Yes	Yes
Industry FE	Yes	Yes	Yes	Yes
Country FE	Yes	Yes	Yes	Yes
Kleibergen − Paaprk Wald F − statistic	3155.44		3070.63	3155.44
Observations	213739	213739	190518	213739
Adj. R^2	0.702	0.087	0.678	0.702

Panel B：Propensity score matching		
DependentmVariable =	*TaxAvoid*	
Sample =	Full sample	Non − US sample
	(1)	(2)
HighClimateRisk	0.020***	0.021***
	(6.24)	(5.63)

续表

Sample =	Full sample	Non – US sample
	(1)	(2)
Controls in Table 3	Yes	Yes
Year FE	Yes	Yes
Industry FE	Yes	Yes
Country FE	Yes	Yes
Observations	78962	60550
Adj. R^2	0.091	0.103
Panel C：Heckman two – stage method		
Dependent Variable =	*TaxAvoid*	
Sample =	Full sample	Non – US sample
	(1)	(2)
ClimateRisk	0.063 ***	0.067 ***
	(11.49)	(12.13)
InverseMills'ratio	0.111 ***	0.106 ***
	(3.32)	(3.04)
Controls in Table 3	Yes	Yes
Year FE	Yes	Yes
Industry FE	Yes	Yes
Country FE	Yes	Yes
Observations	213739	190518
Adj. R^2	0.098	0.106

注：*HighClimateRisk* 是一个变量，用来表示公司的 ClimateRisk（气候风险）是否处于最高四分位数。括号中报告了在公司层面上聚集的稳健标准误差的 t 统计量。变量定义见表 5 – 32。*、** 和 *** 分别表示在 10%、5% 和 1% 的水平上显著。

5.3.4.5 机制分析

本节探讨气候风险如何通过特定机制影响企业税收规避的行为。我们重点考察了两条潜在路径：高气候风险时期企业缓解财务约束的需求，以及政府可能提供的税收激励。

（1）财务约束

前文的实证结果已显示出气候风险与企业税收规避之间存在正相关关系。既有研究也指出，企业财务状况的紧张程度通常会影响其税收规避策略。例如，Chen 和 Lai（2012）发现财务受限的企业更倾向于规避税收，以减轻财务压力。同样，Richardson et al.（2015）指出，在财务状况较差时，税收规避的收益可能大于其潜在成本，因此更容易成为企业的策略选择。在此基础上，我们假设，在气候风险带来的不确定性下，企业可能通过税收规避来提高税后收益和现金流，而财务受限的企业对此需求更为迫切（Law and Mills，2015；Edwards et al.，2016）。因此，我们预期气候风险对税收规避的推动作用在财务受限的企业中更显著。

为验证这一假设，我们选取了三种财务约束的衡量指标。首先，采用 Kaplan 和 Zingales（1997）提出的 KZ 指数，Hadlock 和 Pierce（2010）重新估计的 KZ 指数，Whited 和 Wu（2006）构建的 WW 指数，以及 Hadlock 和 Pierce（2010）提出的规模—年龄指数（SA 指数）作为财务约束的衡量标准。基于这些指标，我们分别构造了以下变量：*High_KZ_Index*（高 KZ 指数）、*High_WW_Index*（高 WW 指数）和 *High_SA_Index*（高 SA 指数）。这些变量在企业的财务约束程度高于样本中位数时取值为 1，否则取值为 0。我们在回归模型中加入这些财务约束指标及其与气候风险（*ClimateRisk*）的交互项，具体结果见表 5 - 39。

表 5 - 39 的回归结果显示，气候风险与财务约束变量的交互项均为正，且在第（1）列和第（2）列中达到了 1% 的显著性水平。这一结果表明，气候风险对税收规避的推动作用在财务受限的企业中更为显著，验证了财务约束加剧企业在高气候风险环境中采取税收规避措施的动机。这与现有文献的发现相符，即企业在面临财务困境时，更倾向于通过积极的税收策略实现资金的内部积累（Edwards et al.，2016；Law and Mills，2015）。

表 5 - 39　　机制分析：财务约束

DependentmVariable =	*TaxAvoid*		
	(1)	(2)	(3)
High_KZ_Index	0.020***		
	(4.78)		
ClimateRisk × *High_KZ_Index*	0.023***		
	(3.42)		
High_WW_Index		0.019***	
		(4.95)	
ClimateRisk × *High_WW_Index*		0.019***	
		(2.81)	

续表

DependentmVariable =	TaxAvoid		
	(1)	(2)	(3)
High_SA_Index			0.003
			(0.68)
ClimateRisk × *High_SA_Index*			0.007
			(0.95)
Controls in Table 3	Yes	Yes	Yes
Year FE	Yes	Yes	Yes
Industry FE	Yes	Yes	Yes
Country FE	Yes	Yes	Yes
Observations	186179	208235	191440
Adj. R^2	0.095	0.097	0.093

注：括号中报告了在公司层面上聚集的稳健标准误差的 t 统计量。变量定义见表 5－32。*、** 和 *** 分别表示在 10%、5% 和 1% 的水平上显著。

（2）政府提供的税收减免

极端气候事件发生后，政府可能采取一定的税收政策来帮助企业缓解经济损失，加快灾后恢复。例如，政府或会向受自然灾害影响的企业提供税收优惠或减免政策，因此企业的低税负可能更多是由于政府的支持，而非企业采取的税收规避策略。因此，气候风险与税收规避的正相关性或许反映了政府的税收减免政策，而非企业主动的避税行为。

为评估这一可能性，我们进行了两项进一步的检验，结果汇总在表 5－40 中。在 A 面板中，我们引入了每个企业的政府持股比例（*GovShare*）及其与气候风险（*ClimateRisk*）的交互项作为控制变量。若政府的税收减免政策确实是影响税收规避的主要因素，那么在引入这些控制变量后，我们预计气候风险的系数会变得不显著。然而，结果显示，气候风险系数仍显著为正，表明气候风险与税收规避的正相关关系依然成立。此外，*GovShare* 的负系数表明在政府持股比例较高的企业中，气候风险上升时的税收规避水平较低。这意味着，尽管考虑了政府持股的影响，气候风险与税收规避之间的正相关性仍然显著。

总之，这些结果表明，高气候风险引发的税收规避行为主要源于企业为应对财务压力而采取的避税策略，而非政府的税收减免政策。

表 5 - 40　　机制分析：政府提供的税收减免

Panel A: Controlling for government ownership		
DependentmVariable =	*TaxAvoid*	
Sample =	Full sample	Non - US sample
	(1)	(2)
ClimateRisk	0.064 ***	0.068 ***
	(11.65)	(12.31)
GovShare	-0.001 ***	-0.001 ***
	(-2.88)	(-2.64)
ClimateRisk × *GovShare*	-0.001 **	-0.002 **
	(-2.41)	(-2.56)
Controls in Table 3	Yes	Yes
Year FE	Yes	Yes
Industry FE	Yes	Yes
Country FE	Yes	Yes
Observations	213799	190573
Adj. R^2	0.098	0.106

Panel B: Controlling for country - level tax revenue on profits of corporates		
DependentmVariable =	*TaxAvoid*	
Sample =	Full sample	Non - US sample
	(1)	(2)
ClimateRisk	0.158 ***	0.174 ***
	(16.91)	(17.45)
TaxRev	-0.014 ***	-0.014 ***
	(-10.40)	(-9.67)
TaxRevGrowth	0.062 ***	0.082 ***
	(4.25)	(4.55)
Controls in Table 3	Yes	Yes
Year FE	Yes	Yes
Industry FE	Yes	Yes
Country FE	Yes	Yes
Observations	100317	77096
Adj. R^2	0.087	0.101

注：括号中报告了在公司层面上聚集的稳健标准误差的 t 统计量。变量定义见表 5 - 32。*、** 和 *** 分别表示在 10%、5% 和 1% 的水平上显著。

5.3.4.6 跨国横截面分析

在这一小节中，我们探讨了气候风险与避税行为的跨国异质性，重点分析了各国在企业治理结构、信息透明度、经济发展水平和政策不确定性等方面的差异对这一关系的影响。

（1）国家层面公司治理和信息环境的调节作用

已有研究表明，国家层面的公司治理结构可以在一定程度上替代公司内部治理，从而对企业的避税行为起到约束作用。大量“法律与金融”领域的文献表明，健全的公司治理体系不仅能够强化投资者保护，还能提升会计质量和信息披露的透明度（La Porta et al.，1998）。Bayar et al.（2018）发现，在公司治理薄弱的企业中，财务约束与避税行为的相关性更为显著。Zeng（2019）进一步指出，在采用国际会计准则（IFRS）且公司治理较好的国家，企业的避税行为显著减少。更好的治理环境为投资者提供了额外的监督机制，增加了对非法避税行为的监管成本和发现可能性。此外，信息环境的透明度越高，管理层隐瞒避税活动的难度和成本也越大。因此，我们推测，在公司治理和信息环境较好的国家中，气候风险与避税的正相关性可能会减弱。

为验证公司治理和信息环境在气候风险与避税关系中的调节作用，我们进行了横截面分析。我们选取国家层面变量衡量投资者保护和信息透明度。投资者保护的衡量指标包括公司治理指数（*CGI*）和反董事指数（*AntiD*），其中CGI衡量国家对少数股东权益的保护程度、教育质量、管理人员的权威性、裙带关系及公司治理水平（Kaufmann，2004）。AntiD指数则由La Porta et al.（1998）提出，并由Djankov et al.（2008）修订，以综合评估股东权益保护的力度。信息环境指标包括信息披露要求指数（*DisReq*）、财务透明度指数（*FinTra*）和分析师关注度指数（*Analyst*）。DisReq衡量信息披露的要求（La Porta et al.，2006）；FinTra评估外部人员获取公司财务信息的难度（Bushman et al.，2004）；Analyst表示每个国家中跟踪最大30家公司的分析师人数（Bushman et al.，2004）。

在表5－41的A面板中，我们展示了国家层面公司治理和信息环境对气候风险与税收规避关系的横截面分析结果。对于每项指标，我们将样本国家按中位水平划分为高组和低组，若一国的CGI（*AntiD*、*DisReq*、*FinTra*、*Analyst*）高于中位数，则定义为High_CGI（*High_AntiD*、*High_DisReq*、*High_FinTra*、*High_Analyst*），赋值为1，否则赋值为0。如列（1）至列（5）所示，我们在回归模型中加入了这些变量与气候风险（*ClimateRisk*）的交互项。结果表明，所有交互项的系数在1%显著性水平下均为负，且交互项系数大致为气候风险项系数的一半。这一结果显示，较好的公司治理和信息环境有助于减弱气候风险与税收规避的正相关关系。

总体而言，本节的横截面分析表明，国家层面良好的公司治理和透明的信息环境在一定程度上减弱了气候风险对公司避税行为的影响。

（2）国家层面发展状况的调节作用

已有研究指出，发达国家的企业通常具备更完善的资源与机制来应对气候风险，因此这些公司在气候风险与税收规避的关联性上表现可能较弱（Addoum et al.，2020；Dell et al.，2012）。基于这一推测，我们采用人均GDP作为国家发展程度的代理变量。具体而言，我们根据人均GDP构建了两个指标来衡量国家的经济发展水平：若某国的人均*GDP*（*GDPPC*）处于最高的三分位数范围内，则将*HighGDPPC*赋值为1；若处于最低的三分位数范围，则*LowGDPPC*赋值为1；介于两者之间的国家作为基准组。我们将这两个指标与气候风险（*ClimateRisk*）的交互项加入回归模型［公式（5-15）］中，并将回归结果展示在表5-41的B面板。

在列（1）和列（2）中，气候风险*ClimateRisk*与*HighGDPPC*的交互项系数在1%的水平上显著为负，表明发达国家的公司在气候风险与避税的敏感性上较弱。相反，气候风险*ClimateRisk*与*LowGDPPC*的交互项在统计上不显著，这说明低人均GDP国家的公司在气候风险与税收规避的关系上与中等人均GDP国家的公司无显著差异。总体来看，表5-41的B面板结果支持了我们的预期，发达国家的公司在气候风险管理上更有效，因此，在面对气候风险时，相较于发展中国家公司，发达国家的公司较少采取激进的税收规避措施以实现税收节约。

（3）国家层面政策不确定性的调节作用

与气候风险类似，国家层面的政策不确定性是企业面临的重要外部风险，对公司决策（如投资、并购、股利分配、贷款协议和创新）有显著影响（Julio and Yook，2012；Francis et al.，2014；Gulen and Ion，2016；Nguyen and Phan，2017；Buchanan et al.，2017；Xu，2020）。政策不确定性通常导致企业倾向于持有更多现金储备（Li，2019），同时限制了企业的外部融资能力（Pástor and Veronesi，2013；Brogaard and Detzel，2015）。因此，在较高的政策不确定性下，企业更可能增加税收规避，以应对潜在的财务压力。

在气候风险的背景下，政策不确定性可能进一步加强气候风险与税收规避的正相关关系。具体而言，较高的政策不确定性会促使企业增加现金储备以备不时之需（Li，2019；Phan et al.，2019）。当气候风险和政策不确定性同时存在时，企业的现金流波动性上升，融资环境趋于恶化。此时，企业更有动机采用税收规避策略以减少税负。因此，处于气候风险和政策不确定性双重高压下的企业，可能更倾向于采取激进的避税策略。

为检验这一推论，我们采用了 Baker et al.（2016）编制的经济政策不确定性（EPU）指数，以月度政策不确定性的年度平均值（按千分之一缩放）来衡量。我们在基准回归模型中加入了 EPU 指数及其与气候风险（*ClimateRisk*）的交互项。表 5－41 的面板 C 结果显示，EPU 与税收规避水平呈显著正相关。*ClimateRisk* 与 *EPU* 交互项的系数为正，表明气候风险在政策不确定性较高的情况下对税收规避的影响更为显著。这些结果表明，气候风险和政策不确定性在推动企业税收规避方面具有互补性自金融危机以来，政策不确定性在全球日益加剧。这种互补关系表明，在研究企业税收策略时，需要综合考虑气候风险与政策不确定性的双重影响。

表 5－41　　横截面分析

Panel A：The role of country－level corporate governance and information environment					
DependentmVariable =	*TaxAvoid*				
	(1)	(2)	(3)	(4)	(5)
ClimateRisk	0.206***	0.186***	0.200***	0.176***	0.238***
	(14.26)	(11.85)	(11.72)	(11.54)	(15.44)
ClimateRisk × High_CGI	－0.106***				
	(－10.73)				
ClimateRisk × High_AntiD		－0.090***			
		(－8.06)			
ClimateRisk × High_DisReq			－0.091***		
			(－7.60)		
ClimateRisk × High_FinTra				－0.075***	
				(－6.89)	

续表

DependentmVariable =	*TaxAvoid*				
	(1)	(2)	(3)	(4)	(5)
ClimateRisk × *High_Analyst*					-0.118 ***
					(-11.11)
Controls in Table 3	Yes	Yes	Yes	Yes	Yes
Year FE	Yes	Yes	Yes	Yes	Yes
Industry FE	Yes	Yes	Yes	Yes	Yes
Country FE	Yes	Yes	Yes	Yes	Yes
Observations	211406	206712	169565	164804	164804
Adj. R^2	0.099	0.097	0.101	0.101	0.101

Panel B: The role of development status

DependentmVariable =	*TaxAvoid*	
Sample =	Full sample	Non - US sample
	(1)	(2)
ClimateRisk	0.070 ***	0.078 ***
	(11.44)	(12.57)
ClimateRisk × *HighGDPPC*	-0.032 ***	-0.044 ***
	(-3.99)	(-5.36)
ClimateRisk × *LowGDPPC*	-0.001	-0.005
	(-0.08)	(-0.52)
Controls in Table 3	Yes	Yes
Year FE	Yes	Yes
Industry FE	Yes	Yes
Country FE	Yes	Yes
Observations	213739	190518
Adj. R^2	0.098	0.106

Panel C: The role of policy uncertainty

DependentmVariable =	*TaxAvoid*	
Sample =	Full sample	Non - US sample
	(1)	(2)
ClimateRisk	-0.005	0.065 ***
	(-0.40)	(4.95)

续表

Sample =	Full sample	Non - US sample
	(1)	(2)
EPU	0. 263 ***	0. 098 ***
	(7. 40)	(2. 64)
ClimateRisk × *EPU*	0. 788 ***	0. 415 ***
	(12. 25)	(6. 09)
Controls	Yes	Yes
Year FE	Yes	Yes
Industry FE	Yes	Yes
Country FE	Yes	Yes
Observations	160703	137482
Adj. R^2	0. 094	0. 104

注：括号中报告了在公司层面上聚集的稳健标准误差的 t 统计量。变量定义见表 5 - 26。* 、** 和 *** 分别表示在 10% 、5% 和 1% 的水平上显著。

5. 3. 4. 7　补充测试

本节进行了多项补充测试，以验证主要结果的稳健性。

首先，我们在模型中引入了公司固定效应，以增强稳健性检验。在基准模型中已控制了年份、行业和国家的固定效应。表 5 - 42 的面板 A 报告了包含公司固定效应后的回归结果。这一设定使我们可以利用公司内部税收规避行为的变化来进一步评估其与气候风险的关系。结果显示，即便控制了时间不变的公司特征，主要结果仍然稳健，表明气候风险与避税之间的正相关性并未受到影响。

其次，我们加入了国家税收制度特征作为额外的控制变量以排除国家税收制度特征可能带来的干扰。Atwood et al. （2012） 指出，在更高的账簿—税收一致性、全球税制适用和强力的税收执法下，避税行为可能更少。若气候风险与这些税制特征相关，则国家间的税制差异可能会干扰主要结果。尽管国家税收制度特征较为稳定，甚至在样本期内基本保持不变，我们仍加入了国家固定效应，以减轻其可能带来的影响。同时，我们排除了国家固定效应并加入了账簿—税收一致性（*BTaxC*）、全球税制指示变量（*WW*） 和税收执法强度（*TaxEnf*） 等控制变量。表 5 - 42 的面板 B

结果显示，这三项税制变量的系数均显著为负，且 *ClimateRisk* 的系数依然在1%水平上显著为正，这与 Atwood et al.（2012）的结论一致，表明主要结果并未受到国家税收制度特征的影响。

再次，为验证结果的稳健性，我们引入了替代气候风险的代理变量。在基准分析中，气候风险指标（*ClimateRisk*）由 Germanwatch 基于四个组成部分的排名构建。在补充测试中，我们分别使用每个组成部分作为气候风险的替代变量进行回归，包括平均死亡人数（*DEATH*1）、每十万人死亡率（*DEATH*2）、平均经济损失（*LOSS*1）和每单位 GDP 的平均损失（*LOSS*2）。为了降低异常值的影响，这些变量均以自然对数形式表示［如 Log(1 + *DEATH*1)］。表5-42的面板C显示，除列（2）外，气候风险与税收规避之间的正相关性依然显著，说明即使使用不同的气候风险代理变量，结果仍然稳健。

最后，我们在替代国家样本中重新运行了基准模型。本节的样本覆盖范围比 Atwood et al.（2012）更广。为检验结果在不同国家样本中的适用性，我们将分析样本限制为 Atwood et al.（2012）研究中的国家，并在表5-42面板D中列出了相应结果。分析表明，主要结果依然显著。

综上所述，表5-42中的各项稳健性检验进一步支持了主要发现，说明气候风险与税收规避之间的正向关系不大可能受到时间不变的公司特征或国家税制特征的影响，并在使用不同的气候风险代理和替代国家样本时仍然稳健。

表5-42　　　　稳健性检验

Panel A：Controlling for firm fixed effects		
DependentmVariable =	*TaxAvoid*	
Sample =	Full sample	Non - US sample
	(1)	(2)
ClimateRisk	0.057***	0.062***
	(10.18)	(10.91)
Year FE	Yes	Yes
Industry FE	Yes	Yes
Country FE	Yes	Yes
Observations	213739	190518
Adj. R^2	0.170	0.169

续表

Panel B：Controlling for country tax system characteristics		
DependentmVariable =	*TaxAvoid*	
Sample =	Full sample	Non – US sample
	(1)	(2)
ClimateRisk	0.062 ***	0.089 ***
	(10.62)	(14.16)
BTaxC	–0.015 ***	–0.012 **
	(–3.15)	(–2.47)
WW	–0.061 ***	–0.057 ***
	(–21.06)	(–18.61)
TaxEnf	–0.005 **	–0.006 ***
	(–1.96)	(–2.58)
Controls	Yes	Yes
Year FE	Yes	Yes
Industry FE	Yes	Yes
Observations	168445	145224
Adj. R^2	0.088	0.100

Panel C：Alternative measures of climate risk				
DependentmVariable =	*TaxAvoid*			
	(1)	(2)	(3)	(4)
Log(1 + *DEATH1*)	0.006 ***			
	(6.84)			
Log(1 + *DEATH2*)		0.000		
		(0.02)		
Log(1 + *LOSS1*)			0.005 ***	
			(8.64)	
Log(1 + *LOSS2*)				0.061 ***
				(10.48)
Controls	Yes	Yes	Yes	Yes
Year FE	Yes	Yes	Yes	Yes
Industry FE	Yes	Yes	Yes	Yes
Country FE	Yes	Yes	Yes	Yes
Observations	197255	197255	197255	197255
Adj. R^2	0.096	0.096	0.096	0.096

续表

Panel D：Using the countries in Atwood et al. 's（2012） sample		
DependentmVariable =	*TaxAvoid*	
Sample =	Full sample	Non – US sample
	(1)	(2)
ClimateRisk	0. 098***	0. 110***
	(12. 12)	(13. 10)
Controls	Yes	Yes
Year FE	Yes	Yes
Industry FE	Yes	Yes
Country FE	Yes	Yes
Observations	141612	118391
Adj. R^2	0. 100	0. 111

注：括号中报告了在公司层面上聚集的稳健标准误差的 t 统计量。变量定义见表 5 – 32。*、** 和 *** 分别表示在 10%、5% 和 1% 的水平上显著。

5.3.5 研究结论及政策意义

本节基于跨国数据考察气候风险与公司税收规避之间的关系。以极端天气事件的年度严重程度作为气候风险的代理变量，我们发现气候风险与税收规避之间存在显著的正相关关系。机制分析表明，气候风险与税收规避之间的正相关不是由于政府税收优惠的影响，而是由于企业为应对财务紧张而提高现金储备的动机。横截面分析表明，在公司治理不健全、信息透明度低、经济发展落后以及政策环境不稳定的国家，气候风险与企业税收规避之间的正相关性更为显著。

总体而言，我们的研究扩展了先前基于单个国家数据的发现，突出了跨国比较在揭示气候风险与税务规避之间关系的关键作用。我们的发现支持了环保的非政府组织对强化税收监管的倡议，并提示政策制订者关注气候风险与税务规避之间的相互作用。

5.4 现金流不确定性与企业股息支付①

5.4.1 引言

现金流风险是影响股利决策中的重要因素。Chay 和 Suh（2009）指出，全球公司在面对现金流不确定性时，往往会降低股息支付。然而，各国在股息支付对现金流不确定性敏感性上的差异尚未得到充分解释。随着全球资本市场日益融合，理解这些差异的原因对于全球分散投资的股利投资者尤为重要。同时，已有研究表明，强大的国家层面制度环境有助于缓解代理问题，显著影响国家间的股息支付差异［La Porta et al.，2000（以下简称 LLSV）；DeAngelo et al.，2006；Berzins et al.，2018；Attig et al.，2021］。基于此，我们假设，国家的制度特征可能在股息支付与现金流不确定性的关系中起调节作用。本节旨在探讨制度环境如何影响股息支付对现金流不确定性敏感性的差异。

现金流风险在股利决策中的重要性可以追溯到 Lintner（1956）的研究，其强调了股利政策对收益波动的谨慎态度。在此基础上，Chay 和 Suh（2009）指出，现金流不确定性高的公司往往面临财务约束，管理者倾向于降低股息支付以避免昂贵的外部融资需求和市场监督压力。由于股利政策具有黏性，降低股息支付可能对公司价值产生负面影响，因此出于保持较高股利水平的考虑，管理层可能减少支付。Pettenuzzo et al.（2020）的研究显示，在新冠疫情引发的不确定性和现金流急剧减少的背景下，许多公司暂停了股息支付，这一现象凸显了现金流不确定性在股利决策中的重要性。类似地，在 2008 年全球金融危机期间，由于借款人违约率上升，部分金融机构被迫削减股息支付。以花旗集团为例，其 2008 年的股利从 2007 年的 107 亿美元降至 75 亿美元；2009 年接受 520 亿美元救助后，花旗集团暂停了股息支付。又如英国石油公司（BP），其因墨西哥湾漏油事件面临巨额清理费用，被要求停止股息支付。这些例子表明，现金流不确

① 本部分系笔者两项国家自然科学基金面上项目（基金批准号 71873058、72373099）的阶段性成果，于 2022 年 2 月发表于 *Journal of Business Finance & Accounting*。

定性对股利决策确实具有显著影响。

根据 LLSV（2000）的理论，股息支付可以反映国家法律体系对投资者保护的成效。在少数股东权益保护更强的国家，管理层的机会主义行为更容易受到约束，股东可以通过法律手段促使管理层增加现金分配，从而减少管理层对自由现金流的控制（Jensen，1986）。这一研究表明，强有力的投资者保护与较高的股息支付相关联。LLSV（2000）在其实证研究中也验证了这一点。在制度较完善的国家，现金流不确定性高的公司受到更严格的股东监督，导致股利政策对现金流风险更为敏感，强化了两者之间的负相关性。本节借鉴 Kaufmann et al.（2009）的六个制度维度，这些维度通过影响公司信息透明度、政府关系和融资环境，从而调节股息支付对现金流不确定性的敏感性。

首先，国家制度环境直接影响企业信息透明度。如 Morck et al.（2000）发现，在制度较差的市场，公司信息披露不足，腐败和投资者保护缺乏严重影响透明度。Leuz et al.（2003）表明，较强的投资者保护可以抑制内部人通过盈余管理获取私人收益的动机。Jin 和 Myers（2006）指出，在不透明且缺乏投资者保护的国家，内部人可以更容易操控现金流分配，进而侵害外部投资者的利益。Fauver et al.（2017）则发现，制度质量和执法力度较强的国家，证券监管有效性提高，公司信息质量更高，盈余管理行为减少。信息透明度影响投资者对现金流不确定性的评估，而高透明度的信息环境有助于企业根据现金流波动更灵活地制订股利政策。

其次，国家制度环境会影响企业与政府的关系。在制度较弱的国家，腐败较为普遍，企业往往通过政治关系获得资源。Khwaja 和 Mian（2005）发现，在巴基斯坦，政治关系公司更容易获得优惠贷款。Faccio et al.（2006）指出，腐败严重且外资限制较多的国家，企业与政府关系更为紧密。Boubakri et al.（2008）发现，权力集中的政府更倾向于直接干预公司决策。在这种治理较弱环境下，无法适当评估现金流风险，现金流风险对股利政策的影响可能较小；而在治理较强的国家，公司股利政策对现金流不确定性的反应更显著。

最后，国家制度环境还影响企业的融资渠道。在法律制度健全的国家，融资更为便利。Haselmann et al.（2010）发现，债权人权利保护的增强减少了违约风险，并提高了银行贷款的可得性。良好的融资条件使企业无须依赖高股息支付来提升资本市场声誉。因此，较强的制度环境有助于企业根据现金流风险灵活调整股利政策，增强其对不确定性的敏感性。

本节以 1996—2018 年 49 个经济体的 41157 家公司为样本，采用两个分析框架探讨制度质量在现金流不确定性与股息支付关系中的作用。首先，我们在国家层面分析了各经济体现金流不确定性（用股票收益波动率 SRVOL 表示）对股息支付的影响，利用 SRVOL 估计系数来衡量股息支付对现金流不确定性的敏感性，并对各制度变量进行回归分析。其次，我们在公司层面构建公司—年份面板数据，检验 SRVOL 和国家制度变量对股息支付的联合影响。

研究结果表明，现金流不确定性对全球公司的股息支付产生了显著负面影响，且这一关系在制度较完善的国家中更为显著，且在经过一系列内生性和稳健性检验后依旧成立。此外，制度因素对股利政策的敏感性有显著影响，其重要性超过公司层面因素。完善的制度环境能够推动企业及时披露准确且公平的信息，减少政府对企业的干预，同时为企业创造更多融资机会。在这种制度背景下，公司代理成本较低，其现金流风险也不易被掩盖。具体而言，在政治稳定和低暴力风险的国家，公司对现金流风险的敏感性较高。例如，制度质量最高的芬兰公司，其股利收益率随着 SRVOL 增加一个标准差减少 0. 205，而制度较差的巴基斯坦公司则仅减少 0. 064。

本节的贡献主要体现在两个方面。首先，本节丰富了国际公司财务领域关于股息支付政策的研究（Berzins et al.，2018，2019；Attig et al.，2021）。通过分析 49 个经济体的大量公司样本，我们验证了 Chay 和 Suh（2009）提出的现金流不确定性与股息支付负相关关系在全球范围内的普遍性，并进一步探讨了制度环境对这一关系的调节作用。本节对这一负相关关系的异质性进行了深入解释，并对现有研究进行了两方面的扩展：一是样本范围更广（49 个经济体对比 33 个经济体）且时间跨度更长（23 年对比 12 年）；二是聚焦国家制度质量对这一关系的影响，而不仅仅是建立现金流不确定性与股息支付的关联性。这一扩展不仅补充了 Chay 和 Suh（2009）的发现，还首次揭示了制度质量在股息支付对现金流不确定性敏感性中的调节作用。

其次，本节为关于国家层面制度的相关文献提供了新证据，进一步突出了制度在企业决策中的关键作用。LLSV（1998）首次指出法律环境对公司决策有着深远影响。自此之后，关于制度环境与金融市场发展之间关系的研究迅速增多。本节通过探索制度对企业财务政策的影响，应用 LLSV

(1998) 提出的分析框架，研究现金流不确定性与股息支付关系，提供了进一步的见解。

5.4.2 理论分析及研究假设

5.4.2.1 股息支付与现金流不确定性

长期以来，现金流被视为决定股利政策的关键因素之一。Lintner (1956) 指出，管理者通常倾向于保持股息支付的稳定性或逐步增长，以满足股东的偏好。这种渐进政策的目的是避免收益波动导致的股利大幅调整。Brav et al.（2005）的调查进一步证明，管理者普遍将现金流风险视为股利决策的核心因素，并尽量避免削减股利以免影响公司声誉。Jagannathan et al.（2000）的研究也提出了类似的观点。他们指出，股息支付通常被视为一种长期承诺，因此，能够持续支付股利的公司往往具备稳定的经营性现金流，而股票回购则更适合那些拥有一次性或临时性非经营性现金流的公司。Hoberg 和 Prabhala（2009）也发现，高风险企业的股息支付水平较低，这一现象可部分解释 Fama 和 French（2001）提出的“股利消失”问题。Pettenuzzo et al.（2020）的研究则表明，在 2020 年全球疫情期间，由于极高的不确定性和急剧下降的现金流，大量公司暂停了股息支付。这些现象凸显了现金流不确定性在股利政策中的重要性。

Chay 和 Suh（2009）进一步实证分析了现金流不确定性与股息支付之间的关系。他们发现，用股票收益率标准差衡量的公司现金流不确定性，是影响股息支付水平的重要因素。高现金流不确定性的公司更倾向于减少股息支付，避免因现金储备不足而难以维持高股利水平。此外，他们还发现，这类公司更倾向于选择灵活性更高的股票回购，而不是固定的股息支付。这一结论与 Brav et al.（2005）的发现一致，表明管理者倾向于根据现金流的一致性调整股利政策。

基于上述研究，我们提出以下假设：

H1：公司的股息支付与其现金流不确定性之间存在显著的负相关关系。

5.4.2.2 制度的作用

Chay 和 Suh（2009）关于现金流不确定性与股息支付之间负相关关系的理论基于以下假设：管理者试图规避因外部融资引发的高额成本，以及削减股利可能带来的负面市场反应。然而，比较公司治理的相关文献表明，各国制度差异显著，可能对企业管理行为和政策决策产生深远影响（Shleifer and Vishny，1997；Levine，2005）。制度环境通过影响信息透明度、政治关系和融资条件，调节股东与管理层之间的代理成本，从而可能进一步影响现金流不确定性与股息支付的关系。为此，我们引入 Kaufmann et al.（2009）提出的六个制度维度，包括言论与问责、政治稳定与暴力缺失、政府效能、监管质量、法治以及腐败控制，以衡量制度质量，并探讨其对现金流不确定性与股息支付关系的调节作用。

第一，言论与问责体现了信息透明度的作用。一个国家的言论自由程度通过提高市场参与者获取信息的能力，显著改善了企业信息环境。在支持言论自由和媒体独立的国家，媒体可以有效揭露企业不当行为（Miller，2006），从而提高市场透明度（Kim et al.，2014）。在此背景下，企业管理层更难掩盖负面信息，股利政策更可能基于实际的现金流风险。因此，我们预期，在言论与问责水平较高的国家，股息支付对现金流不确定性的敏感性会更强。

第二，政治稳定与暴力缺失反映了政府稳定性与公共服务质量。政治稳定性和政府效能影响政府对市场的干预程度。通常情况下，政府干预可能削弱企业的市场效率（Stigler，1971），甚至影响其决策偏好（Shleifer and Vishny，1994）。例如，政府补贴可能鼓励低效率的公司支付更多股利，这与其实际现金流风险无关。相反，在干预较少的高效政府环境中，企业的决策更依赖市场机制。因此，政府效能较高时，股息支付对现金流风险的反应更敏感。

第三，监管质量和法治反映了法律环境的作用。监管质量和法治代表了法律环境对投资者保护的强度。LLSV（1998）认为，法律及其执行是投资者保护的基石，良好的法律环境减少了代理问题，促使管理层对现金流风险较高的公司采取更审慎的股利政策。结果是，在法律环境较好的国家，股息支付对现金流不确定性的敏感性更高。

第四，腐败控制反映了政府腐败的程度，反映了公共部门的透明度和信任度。在腐败控制较弱的国家，企业更可能通过政治关系获取低成本资源，从而减少现金流限制（Khwaja and Mian，2005）。相反，在腐败控制较强的国家，管理层受到更严格的外部监督，企业更倾向于根据实际现金流风险调整股息支付。

基于上述分析，我们提出以下假设：

H2：在制度环境更健全的经济体中，现金流不确定性与股息支付之间的负相关关系更为显著。

5.4.3 研究设计

本节采用国家层面和公司层面的分析框架，探讨制度环境如何调节企业现金流不确定性与股息支付之间的关系。

5.4.3.1 国家层面分析

在国家层面，我们首先对各经济体逐年进行多重 Tobit 回归，以分析现金流不确定性对股息支付的影响。基本模型设定如下：

$$Dividend_{i,j,t} = \alpha_{j,t} + \beta_{j,t} SRVOL_{ij,t} + \lambda_{j,t} Controls_{F_{i,j,t}} + \varepsilon_{ij,t} \qquad (5-18)$$

其中，i、j 和 t 分别表示公司、国家和年份。*Dividend* 是用于衡量股息支付的指标，采用股利收益比（*Div/Earn*）和股利销售比（*Div/Sales*）作为代理变量。它们分别计算为现金股利除以净收入（或年度销售额）；*SRVOL* 是衡量现金流不确定性的指标，定义为 $t-1$ 年至 t 年两年内月度股票收益率的标准差（Chay and Suh，2009）。$\beta_{j,t}$代表在国家 j 和年份 t 下，股息支付对现金流不确定性的敏感性。根据假设 H1，$\beta_{j,t}$预计为负，即现金流不确定性与股息支付负相关。

Controls_F 是公司层面的控制变量集合，包括 *RE/TE*、*Insider*、*MTB*、Log(*TA*)、*ROA* 和 *Cash*（定义详见表 5－43）。具体如下：*RE/TE* 为留存收益占账面权益的比重。根据股利生命周期理论（Fama and French，2001；DeAngelo et al.，2006），成熟公司因盈利能力强且投资机会少，通常支付较高股利。因此，预计 *RE/TE* 与股息支付正相关。*Insider* 为高管和经理人持股比例，用于衡量股东和管理层之间的代理冲突。根据代理理论（Jensen and Meckling，1976；Jensen，1986），较高的 *Insider* 值可降低代理冲突，减少因管理层过度扩张（帝国建设）导致的资源浪费。在代理冲突严重时，为减少管理者支配下的自由现金流，股东可能要求高水平的股息支付。预计 *Insider* 与股息支付负相关。*MTB*（市净率）是衡量公司投资机会的指标。投资机会较多的公司需留存更多现金，股息支付倾向较低（DeAngelo et al.，2006）。因此，预计 MTB 与股息支付负相关。

Log(*TA*) 是资产账面价值的自然对数，作为公司规模的代理变量。规模较大的公司更倾向于支付股利（Fama and French，2001；Denis and Osobov，2008）。预计 Log(*TA*) 与股息支付正相关。*ROA* 资产回报率用来衡量盈利能力。盈利能力越强，公司越可能支付股利。预计 *ROA* 与股息支付正相关。*Cash* 为现金储备占资产比重。关于现金储备对股利政策的影响存在争议。一些公司可能因高投资需求而保留现金，减少股息支付；但持续支付股利的公司可能保持较低现金储备（DeAngelo et al. , 2006）。

在上述模型中，通过 Tobit 回归估计得到的 $\beta_{j,t}$ 值，反映各经济体中现金流不确定性与股息支付的关系强度。为进一步检验国家制度对上述关系的影响，我们使用普通最小二乘法（OLS）回归，研究 $\beta_{j,t}$ 与制度变量的关联。回归模型如下：

$$\beta_{j,t} = \alpha + \gamma IE_{j,t} + \theta Controls_{C_{j,t}} + \varepsilon_{j,t} \qquad (5-19)$$

其中，IE 表示制度环境的强度，采用 Kaufmann et al. (2009) 提出的六个维度之一（如言论与问责、法治、腐败控制等）进行衡量；*Controls_C* 是国家层面的控制变量集合，包括人均 GDP 增长率（*GGDP*）作为经济发展水平的代理；市场资本化率与 GDP 比值（*MV/GDP*）反映资本市场发展程度；中位公司规模（*MedMV*）衡量国家内公司的一般规模。年度固定效应用于控制未观察到的时间效应。根据假设 H2，我们预计 γ 为负且显著，表明制度质量越高，现金流不确定性对股息支付的负相关关系越强。

表 5-43　变量定义

变量	定义
股息支付变量	
Div/Earn	现金股息除以净收入
Div/Sales	现金股息除以年度销售额
Div	如果公司支付现金股息则为 1，否则为 0 的虚拟变量
Total/Earn	如果公司支付现金股息则为 1，否则为 0 的虚拟变量
Total/Sales	现金股息和回购总额除以年度销售额
公司层面控制变量	
SRVOL	当前年度和上一年度月度股票回报的标准差
RE/TE	留存收益除以股本账面价值，乘以 100
Insider	由管理层和高管持有的紧密持有股份除以流通普通股总数，乘以 100
MTB	股权市场价值除以股权账面价值
Log(*TA*)	以美元计的资产账面价值的自然对数
ROA	息税前收益除以资产账面价值
Cash	现金和短期投资总额除以资产账面价值

续表

变量	定义
国家层面控制变量	
GGDP	人均 GDP 的增长率
MV/GDP	股票市场市值与国内生产总值（GDP）的比率
MedMV	中位数公司价值的自然对数
制度变量	
*Gov*1	该指数衡量了当地公民在选举政府、表达自由、结社自由和媒体自由方面的参与程度的感知
*Gov*2	该指数衡量了政府被非宪法或暴力手段破坏或推翻的可能性的感知
*Gov*3	该指数衡量了公共服务质量、公务员质量及其独立于政治压力的程度、政策制订和实施的质量以及政府对这些政策承诺的可信度等方面
*Gov*4	该指数衡量了政府制订和实施有利于私营部门发展的健全政策和法规的能力
*Gov*5	该指数衡量了人们对社会规则的信任和遵守程度的感知，特别是合同执行、财产权、警察和法院的质量，以及犯罪和暴力的可能性
*Gov*6	该指数衡量了腐败控制的严格程度
CEI	该指数衡量了法律和非法企业腐败成分的平均值。法律成分衡量了不当影响的法律维度，如法律政治融资、强大公司对政治家和政策制订的特殊影响等。非法成分衡量了贿赂的类型，其中私人代理发挥关键作用（如在采购、塑造法规和政策中），以及公司自身的企业道德自我评价
PSEI	该指数衡量与公共部门诚信、贿赂和偏袒相关的变量
JLEI	该指数衡量法律和司法系统的有效性和诚信
CGI	该指数衡量公司治理，例如董事会与管理层之间的关系等
EoDB	该指数是一个综合衡量标准，分析了鼓励效率和支持商业自由的法规，从以下几个方面：创业、处理建筑许可证、获得电力、注册财产、获得信贷、保护少数投资者、纳税、跨境贸易、执行合同和解决破产问题
ES	该指数是一个综合变量，衡量认为其开展商业活动的最大障碍是金融、腐败、法院、政治不稳定或非正规部门实践的公司所占的百分比

5.4.3.2 公司层面分析

在国家层面分析中，使用$\beta_{j,t}$作为敏感性估计可能会因样本规模较小导致偏误（Pagan，1984）。为减轻这一问题并充分利用全样本数据，我们进行了公司层面的分析。在 Tobit 模型中引入现金流不确定性 *SRVOL* 与制度变量 *IE* 的交互项（$SRVOL \times IE$），以评估制度对股息支付的直接和间接影响（通过现金流不确定性）：

$$Dividend_{ij,t} = \alpha + \beta_1 SRVOL_{i,j,t} + \beta_2 IE_{j,t} + \beta_3 SRVOL_{i,j,t} \times IE_{j,t} + \lambda Controls\_F_{ij,t} + \theta Controls\_C_{i,t} + \varepsilon_{ij,t} \quad (5-20)$$

其中，*IE* 为特定国家的制度变量，用以衡量制度环境的强弱。模型中还包含公司和国家层面的控制变量（*Controls_F* 和 *Controls_C*），其定义与前述国家层面分析一致。此外，模型控制了国家、行业和年度的固定效应，以减少未观察到的异质性。根据假设 H2，预计交互项系数 $SRVOL \times IE$（i. e. ,β_3）为负且显著，说明制度质量较高的经济体中，现金流不确定性与股息支付之间的负相关关系更为显著。

5.4.3.3　制度变量

本书采用 Worldwide Governance Indicators 项目提供的六个制度变量，这些数据来源于对全球 200 多个国家的企业、公民和专家的调查（Kaufmann et al. ，2009）。数据来自 30 多个底层数据来源，包括调查机构、智库、非政府组织、国际组织和私营企业。具体变量包括言论与问责（*Gov*1）衡量公民参与度、言论自由和媒体独立性；政治稳定和无暴力/恐怖主义（*Gov*2）衡量国家政治环境的稳定性；政府效能（*Gov*3）评估公共服务质量和政策执行能力；监管质量（*Gov*4）衡量政府对私营经济的监管效率；法治（*Gov*5）反映法律执行力度和社会对法治的信任度；腐败控制（*Gov*6）衡量公共部门的清廉程度。

Worldwide Governance Indicators 项目自 1996 年起每两年更新一次数据，2002 年后每年更新一次。这些数据被重新标度以提供跨国可比性，较高的数值表明制度质量较高。未更新年份的数据通过线性插值法处理。例如，1997 年的变量值是 1996 年和 1998 年的平均值。通过此方法，我们获得了 1996 年至 2018 年每个经济体的六个制度变量的面板数据。制度变量广泛应用于分析国家治理质量对经济活动的影响（Faccio et al. ，2006；Pevzner et al. ，2015）。附录 D－1 提供了各经济体的制度变量均值，显示各国制度质量差异显著。例如，挪威在言论与问责方面得分最高（1.60），中国最低（－1.61）。其他制度变量如法治和腐败控制也表现出类似的差异。

5.4.3.4　数据与样本

本节从 Worldscope 和 Datastream 收集公司财务数据，制度变量中有部分数据来自 Kaufmann（2004）和 Kaufmann，et al.（2009）自 World Development Indicators 数据库收集国家层面指标，用于衡量宏观经济特征。样本筛选遵循 Chay 和 Suh（2009）的方法，排除以下公司：金融或公用事业行业；股东权益账面值或销售额为负；分红超过销售额；财务数据缺失；年度观察值少于 100 的经济体。为减少极端值的影响，所有连续变量在第 1% 和第 99% 分位数处进行缩尾处理。最终样本涵盖 49 个经济体的 41157 家独立公司，总计 301778 个公司年度观察值，时间跨度为 1996—2018 年。

表 5－44 展示了按经济体划分的样本分布。美国公司年度观察值最多（68492 个），其次是日本（42001 个）和英国（20128 个）。这些发达经济体的样本占比超过 40%，反映了发达经济体的研究样本覆盖率更高。表 5－45 报告了关键变量的描述性统计。例如，股利收益比（*Div/Earn*）和股利销售比（*Div/Sales*）的均值分别为 0.180 和 0.020，股票收益波动率（*SRVOL*）的均值为 0.138。制度变量在不同国家之间差异显著，例如，挪威的制度质量明显高于发展中国家。

表 5－44　　　　样本分布

Variable	*No. of Years*	*No. of Firms*	*No. of Obs.*		*No. of Years*	*No. of Firms*	*No. of Obs.*
Market	(1)	(2)	(3)	*Market*	(1)	(2)	(3)
Argentina	10	43	263	*Mexico*	12	105	573
Australia	23	2116	15137	*Netherlands*	18	145	1105
Austria	18	73	618	*New Zealand*	23	143	1110
Belgium	16	113	841	*Norway*	23	254	1624
Brazil	11	129	794	*Oman*	6	39	155
Canada	23	1709	8676	*Pakistan*	6	92	297
Chile	22	119	1266	*Peru*	10	55	293
China	16	2666	12861	*Philippines*	21	162	1400
Czech	4	43	110	*Poland*	21	408	2585
Denmark	23	146	1407	*Portugal*	21	70	561
Egypt	8	111	500	*Romania*	4	47	129
Finland	23	174	1771	*Russian*	9	150	654
France	23	906	7702	*Singapore*	23	795	6855
Germany	23	1475	11672	*South Africa*	23	390	3171
Greece	17	226	1395	*Spain*	23	182	1571
Hong Kong	23	1412	13253	*Sweden*	21	437	2942

续表

Variable	No. of Years	No. of Firms	No. of Obs.		No. of Years	No. of Firms	No. of Obs.
Market	(1)	(2)	(3)	*Market*	(1)	(2)	(3)
India	16	2368	10738	*Switzerland*	23	232	2646
Indonesia	23	407	3538	*Taiwan*	20	1675	12880
Ireland	21	79	669	*Thailand*	19	534	2623
Israel	19	313	1874	*Turkey*	23	287	2765
Italy	20	294	2440	*UAE*	5	38	153
Japan	23	4177	42001	*United Kingdom*	23	2775	20128
Jordan	6	70	300	*United States*	23	9403	68492
Korea	23	1935	14213	*Vietnam*	7	624	2424
Malaysia	23	1011	10603	*Total*	864	41157	301778

注：此表报告了每个经济的年数、公司数量和公司年度观察数。

表 5－45　　描述性统计

Variable	*N*	*Mean*	*Std. Dev.*	*p5*	*p50*	*p95*
	(1)	(2)	(3)	(4)	(5)	(6)
股息支付变量						
Div/Earn	301778	0.180	0.298	0.000	0.066	0.731
Div/Sales	301778	0.020	0.046	0.000	0.004	0.089
Div	301778	0.564	0.496	0.000	1.000	1.000
Total/Earn	288069	0.240	0.415	0.000	0.102	0.976
Total/Sales	288077	0.029	0.064	0.000	0.007	0.128
公司层面控制变量						
SRVOL	301778	0.138	0.082	0.050	0.117	0.305
RE/TE	301778	−48.985	366.258	−411.664	33.347	96.195
Insider	301778	42.086	25.750	1.123	42.474	83.780
MTB	301778	2.607	3.746	0.383	1.534	7.954
Log(*TA*)	301778	19.302	2.013	16.080	19.240	22.781
ROA	301778	0.037	0.157	−0.270	0.058	0.216
Cash	301778	0.175	0.182	0.007	0.115	0.568
国家层面控制变量						
GGDP	864	2.093	3.060	−3.071	1.991	6.718
MV/GDP	864	98.637	135.179	19.119	67.961	233.944
MedMV	864	18.392	1.033	16.578	18.369	20.169

续表

Variable	*N*	*Mean*	*Std. Dev.*	*p5*	*p50*	*p95*
	(1)	(2)	(3)	(4)	(5)	(6)
制度变量						
*Gov*1	864	0.752	0.823	-1.039	1.034	1.597
*Gov*2	864	0.397	0.897	-1.327	0.635	1.448
*Gov*3	864	1.100	0.791	-0.260	1.270	2.080
*Gov*4	864	1.021	0.758	-0.380	1.195	1.920
*Gov*5	864	0.981	0.865	-0.590	1.257	1.960
*Gov*6	864	1.000	1.018	-0.640	1.275	2.280

5.4.4 实证结果分析

5.4.4.1 国家层面分析

本节从国家层面分析探讨制度如何影响股息支付与现金流不确定性之间的关系。首先，我们对每个经济体逐年估计公式（5-18），以股息支付指标（*Div/Earn* 和 *Div/Sales*）为因变量，现金流不确定性（*SRVOL*）为主要解释变量。根据估计结果得出 *SRVOL* 的系数（即 $\beta_{j,t}$），并计算各经济体在样本期内的平均值。表 5-46 展示了各经济体的平均 $\beta_{j,t}$，结果表明，在多数经济体中，*SRVOL* 对股息支付的影响显著为负，这与 Chay 和 Suh（2009）的发现一致。具体而言，表 5-46 第（1）列显示，当以 *Div/Earn* 作为股息支付的衡量指标时，49 个经济体中有 39 个的 $\beta_{j,t}$ 显著为负；第（2）列结果表明，当以 Div/Sales 作为衡量指标时，结果也类似。这表明现金流不确定性较高的公司往往支付较少的股利，且这一负相关关系在不同国家之间具有一致性。

其次，为探讨制度差异对 $\beta_{j,t}$ 的影响，我们对 $\beta_{j,t}$ 进行单变量分析，将样本经济体按某一制度变量的中位数划分为高制度质量（*High-Gov*）组和低制度质量（*Low-Gov*）组。分别计算两组的平均 $\beta_{j,t}$，并比较两组差异是否显著。表 5-47 显示，高制度质量组的平均 $\beta_{j,t}$ 负值更大，而低制度质量组的平均 $\beta_{j,t}$ 负值更小，*t* 检验的结果显示两组差异在统计上显著不为 0。例如，当 *Div/Earn* 用作股息支付指标时，高制度质量组的平均 $\beta_{j,t}$ 为 -2.840，低制度质量组的平均值为 -1.881，两者差值为 -0.959，在 1%

的显著性水平下显著。这一结果表明，在制度更健全的经济体中，现金流不确定性与股息支付的负相关性更强，支持假设 H2。

最后，我们估计公式（5－19），研究制度变量对股息支付敏感性的具体影响。将从公式（5－18）中提取的 $\beta_{j,t}$ 作为因变量，对各制度变量进行回归分析。表 5－48 的 A 和 B 面板分别报告了以 *Div/Earn* 和 *Div/Sales* 作为股息支付指标时的回归结果。所有制度变量（即 *Gov*1 至 *Gov*6）的估计系数均显著为负，表明制度越健全的经济体中，股息支付对现金流不确定性的敏感性越高。例如，A 面板显示，当使用言论与问责（*Gov*1）作为制度衡量指标时，其估计系数为－0.638（*t* 值＝－6.338）。这表明 *Gov*1 每增加一个标准差（0.823），$\beta_{j,t}$ 将减少 0.525（即 0.638＊0.823）。类似地，其他制度变量的结果也表明，制度的完善程度能够显著增强公司股息支付对现金流不确定性的反应。上述分析表明，现金流不确定性与股息支付之间的负相关关系在全球范围内普遍存在，且在制度质量更高的经济体中这一敏感性更为显著。这进一步支持了假设 H2。

表 5－46　　股息支付和现金流的不确定性

Dependent Variable =	*Div/Earn*	*Div/Sales*		*Div/Earn*	*Div/Sales*
Market	(1)	(2)	*Market*	(1)	(2)
Argentina	－2.409*	－0.484	*Mexico*	－4.276**	－0.758**
	(－1.419)	(－1.276)		(－2.168)	(－1.801)
Australia	－3.569***	－0.595***	*Netherlands*	－3.067**	－0.217**
	(－5.726)	(－4.581)		(－2.001)	(－1.934)
Austria	－1.138	－0.113	*New Zealand*	－2.024*	－0.844**
	(－0.840)	(－1.115)		(－1.449)	(－1.853)
Belgium	－3.966**	－0.526**	*Norway*	－3.835**	－0.730**
	(－2.291)	(－1.691)		(－1.974)	(－1.796)
Brazil	－1.296*	－0.285*	*Oman*	－1.947	－0.159
	(－1.509)	(－1.494)		(－0.956)	(－0.769)
Canada	－6.439***	－1.216***	*Pakistan*	－1.843**	－0.486*
	(－5.121)	(－4.385)		(－1.735)	(－1.328)
Chile	－1.392*	－0.328*	*Peru*	－0.501	－0.024
	(－1.325)	(－1.493)		(－0.164)	(－0.234)

续表

Dependent Variable =	*Div/Earn*	*Div/Sales*		*Div/Earn*	*Div/Sales*
Market	(1)	(2)	*Market*	(1)	(2)
China	-0.900*	-0.320**	*Philippines*	-1.062	-0.212
	(-1.668)	(-2.115)		(-1.041)	(-0.990)
Czech	-2.448**	-0.463**	*Poland*	-3.920***	-0.414***
	(-2.157)	(-2.335)		(-2.639)	(-2.418)
Denmark	-2.443*	-0.369*	*Portugal*	-2.392	-0.372
	(-1.528)	(-1.491)		(-1.148)	(-0.946)
Egypt	-1.108	-0.038	*Romania*	-4.234	-0.668
	(-0.792)	(-0.137)		(-0.943)	(-0.845)
Finland	-2.552**	-0.243*	*Russian*	-1.374	-0.262
	(-1.704)	(-1.672)		(-1.121)	(-1.092)
France	-2.278***	-0.304***	*Singapore*	-2.546***	-0.418***
	(-3.787)	(-3.174)		(-4.137)	(-3.687)
Germany	-2.589***	-0.276***	*South Africa*	-1.362**	-0.181
	(-4.634)	(-3.283)		(-1.682)	(-1.129)
Greece	-0.831	-0.065	*Spain*	-2.278**	-0.494**
	(-0.966)	(-0.648)		(-2.177)	(-1.848)
Hong Kong	-2.433***	-0.366***	*Sweden*	-3.190***	-0.337***
	(-5.384)	(-4.589)		(-3.021)	(-2.605)
India	-1.100***	-0.144***	*Switzerland*	-2.521**	-0.367***
	(-4.393)	(-3.862)		(-2.317)	(-2.836)
Indonesia	-0.754*	-0.119*	*Taiwan*	-2.504***	-0.301***
	(-1.660)	(-1.560)		(-4.211)	(-4.457)
Ireland	-2.778*	-0.264*	*Thailand*	-2.111***	-0.224**
	(-1.591)	(-1.307)		(-2.555)	(-1.975)
Israel	-5.049**	-0.881**	*Turkey*	-1.447*	-0.359**
	(-2.253)	(-1.768)		(-1.589)	(-1.730)
Italy	-2.283**	-0.375**	*UAE*	-4.998**	-0.513*
	(-2.063)	(-2.350)		(-1.839)	(-1.549)

续表

Dependent Variable =	*Div/Earn*	*Div/Sales*		*Div/Earn*	*Div/Sales*
Market	(1)	(2)	*Market*	(1)	(2)
Japan	-0.804***	-0.048***	*United Kingdom*	-2.486***	-0.311***
	(-4.890)	(-5.834)		(-5.971)	(-5.076)
Jordan	-2.065	-0.453	*United States*	-2.734***	-0.412***
	(-0.865)	(-1.122)		(-7.384)	(-6.523)
Korea	-0.809***	-0.079***	*Vietnam*	-1.047***	-0.119***
	(-2.920)	(-3.561)		(-3.010)	(-2.424)
Malaysia	-1.985***	-0.328***			
	(-4.094)	(-3.781)			

注：每个列中呈现的数字是每个经济体在样本期间$\beta_{j,t}$的平均值。为了简洁起见，未报告公司层面控制变量的系数。括号内报告的是异方差稳健的 t 统计量。

表 5-47　　制度的作用：单变量分析

Dependent Variable =	*Div/Earn*			*Div/Sales*		
	High-Gov Subsample	Low-Gov Subsample	Difference (1)—(2)	High-Gov Subsample	Low-Gov Subsample	Difference (4)—(5)
	(1)	(2)	(3)	(4)	(5)	(6)
*Gov*1	-2.840	-1.881	-0.959***	-0.437	-0.299	-0.138***
*Gov*2	-2.788	-1.933	-0.856***	-0.418	-0.318	-0.100***
*Gov*3	-2.891	-1.822	-1.069***	-0.446	-0.289	-0.157***
*Gov*4	-2.829	-1.892	-0.938***	-0.449	-0.287	-0.161***
*Gov*5	-2.799	-1.922	-0.877***	-0.431	-0.305	-0.127***
*Gov*6	-2.807	-1.914	-0.892***	-0.436	-0.300	-0.135***

注：对于每个子样本计算了平均$\beta_{j,t}$，并且进行了 t 检验以检验差异是否具有统计学意义。*、** 和 *** 分别表示在 10%、5% 和 1% 的水平上显著。

表 5-48　　制度的作用：国家层面的分析

Panel A：*Div/Earn*						
Variable	(1)	(2)	(3)	(4)	(5)	(6)
*Gov*1	-0.638***					
	(-6.338)					
*Gov*2		-0.464***				
		(-4.044)				

续表

Variable	(1)	(2)	(3)	(4)	(5)	(6)
*Gov*3			-0.812***			
			(-8.555)			
*Gov*4				-0.850***		
				(-8.664)		
*Gov*5					-0.686***	
					(-7.621)	
*Gov*6						-0.621***
						(-8.110)
Controls	Yes	Yes	Yes	Yes	Yes	Yes
Year FE	Yes	Yes	Yes	Yes	Yes	Yes
N	864	864	864	864	864	864
Adj. R^2	0.104	0.086	0.125	0.124	0.117	0.124
Panel B：Div/Sales						
*Gov*1	-0.087***					
	(-4.422)					
*Gov*2		-0.052**				
		(-2.508)				
*Gov*3			-0.124***			
			(-6.250)			
*Gov*4				-0.127***		
				(-6.478)		
*Gov*5					-0.094***	
					(-4.908)	
*Gov*6						-0.095***
						(-5.866)
Controls	Yes	Yes	Yes	Yes	Yes	Yes
Year FE	Yes	Yes	Yes	Yes	Yes	Yes
N	864	864	864	864	864	864
Adj. R^2	0.074	0.060	0.095	0.092	0.082	0.095

注：为了简洁起见，未报告控制变量系数。括号内提供的是异方差稳健的 t 统计量。*、** 和 *** 分别表示在 10%、5% 和 1% 的显著性水平上统计显著。

5.4.4.2　公司层面分析

为了深入探讨制度对股息支付与现金流不确定性敏感性关系的影响，我们进行公司层面的回归分析。具体而言，利用公司的股息支付（*Div/Earn*）或（*Div/Sale*）作为因变量，回归现金流不确定性（*SRVOL*）、制度变量（*IE*）及其交互项（*SRVOL* × *IE*），并估计公式（5 - 20）。表 5 - 49 的 A 和 B 面板分别展示了以 *Div/Earn* 和 *Div/Sale* 为衡量股息支付指标时的 Tobit 回归结果。

回归结果显示，在所有模型中，*SRVOL* 的系数在 1% 显著性水平上为负，表明现金流不确定性越高，公司支付股利的可能性越低。这一发现与表 5 - 46 中的国家层面结果一致，进一步验证了现金流不确定性对股息支付的抑制作用。更为重要的是，交互项 *SRVOL* × *IE* 的系数在所有模型中均为负，且在 1% 的显著性水平下显著。这表明，制度变量显著调节了现金流不确定性对股息支付的影响，且这一关系在制度更健全的国家中更为强烈。例如，在表 5 - 49 的 A 面板第（2）列中，当 *Gov2*（政治稳定和暴力缺失）作为制度衡量指标时，*SRVOL* 和 *SRVOL* × *Gov2* 的系数分别为 -1.849（*t* 值 = -61.174）和 -0.455（*t* 值 = -15.650）。这些结果在统计上高度显著，并且在经济上具有重要意义。具体而言，对于制度强度为平均水平的公司（*Gov2* = 0.397），当 *SRVOL* 增加一个标准差（0.082）时，*Div/Earn* 预计减少 0.166[= (-1.849 + 0.455 × 0.397) × 0.082]。而在制度环境显著不同的国家，这一影响的强度也会有所变化。例如：芬兰（*Gov2* = 1.43）：作为拥有最高制度分值的国家，其平均公司在 *SRVOL* 增加一个标准差时，*Div/Earn* 预计减少 0.205[= (-1.849 + 0.455 × 1.43) × 0.082]；巴基斯坦（*Gov2* = -2.35）：在这一制度分值最低的国家，*Div/Earn* 的减少幅度仅为 0.064[= (-1.849 + 0.455 × -2.35) × 0.082]。

表 5 - 49　　制度的作用：公司层面的分析

Panel A：*Div/Earn*						
Variable	(1)	(2)	(3)	(4)	(5)	(6)
SRVOL	-1.752***	-1.849***	-1.281***	-1.311***	-1.403***	-1.551***
	(-57.509)	(-61.174)	(-30.320)	(-36.821)	(-39.070)	(-45.840)
Gov1	-0.019					
	(-1.561)					

续表

Variable	(1)	(2)	(3)	(4)	(5)	(6)
SRVOL × *Gov*1	−0.488***					
	(−18.184)					
*Gov*2		0.078***				
		(11.603)				
SRVOL × *Gov*2		−0.455***				
		(−15.650)				
*Gov*3			0.110***			
			(14.631)			
SRVOL × *Gov*3			−0.630***			
			(−19.095)			
*Gov*4				0.063***		
				(7.551)		
SRVOL × *Gov*4				−0.695***		
				(−23.120)		
*Gov*5					0.068***	
					(5.979)	
SRVOL × *Gov*5					−0.612***	
					(−20.756)	
*Gov*6						0.111***
						(13.842)
SRVOL × *Gov*6						−0.482***
						(−18.937)
Controls	Yes	Yes	Yes	Yes	Yes	Yes
Country FE	Yes	Yes	Yes	Yes	Yes	Yes
Industry FE	Yes	Yes	Yes	Yes	Yes	Yes
Year FE	Yes	Yes	Yes	Yes	Yes	Yes
N	301778	301778	301778	301778	301778	301778
Pseudo R^2	0.304	0.304	0.304	0.304	0.304	0.304
Panel B：*Div/Sales*						
SRVOL	−0.249***	−0.260***	−0.175***	−0.179***	−0.196***	−0.214***
	(−40.466)	(−43.989)	(−22.933)	(−27.655)	(−29.153)	(−34.347)
*Gov*1	−0.004*					
	(−1.806)					

续表

Variable	(1)	(2)	(3)	(4)	(5)	(6)
SRVOL × *Gov*1	-0.065***					
	(-12.814)					
*Gov*2		0.010***				
		(8.627)				
SRVOL × *Gov*2		-0.063***				
		(-11.711)				
*Gov*3			0.013***			
			(11.048)			
SRVOL × *Gov*3			-0.093***			
			(-14.953)			
*Gov*4				0.007***		
				(5.498)		
SRVOL × *Gov*4				-0.104***		
				(-18.016)		
*Gov*5					0.011***	
					(5.897)	
SRVOL × *Gov*5					-0.088***	
					(-15.635)	
*Gov*6						0.013***
						(10.485)
SRVOL × *Gov*6						-0.072***
						(-14.683)
Controls	Yes	Yes	Yes	Yes	Yes	Yes
Country FE	Yes	Yes	Yes	Yes	Yes	Yes
Industry FE	Yes	Yes	Yes	Yes	Yes	Yes
Year FE	Yes	Yes	Yes	Yes	Yes	Yes
N	301778	301778	301778	301778	301778	301778
Pseudo R^2	0.107	0.107	0.107	0.107	0.107	0.107

注：为了简洁起见，未报告控制变量系数。括号内提供的是经过公司层面聚类调整的稳健 t 统计量。*、** 和 *** 分别表示在 10%、5% 和 1% 的显著性水平上统计显著。

这些对比结果表明，在制度更健全的经济体中，现金流不确定性对股息支付的负面影响更强烈，而在制度较弱的国家，这一影响相对缓和。公司层面分析结果进一步验证了假设 H2。

5.4.4.3 内生性问题

为了应对公司层面分析中可能存在的内生性问题，并进一步验证股票收益波动性与股息支付之间的因果关系，我们采用了 2SLS。该方法通过构建工具变量，解决了潜在的内生性偏差。我们选取各经济体的两位数行业平均 *SRVOL* 作为单个公司 *SRVOL* 的工具变量。选择该变量的依据是行业特征对公司股票收益波动性的影响已被广泛文献所验证（Bae et al.，2004）。行业平均 *SRVOL* 能有效反映行业特性对个体公司波动性的影响，同时不直接作用于特定公司的股息支付，因而满足有效工具变量的排除条件。

在 2SLS 估计中，我们对 *Div/Earn* 和 *Div/Sale* 分别进行了回归分析：第一阶段回归将公司层面的 *SRVOL* 回归到行业平均 *SRVOL*，同时控制公司和国家层面的变量，包括方程（5－23）中的所有控制项。通过回归提取的拟合值 *SRVOL_P* 作为工具化的现金流不确定性指标。第二阶段回归使用第一阶段得到的 *SRVOL_P*，将股息支付指标 *Div/Earn* 和 *Div/Sale* 回归到 *SRVOL_P*、制度变量 *IE* 及其交互项 *SRVOL*×*IE*。

表 5－50 展示了 2SLS 回归结果。在所有模型中，无论使用 *Div/Earn* 还是 *Div/Sale* 作为因变量，*RVOL_P* 的系数在所有模型中均显著为负，进一步确认了现金流不确定性对股息支付的抑制作用。交互项 *SRVOL*×*IE* 的系数也显著为负，表明制度环境在调节股息支付与现金流不确定性关系中起到了关键作用。即使在修正内生性后，研究的核心结论依然稳健：现金流不确定性显著抑制股息支付，且这一负相关关系在制度环境更强的国家中更为显著。

表 5－50　　制度的作用：工具性变量方法

Panel A：*Div/Earn*						
Variable	(1)	(2)	(3)	(4)	(5)	(6)
SRVOL_P	−2.102***	−2.238***	−1.670***	−1.585***	−1.757***	−1.904***
	(−49.462)	(−52.878)	(−29.490)	(−30.138)	(−35.562)	(−40.285)
*Gov*1	0.017					
	(1.637)					
SRVOL_P×*Gov*1	−0.717***					
	(−21.697)					

续表

Variable	(1)	(2)	(3)	(4)	(5)	(6)
*Gov*2		0.089***				
		(12.709)				
SRVOL_P × *Gov*2		−0.568***				
		(−16.451)				
*Gov*3			0.114***			
			(15.753)			
SRVOL_P × *Gov*3			−0.697***			
			(−17.970)			
*Gov*4				0.088***		
				(11.473)		
SRVOL_P × *Gov*4				−0.880***		
				(−23.624)		
*Gov*5					0.084***	
					(8.119)	
SRVOL_P × *Gov*5					−0.772***	
					(−21.589)	
*Gov*6						0.132***
						(18.636)
SRVOL_P × *Gov*6						−0.610***
						(−20.554)
Controls	Yes	Yes	Yes	Yes	Yes	Yes
Country FE	Yes	Yes	Yes	Yes	Yes	Yes
Industry FE	Yes	Yes	Yes	Yes	Yes	Yes
Year FE	Yes	Yes	Yes	Yes	Yes	Yes
N	301778	301778	301778	301778	301778	301778
Pseudo R^2	0.266	0.266	0.266	0.266	0.266	0.266
Panel B: *Div/Sales*						
SRVOL_P	−0.273***	−0.290***	−0.211***	−0.206***	−0.228***	−0.246***
	(−44.020)	(−46.729)	(−25.653)	(−26.911)	(−31.746)	(−35.689)
*Gov*1	−0.000					
	(−0.019)					
SRVOL_P × *Gov*1	−0.088***					
	(−18.230)					

续表

Variable	(1)	(2)	(3)	(4)	(5)	(6)
Gov2		0. 010 ***				
		(9. 844)				
SRVOL_P × *Gov2*		−0. 069 ***				
		(−13. 576)				
Gov3			0. 013 ***			
			(12. 415)			
SRVOL_P × *Gov3*			−0. 094 ***			
			(−16. 518)			
Gov4				0. 008 ***		
				(7. 545)		
SRVOL_P × *Gov4*				−0. 113 ***		
				(−20. 707)		
Gov5					0. 011 ***	
					(7. 595)	
SRVOL_P × *Gov5*					−0. 098 ***	
					(−18. 688)	
Gov6						0. 015 ***
						(14. 050)
SRVOL_P × *Gov6*						−0. 078 ***
						(−17. 955)
Controls	Yes	Yes	Yes	Yes	Yes	Yes
Country FE	Yes	Yes	Yes	Yes	Yes	Yes
Industry FE	Yes	Yes	Yes	Yes	Yes	Yes
Year FE	Yes	Yes	Yes	Yes	Yes	Yes
N	301778	301778	301778	301778	301778	301778
Pseudo R^2	0. 096	0. 096	0. 096	0. 096	0. 096	0. 096

注：为了简洁起见，未报告控制变量系数。括号内提供的是经过公司层面聚类调整的稳健 t 统计量。*、** 和 *** 分别表示在 10%、5% 和 1% 的显著性水平上统计显著。

5. 4. 4. 4　稳健性检验

为验证主要分析结果的稳健性，我们进行了多项拓展性分析，包括使用替代的制度变量、股息支付衡量指标及改变样本条件。此外，还考察了全球金融危机期间现金流不确定性对股息支付敏感性的变化。

（1）替代的制度变量

在主要分析中，我们使用 Kaufmann et al.（2009）提出的治理特征作为制度质量的代理变量。为检验结果的稳健性，本节引入了一组替代性制度指标。这些指标包括公司道德指数（*CEI*）、公共部门道德指数（*PSEI*）、司法/法律效能指数（*JLEI*）、公司治理指数（*CGI*）。上述指标基于 2004 年《世界经济论坛高管意见调查》（*Executive Opinion Survey*）构建，属于时不变变量。这些指数值越高，表明制度环境越强。

此外，我们还纳入以下两项补充性制度变量。第一项营商便利指数（*EoDB*）由世界银行发布（https：//www. doingbusiness. org），用于评估企业开展业务的便利程度。该指数涵盖开办企业、获取信贷、税收合规、合同执行等十个方面，得分越高表明企业经营环境越友好。第二项企业调查指数（*ES*）基于世界银行企业调查（Enterprise Surveys）的数据（https：//www. enterprisesurveys. org），反映企业面临的主要障碍（如融资、腐败或政治不稳定）的程度。通过主成分分析计算综合指数，指数值越高表明企业运营障碍较少。

我们基于上述替代的制度变量重新估计公司层面的模型。表 5－51 的回归结果显示，无论采用哪种替代制度变量，*SRVOL*×*IE* 的系数始终显著为负。这表明在制度环境更健全的经济体中，公司管理层对现金流不确定性的响应更敏感，同时证明研究结果不受特定制度代理变量选择的影响。

表 5－51　　替代的制度变量

Panel A：*Div/Earn*

Variable	(1)	(2)	(3)	(4)	(5)	(6)
SRVOL	−0.865***	−0.681***	−0.375***	−1.429***	1.482***	−1.866***
	(−10.258)	(−8.925)	(−4.159)	(−15.693)	(7.248)	(−33.060)
CEI	0.004***					
	(5.723)					
SRVOL×*CEI*	−0.023***					
	(−15.511)					
PSEI		0.055***				
		(10.365)				
SRVOL×*PSEI*		−0.022***				
		(−17.740)				

续表

Variable	(1)	(2)	(3)	(4)	(5)	(6)
JLEI			0.209***			
			(9.601)			
SRVOL×JLEI			−0.024***			
			(−17.673)			
CGI				−0.003***		
				(−4.675)		
SRVOL×CGI				−0.011***		
				(−8.767)		
EoDB					0.002**	
					(2.183)	
SRVOL×EoDB					−0.048***	
					(−17.017)	
ES						−0.247***
						(−8.601)
SRVOL×ES						−0.447***
						(−13.561)
Controls	Yes	Yes	Yes	Yes	Yes	Yes
Country FE	Yes	Yes	Yes	Yes	Yes	Yes
Industry FE	Yes	Yes	Yes	Yes	Yes	Yes
Year FE	Yes	Yes	Yes	Yes	Yes	Yes
N	301623	301623	301623	301623	223010	63644
Pseudo R^2	0.299	0.299	0.299	0.299	−0.563	−0.409
Panel B：*Div/Sales*						
SRVOL	−0.134***	−0.083***	−0.054***	−0.054***	0.246***	−0.275***
	(−8.925)	(−5.925)	(−3.471)	(−3.588)	(6.503)	(−24.235)
CEI	0.001***					
	(5.610)					
SRVOL×CEI	−0.003***					
	(−11.468)					
PSEI		0.007***				
		(7.866)				
SRVOL×PSEI		−0.003***				
		(−13.843)				

续表

Variable	(1)	(2)	(3)	(4)	(5)	(6)
JLEI			0.027 ***			
			(7.208)			
SRVOL × *JLEI*			−0.003 ***			
			(−13.888)			
CGI				−0.001 ***		
				(−7.451)		
SRVOL × *CGI*				−0.003 ***		
				(−14.501)		
EoDB					0.001 ***	
					(3.381)	
SRVOL × *EoDB*					−0.007 ***	
					(−13.768)	
ES						−0.033 ***
						(−6.277)
SRVOL × *ES*						−0.062 ***
						(−9.834)
Controls	Yes	Yes	Yes	Yes	Yes	Yes
Country FE	Yes	Yes	Yes	Yes	Yes	Yes
Industry FE	Yes	Yes	Yes	Yes	Yes	Yes
Year FE	Yes	Yes	Yes	Yes	Yes	Yes
N	301623	301623	301623	301623	223010	63644
Pseudo R^2	0.105	0.105	0.105	0.105	0.105	0.105

注：为了简洁起见，未报告控制变量系数。括号内提供的是经过公司层面聚类调整的稳健 t 统计量。*、** 和 *** 分别表示在 10%、5% 和 1% 的显著性水平上统计显著。

(2) 替代的股息支付变量

本节检验在采用不同定义的股息支付变量时，研究结论的稳健性。我们分别引入股息支付虚拟变量和包含股票回购的总回报指标，重新进行分析。首先，我们将股息支付定义为一个虚拟变量 *Div*，若公司支付现金股利，则 *Div* = 1；否则 *Div* = 0。采用 Logit 回归模型，以评估现金流不确定性较高的公司是否更不可能支付股利，以及制度环境是否进一步增强这种负相关性。表 5 − 52 的面板 A 显示，*SRVOL* 的系数显著为负，表明现金流不确定性较高的公司支付股利的可能性较低。此外，交互项 *SRVOL* × *IE* 的系数在所有模型中均为负且显著，支持了制度越健全，股息支付对现金流不确定性的敏感性越高的结论。

考虑到股息支付方式的变化趋势，尤其是在美国和欧洲市场，许多公司逐渐将股票回购作为主要收益分配形式（Fama and French，2001；Grullon and Michaely，2002）。因此，我们使用总回报衡量指标 *Total/Earn* 和 *Total/Sales*，分别定义为现金股利与股票回购总额除以净收入和销售额。表 5 - 52 的面板 B 和面板 C 分别基于 *Total/Earn* 和 *Total/Sales* 重新估计模型，结果显示，无论使用哪种衡量方式，*SRVOL* 和 *SRVOL* × *IE* 的系数均显著为负。这表明即使纳入股票回购，我们的核心结论依然稳健。

表 5 - 52　　替代的股息支付变量

Panel A：*Div*						
Variable	(1)	(2)	(3)	(4)	(5)	(6)
SRVOL	-8.997***	-9.708***	-7.018***	-7.773***	-6.962***	-8.315***
	(-49.200)	(-54.223)	(-27.330)	(-34.610)	(-32.623)	(-40.899)
*Gov*1	0.065					
	(0.832)					
SRVOL × *Gov*1	-3.101***					
	(-17.754)					
*Gov*2		0.513***				
		(12.522)				
SRVOL × *Gov*2		-2.932***				
		(-17.370)				
*Gov*3			1.240***			
			(19.858)			
SRVOL × *Gov*3			-3.245***			
			(-16.169)			
*Gov*4				0.569***		
				(9.128)		
SRVOL × *Gov*4				-3.020***		
				(-16.287)		
*Gov*5					0.696***	
					(9.444)	

续表

Variable	(1)	(2)	(3)	(4)	(5)	(6)
SRVOL × *Gov5*					−3.508 ***	
					(−19.748)	
Gov6						1.105 ***
						(17.683)
SRVOL × *Gov6*						−2.622 ***
						(−16.670)
Controls	Yes	Yes	Yes	Yes	Yes	Yes
Country FE	Yes	Yes	Yes	Yes	Yes	Yes
Industry FE	Yes	Yes	Yes	Yes	Yes	Yes
Year FE	Yes	Yes	Yes	Yes	Yes	Yes
N	301778	301778	301778	301778	301778	301778
Pseudo R^2	0.458	0.458	0.458	0.458	0.458	0.458
Panel B：*Total/Earn*						
SRVOL	−2.079 ***	−2.257 ***	−1.495 ***	−1.538 ***	−1.620 ***	−1.847 ***
	(−58.745)	(−64.585)	(−29.297)	(−35.795)	(−37.898)	(−45.638)
Gov1	−0.050 ***					
	(−3.359)					
SRVOL × *Gov1*	−0.621 ***					
	(−20.189)					
Gov2		0.098 ***				
		(11.620)				
SRVOL × *Gov2*		−0.506 ***				
		(−14.485)				
Gov3			0.106 ***			
			(11.216)			
SRVOL × *Gov3*			−0.794 ***			
			(−20.573)			
Gov4				0.057 ***		
				(5.532)		
SRVOL × *Gov4*				−0.860 ***		
				(−24.596)		

续表

Variable	(1)	(2)	(3)	(4)	(5)	(6)
Gov5					0. 047 ***	
					(3. 285)	
SRVOL × *Gov5*					−0. 790 ***	
					(−23. 212)	
Gov6						0. 086 ***
						(8. 721)
SRVOL × *Gov6*						−0. 595 ***
						(−20. 014)
Controls	Yes	Yes	Yes	Yes	Yes	Yes
Country FE	Yes	Yes	Yes	Yes	Yes	Yes
Industry FE	Yes	Yes	Yes	Yes	Yes	Yes
Year FE	Yes	Yes	Yes	Yes	Yes	Yes
N	288069	288069	288069	288069	288069	288069
Pseudo R^2	0. 204	0. 204	0. 204	0. 204	0. 204	0. 204
Panel C：Total/*Sales*						
SRVOL	−0. 284 ***	−0. 284 ***	−0. 221 ***	−0. 217 ***	−0. 234 ***	−0. 252 ***
	(−44. 148)	(−46. 747)	(−25. 268)	(−29. 668)	(−31. 024)	(−36. 463)
Gov1	−0. 009 ***					
	(−3. 874)					
SRVOL × *Gov1*	−0. 036 ***					
	(−6. 473)					
Gov2		0. 010 ***				
		(7. 664)				
SRVOL × *Gov2*		−0. 054 ***				
		(−8. 885)				
Gov3			0. 012 ***			
			(7. 892)			
SRVOL × *Gov3*			−0. 069 ***			
			(−10. 318)			
Gov4				0. 007 ***		
				(4. 137)		

续表

Variable	(1)	(2)	(3)	(4)	(5)	(6)
SRVOL × *Gov4*				−0.080***		
				(−13.087)		
Gov5					0.005**	
					(2.301)	
SRVOL × *Gov5*					−0.066***	
					(−10.932)	
Gov6						0.011***
						(7.072)
SRVOL × *Gov6*						−0.051***
						(−9.773)
Controls	Yes	Yes	Yes	Yes	Yes	Yes
Country FE	Yes	Yes	Yes	Yes	Yes	Yes
Industry FE	Yes	Yes	Yes	Yes	Yes	Yes
Year FE	Yes	Yes	Yes	Yes	Yes	Yes
N	288077	288077	288077	288077	288077	288077
Pseudo R^2	0.059	0.059	0.059	0.059	0.059	0.059

注：为了简洁起见，未报告控制变量系数。括号内提供的是经过公司层面聚类调整的稳健 t 统计量。*、** 和 *** 分别表示在 10%、5% 和 1% 的显著性水平上统计显著。

（3）排除美国公司

由于样本中美国公司占约 23%，可能导致分析结果被美国数据主导。为检验结论是否受美国公司影响，我们将美国公司移出样本，并重新估计模型。表 5－53 显示，在排除美国公司后，*SRVOL* 和交互项 *SRVOL* × *IE* 的系数仍然显著为负，表明现金流不确定性与股息支付之间的负相关性，以及制度对这一关系的调节作用，并非依赖于美国公司的数据特性。

表 5－53　　排除美国公司

Panel A：*Div/Earn*						
Variable	(1)	(2)	(3)	(4)	(5)	(6)
SRVOL	−1.740***	−1.788***	−1.282***	−1.312***	−1.401***	−1.542***
	(−56.551)	(−59.793)	(−30.444)	(−36.933)	(−39.062)	(−45.724)

续表

Variable	(1)	(2)	(3)	(4)	(5)	(6)
*Gov*1	0.020					
	(1.632)					
SRVOL × *Gov*1	-0.467 ***					
	(-17.348)					
*Gov*2		0.091 ***				
		(11.897)				
SRVOL × *Gov*2		-0.425 ***				
		(-14.541)				
*Gov*3			0.127 ***			
			(16.541)			
SRVOL × *Gov*3			-0.600 ***			
			(-17.994)			
*Gov*4				0.091 ***		
				(10.291)		
SRVOL × *Gov*4				-0.678 ***		
				(-22.242)		
*Gov*5					0.078 ***	
					(6.721)	
SRVOL × *Gov*5					-0.593 ***	
					(-19.883)	
*Gov*6						0.146 ***
						(16.979)
SRVOL × *Gov*6						-0.455 ***
						(-17.735)
Controls	Yes	Yes	Yes	Yes	Yes	Yes
Country FE	Yes	Yes	Yes	Yes	Yes	Yes
Industry FE	Yes	Yes	Yes	Yes	Yes	Yes
Year FE	Yes	Yes	Yes	Yes	Yes	Yes
N	233286	233286	233286	233286	233286	233286
Pseudo R^2	0.266	0.266	0.266	0.266	0.266	0.266

续表

Panel B：*Div/Sales*						
Variable	(1)	(2)	(3)	(4)	(5)	(6)
SRVOL	−0.243***	−0.248***	−0.173***	−0.176***	−0.193***	−0.210***
	(−39.419)	(−41.621)	(−22.723)	(−27.491)	(−28.974)	(−33.781)
*Gov*1	0.003					
	(1.553)					
SRVOL × *Gov*1	−0.059***					
	(−11.331)					
*Gov*2		0.010***				
		(7.865)				
SRVOL × *Gov*2		−0.057***				
		(−10.314)				
*Gov*3			0.016***			
			(12.311)			
SRVOL × *Gov*3			−0.087***			
			(−13.367)			
*Gov*4				0.012***		
				(8.176)		
SRVOL × *Gov*4				−0.099***		
				(−16.360)		
*Gov*5					0.012***	
					(6.443)	
SRVOL × *Gov*5					−0.082***	
					(−14.041)	
*Gov*6						0.018***
						(12.911)
SRVOL × *Gov*6						−0.067***
						(−13.174)
Controls	Yes	Yes	Yes	Yes	Yes	Yes
Country FE	Yes	Yes	Yes	Yes	Yes	Yes
Industry FE	Yes	Yes	Yes	Yes	Yes	Yes

续表

Variable	(1)	(2)	(3)	(4)	(5)	(6)
Year FE	Yes	Yes	Yes	Yes	Yes	Yes
N	233286	233286	233286	233286	233286	233286
Pseudo R^2	0. 093	0. 093	0. 093	0. 093	0. 093	0. 093

注：为了简洁起见，未报告控制变量系数。括号内提供的是经过公司层面聚类调整的稳健 t 统计量。*、** 和 *** 分别表示在 10%、5% 和 1% 的显著性水平上统计显著。

（4）全球金融危机

2008 年的全球金融危机对企业财务决策产生了深远影响。在此期间，企业面临更高的财务约束，可能倾向于减少股息支付以应对现金流波动（Abreu and Gulamhussen，2013；Bliss et al.，2015）。因此，我们进一步探讨危机期间现金流不确定性对股息支付的敏感性是否发生变化。

我们将样本分为金融危机期（2007—2009 年）和非危机期（1996—2006 年、2010—2018 年），对每个时期单独估计国家层面模型（方程 1），并计算敏感性系数 $\beta_{j,t}$ 的配对差异。结果显示，无论是 *Div/Earn* 还是 *Div/Sales*，两时期间 $\beta_{j,t}$ 的差异均不显著。这表明金融危机并未显著改变股息支付对现金流不确定性的总体敏感性，与 Floyd et al.（2015）关于股息支付具有韧性的发现一致。

进一步进行公司层面的分析（方程 3），验证制度在危机与非危机时期的调节效应。结果表明，无论是在金融危机期还是非危机期，*SRVOL* × *IE* 的系数均显著为负，且显著性水平不受时间变化的影响。这一发现表明，制度始终在不同时间维度上增强了现金流不确定性对股息支付的敏感性。

5.4.5 研究结论及政策意义

本节从制度层面探讨了股息支付对现金流不确定性敏感性差异的原因。通过构建国家层面与公司层面的分析框架，我们发现在全球范围内，股息支付与现金流不确定性之间存在显著的负相关关系。此外，这种负相关关系在制度环境更为完善的经济体中更为显著。为解决内生性问题，我们采用了 2SLS 回归，并使用行业平均股票回报波动率作为工具变量。结果表明，无论使用何种替代性制度指标、股息支付变量或样本，本节的发现均具有稳健性。

本节为股息支付政策的文献提供了新的见解，指出在制度完备的环境中，股票回报波动率可以更准确地反映未来现金流的不确定性，从而增强股息支付对现金流不确定性的反应程度。研究结果表明，现金流风险是管理者在制订股利政策时的重要考量因素。此外，本节还揭示了国家层面制度特征对企业财务政策的重要影响，显示个体公司会依据所在国家的制度环境调整其股息支付策略。

第6章

研究结论、政策建议及研究展望

6.1 研究结论

通过从正式制度、气候环境等角度对我国上市公司行为地域化的成因进行分析，本书得出如下结论：

（1）中央及地方政府实行的渐进式制度改革是导致上市公司行为呈现地域化差异的重要原因。这些制度改革包括推进网络基础设施建设的“宽带中国”示范城市政策、推动交通基础设施建设的高铁开通政策、地方政府持股以及投资者实地调研制度。具体而言，由“宽带中国”示范城市政策驱动的地方网络基础设施建设水平的差异是导致上市公司信息环境不同的重要原因，表现为相比非示范城市，“宽带中国”示范城市的上市公司吸引了更多的风险投资；由高铁开通政策驱动的地方交通基础设施建设水平的提升为银行获取当地借款企业信息提供了便利，从而降低了当地私营企业的贷款利率；地方政府控股引发了公司内部代理问题，相比私营控股公司，政府控股尤其是地方政府控股公司的股价崩盘风险更高，而投资者关系互动的加强能够有效改善国企内部代理问题；投资者实地调研制度下共同基金通过访问公司显著减少了羊群行为。

（2）随着气候风险逐渐成为资本市场不可忽视的因素，其对地方经济和企业的影响正不断加剧，不仅改变了金融机构的贷款定价策略，也促使投资者在资产配置中更加关注环保和可持续发展。一方面，大气污染排放严重损害了借款企业的员工健康和偿债能力，银行因此提高了风险溢价，向借款企业收取更高的贷款利率，尤其是在信用贷款中表现得尤为突出。相比之下，抵押贷款由于有实物资产担保，大气污染对这类贷款的影响相对较小。另一方面，气候变化在长期上改变了散户投资者的资产配置策略，当投资者所在城市经历异常温度时，出于对财务风险的担忧和环境保护的社会责任感，许多散户投资者倾向于将部分资产从高排放企业转移到低排放企业。

（3）制度环境、信息环境、市场开放程度、气候风险等因素在国际资本市场上发挥着重要作用，导致不同国家或地区的企业或其他市场参与者行为决策呈现出显著差异。从制度环境来看，公司会依据所在国家的制度环境调整其股息支付策略，在制度环境更完善的地区，股票回报波动率可以更准确地反映未来现金流的不确定性，从而增强股息支付对现金流不确定性的敏感性；从信息环境来看，媒体报道在银行贷款定价中扮演着重要角色。在媒体报道覆盖面更广的国家，当地银行与企业之间的信息不对称程度较低，这使银行能够更准确地评估贷款风险，从而降低贷款利率；信息对称性的提高也显著降低了股价崩盘风险。从市场开放程度来看，外国机构投资者持股比例越高的地区，当地企业杠杆调整速度越快，当外国机构投资者来自股东保护水平更高的国家时，这一效果更为明显，反映出市场开放对企业治理和资本结构优化的积极作用；气候风险更高的国家，当地企业往往拥有更强的避税动机，以应对气候风险导致的财务约束，对于公司治理不健全、信息透明度低、经济发展落后以及政策环境不稳定的国家，气候风险与企业税收规避之间的正相关性更为显著。

6.2　政策建议

笔者通过研究发现，地方正式制度、气候环境等因素是导致中国上市公司行为呈现出地域化差异的重要原因，因此本书提出如下政策建议，以促进资本市场健康有序发展和区域协调发展：

（1）加强区域间正式制度的协调与衔接。一是推广“宽带中国”示范城市经验。加强对宽带中国示范城市成功模式的总结，扩大网络基础设施建设的覆盖范围，缩小地区间信息环境的差距，为上市公司吸引更多风险投资创造条件。二是加速全国范围的基础设施互联互通。在交通、网络、能源等领域制订覆盖全国的统一发展规划，确保发达地区与欠发达地区基础设施建设水平的协调发展，特别是支持尚未通高铁的地区加快高铁等现代交通设施建设，提高企业与金融机构之间的信息流通效率。三是强化地方政府持股企业的治理机制。完善激励与约束制度，推动地方国企建立现代企业制度，减少代理问题，提高经营效率。四是建设区域性投资者服务平台：搭建线上线下综合服务平台，支持投资者获取区域内外上市公司的相关信息，增强对市场的深入了解。

（2）健全应对气候风险的多方协同机制。一是建立政府主导的协作平台。由政府主导搭建多方协作平台，整合政策、资金和技术资源，协调不同利益相关方的行动目标，推动政府、企业和研究机构共享环境和气候数据，为协同决策提供科学依据。二是强化企业与利益相关者之间的互动交流。加强企业与银行、投资者等利益相关者之间的沟通，邀请其参与企业的环保项目规划，改善企业融资条件，建立投资者信任。三是推动公众与社会组织参与。通过教育、宣传和信息普及，提高公众对气候变化的认识，增强其环保责任感，同时赋予环保非政府组织更多的参与机会，让其在监督企业行为、推动政策倡导中发挥更大作用。四是促进国际合作与经验交流。借鉴先进国家在低碳转型、绿色金融和气候治理方面的经验，通过国际协定和多边机制，促进技术、资金和知识的全球流动，共同应对气候变化挑战。

（3）破除制约资本市场发展的体制机制障碍。一是打破区域融资壁垒。一方面，通过建立跨区域的金融合作平台、区域性资本市场、融资平台等，促进资金在不同区域间的流动。另一方面，优化资本市场的金融工具和产品设计，推动各区域资本市场推出更多适合跨区域流动的金融工具，如跨区域基金、债券市场产品等，降低跨区域融资的成本。二是加强跨国投资者保护。设立外资投资者委员会，积极推动与国际法律体系的接轨，并为跨国投资者提供快速、有效的诉讼机制，使跨国投资者能够及时维权，增强外资在地方市场的投资信心，吸引更多外资流入中国特别是欠发达地区，推动欠发达地区企业治理和资本结构的改善，进而促进区域间的经济协调发展。三是加强信息披露制度建设。鼓励各区域尤其是信息较为闭塞的地区，提升媒体对本地企业的报道力度和质量，特别是对上市公司财务健康、治理结构、运营透明度等方面的信息披露。这不仅能够提高银行在贷款定价时对企业的信用评估能力，还能够增强市场参与者对企业未来表现的信心，降低股价崩盘的风险。

6.3　研究展望

本书存在以下几点研究不足，这为未来研究提供了参考：

本书从正式制度、气候环境等视角为推进区域协调发展提供了经验证据和决策参考。然而，制约区域协调发展的因素不仅体现在企业行为的地域间差异，还受到地域内企业同群行为的深刻影响。在地域内趋同的上市公司行为模式的影响下，上市公司行为的地域间差异又会在地域内部不断强化，最终可能削弱国家战略和规划的政策效果。未来研究可沿着这一方向，重点考察中国上市公司行为地域内趋同的成因、经济后果及其治理路径，为实现区域协调发展目标提供更加全面的理论支持和政策建议。

参考文献

1. Abreu, J. F., & Gulamhussen, M. A. Dividend payouts: Evidence from U. S. bank holding companies in the context of the financial crisis. *Journal of Corporate Finance*, 2013, 22: 54 –65.

2. Addoum, J. M., Ng, D. T., & Ortiz – Bobea, A. Temperature shocks and establishment sales. *Review of Financial Studies*, 2020, 33 (3): 1331 –1366.

3. Aggarwal, R., Erel, I., Ferreira, M., Matos, P. Does governance travel around the world? Evidence from institutional investors. *Journal of Financial Economics*, 2011, 100: 154 –181.

4. Aggarwal, R., Klapper, L., Wysocki, P. D. Portfolio preferences of foreign institutional investors. *Journal of Banking and Finance*, 2005, 29: 2919 –2946.

5. Aghion, P., & Bolton, P. An incomplete contracts approach to financial contracting. *The Review of Economic Studies*, 1992, 59 (3): 473 –494.

6. Agoraki, M. E. K., Aslanidis, N., & Kouretas, G. P. US banks' lending, financial stability, and text – based sentiment analysis. *Journal of Economic behavior & organization*, 2022, 197: 73 –90.

7. Al Guindy, M. Corporate Twitter use and cost of equity capital. *Journal of Corporate Finance*, 2021, 68: 101926.

8. Albuquerque, R., Koskinen, Y., & Zhang, C. Corporate social responsibility and firm risk: Theory and empirical evidence. *Management Science*, 2019, 65 (10): 4451 –4469.

9. Alessandrini, P., Presbitero, A. F., & Zazzaro, A. Banks, distances and firms' financing constraints. *Review of Finance*, 2009, 13 (2): 261

-307.

10. Alessandrini, P. , Presbitero, A. F. , & Zazzaro, A. Bank size or distance: what hampers innovation adoption by SMEs? . *Journal of Economic Geography*, 2010, 10 (6): 845-881.

11. Allen, F. , Qian, J. , & Qian, M. Law, finance, and economic growth in China. *Journal of Financial Economics*, 2005, 77 (1): 57-116.

12. Almazan, A. , Hartzell, J. C. , & Starks, L. T. Active institutional shareholders and costs of monitoring: Evidence from executive compensation. *Financial management*, 2005, 34 (4): 5-34.

13. Altman, E. I. Financial ratios, discriminant analysis and the prediction of corporate bankruptcy. *The Journal of Finance*, 1968, 23 (4): 589-609.

14. Amihud, Y. Illiquidity and stock returns: cross-section and time-series effects. *Journal of Financial Markets*, 2002, 5 (1): 31-56.

15. Amihud, Y. , Hameed, A. , Kang, W. , & Zhang, H. The illiquidity premium: International evidence. *Journal of financial economics*, 2015, 117 (2): 350-368.

16. An, Z. , Chen, C. , Naiker, V. , & Wang, J. Does media coverage deter firms from withholding bad news? Evidence from stock price crash risk. *Journal of Corporate Finance*, 2020, 64: 101664.

17. Anderson, R. C. , Mansi, S. A. , & Reeb, D. M. Board characteristics, accounting report integrity, and the cost of debt. *Journal of Accounting and Economics*, 2004, 37 (3): 315-342.

18. Andreou, P. C. , Antoniou, C. , Horton, J. , & Louca, C. Corporate governance and firm-specific stock price crashes. *European Financial Management*, 2016, 22 (5): 916-956.

19. Anginer, D. , Demirguc-Kunt, A. , Simsir, S. A. , & Tepe, M. Is short-term debt a substitute for or complementary to good governance? . *Borsa Istanbul Review*, 2022, 22 (2): 197-208.

20. Appel, I. , Farre-Mensa, J. , & Simintzi, E. Patent trolls and startup employment. *Journal of Financial Economics*, 2019, 133 (3): 708-725.

21. Asker, J. , Farre-Mensa, J. , & Ljungqvist, A. Comparing the investment behavior of public and private firms (No. w17394) . National Bureau

of Economic Research, 2011.

22. Attig, N., Ghoul, S. E., Guedhami, O., & Zheng, X. Dividend and economic policy uncertainty: International evidence. *Journal of Corporate Finance*, 2021, 66: 101785.

23. Atwood, T. J., Drake, M. s., Myers, J. N., & Myers, L. A. Home country tax system characteristics and corporate tax avoidance: International evidence. *The Accounting Review*, 2012, 87 (6): 1831 –1860.

24. Avery, C., & Zemsky, P. Multidimensional uncertainty and herd behavior in financial markets. *American Economic Review*, 1998: 724 –748.

25. Bae, K. H., & Goyal, V. K. Creditor rights, enforcement, and bank loans. *The Journal of Finance*, 2009, 64 (2): 823 –860.

26. Bae, K. H., Chan, K., & Ng, A. Investibility and return volatility. *Journal of Financial Economics*, 2004, 71: 239 –263.

27. Bailey, W., Huang, W., & Yang, Z. Bank loans with Chinese characteristics: Some evidence on inside debt in a state – controlled banking system. *Journal of Financial and Quantitative Analysis*, 2011, 46 (6): 1795 –1830.

28. Baker, A. C., Larcker, D. F., & Wang, C. C. How much should we trust staggered difference – in – differences estimates?. *Journal of Financial Economics*, 2022, 144 (2): 370 –395.

29. Baker, S. R., Bloom, N., & Davis, S. J. Measuring economic policy uncertainty. *Quarterly Journal of Economics*, 2016, 131 (4): 1593 –1636.

30. Bamiatzi, V., Efthyvoulou, G., Jabbour, L., Foreign vs domestic ownership on debt reduction: an investigation of acquisition targets in Italy and Spain. *International Business Review*, 2017, 26: 801 –815.

31. Banerjee, A. V. A simple model of herd behavior. *The Quarterly Journal of Economics*, 1992, 107 (3): 797 –817.

32. Baron, R. M., & Kenny, D. A. The moderator – mediator variable distinction in social psychological research: Conceptual, strategic, and statistical considerations. *Journal of Personality and Social Psychology*, 1986, 51 (6): 1173.

33. Bartov, E., Faurel, L., & Mohanram, P. S. Can Twitter help predict firm – level earnings and stock returns?. *The Accounting Review*, 2018, 93

(3): 25 - 57.

34. Basu, S. The conservatism principle and the asymmetric timeliness of earnings1. *Journal of Accounting and Economics*, 1997, 24 (1): 3 - 37.

35. Bayar, O., Huseynov, F., & Sardarli, S. Corporate governance, tax avoidance, and financial constraints. *Financial Management*, 2018, 47 (3): 651 - 677.

36. Bekaert, G., Harvey, C. R., Lumsdaine, R. L. Dating the integration of world equity markets. *Journal of Financial Economics*, 2002, 65: 203 - 247.

37. Bena, J., Li, K., Palia, D. Foreign vs. domestic ownership on debt reduction: an investigation of acquisition targets in Italy and Spain. *International Business Review*, 2017, 26: 801 - 815.

38. Bengtsson, O., & Ravid, S. A. The geography of venture capital contracts. Available at SSRN, 2009, 1361827.

39. Benmelech, E., Kandel, E., Veronesi, P. Stock - based compensation and CEO (dis) incentives. *Quarterly Journal of Economics*, 2010, 125 (4): 1769 - 1820.

40. Bennett, J. A., Sias, R. W., & Starks, L. T. Greener pastures and the impact of dynamic institutional preferences. *The Review of Financial Studies*, 2003, 16 (4): 1203 - 1238.

41. Ben - Rephael, A., Dong, X., Massa, M., Zhou, C., 2019. Foreign sentiment. Baruch College Zicklin School of Business Research Paper No. 2020 - 01 - 01.

42. Bernstein, S., Giroud, X., & Townsend, R. R. The impact of venture capital monitoring. *The Journal of Finance*, 2016, 71 (4): 1591 - 1622.

43. Bertrand, M., & Mullainathan, S. Enjoying the quiet life? Corporate governance and managerial preferences. *Journal of political Economy*, 2003, 111 (5): 1043 - 1075.

44. Berzins, J., Bøhren, Ø., & Stacescu, B. Shareholder conflicts and dividends. *Review of Finance*, 2018, 22: 1807 - 1840.

45. Berzins, J., Bøhren, Ø., & Stacescu, B. Dividends and taxes: The moderating role of agency conflicts. *Journal of Corporate Finance*, 2019, 58: 583 - 604.

46. Bian, S. B., Chen, Y., & Wang, X. X. Can high – quality interaction improve the stock market pricing efficiency? Evidence from SSE E – interaction. *China Economic Quarterly*, 2022, 22 (3): 749 – 772.

47. Bikhchandani, S., Hirshleifer, D., & Welch, I. A theory of fads, fashion, custom, and cultural change as informational cascades. *Journal of Political Economy*, 1992, 100 (5): 992 – 1026.

48. Blankespoor, E., Miller, G. S., & White, H. D. The role of dissemination in market liquidity: Evidence from firms' use of Twitter™. *The Accounting Review*, 2014, 89 (1): 79 – 112.

49. Bliss, B. A., Cheng, Y., & Denis, D. J. Corporate payout, cash retention, and the supply of credit: Evidence from the 2008—2009 credit crisis. *Journal of Financial Economics*, 2015, 115: 521 – 540.

50. Block, M. L., & Calderón – Garcidueñas, L. Air pollution: mechanisms of neuroinflammation and CNS disease. *Trends in Neurosciences*, 2009, 32 (9): 506 – 516.

51. Blundell, R., Bond, S. Initial conditions and moment restrictions in dynamic panel data models. *Journal of Econometrics*, 1998, 87: 115 – 143.

52. Bolton, P., & Kacperczyk, M. Do investors care about carbon risk?. *Journal of Financial Economics*, 2021, 142 (2): 517 – 549.

53. Bottazzi, L., Da Rin, M., & Hellmann, T. Who are the active investors?: Evidence from venture capital. *Journal of Financial Economics*, 2008, 89 (3): 488 – 512.

54. Boubakri, N., Cosset, J. C., & Saffar, W. Political connections of newly privatized firms. *Journal of Corporate Finance*, 2008, 14: 654 – 673.

55. Boubakri, N., Cosset, J. C., Saffar, W. The role of state and foreign owners in corporate risk – taking: evidence from privatization. *Journal of Financial Economics*, 2013, 108: 641 – 658.

56. Bowen, R. M., Dutta, S., Tang, S., & Zhu, P. Inside the "black box" of private in – house meetings. *Review of Accounting Studies*, 2018, 23: 487 – 527.

57. Brav, A., Graham, J. R., Harvey, C. R., & Michaely, R. Payout policy in the 21st century. *Journal of Financial Economics*, 2005, 77: 483 –

527.

58. Brockman, P. , Howie, J. S. , Mortal, S. Stock market liquidity and the decision to repurchase. *Journal of Corporate Finance*, 2008, 14 (4): 446 - 459.

59. Brogaard, J. , & Detzel, A. The asset - pricing implications of government economic policy uncertainty, *Management Science*, 2015, 61: 3 - 18.

60. Brown, L. D. , Call, A. C. , Clement, M. B. , & Sharp, N. Y. Inside the "black box" of sell - side financial analysts. *Journal of Accounting Research*, 2015, 53 (1): 1 - 47.

61. Brown, N. C. , Wei, K. D. , & Wermers, R. Analyst recommendations, mutual fund herding, and overreaction in stock prices. *Management Science*, 2014, 60 (1): 1 - 20.

62. Buchanan, B. G. , Cao, C. X. , Liljeblom, E. , & Weihrich, s. Uncertainty and firm dividend policy - A natural experiment. *Journal of Corporate Finance*, 2017, 42: 179 - 197.

63. Bushee, B. J. , Core, J. E. , Guay, W. , & Hamm, S. J. The role of the business press as an information intermediary. *Journal of Accounting Research*, 2010, 48 (1): 1 - 19.

64. Bushee, B. , Noe, C. Corporate disclosure practices, institutional investors, and stock return volatility. *Journal of Accounting Research*, 2000, 38: 171 - 202.

65. Bushee, B. J. The influence of institutional investors on myopic R&D investment behavior. *The Accounting Review*, 1998, 73: 305 - 333.

66. Bushman, R. M. , & Piotroski, J. D. Financial reporting incentives for conservative accounting: The influence of legal and political institutions. *Journal of Accounting and Economics*, 2006, 42 (1 - 2): 107 - 148.

67. Bushman, R. M. , Piotroski, J. D. , & Smith, A. J. What determines corporate transparency? . *Journal of Accounting Research*, 2004, 42 (2): 207 - 252.

68. Bushman, R. M. , Williams, C. D. , Wittenberg - Moerman, R. The informational role of the media in private lending. *Journal of Accounting Research*, 2017, 55 (1): 115 - 152.

69. Butler, A. W., & Goktan, M. S. On the role of inexperienced venture capitalists in taking companies public. *Journal of Corporate Finance*, 2013, 22: 299 - 319.

70. Byoun, S. How and when do firms adjust their capital structures toward targets? . *The Journal of Finance*, 2008, 63 (6): 3069 - 3096.

71. Cai, F., Han, S., Li, D., & Li, Y. Institutional herding and its price impact: Evidence from the corporate bond market. *Journal of Financial Economics*, 2019, 131 (1): 139 - 167.

72. Cai, G., McLean, R. D., Zhang, T., & Zhao, M. Social media and short sellers. Available at SSRN, 2022, 3907480.

73. Cai, H., & Liu, Q. Competition and corporate tax avoidance: Evidence from Chinese industrial firms. *The Economic Journal*, 2009, 119 (537): 764 - 795.

74. Callaway, B., & Sant'Anna, P. H. Difference - in - differences with multiple time periods. *Journal of Econometrics*, 2021, 225 (2): 200 - 230.

75. Callen, J. L., & Fang, X. Institutional investor stability and crash risk: Monitoring versus short - termism? . *Journal of Banking & Finance*, 2013, 37 (8): 3047 - 3063.

76. Callen, J. L., Fang, X. Religion and stock price crash risk. *Journal of Financial and Quantitative Analysis*, 2015, 37 (8): 3047 - 3063.

77. Calomiris, C. W., Fisman, R., & Wang, Y. Profiting from government stakes in a command economy: Evidence from Chinese asset sales. *Journal of Financial Economics*, 2010, 96 (3): 399 - 412.

78. Calomiris, C. W., Mamaysky, H. How news and its context drive risk and returns around the world. *Journal of Financial Economics*, 2019, 133 (2): 299 - 336.

79. Campello, M., & Gao, J. Customer concentration and loan contract terms. *Journal of Financial Economics*, 2017, 123 (1): 108 - 136.

80. Cassar, G., Ittner, C. D., & Cavalluzzo, K. S. Alternative information sources and information asymmetry reduction: Evidence from small business debt. *Journal of Accounting and Economics*, 2015, 59 (2 - 3): 242 - 263.

81. Chan, K. C., Jiang, X., Wu, D., Xu, N., & Zeng, H. When

is the client king? Evidence from affiliated – analyst recommendations in China's split – share reform. *Contemporary Accounting Research*, 2020, 37 (2): 1044 – 1072.

82. Chan, K., Hwang, C. Y., & Mian, G. M. Mutual fund herding and dispersion of analysts' earnings forecasts. Available at *SSRN*, 2005, 675562.

83. Chaney, P. K., Faccio, M., & Parsley, D. The quality of accounting information in politically connected firms. *Journal of Accounting and Economics*, 2011, 51 (1 – 2): 58 – 76.

84. Chang, X., Dasgupta, S., & Hilary, G. The effect of auditor quality on financing decisions. *The Accounting Review*, 2009, 84 (4): 1085 – 1117.

85. Chang, Y., Chou, R. K., Huang, T. Corporate governance and the dynamics of capital structure: new evidence. *Journal of Banking and Finance*, 2014, 48: 374 – 385.

86. Chava, S. Environmental externalities and cost of capital. *Management science*, 2014, 60 (9): 2223 – 2247.

87. Chava, S., Livdan, D., Purnanandam, A. Do shareholder rights affect the cost of bank loans? *Review of Financial Studies*, 2009, 22 (8): 2973 – 3004.

88. Chava, S., Roberts, M. R. How does financing impact investment? The role of debt covenants. *Journal of Finance*, 2008, 63 (5): 2085 – 2121.

89. Chay, J. B., & Suh, J. Payout policy and cash – flow uncertainty. *Journal of Financial Economics*, 2009, 93: 88 – 107.

90. Chay, K. Y., & Greenstone, M. The impact of air pollution on infant mortality: evidence from geographic variation in pollution shocks induced by a recession. *The Quarterly Journal of Economics*, 2003, 118 (3): 1121 – 1167.

91. Chen, C., & Lai, S. Financial constraint and tax aggressiveness. University of Auckland and Chinese University of Hong Kong, 2012.

92. Chen, C., Chen, Y., Hsu, P. H., & Podolski, E. J. Be nice to your innovators: Employee treatment and corporate innovation performance. *Journal of Corporate finance*, 2016, 39: 78 – 98.

93. Chen, D., Ma, Y., Martin, X., Michaely, R. On the fast track: Information acquisition costs and information production. *Journal of Financial*

Economics, 2022, 143 (2): 794 –823.

94. Chen, H., Gompers, P., Kovner, A., & Lerner, J. Buy local? The geography of venture capital. *Journal of Urban Economics*, 2010, 67 (1): 90 –102.

95. Chen, J., Hong, H., Stein, J. C. Forecasting crashes: Trading volume, past returns, and conditional skewness in stock prices. *Journal of Financial Economics*, 2001, 61 (3): 345 –381.

96. Chen, R., El Ghoul, S., Guedhami, O., & Wang, H. Do state and foreign ownership affect investment efficiency? Evidence from privatizations. *Journal of Corporate Finance*, 2017, 42: 408 –421.

97. Chen, S., Sun, Z., Tang, S., & Wu, D. Government intervention and investment efficiency: Evidence from China. *Journal of Corporate Finance*, 2011, 17 (2): 259 –271.

98. Chen, X., Harford, J., Li, K. Monitoring: which institutions matter? *Journal of Financial Economics*, 2007, 86: 279 –305.

99. Chen, X., Lee, C. W. J., & Li, J. Government assisted earnings management in China. *Journal of Accounting and Public Policy*, 2008, 27 (3): 262 –274.

100. Chen, Y., Ge, R., Pittman, J., Veeraraghavan, M., & Zolotoy, L. The impact of managerial mood on public firms' decisions: Evidence from corporate tax avoidance. City University of Hong Kong, 2019.

101. Chen, Y., Goyal, A., Veeraraghavan, M., Zolotoy, L. Media coverage and IPO pricing around the world. *Journal of Financial and Quantitative Analysis*, 2020, 55 (5): 1515 –1553.

102. Cheng, Q., Du, F., Wang, B. Y., & Wang, X. Do corporate site visits impact stock prices? . *Contemporary Accounting Research*, 2019, 36 (1): 359 –388.

103. Cheng, Q., Du, F., Wang, X., & Wang, Y. Seeing is believing: Analysts' corporate site visits. *Review of Accounting Studies*, 2016, 21: 1245 –1286.

104. Choi, C., & Yi, M. H. The effect of the Internet on economic growth: Evidence from cross – country panel data. *Economics Letters*, 2009,

105（1）：39－41.

105. Choi，D.，Gao，Z.，& Jiang，W. Attention to global warming. *The Review of Financial Studies*，2020，33（3）：1112－1145.

106. Choi，N.，& Sias，R. W. Institutional industry herding. *Journal of Financial Economics*，2009，94（3）：469－491.

107. Choi，N.，& Skiba，H. Institutional herding in international markets. *Journal of Banking & Finance*，2015，55：246－259.

108. Chung，K. H.，& Chuwonganant，C. Tick size and price efficiency：Further evidence from the Tick Size Pilot Program. *Financial Management*，2023，52（3）：483－511.

109. Cong，L. W.，Gao，H.，Ponticelli，J.，& Yang，X. Credit allocation under economic stimulus：Evidence from China. *The Review of Financial Studies*，2019，32（9）：3412－3460.

110. Cook，D. O.，Tang，T. Macroeconomic conditions and capital structure speed adjustment. *Journal of Corporate Finance*，2010，16：73－87.

111. Covington，H.，& Thamotheram，R. The case for forceful stewardship（Part 1）：The financial risk from global warming. Social Science Electronic Publishing，2015.

112. Cumming，D.，& Dai，N. Local bias in venture capital investments. *Journal of Empirical Finance*，2010，17（3）：362－380.

113. Curcio，D.，Gianfrancesco，I.，& Vioto，D. Climate change and financial systemic risk：Evidence from US banks and insurers. *Journal of Financial Stability*，2023，66：101132.

114. Currie，J.，Davis，L.，Greenstone，M.，& Walker，R. Environmental health risks and housing values：evidence from 1，600 toxic plant openings and closings. *American Economic Review*，2015，105（2）：678－709.

115. Dai，N.，Jo，H.，& Kassicieh，S. Cross－border venture capital investments in Asia：Selection and exit performance. *Journal of Business Venturing*，2012，27（6）：666－684.

116. Dai，L.，Parwada，J. T.，Zhang，B. The governance effect of the media's news dissemination role：Evidence from in sidertrading. *Journal of Accounting Research*，2015，53（2）：331－366.

117. Dang, T. L., Moshirian, F., Zhang, B. Commonality in news around the world. *Journal of Financial Economics*, 2015, 116 (1): 82 - 110.

118. Darwin, C., Gao, Z., Jiang, W. Attention to global warming. *Review of Financial Studies*, 2020, 3: 3.

119. DeAngelo, H., DeAngelo, L., & Stulz, R. M. Dividend policy and the earned/contributed capital mix: A test of the lifecycle theory. *Journal of Financial Economics*, 2006, 81: 227 - 254.

120. Dechow, P. Detecting Earnings Management. *Harvard Business School*. 1995, 70 (2): 193 - 225.

121. Dell, M., Jones, B. F., & Olken, B. A. Temperature and income: reconciling new cross - sectional and panel estimates. *American Economic Review*, 2009, 99 (2): 198 - 204.

122. Dell, M., Jones, B. F., & Olken, B. A. Temperature shocks and economic growth: Evidence from the last half century. *American Economic Journal: Macroeconomics*, 2012, 4 (3): 66 - 95.

123. Demirer, R., & Kutan, A. M. Does herding behavior exist in Chinese stock markets? . *Journal of International Financial Markets, Institutions and Money*, 2006, 16 (2): 123 - 142.

124. Deng, L., Jiang, P., Li, S., & Liao, M. Government intervention and firm investment. *Journal of Corporate Finance*, 2020, 63: 101231.

125. Deng, X., Hung, S., & Qiao, Z. Mutual fund herding and stock price crashes. *Journal of Banking & Finance*, 2018, 94: 166 - 184.

126. Denis, D. J., & Osobov, I. Why do firms pay dividends? International evidence on the determinants of dividend policy. *Journal of Financial Economics*, 2008, 89: 62 - 82.

127. Deschenes, O. Temperature, human health, and adaptation: A review of the empirical literature. *Energy Economics*, 2014, 46: 606 - 619.

128. Dimson, E. Risk measurement when shares are subject to infrequent trading. *Journal of Financial Economics*, 1979, 7 (2): 197 - 226.

129. Dinkelman, T. The effects of rural electrification on employment: New evidence from South Africa. *American Economic Review*, 2011, 101 (7): 3078 - 3108.

130. Djankov, S. , La Porta, R. , Lopez – de – Silanes, F, & Shleifer, A. The law and economics of self – dealing. *Journal of Financial Economics*, 2008, 88430 – 465.

131. Djankov, S. , McLiesh, C. , Nenova, T. , Shleifer, A. Who owns the media? *Journal of Law and Economics*, 2003, 46 (2): 341 – 382.

132. Dong, X. , Zheng, S. , & Kahn, M. E. The role of transportation speed in facilitating high skilled teamwork across cities. *Journal of Urban Economics*, 2020, 115: 103212.

133. Drobetz, W. , Schilling, D. C. , Schroder, H. , Heterogeneity in the speed of capital structure adjustment across countries and over the business cycle. *European Financial Management*, 2015, 21: 936 – 973.

134. Du, X. , Jian, W. , Zeng, Q. , & Chang, Y. Do auditors applaud corporate environmental performance? Evidence from China. *Journal of Business Ethics*, 2018, 151: 1049 – 1080.

135. Duan, L. , Sun, W. , & Zheng, S. Transportation network and venture capital mobility: An analysis of air travel and high – speed rail in China. *Journal of Transport Geography*, 2020, 88: 102852.

136. Duan, T. , Li, F. W. , Climate change concerns and mortgage lending. *Available at SSRN*, 2021, 3449696.

137. Dyck, A. , Volchkova, N. , Zingales, L. The corporate governance role of the media: evidence from Russia. *Journal of Finance*, 2008, 63 (3): 1093 – 1135.

138. Edwards, A. , Schwab, C. , & Shevlin, T. Financial constraints and cash tax savings. *The Accounting Review*, 2016, 91 (3): 859 – 881.

139. Edwards, V. A review of the Court of Justice's case law in relation to waste and environmental impact assessment: 1992 – 2011. *Journal of Environmental Law*, 2013, 25 (3): 515 – 530.

140. El Ghoul, S. , Guedhami, O. , & Kim, Y. Country – level institutions, firm value, and the role of corporate social responsibility initiatives. *Journal of International Business Studies*, 2017, 48 (3): 360 – 385.

141. Elfring, T. , & Hulsink, W. Networks in entrepreneurship: The case of high – technology firms. *Small Business Economics*, 2003, 21: 409 – 422.

142. Faccio, M., Masulis, R. W., & McConnell, J. J. Political connections and corporate bailouts. *The Journal of Finance*, 2006, 61: 2597 – 2635.

143. Falkenstein, E. G. Preferences for stock characteristics as revealed by mutual fund portfolio holdings. *The Journal of Finance*, 1996, 51 (1): 111 – 135.

144. Fama, E. F., & French, K. R. Disappearing dividends: Changing firm characteristics or lower propensity to pay? *Journal of Financial Economics*, 2001, 60: 3 – 43.

145. Fama, E. F., French, K. R. Testing trade – off and pecking order predictions about dividends and debt. *Review of Financial Studies*, 2002, 15: 1 – 33.

146. Fan, H., Peng, Y., Wang, H., & Xu, Z. Greening through finance?. *Journal of Development Economics*, 2021, 152: 102683.

147. Fang, L. H., Lerner, J., & Wu, C. Intellectual property rights protection, ownership, and innovation: Evidence from China. *The Review of Financial Studies*, 2017, 30 (7): 2446 – 2477.

148. Fang, V. W., Maffett, M., Zhang, B. Foreign institutional ownership and the global convergence of financial reporting practices. *Journal of Accounting Research*, 2015, 53: 593 – 631.

149. Fard, A., Javadi, S., & Kim, I. Environmental regulation and the cost of bank loans: International evidence. *Journal of Financial Stability*, 2020, 51: 100797.

150. Faulkender, M., Flannery, M. J., Hankins, K. W., Smith, J. M. Cash flows and leverage adjustments. *Journal of Financial Economics*, 2012, 103: 632 – 646.

151. Fauver, L., Loureiro, G., & Taboada, A. G. The impact of regulation on information quality and performance around seasoned equity offerings: International evidence. *Journal of Corporate Finance*, 2017, 44: 73 – 98.

152. Ferreira, M. A., Matos, P. The colors of investors' money: the role of institutional investors around the world. *Journal of Financial Economics*, 2008, 88: 499 – 533.

153. Ferreira, M. A., Massa, M., & Matos, P. Shareholders at the

gate? Institutional investors and cross – border mergers and acquisitions. *The Review of Financial Studies*, 2010, 23 (2): 601 –644.

154. Firth, M., Fung, P. M., & Rui, O. M. Corporate performance and CEO compensation in China. *Journal of Corporate Finance*, 2006, 12 (4): 693 –714.

155. Fischer, E. O., Heinkel, R., Zechner, J. Dynamic capital structure choice: theory and tests. *Journal of Finance*, 1989, 44: 19 –40.

156. Flannery, M. J., Hankins, K. W., Estimating dynamic panel models in corporate finance. *Journal of Corporate Finance*, 2013, 19: 1 –19.

157. Flannery, M. J., Rangan, K. P. Partial adjustment toward target capital structures. *Journal of Financial Economics*, 2006, 79: 469 –506.

158. Floyd, E., Li, D., & Skinner, D. J. Payout policy through the financial crisis: The growth of repurchases and the resilience of dividends. *Journal of Financial Economics*, 2015, 118: 299 –316.

159. Fraiberger, S. P., Lee, D., Puy, D., Ranciere, R., Media sentiment and international asset prices. *Journal of International Economics*, 2021, 133: 103526.

160. Francis, B. B., Hasan, I., & Zhu, Y. Political uncertainty and bank loan contracting. *Journal of Empirical Finance*, 2014, 29: 281 –286.

161. Francis, J. R., & Wang, W. Common auditors and private bank loans. *Contemporary Accounting Research*, 2021, 38 (1): 793 –832.

162. Freund, C. L., & Weinhold, D. The effect of the Internet on international trade. *Journal of International Economics*, 2004, 62 (1): 171 –189.

163. Frey, S., Herbst, P., & Walter, A. Measuring mutual fund herding – a structural approach. *Journal of International Financial Markets, Institutions and Money*, 2014, 32: 219 –239.

164. Froot, K. A., Scharfstein, D. S., & Stein, J. C. Herd on the street: Informational inefficiencies in a market with short – term speculation. *The Journal of Finance*, 1992, 47 (4): 1461 –1484.

165. Froot, K. A., Perold, A. F., Stein, J. C., Shareholder trading practices and corporate investment horizons. *Journal of Applied Corporate Finance*, 1992, 5: 42 –58.

166. Fuss, S. Substantial risk for financial assets. *Nature Climate Change*, 2016, 6 (7): 659 – 660.

167. Galariotis, E. C., Rong, W., & Spyrou, S. I. Herding on fundamental information: A comparative study. *Journal of Banking & Finance*, 2015, 50: 589 – 598.

168. Gallemore, J., Maydew, E. L., & Thornock, J. R. The reputational costs of tax avoidance. *Contemporary Accounting Research*, 2014, 31 (4): 1103 – 1133.

169. Gao, H., Qu, Y., & Shen, T. Geographic proximity and price efficiency: Evidence from high – speed railway connections between firms and financial centers. *Financial Management*, 2022, 51 (1): 117 – 141.

170. Gao, H., Wang, J., Wang, Y., Wu, C., Dong, X., Media coverage and the cost of debt. *Journal of Financial and Quantitative Analysis*, 2020a, 55 (2): 429 – 471.

171. Gao, L., & Kling, G. Corporate governance and tunneling: Empirical evidence from China. *Pacific – Basin Finance Journal*, 2008, 16 (5): 591 – 605.

172. Garcia – Appendini, E. Lending to small businesses: The value of soft information. Available at SSRN, 2011, 1750056.

173. Geng, C., Li, D., Sun, J., & Yuan, C. Functional distance and bank loan pricing: Evidence from the opening of high – speed railway in China. *Journal of Banking & Finance*, 2023, 149: 106810.

174. Gillan, S. L., Starks, L. T. Corporate governance, corporate ownership, and the role of institutional investors: a global perspective. *Journal of Applied Finance*, 2003, 13: 4 – 22.

175. Goldstein, R., Ju, N., Leland, H. An EBIT – based model of dynamic capital structure for corporate control. *Journal of Business*, 2001, 74: 483 – 512.

176. Gorton, G., Winton, A., Financial intermediation. In: Constantinides, G. M., Harris, M., Stulz, R. M. (Eds.), Handbook of the Economics of Finance. North Holland, Elsevier, 2003, pp. 431 – 552.

177. Graham, J. R., Li, S., & Qiu, J. Corporate misreporting and

bank loan contracting. *Journal of Financial Economics*, 2008, 89 (1): 44 - 61.

178. Graham, J. R., Harvey, C. R., Rajgopal, S., The economic implications of corporate financial reporting. *Journal of Accounting and Economics*, 2005, 40 (1): 3 -73.

179. Greenstone, M., He, G., Li, S., & Zou, E. Y. China's war on pollution: Evidence from the first 5 years. *Review of Environmental Economics and Policy*, 2021, 15 (2): 281 -299.

180. Griffin, J. M., Hirschey, N. H., Kelly, P. J. How important is the financial media in global markets? *Review of Financial Studies*, 2011, 24 (12): 3941 -3992.

181. Grinblatt, M., & Han, B. Prospect theory, mental accounting, and momentum. *Journal of Financial Economics*, 2005, 78 (2): 311 -339.

182. Grullon, G., & Michaely, R. Dividends, share repurchases, and the substitution hypothesis. *The Journal of Finance*, 2002, 57: 1649 -1684.

183. Guedhami, O., Pittman, J. A., & Saffar, W. Auditor choice in privatized firms: Empirical evidence on the role of state and foreign owners. *Journal of Accounting and Economics*, 2009, 48 (2 -3): 151 -171.

184. Gul, F. A., Kim, J. B., & Qiu, A. A. Ownership concentration, foreign shareholding, audit quality, and stock price synchronicity: Evidence from China. *Journal of Financial Economics*, 2010, 95 (3): 425 -442.

185. Gulen, H., & lon, M. Policy uncertainty and corporate investment. *Review of Financial Studies*, 2016, 29 (3): 523 -564.

186. Gurun, U. G., Butler, A. W., Don't believe the hype: local media slant, local advertising, and firm value. *Journal of Finance*, 2012, 67 (2): 561 -598.

187. Hadlock, C. J., & Pierce, J. R. New evidence on measuring financial constraints: Moving beyond the KZ index. *Review of Financial Studies*, 2010, 23 (5): 1909 -1940.

188. Hail, L., Leuz, C. International differences in the cost of equity capital: Do legal institutions and securities regulation matter? *Journal of Accounting Research*, 2006, 44 (3): 485 -531.

189. Hain, D., Johan, S., & Wang, D. Determinants of cross – border venture capital investments in emerging and developed economies: The effects of relational and institutional trust. *Journal of Business Ethics*, 2016, 138: 743 – 764.

190. Hamm, S. J., Li, E. X., & Ng, J. Management earnings guidance and crash risk. Working Paper, 2012.

191. Han, B., Kong, D., & Liu, S. Do analysts gain an informational advantage by visiting listed companies?. *Contemporary Accounting Research*, 2018, 35 (4): 1843 – 1867.

192. Harford, J., Klasa, S., Walcott, N. Do firms have leverage targets? Evidence from acquisitions. *Journal of Financial Economics*, 2009, 93: 1 – 14.

193. Hasan, I., Hoi, C. K., Wu, Q., & Zhang, H. Social capital and debt contracting: Evidence from bank loans and public bonds. *Journal of Financial and Quantitative Analysis*, 2017, 52 (3): 1017 – 1047.

194. Hasegawa, T., Fujimori, S., Takahashi, K., Yokohata, T., & Masui, T. Economic implications of climate change impacts on human health through undernourishment. *Climatic Change*, 2016, 136 (2): 189 – 202.

195. Haselmann, R., Pistor, K., & Vig, V. How law affects lending. *Review of Financial Studies*, 2010, 23: 549 – 580.

196. He, G., Wang, S., & Zhang, B. Watering down environmental regulation in China. *The Quarterly Journal of Economics*, 2020, 135 (4): 2135 – 2185.

197. Hh, A., Fwl, B., Jx, C., Climate risks and market efficiency. *Journal of Economics*, 2019, 208 (1): 265 – 281.

198. Hirshleifer, D., Subrahmanyam, A., & Titman, S. Security analysis and trading patterns when some investors receive information before others. *The Journal of Finance*, 1994, 49 (5): 1665 – 1698.

199. Hoberg, G., & Prabhala, N. R. Disappearing dividends, catering, and risk. *Review of Financial Studies*, 2009, 22: 79 – 116.

200. Houston, J. F., Jiang, L., Lin, C., & Ma, Y. Political connections and the cost of bank loans. *Journal of Accounting Research*, 2014, 52

(1): 193 -243.

201. Houston, J. F. , Lin, C. , Ma, Y. , Media ownership, concentration and corruption in bank lending. *Journal of Financial Economics*, 2011, 100 (2): 326 -350.

202. Hovakimian, A. , Li, G. , In search of conclusive evidence: how to test for adjustment to target capital structure. Journal of Financial and Quantitative Analysis, 2011, 17: 33 -44.

203. Hovakimian, A. , Opler, T. , Titman, S. , The debt - equity choice. *Journal of Financial and Quantitative Analysis*, 2001, 36: 1 -24.

204. Howell, S. T. , Financing innovation: Evidence from R&D grants. *American Economic Review*, 2017, 107 (4): 1136 -1164.

205. Hsu, P. H. , Li, K. , & Tsou, C. Y. The pollution premium. *The Journal of Finance*, 2023, 78 (3): 1343 -1392.

206. Huang, H. H. , Kerstein, J. , & Wang, C. The impact of climate risk on firm performance and financing choices: An international comparison. *Journal of International Business Studies*, 2018, 49: 633 -656.

207. Huang, Q. , Yuan, T. Does political corruption impede firm innovation? Evidence from the United States. *Journal of Financial and Quantitative Analysis*, 2021, 56 (1): 213 -248.

208. Huang, R. , Ritter, J. Testing theories of capital structure and estimating the speed of adjustment. *Journal of Financial and Quantitative Analysis*, 2009, 44: 237 -271.

209. Huang, X. , & Song, X. Internet use and export upgrading: Firm - level evidence from China. *Review of International Economics*, 2019, 27 (4): 1126 -1147.

210. Huang, Y. , Lu, S. , Yang, X. , & Zhao, Z. Exploring railway network dynamics in China from 2008 to 2017. *ISPRS International Journal of Geo - Information*, 2018, 7 (8): 320.

211. Huang, Y. , Pagano, M. , & Panizza, U. Local crowding - out in China. *The Journal of Finance*, 2020, 75 (6): 2855 -2898.

212. Humphery - Jenner, M. , & Suchard, J. A. Foreign VCs and venture success: Evidence from China. *Journal of Corporate Finance*, 2013, 21:

16 – 35.

213. Hutton, A. P., Marcus, A. J., & Tehranian, H. Opaque financial reports, R2, and crash risk. *Journal of Financial Economics*, 2009, 94 (1): 67 – 86.

214. Ilhan, E., Krueger, P., Sautner, Z., & Starks, L. T. Climate risk disclosure and institutional investors. *The Review of Financial Studies*, 2023, 36 (7): 2617 – 2650.

215. IMF, Coordinated Portfolio Investment Survey. The International Monetary Fund, Washington. Access via. https://data.imf.org/? sk = B981B4E3 – 4E58 – 467E – 9B90 – 9DE0C3367363, 2019.

216. Jääskeläinen, M., & Maula, M. Do networks of financial intermediaries help reduce local bias? Evidence from cross – border venture capital exits. *Journal of Business Venturing*, 2014, 29 (5): 704 – 721.

217. Jacobs, B. W., Singhal, V. R., & Subramanian, R. An empirical investigation of environmental performance and the market value of the firm. *Journal of Operations Management*, 2010, 28 (5): 430 – 441.

218. Jagannathan, M., Stephens, C. P., & Weisbach, M. S. Financial flexibility and the choice between dividends and stock repurchases. *Journal of Financial Economics*, 2000, 57: 355 – 384.

219. Javadi, S., & Masum, A. A. The impact of climate change on the cost of bank loans. *Journal of Corporate Finance*, 2021, 69: 102019.

220. Javadi, S., Masum, A. A., Aram, M., & Rao, R. P. Climate change and corporate cash holdings: Global evidence. *Financial Management*, 2023, 52 (2): 253 – 295.

221. Jensen, M., & Meckling, W. Theory of the firm: Managerial behavior, agency costs, and ownership structure. *Journal of Financial Economics*, 1976, 48: 831 – 880.

222. Jensen, M. C. Agency costs of free cash flow, corporate finance, and takeovers. *American Economic Review*, 1986, 76: 323 – 329.

223. Jian, M., & Wong, T. J. Propping through related party transactions. *Review of Accounting Studies*, 2010, 15: 70 – 105.

224. Jiang, H., & Verardo, M. Does herding behavior reveal skill? An

analysis of mutual fund performance. *The Journal of Finance*, 2018, 73 (5): 2229 – 2269.

225. Jiang, X., & Yuan, Q. Institutional investors' corporate site visits and corporate innovation. *Journal of Corporate Finance*, 2018, 48: 148 – 168.

226. Jiao, Y., & Ye, P. Mutual fund herding in response to hedge fund herding and the impacts on stock prices. *Journal of Banking & Finance*, 2014, 49: 131 – 148.

227. Jin, L., & Myers, S. C. R2 around the world: New theory and new tests. *Journal of Financial Economics*, 2006, 79 (2): 257 – 292.

228. Jin, S., Wang, W., & Zhang, Z. The real effects of implicit government guarantee: evidence from Chinese state – owned enterprise defaults. *Management Science*, 2023, 69 (6): 3650 – 3674.

229. Jin, Z., Yang, Y., & Zhang, L. Geographic proximity and cross – region merger and acquisitions: Evidence from the opening of high – speed rail in China. *Pacific – Basin Finance Journal*, 2021, 68: 101592.

230. Joe, J. R., Louis, H., Robinson, D., Managers' and investors' responses to media exposure of board ineffectiveness. *Journal of Financial and Quantitative Analysis*, 2009, 44 (3): 579 – 605.

231. Johnson, S., Boone, P., Breach, A., & Friedman, E. Corporate governance in the Asian financial crisis. *Journal of Financial Economics*, 2000, 58 (1 – 2): 141 – 186.

232. Julio, B., & Yook, Y. Political uncertainty and corporate investment cycles. *The Journal of Finance*, 2012, 67 (1): 45 – 83.

233. Kacperczyk, M., Marcin, H., The price of sin: the effects of social norms on markets. *Journal of Financial Economics*, 2009, 93 (1): 15 – 36.

234. Kacperczyk, M., Sundaresan, S., Wang, T., Do foreign institutional investors improve price efficiency? *Journal of Financial Economics*, 2021, 34: 1317 – 1367.

235. Kafouros, M. I. The impact of the Internet on R&D efficiency: theory and evidence. *Technovation*, 2006, 26 (7): 827 – 835.

236. Kamstra, M. j., Kramer, L. A., & Levi, M. D. Winter blues: A sad stock market cycle. *American Economic Review*, 2003, 93 (1): 324 – 34.

237. Kanagaretnam, K., Lee, J., Lim, C. Y., & Lobo, G. J. Societal trust and corporate tax avoidance. *Review of Accounting Studies*, 2018b, 23 (4): 1588 – 1628.

238. Kang, J. K., Stulz, R. M. Why is there a home bias? An analysis of foreign portfolio equity ownership in Japan. *Journal of Economics*, 1997, 46: 3 – 28.

239. Kaplan, S. N., & Zingales, L. Do investment – cash flow sensitivities provide useful measures of financing constraints? *Quarterly Journal of Economics*, 1997, 112: 169 – 215.

240. Kaufmann, D. (2004). Corruption, governance and security: Challenges for the rich countries and the world. MPRA Paper 2004/10.

241. Kaufmann, D., Kraay, A., & Mastruzzi, M. *Governance matters VIII: Aggregate and individual governance indicators*, 1996 – 2008. Working paper no. 4978, World Bank Policy Research, 2009.

242. Khan, M., & Watts, R. L. Estimation and empirical properties of a firm – year measure of accounting conservatism. *Journal of Accounting and Economics*, 2009, 48 (2 – 3): 132 – 150.

243. Khwaja, A. L., & Mian, A. Do lenders favor politically connected firms? Rent provision in an emerging financial market. *The Quarterly Journal of Economics*, 2005, 120: 1371 – 1411.

244. Kim, J. B., & Zhang, L. Accounting conservatism and stock price crash risk: Firm – level evidence. *Contemporary Accounting Research*, 2016, 33 (1): 412 – 441.

245. Kim, J. B., Li, Y., & Zhang, L. CFOs versus CEOs: Equity incentives and crashes. *Journal of Financial Economics*, 2011, 101 (3): 713 – 730.

246. Kim, J. B., Li, Y., & Zhang, L. Corporate tax avoidance and stock price crash risk: Firm – level analysis. *Journal of Financial Economics*, 2011, 100 (3): 639 – 662.

247. Kim, J. B., Zhang, H., Li, L., & Tian, G. Press freedom, externally – generated transparency, and stock price informativeness: International evidence. *Journal of Banking and Finance*, 2014, 46: 299 – 310.

248. Kim, J., Pevzner, M., Xin, X. Foreign institutional ownership and auditor choice: evidence from worldwide institutional ownership. *Journal of International Business Studies*, 2019, 50: 83 - 110.

249. Kim, J. B., Li, L., Zhang, H., Analyst forecast accuracy and media independence. *Financial Management*, 2017, 46 (4): 1023 - 1051.

250. Kimbrough, M. D. The effect of conference calls on analyst and market underreaction to earnings announcements. *The Accounting Review*, 2005, 80 (1): 189 - 219.

251. Kimbrough, M. D., & Louis, H. Voluntary disclosure to influence investor reactions to merger announcements: An examination of conference calls. *The Accounting Review*, 2011, 86 (2): 637 - 667.

252. Kirchberger, M. Natural disasters and labor markets. *Journal of Development Economics*, 2017, 125: 40 - 58.

253. Koch, A. Herd behavior and mutual fund performance. *Management Science*, 2017, 63 (11): 3849 - 3873.

254. Koch, A. S., Lefanowicz, C. E., & Robinson, J. R. Regulation FD: A review and synthesis of the academic literature. *Accounting Horizons*, 2013, 27 (3): 619 - 646.

255. Kohring, M., Matthes, J., Trust in news media: Development and validation of a multidimensional scale. *Communication Research*, 2007, 34 (2): 231 - 252.

256. Kong, D., Liu, L., & Liu, S. Market information traveling on high - speed rails: The case of analyst forecasts. *Pacific - Basin Finance Journal*, 2020, 61: 101320.

257. KORNAI*, J. Á. N. O. S. The soft budget constraint. *Kyklos*, 1986, 39 (1): 3 - 30.

258. Kothari, S. P., Shu, S., Wysocki, P. D., Do managers withhold bad news? *Journal of Accounting Research*, 2009, 47 (1): 241 - 276.

259. Kremer, S., & Nautz, D. Causes and consequences of short - term institutional herding. *Journal of Banking & Finance*, 2013, 37 (5): 1676 - 1686.

260. Krueger, P., Sautner, Z., & Starks, L. T. The importance of cli-

mate risks for institutional investors. *The Review of Financial Studies*, 2020, 33 (3): 1067 - 1111.

261. Krüger, P. Corporate goodness and shareholder wealth. *Journal of Financial Economics*, 2015, 115 (2): 304 - 329.

262. Kuang, C., Liu, Z., & Zhu, W. Need for speed: High - speed rail and firm performance. *Journal of Corporate Finance*, 2021, 66: 101830.

263. Kubick, T. R., Lockhart, G. B., & Mauer, D. C. Judge ideology and debt contracting. *Journal of Banking & Finance*, 2023, 152: 106859.

264. La Porta, R., Lopez - de - Silanes, F., & Shleifer, A. Corporate ownership around the world. *The Journal of Finance*, 1999, 54 (2): 471 - 517.

265. La Porta, R., Lopez - de - Silanes, F., & Shleifer, A. What works in securities laws? *The Journal of Finance*, 2006, 61: 1 - 32.

266. La Porta, R., Lopez - de - Silanes, F., Shleifer, A., & Vishny, R. Law and finance. *Journal of Political Economy*, 1998, 106: 1113 - 1155.

267. La Porta, R., Lopez - de - Silanes, F., Shleifer, A., & Vishny, R. W. Agency problems and dividend policies around the world. *The Journal of Finance*, 2000, 55: 1 - 33.

268. La Porta, R., Lopez - De - Silanes, F., Shleifer, A., Government ownership of banks. *Journal of Finance*, 2002, 57 (1): 265 - 301.

269. Lakonishok, J., Shleifer, A., & Vishny, R. W. The impact of institutional trading on stock prices. *Journal of Financial Economics*, 1992, 32 (1): 23 - 43.

270. Larcker, D. F., & Rusticus, T. O. On the use of instrumental variables in accounting research. *Journal of Accounting and Economics*, 2010, 49 (3): 186 - 205.

271. Law, K. K., & Mils, L. F. Taxes and financial constraints: Evidence from linguistic cues. *Journal of Accounting Research*, 2015, 53 (4): 777 - 819.

272. Leary, M. T., Roberts, M. R. Do firms rebalance their capital structures? *Journal of Finance*, 2005, 60: 2575 - 2619.

273. Lee, C. M., & Zhong, Q. Shall we talk? The role of interactive in-

vestor platforms in corporate communication. *Journal of Accounting and Economics*, 2022, 74 (2-3): 101524.

274. Lel, U. The role of foreign institutional investors in restraining earnings management activities across countries. *Journal of International Business Studies*, 2019, 50: 895-922.

275. Leuz, C., Nanda, D., & Wysocki, P. D. Earnings management and investor protection: an international comparison. *Journal of Financial Economics*, 2003, 69: 505-527.

276. Leuz, C., Verrecchia, R. E., The economic consequences of increased disclosure. *Journal of Accounting Research*, 2000, 38: 91-124.

277. Levine, R. Chapter 12 Finance and growth: Theory and evidence. *Handbook of Economic Growth*, 2005, 1: 865-934.

278. Levine, R., Lin, C., Peng, Q., & Xie, W. Communication within banking organizations and small business lending. *The Review of Financial Studies*, 2020, 33 (12): 5750-5783.

279. Lewbel, A. Using heteroscedasticity to identify and estimate mismeasured and endogenous regressor models. *Journal of Business & Economic Statistics*, 2012, 30 (1): 67-80.

280. Li, H., & Zhou, L. A. Political turnover and economic performance: the incentive role of personnel control in China. *Journal of Public Economics*, 2005, 89 (9-10): 1743-1762.

281. Li, J. J., Massa, M., Zhang, H., & Zhang, J. Air pollution, behavioral bias, and the disposition effect in China. *Journal of Financial Economics*, 2021, 142 (2): 641-673.

282. Li, K., Yue, H., Zhao, L. Ownership, institutions, and capital structure: evidence from China. *Journal of Comparative Economics*, 2009, 37: 471-490.

283. Li, W., Rhee, G., & Wang, S. S. Differences in herding: Individual vs. institutional investors. *Pacific-Basin Finance Journal*, 2017, 45: 174-185.

284. Li, X. Economic policy uncertainty and corporate cash policy: International evidence. *Journal of Accounting and Public Policy*, 2019, 38 (6):

106694.

285. Li, Y., Vertinsky, I. B., & Li, J. National distances, international experience, and venture capital investment performance. *Journal of Business Venturing*, 2014, 29 (4): 471 –489.

286. Li, Y., Wang, P., & Zhang, W. Individual investors matter: The effect of investor – firm interactions on corporate earnings management. *Journal of Corporate Finance*, 2023, 83: 102492.

287. Liang, Q., Li, D., & Gao, W. Ultimate ownership, crash risk, and split share structure reform in China. *Journal of Banking & Finance*, 2020, 113: 105751.

288. Liao, L., Mukherjee, T., Wang, W. Corporate governance and capital structure dynamics: An empirical study. *Journal of Financial Research*, 2015, 38: 169 –192.

289. Liberti, J. M., & Mian, A. R. Estimating the effect of hierarchies on information use. *The Review of Financial Studies*, 2009, 22 (10): 4057 – 4090.

290. Liberti, J. M., & Petersen, M. A. Information: Hard and soft. *Review of Corporate Finance Studies*, 2019, 8 (1): 1 –41.

291. Lin, C. Y., Tsai, W. C., & Hasan, I. Private benefits of control and bank loan contracts. *Journal of Corporate Finance*, 2018, 49: 324 –343.

292. Lin, J. Y., Cai, F., & Li, Z. The China miracle: Development strategy and economic reform. *Asia Pacific Development Journal*, 1997, 4 (1): 165 –169.

293. Lin, Z. J., & Liu, M. The impact of corporate governance on auditor choice: Evidence from China. *Journal of International Accounting, Auditing and Taxation*, 2009, 18 (1): 44 –59.

294. Lins, K. V., Servaes, H., & Tamayo, A. Social capital, trust, and firm performance: The value of corporate social responsibility during the financial crisis. *The Journal of Finance*, 2017, 72 (4): 1785 –1824.

295. Lintner, J. Distribution of incomes of corporations among dividends, retained earnings, and taxes. *American Economic Review*, 1956, 46: 97 –113.

296. Litan, R. E., & Rivlin, A. M. Projecting the economic impact of

the Internet. *American Economic Review*, 2001, 91 (2): 313 -317.

297. Litterman, B. , et al. , Managing Climate Risk in the U. S. Financial System, 2020.

298. Liu, C. , & Wang, L. Does national broadband plan narrow regional digital divide? Evidence from China. *Chinese Journal of Communication*, 2019, 12 (4): 449 -466.

299. Liu, H. , et al. Temperature and trading behaviours. *International Review of Finance*, 2021, 78: 101890.

300. Liu, M. , Tan, R. , & Zhang, B. The costs of "blue sky": Environmental regulation, technology upgrading, and labor demand in China. *Journal of Development Economics*, 2021, 150: 102610.

301. Liu, Q. , & Lu, Z. J. Corporate governance and earnings management in the Chinese listed companies: A tunneling perspective. *Journal of Corporate Finance*, 2007, 13 (5): 881 -906.

302. Liu, S. , Dai, Y. , & Kong, D. Does it pay to communicate with firms? Evidence from firm site visits of mutual funds. *Journal of Business Finance & Accounting*, 2017, 44 (5 -6): 611 -645.

303. Liu, S. , Weng, R. , & Yang, D. Natural disaster, fiscal pressure and tax avoidance: A typhoon - based study. *China Journal of Accounting Studies*, 2017, 5 (4): 468 -509.

304. Liu, Z. , Shen, H. , Welker, M. , Zhang, N. , & Zhao, Y. Gone with the wind: An externality of earnings pressure. *Journal of Accounting and Economics*, 2021, 72 (1): 101403.

305. Lockhart, P. R. , Gupta, B. , Credit lines and leverage adjustments. *Journal of Corporate Finance*, 2014, 25: 274 -288.

306. Luong, L. H. , Moshirian, F. , Nguyen, L. H. G. , Tian, X. , Zhang, B. , How do foreign institutional investors enhance firm innovation? *Journal of Financial and Quantitative Analysis*, 2017, 52: 1449 - 1490.

307. Ma, Z. , Novoselov, K. E. , Stice, D. , & Zhang, Y. Firm innovation and covenant tightness. *Review of Accounting Studies*, 2024, 29 (1): 151 - 193.

308. Mafrolla, E. , & D'Amico, E. Borrowing capacity and earnings man-

agement: An analysis of private loans in private firms. *Journal of Accounting and Public Policy*, 2017, 36 (4): 284 – 301.

309. Matsumoto, D., Pronk, M., & Roelofsen, E. What makes conference calls useful? The information content of managers' presentations and analysts' discussion sessions. *The Accounting Review*, 2011, 86 (4): 1383 – 1414.

310. Mavruk, T., Cross – regional differences in news tone and local stock ownership. *Management Science*, 2021, 67 (5): 3276 – 3298.

311. Miller, G. S. The press as a watchdog for accounting fraud. *Journal of Accounting Research*, 2006, 44 (5): 1001 – 1033.

312. Modigliani, F., & Miller, M. H. The cost of capital, corporation finance and the theory of investment. *The American Economic Review*, 1958, 48 (3): 261 – 297.

313. Morck, R., Yeung, B., & Yu, W. The information content of stock markets: Why do emerging markets have synchronous stock price movements? *Journal of Financial Economics*, 2000, 58: 215 – 260.

314. Morellec, E., Nikolov, B., Schürhoff, N., Corporate governance and capital structure dynamics. *Journal of Finance*, 2012, 67: 803 – 848.

315. Myers, S. C., & Majluf, N. S. Corporate financing and investment decisions when firms have information that investors do not have. *Journal of financial economics*, 1984, 13 (2): 187 – 221.

316. Myers, S. C. The capital structure puzzle. *Journal of Finance*, 1984, 39: 575 – 592.

317. Myers, S. C., Majluf, N. S. Corporate financing and investment decisions when firms have information that investors do not have. *Journal of Financial Economics*, 1984, 13: 187 – 221.

318. Nguyen, N. H., & Phan, H. V. Policy uncertainty and mergers and acquisitions. *Journal of Financial and Quantitative Analysis*, 2017, 52 (2): 613 – 644.

319. Obaydin, I., Zurbruegg, R., Hossain, M. N., Adhikari, B. K., Elnahas, A., Shareholder litigation rights and stock price crash risk. *Journal of Corporate Finance*, 2021, 66: 101826.

320. Ozmel, U. , Robinson, D. T. , & Stuart, T. E. Strategic alliances, venture capital, and exit decisions in early stage high – tech firms. *Journal of Financial Economics*, 2013, 107 (3): 655 –670.

321. Öztekin, Ö. , Flannery, M. J. Institutional determinants of capital structure adjustments speed. *Journal of Financial Economics*, 2012, 103: 88 – 112.

322. Pagan, A. Econometric issues in the analysis of regressions with generated regressors. *International Economic Review*, 1984, 25: 221 –247.

323. Painter, M. An inconvenient cost: The effects of climate change on municipal bonds. *Journal of Financial Economics*, 2020, 135 (2): 468 – 482.

324. Pan, Y. , Shroff, N. , & Zhang, P. The dark side of audit market competition. *Journal of Accounting and Economics*, 2023, 75 (1): 101520.

325. Pankratz, N. , Bauer, R. , & Derwall, J. Climate change, firm performance, and investor surprises. *Management Science*, 2023, 69 (12): 7352 –7398.

326. Pankratz, N. , Bauer, R. , & Derwall, J. Climate change, performance, and investor surprises. University of California, Angeles, 2019.

327. Pástor, L', & Veronesi, P. Political uncertainty and risk premia. *Journal of Financial Economics*, 2013, 110 (3): 520 –545.

328. Peress, J. , The media and the diffusion of information in financial markets: Evidence from newspaper strikes. *Journal of Finance*, 2014, 69 (5): 2007 –2043.

329. Petersen, M. A. , & Rajan, R. G. The benefits of lending relationships: Evidence from small business data. *The Journal of Finance*, 1994, 49 (1): 3 –37.

330. Petersen, M. A. , & Rajan, R. G. Does distance still matter? The information revolution in small business lending. *The Journal of Finance*, 2002, 57 (6): 2533 –2570.

331. Pettenuzzo, D. , Sabbatucci, R. , & Timmermann, A. *Dividend suspensions and cash flow risk during the Covid – 19 pandemic.* Research paper no. 20 – 18, Swedish House of Finance, 2020.

332. Pevzner, M. , Xie, F. , & Xin, X. When firms talk, do investors listen? The role of trust in stockmarket reactions to corporate earnings announcements. *Journal of Financial Economics*, 2015, 117: 190 –223.

333. Phan, H. V, Nguyen, N. H. , Nguyen, H. T, & Hegde, s. Policy uncertainty and firm cash holdings. *Journal of Business Research*, 2019, 95: 71 –82.

334. Piotroski, J. D. , Wong, T. J. , & Zhang, T. Political incentives to suppress negative information: Evidence from Chinese listed firms. *Journal of Accounting Research*, 2015, 53 (2): 405 –459.

335. Qian, J. , Strahan, P. E. , & Yang, Z. The impact of incentives and communication costs on information production and use: Evidence from bank lending. *The Journal of Finance*, 2015, 70 (4): 1457 –1493.

336. Qian, J. , & Strahan, P. E. How laws and institutions shape financial contracts: The case of bank loans. *The Journal of Finance*, 2007, 62 (6): 2803 –2834.

337. Rajan, R. G. , Insiders and outsiders: the choice between informed and arm's –length debt. *Journal of Finance*, 1992, 47 (4): 1367 –1400.

338. Richardson, G. , Taylor, G. , & Lanis, R. The impact of financial distress on corporate tax avoidance spanning the global financial crisis: Evidence from Australia. *Economic Modelling*, 2015, 44: 44 –53.

339. Richardson, S. Over –investment of free cash flow. *Review of Accounting Studies*, 2006, 11: 159 –189.

340. Roberts, G. , Yuan, L. E. , Does institutional ownership affect the cost of bank borrowing? *Journal of Economics and Business*, 2010, 62 (6): 604 –626.

341. Roll, R. Presidential address: R2. *Journal of Finance*, 1988, 43 (2): 51 –566.

342. Sapienza, P. , The effects of government ownership on bank lending. *Journal of Financial Economics*, 2004, 72 (2): 357 –384.

343. Schneider, T. E. Is environmental performance a determinant of bond pricing? Evidence from the US pulp and paper and chemical industries. *Contemporary Accounting Research*, 2011, 28 (5): 1537 –1561.

344. Sharfman, M. P., & Fernando, C. S. Environmental risk management and the cost of capital. *Strategic Management Journal*, 2008, 29 (6): 569 - 592.

345. Shi, Y., Fan, L. Internal control, earnings management, and managers' perk consumption. *Research on Financial and Economic Issues*, 2017, 7: 88 - 94.

346. Shipman, J. E., Swanquist, Q. T., & Whited, R. L. Propensity score matching in accounting research. *The Accounting Review*, 2017, 92 (1): 213 - 244.

347. Shleifer, A., & Vishny, R. W. Politicians and firms. *Quarterly Journal of Economics*, 1994, 109: 995 - 1025.

348. Shleifer, A., & Vishny, R. W. A survey of corporate governance. *The Journal of Finance*, 1997, 52 (2): 737 - 783.

349. Sias, R. W. Institutional herding. *The Review of Financial Studies*, 2004, 17 (1): 165 - 206.

350. Singh, M., & Davidson III, W. N. Agency costs, ownership structure and corporate governance mechanisms. *Journal of Banking & Finance*, 2003, 27 (5): 793 - 816.

351. Sobel, M. E. Asymptotic confidence intervals for indirect effects in structural equation models. *Sociological Methodology*, 1982.

352. Solomon, D., & Soltes, E. What are we meeting for? The consequences of private meetings with investors. *The Journal of Law and Economics*, 2015, 58 (2): 325 - 355.

353. Sorenson, O., & Stuart, T. E. Syndication networks and the spatial distribution of venture capital investments. *American Journal of Sociology*, 2001, 106 (6): 1546 - 1588.

354. Stein, J. C. Information production and capital allocation: Decentralized versus hierarchical firms. *The Journal of Finance*, 2002, 57 (5): 1891 - 1921.

355. Stigler, G. J. The theory of economic regulation. *Bell Journal of Economics*, 1971, 2: 3 - 21.

356. Stiglitz, J. E., & Weiss, A. Credit rationing in markets with imper-

fect information. *The American Economic Review*, 1981, 71 (3): 393 -410.

357. Strebulaev, I. A. Do tests of capital structure theory mean what they say? *Journal of Finance*, 2007, 62: 1747 -1787.

358. Tan, L. , Chiang, T. C. , Mason, J. R. , & Nelling, E. Herding behavior in Chinese stock markets: An examination of A and B shares. *Pacific - Basin Finance Journal*, 2008, 16 (1 -2): 61 -77.

359. Tan, S. , Kan, S. , & Cui, X. Can investors' online communication with listed firms improve the information efficiency of the stock market. *Journal of Financial Research*, 2016, 3: 174 -188.

360. Tetlock, P. C. All the news that's fit to reprint: Do investors react to stale information?. *The Review of Financial Studies*, 2011, 24 (5): 1481 - 1512.

361. Tetlock, P. C. Giving content to investor sentiment: the role of media in the stock market. *Journal of Finance*, 2007, 62 (3): 1139 -1168.

362. Tian, X. , Xu, J. Do place - based policies promote local innovation and entrepreneurship? *Review of Finance*, 2022, 26 (3): 595 -635.

363. Tobin, J. A general equilibrium approach to monetary theory. *Journal of Money, Credit and Banking*, 1969, 1 (1): 15 -29.

364. Tobin, J. , & Brainard, W. C. Asset markets and the cost of capital, 1976.

365. Tsang, A. , Xie, F. , Xin, X. Foreign institutional investors and voluntary disclosure around the world. *Accounting Review*, 2019, 94: 319 -348.

366. Tucker, J. W. , & Zarowin, P. A. Does income smoothing improve earnings informativeness?. *The Accounting Review*, 2006, 81 (1): 251 -270.

367. Venezia, I. , Nashikkar, A. , & Shapira, Z. Firm specific and macro herding by professional and amateur investors and their effects on market volatility. *Journal of Banking & Finance*, 2011, 35 (7): 1599 -1609.

368. Wang, Q. , Wong, T. J. , & Xia, L. State ownership, the institutional environment, and auditor choice: Evidence from China. *Journal of Accounting and Economics*, 2008, 46 (1): 112 -134.

369. Warr, R. S. , Elliott, W. B. , Koeter - Kant, J. , Öztekin, Ö. Equity mispricing and leverage adjustments. *Journal of Financial and Quantitative*

Analysis, 2012, 47: 589 - 616.

370. Watts, R. L., & Zimmerman, J. L. Positive accounting theory: a ten year perspective. *Accounting Review*, 1990: 131 - 156.

371. Welch, I. Sequential sales, learning, and cascades. *The Journal of Finance*, 1992, 47 (2): 695 - 732.

372. Wermers, R. Mutual fund herding and the impact on stock prices. *The Journal of Finance*, 1999, 54 (2): 581 - 622.

373. Whited, T. M., & Wu, G. Financial constraints risk. *Review of Financial Studies*, 2006, 19 (2): 531 - 559.

374. Wu, Y., Lee, C. C., Lee, C. C., & Peng, D. Geographic proximity and corporate investment efficiency: evidence from high - speed rail construction in China. *Journal of Banking & Finance*, 2022, 140: 106510.

375. Xie, L., Chen, Z., Li, D., & Tan, H. Foreign analysts and managerial investment learning from stock markets. *Journal of Multinational Financial Management*, 2022, 64: 100733.

376. Xiong, F., Chapple, L., & Yin, H. The use of social media to detect corporate fraud: A case study approach. *Business Horizons*, 2018, 61 (4): 623 - 633.

377. Xu, J., Sun, C., & You, Y. Climate change exposure and stock return predictability. *Available at SSRN*, 2021, 3777060.

378. Xu, Q., Li, Q., Jiang, C., Wu, J., & Zhang, X. Social media, interaction information and stock market efficiency: evidence from the Shenzhen stock exchange easy interaction platform in China. *Asia - Pacific Journal of Accounting & Economics*, 2022, 29 (6): 1469 - 1496.

379. Xu, Z. Economic policy uncertainty, cost of capital, and corporate innovation. *Journal of Banking and Finance*, 2020, 111: 105698.

380. Xue, S., Zhang, B., & Zhao, X. Brain drain: The impact of air pollution on firm performance. *Journal of Environmental Economics and Management*, 2021, 110: 102546.

381. Yang, J., Lu, J., & Xiang, C. Company visits and stock price crash risk: Evidence from China. *Emerging Markets Review*, 2020a, 44: 100723.

382. Yang, J., Lu, J., & Xiang, C. Do disclosures of selective access

improve market information acquisition fairness? Evidence from company visits in China. *Journal of Corporate Finance*, 2020b, 64: 101631.

383. Yao, S., Zhang, F., Wang, F., & Ou, J. Regional economic growth and the role of high－speed rail in China. *Applied Economics*, 2019, 51 (32): 3465－3479.

384. Yin, Q. E., Ritter, J. R., The speed of adjustment to the target market value leverage is slower than you think. *Journal of Financial and Quantitative Analysis*, 2019, 1－32.

385. You, J., Zhang, B., Zhang, L. Who captures the power of the pen? *Review of Financial Studies*, 2018, 31 (1): 43－96.

386. Zeng, T. Country－level governance, accounting standards, and tax avoidance: Across－country study. *Asian Review of Accounting*, 2019, 27 (3): 401－424.

387. Zhang, X. Broadband and economic growth in China: An empirical study during the COVID－19 pandemic period. *Telematics and Informatics*, 2021, 58: 101533.

388. Zhang, X., Wu, W., Zhou, Z., & Yuan, L. Geographic proximity, information flows and corporate innovation: Evidence from the high－speed rail construction in China. *Pacific－Basin Finance Journal*, 2020, 61: 101342.

389. Zhi, D. A., Engelberg, J., Gao, P., In Search of Attention. *Journal of Finance*, 2011, 66 (5): 1461－1499.

390. Zhou, F., Wen, H., & Lee, C. C. Broadband infrastructure and export growth. *Telecommunications Policy*, 2022, 46 (5): 102347.

391. Zhou, J., Kim, J. B., & Yeung, I. Material weakness in internal control and stock price crash risk: Evidence from SOX Section 404 disclosure. Available at SSRN, 2013, 2208212.

392. 卞元超，白俊红．市场分割与中国企业的生存困境［J］．财贸经济，2021（1）：120－135.

393. 陈琳，高悦蓬，余林徽．人工智能如何改变企业对劳动力的需求？——来自招聘平台大数据的分析［J］．管理世界，2024（6）：74－93.

394. 程仲鸣，虞涛，潘晶晶，张烨．地方官员晋升激励、政绩考核制度和企业技术创新［J］. 南开管理评论，2020（6）：64－75.

395. 高睿，王营，曹廷求. 气候变化与宏观金融风险——来自全球58个代表性国家的证据［J］. 南开经济研究，2022（3）：3－20.

396. 郭家堂，骆品亮. 互联网对中国全要素生产率有促进作用吗?［J］. 管理世界，2016（10）：34－49.

397. 胡诗阳，尹亮，祝继高. 破产法庭设立、债权人保护与地方性商业银行风险［J］. 经济研究，2023（12）：95－112.

398. 黄群慧，余泳泽，张松林. 互联网发展与制造业生产率提升：内在机制与中国经验［J］. 中国工业经济，2019（8）：5－23.

399. 金智，徐慧，马永强. 儒家文化与公司风险承担［J］. 世界经济，2017（11）：170－192.

400. 金智，张立光，辛清泉. 高铁开通与公司IPO［J］. 会计研究，2021（4）：103－116.

401. 李兰冰，阎丽，黄玖立. 交通基础设施通达性与非中心城市制造业成长：市场势力、生产率及其配置效率［J］. 经济研究，2019（12）：182－197.

402. 李兴申，谭小芬，刘子雨. 气候变化脆弱性与跨境银行贷款：来自辛迪加贷款的证据［J/OL］. 世界经济，2024（9）：62－87.

403. 刘冲，吴群锋，刘青. 交通基础设施、市场可达性与企业生产率——基于竞争和资源配置的视角［J］. 经济研究，2020（7）：140－158.

404. 龙玉，李曜，宋贺. 高铁通车与风险投资绩效［J］. 经济学动态，2019（1）：76－91.

405. 逯东，孙岩，杨丹. 会计信息与资源配置效率研究述评［J］. 会计研究，2012（6）：19－24，92.

406. 逯东，孙岩，周玮，杨丹. 地方政府政绩诉求、政府控制权与公司价值研究［J］. 经济研究，2014（1）：56－69.

407. 吕冰洋，陈怡心. 财政激励制与晋升锦标赛：增长动力的制度之辩［J］. 财贸经济，2022（6）：25－47.

408. 马光荣，程小萌，杨恩艳. 交通基础设施如何促进资本流动——基于高铁开通和上市公司异地投资的研究［J］. 中国工业经济，2020（6）：5－23.

409. 聂辉华，江艇，杨汝岱. 中国工业企业数据库的使用现状和潜在问题［J］. 世界经济，2012（5）：142 – 158.

410. 沈国兵，袁征宇. 企业互联网化对中国企业创新及出口的影响［J］. 经济研究，2020（1）：33 – 48.

411. 孙早，刘李华，孙亚政. 市场化程度、地方保护主义与 R&D 的溢出效应——来自中国工业的经验证据［J］. 管理世界，2014（8）：78 – 89.

412. 王朝阳，王振霞. 涨跌停、融资融券与股价波动率——基于 AH 股的比较研究［J］. 经济研究，2017（4）：151 – 165.

413. 王海，闫卓毓，郭冠宇，等. 数字基础设施政策与企业数字化转型："赋能"还是"负能"？［J］. 数量经济技术经济研究，2023（5）：5 – 23.

414. 吴群锋，刘冲，刘青. 国内市场一体化与企业出口行为——基于市场可达性视角的研究［J］. 经济学（季刊），2021（5）：1639 – 1660.

415. 武威，曹畅，王馨竹. 政府采购与"专精特新"中小企业创新——基于产业链供应链现代化视角［J］. 数量经济技术经济研究，2024（7）：113 – 133.

416. 杨子晖，李东承，陈雨恬. 金融市场的"绿天鹅"风险研究——基于物理风险与转型风险的双重视角［J］. 管理世界，2024（2）：47 – 67.

417. 张杰. 政府创新补贴对中国企业创新的激励效应——基于 U 型关系的一个解释［J］. 经济学动态，2020（6）：91 – 108.

418. 周黎安. 中国地方官员的晋升锦标赛模式研究［J］. 经济研究，2007（7）：36 – 50.

附　　录

附录A（3.2 交通基础设施建设与银行贷款定价）：

附录A－1　与银行工作人员的访谈记录

问：这家银行的组织结构是怎样的?

答：在组织结构方面，我们银行的层级包括位于北京的总部、一级分行（即省级分行）、二级分行（即地市级分行）。由于我们银行的组织结构遵循国家行政体系，省级分行和地市级分行的地理分布与行政区划相同。也就是说，每个省有一个省级分行，每个地市级城市有一个地市级分行。但并非所有支行都遵循行政区划的规则。确切地说，大多数县级支行遵循行政区划的规则，而区级支行则不遵循。例如，我们在北京金融街设立了一个支行，而金融街并不是一个行政区划。北京金融街支行管理着几个网点。请注意，这些网点是二级支行。总的来说，我们银行的组织结构由五层组成：总部、一级分行、二级分行、一级支行和二级支行（网点）。

问：银行里是否有区域总部?

答：没有，作为一家国有银行，我们没有设立任何区域总部。但合资银行通常设有区域总部，而不是省级分行，合资银行由于公务员级别和排名系统的要求，不允许设立省级分行。例如，中信银行设有石家庄分行，而不是河北分行，来管理河北省内的其他二级分行。这里的石家庄分行就是一个区域总部。

问：在五层层级结构下，最复杂的贷款是否需要经过所有五层才能获批?

答：是的，在我们银行，二级支行没有任何审批权限，一级支行的审批权限也很小。在标准的贷款申请流程中，假设一个来自县级的申请，一级支行只能收集申请材料，没有审批权，除非是个人贷款。只有二级分行或更高级别的机构才有贷款的审批权。关于不同层级间审批权限的分配，不同银行通常根据自己的判断来分配，没有监管机构的强制性限制。同时，由于严格的风险控制要求，所有银行都倾向于将权限上移至更高层级。因此，只有二级分行或更高级别的机构才有审批权。

问：二级分行、一级分行和总部可以批准哪些类型的贷款？

答：这取决于监管管理评级，从A到D不等。例如，评级为A的分行拥有相对较高的审批权限，以此类推。具体来说，监管管理评级的确定基于众多规则（如管理质量、资产负债状况等），这些规则被称为授权书。根据授权书，总部授权一级分行，一级分行再进一步授权二级分行。授权书明确了每个分行的具体权限和责任，贷款审批权限只是其中的一方面。

问：能否介绍一下省级分行的审批权限？

答：省级分行拥有相对较高的权限。具体来说，在一个省内，约90%的贷款业务由省级分行处理。

问：分行的审批权限是针对借款企业还是针对单笔贷款？

答：这取决于多种因素。贷款金额是一个重要因素，但我们还需要考虑其他方面，包括行业、客户信用评级、贷款目的、借款企业的产品等。例如，如果企业申请贷款用于投资房地产，其信用评级需要达到一定水平才能获得这笔贷款。如果其信用评级相对较低，这笔贷款申请将由更高层级审批。如果其信用评级极低，当地分行可能会直接拒绝申请。换句话说，申请需要满足基本入门标准才能进入审批流程。

问：在数据分析时，我们能否将同一年内同一企业的所有贷款按金额分组，并推断金额较高的贷款由更高层级（即省级分行或总部）批准？这是否合理？

答：是的。正如我们刚才所说，贷款金额是决定最终审批层级的主要因素。因此，从数据处理的角度来看，以贷款金额作为识别标准是合理的。

问：接下来我们想咨询一下贷款业务流程。我们注意到在一项银行研究中，贷款业务流程被分为五个步骤：初步调查、核实、审查讨论、审批和贷后监控。你们银行的情况是否相似？

答：没错。具体来说，初步调查这一步骤是当地信贷员收集材料并判断贷款申请是否符合基本准入标准的过程。如果符合基本准入标准，就会达成初步的贷款意向。核实这一步骤是贷款业务部门根据信贷员提供的材料和信息，审核贷款申请合理性的阶段。审查讨论这一步骤是由审查委员会从风险、回报和其他相关因素的角度出发进行的整体行动。审查委员会的层级取决于贷款审批的最终层级。例如，如果由一级分行负责审查贷款，那么一级分行的审查委员会将负责审查该贷款。根据审查结果，审查委员会可能会提出附加条件，如需要提供更多的抵押品，或者需要增加契约条款。一旦满足相关条件，贷款申请就会获得批准，银行将与企业签订贷款合同。然后，贷款业务就进入了贷后监控阶段。

问：如果一家位于县城的借款企业申请贷款，谁负责信息收集？

答：这取决于最终审批的层级。当地方支行的信贷员收到贷款申请时，他会根据我们刚才提到的决定因素来判断其最终审批层级。比如说，如果申请应由一级分行审批，那么地方支行的信贷员就会将申请的基本材料转交给一级分行的信贷员。然后，一级分行的信贷员将进行尽职调查。

问：银行是否有标准化的尽职调查指南？

答：有的。我们有一套针对此的指南。指南明确规定了信贷员应该收集的信息，比如财务报告、产品的拍摄角度等。例如，如果我们收到一笔进口押汇贷款申请，而底层资产是煤炭，那么信贷员需要与煤炭一起拍合照。此外，他还必须通过拍照或录像来调查底层资产的所有相关因素（如所有权）。再以企业贷款为例，信贷员需要去官方场所和工厂证明这些场所或工厂是真实的。总之，信贷员通过现场尽职调查来核实企业和贷款的一系列特征。从本质上讲，贷款业务的每一步都是为了风险控制。

问：您上面提到的拍照、审查财务报告等都属于所谓的硬信息，即明确且客观的信息。除了客观信息外，信贷员是否会尝试获取一些软信息（即一些隐含且主观的信息）？

答：当然会。信贷员到达当地社区后，不仅会拍照或审查财务报告。他还会与企业的管理层交谈，并且还会与当地支行的信贷员交谈，以获取更多关于企业的信息。此外，信贷员也愿意与工厂员工和其他当地人交谈，只要他能从他们那里了解到更多关于企业和申请的信息。信贷员有强烈的动机去采取行动，尽可能找出与申请相关的所有信息，无论是硬信息还是软信息，因为他是首要责任人。这些行动并没有包含在正式的尽职调查指南中，但确实会影响贷款的最终决策。

问：银行如何对责任人进行问责？

答：如果公司违约，负责人需要追回不良贷款。在追回过程中，负责人只能获得基本工资，如800元或2000元人民币。在不良贷款追回之前，负责人不允许辞职。同时，负责人还会受到行政处分，如降级和记过。此外，问责制涉及多达三级以上的工作人员。例如，如果某个县级的不良贷款是由一级分行批准的，那么不仅当地支行的信贷员和一级分行的信贷员会被追责，当地支行和一级分行分别负责贷款业务的部门领导和副总裁也会被追责，只是程度不同。因此，问责制度非常严格。

问：既然问责制度如此严格，为什么信贷员还愿意参与新增贷款业务呢？

答：这个问题与我们银行的激励和约束制度有关。信贷员有扩大贷款业务的动力，因为如果他们在扩大贷款业务方面做得好，就可以获得奖励、通过考核并获得晋升。另外，正如我们刚才提到的，一旦出现不良贷款，信贷员将受到严格的追责。因此，除了涉及道德风险的情况外，在这种激励和约束制度下，信贷员会尽力做好贷款业务。更具体地说，如果信贷员在尽职调查后认为某个贷款申请人存在风险，他会考虑两个方面：一方面，即使他提交了申请，也很可能被下一步的工作人员拒绝；另一方面，一旦这个有风险的申请获得批准，如果公司最终违约，他将被追责。基于这些考虑，信贷员不会提前提交申请。

问：我们是否可以这样理解，如果信贷员通过尽职调查获得的信息是负面的，他更倾向于拒绝申请，而不是将负面信息与贷款申请一起传递给下一步？

答：是的。实际上，这种偏好存在于每一个步骤中。正如我们刚才提到的，这种偏好是由激励和约束制度导致的。

问：如果银行发现借款公司的业绩有所下降，但下降程度在可接受范围内，也就是说，这家公司的违约风险略有增加，银行在这两种选择中更倾向于哪一种？一种是减少未来的贷款量，另一种是提高未来贷款的利率而不是减少贷款量。

答：在大多数情况下，我们更倾向于减少贷款量。银行非常厌恶风险，这意味着提高利率带来的利润远远低于违约损失。

问：我们正在研究高速铁路开通对银行借贷行为的影响。在实际操作中，您认为借款公司所在城市的高速铁路开通是否会影响一级分行或总部的信贷员进行的尽职调查？

答：当然会，交通条件的改善使得信贷员更方便地访问公司。如果交通条件恶劣，信贷员需要花费大量时间在路上，那么他们收集信息材料的时间就有限，更不用说与当地人深入交谈了。高速铁路开通后，信贷员在路上花费的时间减少了，相应地，他们用于收集信息，特别是您提到的软信息的时间就会更多。

附录 A－2　中国高速铁路发展历程

1. 1990 年 12 月：铁道部（MOR）向全国人民代表大会提交了建设北京至上海高速铁路的提案。这是首次将高速铁路作为城际交通的一种选择提出。

2. 1998 年 5 月：广深高速电气化项目完成，并于 8 月 28 日正式投入运营。该项目是基于国家实际情况对高速铁路未来发展的一次探索。广深高速电气化线路被视为中国从既有线路向高速铁路转变的开端。

3. 2003 年 10 月：秦皇岛至沈阳铁路作为中国第一条客运专线正式投入运营，设计时速为 200 公里/小时。秦皇岛至沈阳客运专线在中国高速铁路发展史上具有极其重要的地位，为中国后来大规模的高速铁路建设探索了道路。

4. 2004 年 1 月：国务院常务会议讨论并通过了《中长期铁路网规划》，并提出了“四纵四横”客运线路规划，总里程超过 1.2 万公里，涉及改建和新线约 2.8 万公里。客运专线的设计时速规划为 200 公里/小时及以上。

5. 2008 年 8 月：京津城际高速铁路投入运营，全长 120 公里，设计时速 350 公里/小时。北京至天津的原始运营时间从约 2 小时缩短至约 30 分钟。京津城际高速铁路是中国第一条具有自主知识产权的高速铁路，也是当时世界上运营速度最快的高速铁路。

6. 2008 年 10 月：《中长期铁路网规划（2008 年调整）》获得批准，确定到 2020 年全国铁路营业里程将达到 12 万公里以上，其中客运专线 1.6 万公里以上。

7. 2009 年 12 月：武广高速铁路的开通标志着中国正快速进入高速铁路时代。

8. 2010 年 2 月：郑西高速铁路投入运营。郑西高速铁路是“四纵四横”中“徐州—兰州客运专线”的中段，是中国首条在黄土地区修建的高速铁路，设计时速 350 公里/小时。

9. 2010 年 12 月：新一代“和谐号”动车组在京沪高速铁路枣庄至蚌埠试验段创造出 486. 1 公里/小时的列车试验速度新纪录。截至 2010 年底，中国高速铁路运营里程达到 8358 公里，在建里程 1. 7 万公里，均位居世界第一。

10. 2011 年 6 月：京沪高速铁路开通，这是世界上一次建成线路最长的高速铁路，全长 1318 公里，设计时速 350 公里/小时，初期运营时速 300 公里/小时。

11. 2011 年 12 月：广深港高速铁路广深段正式开通运营，可与其他多条高速铁路实现无缝换乘，为旅客提供了极大便利。

12. 2012 年 12 月：哈大高速铁路开通，这是中国东北地区第一条高速铁路客运专线，也是世界上第一条穿越高寒地区的高速铁路，全长 921 公里，设计时速 350 公里/小时。同月，京广高速铁路开通运营，全长 2298 公里，成为世界上最长的高速铁路。

13. 2013 年 12 月：被誉为“特区彩虹”的厦深铁路开通，连接了厦门、深圳、汕头等多个经济特区。截至 2013 年底，“四纵四横”高速铁路网基本形成，中国高速铁路运营总里程超过 1. 2 万公里，50% 以上的城市实现了高速铁路连接。

14. 2014 年 12 月：兰新高速铁路、贵广高速铁路、南广高速铁路等多条高速铁路开通运营。截至 2014 年底，中国高速铁路运营总里程超过 1. 5 万公里。

15. 2015 年 9 月：吉图珲高速铁路正式开通，与哈大高速铁路、盘营高速铁路、沈丹高速铁路等共同构成了东北地区的铁路高速客运网络。截至 2015 年底，中国高速铁路运营总里程超过 1. 9 万公里，位居世界第一，占世界高速铁路总里程的 60% 以上。

16. 2016 年 6 月：国务院采纳了《中长期铁路网规划（2016）》，提出了“八纵八横”客运线路规划，来实现相邻大中城市间 1—4 小时交通圈、城市群内 0. 5—2 小时交通圈。

17. 2016 年 12 月：南昆高速铁路开通运营。同月，沪昆高速铁路开通，标志着早期规划的“四纵四横”客运线路网络基本形成。

18. 2017 年 9 月："复兴号" 动车组在京沪高速铁路以 350 公里/小时的速度投入运营。

19. 2017 年 12 月：首次跨越地理和气候南北分界线的西成高速铁路开通，在解决"蜀道难" 问题上取得了历史性突破。

20. 2018 年 9 月：连接香港和内地的广深港高速铁路开通运营，香港正式接入国家高速铁路网络。

21. 2019 年 12 月："复兴号" 智能动车组在京张高速铁路投入运营，中国高速铁路进入智能化时代。

22. 2020 年 12 月：京雄城际铁路开通运营，应用了物联网、大数据等前沿技术，为世界智能高速铁路树立了新标杆。截至 2020 年底，中国高速铁路运营总里程超过 3.8 万公里，占世界高速铁路总里程的 2/3 以上。

附录 B（3.4 实地调研制度与资本市场）：

附录 B－1　通过机器学习方法对问题进行分类

我们采用机器学习方法，将样本中在共同基金网站访问期间提出的共计 259935 个问题分为 7 类。这些问题分别涉及（1）公司背景和日常运营；（2）生产和销售；（3）技术和创新；（4）战略和前景；（5）会计和金融；（6）公司治理；以及（7）行业和市场。这七种问题类型分别标记为类型 1—7：归类为"公司背景和日常运营" 的问题涉及公司的组织结构、产品线、业务领域、商业模式、行业定位、员工数量以及日常运营等基本信息；归类为"生产和销售" 的问题涉及公司的产品制造、销售、市场营销、供应链、客户、订单、品牌管理、售后服务以及生产能力的利用和扩展；归类为"技术和创新" 的问题涉及公司的研发、技术研究以及创新活动；归类为"战略和前景" 的问题涉及公司的未来运营策略、业务规划、管理和运营理念、企业文化、公司方向、愿景和展望；归类为"会计和金融" 的问题涉及公司的投资、融资活动、分红、会计业绩以及股票市场表现；归类为"公司治理" 的问题涉及公司的股权结构、管理层持股、管理层更迭、管理薪酬合同、内部控制、董事会以及股东大会；归类为"行业和市场" 的问题涉及市场范围或行业业务和制度环境、法规、政策、发展前景以及竞争情况。

附录 C（4.1 空气污染与银行贷款定价）：

附录 C－1　层级结构、权力分布与我国国有商业银行贷款决策过程

1. 层级结构和权力分配

本书聚焦的全国性国有商业银行的层级结构与行政区划制度密切相关。分支机构的上层包括位于中国首都北京的银行总行，以及位于直辖市和每个省会城市的省级分行。这两层分支机构拥有 90% 以上的贷款审批权限。其余的基层包括银行的地级市分行、省级分行在县或市辖区的支行以及地级市分行支行。

具体而言，上层分支机构包括：（1）位于中国首都北京的银行总行，拥有最高的贷款审批权；（2）位于直辖市及各省会城市的省级分支机构，其贷款审批权低于总行。基层分支机构包括：（1）银行的地级市分行；（2）省级分行在县或市辖区的支行；（3）地级市分行支行，是省级分行支行管理下的银行网点，没有或只有很少的贷款审批权。

2. 贷款决策过程

与 Qian et al.（2015）和 Geng et al.（2023）所论证的中国银行业的特征类似，本书中的国有商业银行贷款决策流程包括五个步骤：初步调查、贷款审核、审议与评估、贷款审批和贷后监控，并分配给银行分支机构的不同层级。五个步骤中的信贷员分工明确，对信息的准确性负责，其薪酬、晋升和激励与绩效紧密挂钩。

3. 申请贷款的完整流程如下。

（1）初审阶段，基层支行信贷员接收同城借款企业提交的贷款申请，负责与借款企业保持长期合作关系，他们主要根据借款企业申请书中的基本信息和定期报告对借款企业贷款资质进行评估，并将贷款申请书及借款人信息层层转交最终审批支行。

收到基础分行传送的贷款申请后，最终审批分行的信贷人员将根据申请中提供的基本信息（大多是硬信息）以及从现场尽职调查中收集到的详

细软信息，展开进一步评估。

这些信贷员负责收集银行尽职调查手册中规定的硬信息，包括经营业绩、法律和财务状况等，同时，还要通过走访工厂、与企业管理层或当地分行的信贷员沟通等方式，收集管理特点、员工待遇、抵押资产状况、产品与竞争、供应链稳定性、政府关系、企业文化、社会资本、环境排放与治理等软信息作为硬信息重要补充。根据对某国有商业银行信贷员的采访，信贷员获取的大量软信息会影响贷款决策。在初步调查结束时，最后一层信贷员根据硬信息和软信息进行风险评估后，可以拒绝贷款申请或将其转入第二步贷款审核。

（2）贷款审核阶段，最终审批分支层的另一个贷款小组或部门负责核实贷款申请。在此步骤中，贷款人员无须进行尽职调查，但可以利用其他贷款人员（无论是在基础层还是在同一层但不同的小组）收集的信息来进一步评估贷款申请的可行性。贷款申请也有可能在此步骤被拒绝。

（3）审议与评估阶段，委员会将根据贷款官员在前几步收集的信息对贷款申请进行全面评估并投票表决。为避免权利过大，委员会需要确保其中至少有一名官员没有参与过贷款流程的任何前期阶段。委员会成员还须负责考虑附加条件，如要求更多抵押品、额外担保或增加契约条款。

（4）贷款审批阶段，由上述审议委员会负责最终批准贷款申请。委员会根据中国人民银行设定的基准利率以及前面步骤中收集的硬性和软性信息签署贷款合同并确定贷款价格。

（5）贷后监控阶段，银行职员密切监控借款公司的财务状况和经营业绩，持续评估违约风险。一旦发生违约，银行通常会制订重组计划，内容可能涉及修改契约条款、调整还款期限或利率，甚至可能取消贷款赎回权。

附录 D（5.4 现金流不确定性与企业股息支付）：

附录 D－1　制度变量

本表报告了每个经济的制度变量的平均值。我们采用了一组制度变量来衡量治理的六个广泛维度，包括声音和问责制（*Gov*1）、政治稳定和无暴力（*Gov*2）、政府有效性（*Gov*3）、监管质量（*Gov*4）、法治（*Gov*5）和腐败控制（*Gov*6）。这些变量来自 Kaufmann et al.（2009）。

Market	*Gov*1	*Gov*2	*Gov*3	*Gov*4	*Gov*5	*Gov*6
	(1)	(2)	(3)	(4)	(5)	(6)
Argentina	0.39	0.03	−0.09	−0.74	−0.61	−0.40
Australia	1.42	1.03	1.72	1.69	1.77	1.92
Austria	1.38	1.15	1.73	1.52	1.86	1.73
Belgium	1.38	0.78	1.59	1.30	1.38	1.49
Brazil	0.48	−0.19	−0.16	−0.03	−0.13	−0.18
Canada	1.48	1.08	1.84	1.65	1.76	1.98
Chile	1.00	0.53	1.18	1.44	1.28	1.43
China	−1.61	−0.49	0.15	−0.23	−0.45	−0.43
Czech	0.97	0.92	0.63	0.98	0.89	0.57
Denmark	1.57	1.15	2.03	1.77	1.92	2.33
Egypt	−1.15	−1.37	−0.65	−0.65	−0.48	−0.62
Finland	1.55	1.43	2.07	1.78	1.98	2.30
France	1.23	0.51	1.51	1.13	1.43	1.37
Germany	1.37	0.94	1.67	1.56	1.68	1.86
Greece	0.89	0.19	0.55	0.68	0.60	0.13
Hong Kong	0.39	0.94	1.62	1.93	1.42	1.67
India	0.43	−1.14	−0.02	−0.35	0.02	−0.39
Indonesia	−0.19	−1.16	−0.30	−0.33	−0.62	−0.76
Ireland	1.36	1.20	1.55	1.70	1.65	1.57
Israel	0.68	−1.20	1.25	1.12	0.97	0.94
Italy	1.03	0.53	0.52	0.86	0.51	0.30
Japan	1.01	1.07	1.40	1.03	1.36	1.35
Jordan	−0.75	−0.54	0.07	0.11	0.37	0.18
Korea	0.70	0.38	0.95	0.81	0.96	0.47
Malaysia	−0.39	0.22	0.99	0.60	0.45	0.24
Mexico	0.08	−0.66	0.18	0.32	−0.53	−0.54
Netherlands	1.55	1.03	1.85	1.82	1.82	2.05
New Zealand	1.57	1.35	1.77	1.84	1.88	2.28
Norway	1.60	1.32	1.91	1.48	1.95	2.14

续表

Market	Gov1	Gov2	Gov3	Gov4	Gov5	Gov6
	(1)	(2)	(3)	(4)	(5)	(6)
Oman	-1.06	0.60	0.23	0.50	0.47	0.23
Pakistan	-0.79	-2.35	-0.57	-0.59	-0.79	-0.82
Peru	0.16	-0.70	-0.22	0.45	-0.56	-0.37
Philippines	0.09	-1.21	-0.03	-0.05	-0.38	-0.56
Poland	0.99	0.68	0.60	0.86	0.64	0.54
Portugal	1.26	1.04	1.11	1.02	1.16	1.10
Romania	0.49	0.14	-0.11	0.57	0.27	-0.05
Russian	-1.00	-0.89	-0.30	-0.39	-0.77	-0.99
Singapore	-0.05	1.22	2.15	2.00	1.58	2.17
South Africa	0.67	-0.17	0.54	0.45	0.13	0.29
Spain	1.16	0.09	1.32	1.14	1.18	1.08
Sweden	1.56	1.22	1.93	1.63	1.91	2.23
Switzerland	1.52	1.36	1.97	1.70	1.90	2.08
Taiwan	0.87	0.75	1.11	1.13	0.98	0.74
Thailand	-0.39	-0.78	0.31	0.25	0.01	-0.33
Turkey	-0.27	-1.07	0.12	0.26	-0.01	-0.12
UAE	-1.07	0.72	1.39	0.97	0.71	1.17
United Kingdom	1.32	0.53	1.70	1.80	1.71	1.87
United States	1.20	0.53	1.60	1.53	1.58	1.50
Vietnam	-1.39	0.17	-0.07	-0.51	-0.23	-0.49